KB071268

개정판

중국 근현대사 강의

일러두기

1. 지명이나 인명 등 모든 고유명사는 한글 표기를 원칙으로 하되, 각 장에서 처음 나올 때 원어를 병기했습니다.

2. 인명과 지명 등 외래어와 외국어는 외래어 표기법에 따랐습니다. 단, 중국 인명의 경우 청대까지를 다룬 1부에서는 우리 식 한자음으로 표기하고, 근대 이후를 다룬 2부와 3부에서는 중국어 발음을 외래어 표기법에 따라 표기했습니다.

3. 지도나 도표, 사진 등은 되도록 자유 이용 저작물(public domain)을 사용했으며, 다른 서적의 자료를 인용한 경우에는 출처를 밝혔습니다.

4. 더 폭넓은 지식을 얻으려는 독자들을 위해 각 장 끝에 '더 읽을거리'를 달아 본문과 관련된 20여 편 내외의 우리말로 된 문헌을 소개했습니다.

중국근현대사학회 강의총서 1

中國近現代史講義

[개정판]

중국 근현대사 강의

중국근현대사학회 엮음 | 배경한 책임편집

배경한·정혜중·최진규·조병한·김형종·강명희·박상수·손준식·유용태
정문상·백승욱·안치영·조영남·백영서 지음

한울
아카데미

중국근현대사학회 강의총서 간행사

　　전통 시대부터 중국은 한국에 가장 크게 영향력을 행사하는 나라이다. 19세기 중엽 이후 중국이 서구 열강의 침략을 받으면서 한때 '약소국'의 지위로 전락한 적도 있지만 21세기에 접어들면서 세계 최강국 미국과 함께 G2의 반열에 올라 그 영향력은 전통 시대 이상으로 커졌다. 2017년 사드 사태 이후 현재까지 계속되고 있는 중국의 한국에 대한 일련의 제재 조치(限韓令)는 비록 이해할 수 없는 경우이긴 하지만, 중국의 영향력이 얼마나 큰지를 실감나게 보여주는 대목이다.

　　한국에 대한 중국의 영향력이 크면 클수록 우리가 중국을 정확하게 알아야 할 이유가 많아진다. 중국에 대한 접근에는 여러 가지가 있겠으나 시간적 안목을 갖추고 전체적 모습을 그려보는 역사학적 접근은 더 장기적이고 체계적으로 중국을 이해하려고 할 때 가장 적절한 방법 중 하나라고 하겠다. 그 가운데에서도 오늘날의 중국과 직결되는 근현대 시기의 중국에 대한 이해, 곧 중국 근현대사에 대한 이해는 현재의 중국과 함께 장래의 중국을 가늠할 수 있게 해주는 길잡이가 될 것이다.

　　뒤돌아보면 1992년 1월 중국근현대사학회가 성립된 것은, 중국의 개혁·개방 정책이 본격화되는 것과 동시에 전개된 동아시아 냉전체제 해체의 결과였다. 그러나 최근 다시 냉전체제(신냉전)로의 복귀가 논의의 초점이 되고 있으며 중국의 제국 회복 움직임[중국몽(中國夢)]도 등장하고 있음을 볼 때, 오늘날 중국 자체의 변화나 한·중 관계의 변화는 말 그대로 '격변'을 실감케 할 정도이다. 많은 연구자들은 경제총량(국민총생산)을 기준으로 할 때 2030년 이전에 중국이 미국을 추월하고 세계 최강국이 될 것으로 예상하고 있다. 이런 분위기 속에 한미동맹을 생존의 기반으로 삼고 있는 한국의 대중국 관계는 험난한 앞날을 예고한다. 변화하는 중국에 대한 정확한 이해가 어느 때보다 절실히 요구되고 있는 것이다.

이러한 사회적 수요를 반영해 그동안 여러 종의 중국 근현대사 개설서가 출판되었다. 그러나 모두 외국에서 출판된 책을 번역·출판하거나 외국 개설서를 편집한 형태(편저)였다. 이렇게 된 데는 우리 학계의 연구가 일천하다는 이유도 있지만, 사실 고증을 기본 작업으로 요구하는 역사학의 특성으로 인해 전체적 시대상을 보여주지 못하고 '파편화'에 머물러 있다는 우리 학계의 문제도 있었다. 특히 한국인의 입장에서 중국근현대사의 맥락과 그 의미를 이해해야 한다는 점을 고려하면, 일반 독자들이 외국의 시각으로 쓰인 개설서를 읽는 것을 보며 무거운 책임감을 느끼지 않을 수 없었다.

중국근현대사학회에서는 2015년부터 이런 문제들을 극복하기 위한 방안으로, 학회 중견 연구자들이 참여하는 공동 작업으로 강의총서를 기획·출판하기로 했다. 『중국근현대사 강의』는 바로 그 첫 결과물이다. 비록 원래의 계획에 비해 늦어지기는 했으나 이제라도 우리의 시각에서 쓴 개설서를 내놓을 수 있다는 점에서 나름의 자부심을 느낀다.

집필에 참가해 주신 연구자들의 헌신적인 노력이 없었다면 『중국 근현대사 강의』의 출판은 불가능했을 것이다. 그 노고에 감사를 드린다. 특히 인민공화국 성립 이후 시대를 집필해 주신 세 분의 사회과학 분야 연구자들께 감사를 드린다. 인접한 초강대국 중국을 어떻게 이해하고 어떠한 한·중 관계를 전망해야 하는가라는 지극히 '현실적'인 문제에 대한 해답을 추구한다는 점에서 본다면 중국 근현대사 연구는 인문과학이라기보다 사회과학에 가깝다. 그런 점에서 중국 근현대사 연구자들과 사회과학 연구자들이 더 긴밀히 협력해야 할 것이다. 출판계의 어려운 여건에도 강의총서 출판을 기꺼이 맡아주신 한울엠플러스(주)에도 감사의 마음을 전한다.

중국근현대사학회 총서간행위원회

차례

1장 프롤로그

배경한(부산대학교 한국민족문화연구소 연구교수)

01 중국 근현대사 이해의 중요성

중국은 전통 시대부터 오늘날까지 우리에게 가장 큰 영향력을 미치는 나라다. 구미 열강의 침략으로 아시아 지역 대부분이 식민지로 전락한 근현대 시기, 즉 19세기 중엽부터 20세기 중엽에 이르는 시기에, 중국 역시 식민지에 버금가는 처지(차식민지)로 전락해 상대적으로 그 영향력이 크게 줄어든 적이 있다. 그러나 1980년대 개혁·개방 이후, 특히 2000년 이후 중국의 초강대국으로의 급격한 부상은 경제적·군사적·외교적 측면에서 한반도에 대한 중국의 결정적인 영향력을 다시 한번 확인시켜 주고 있다.

한반도에 대한 중국의 영향력은 기본적으로 그 규모와 함께 한반도와 인접한 지정학적 위치에서 나온다. 중국은 남한과 북한을 합친 한반도 전체 면적(22만 ㎢)의 44배에 이르는 960만 km²의 광대한 영토를 보유하고 있다. 이와 같은 중국의 영토 규모는, 불모의 동토(凍土) 지대를 상당 부분 포함하고 있는 세계 최대의 영토 국가 러시아나 캐나다보다는 작지만, 세계 3위의 영토 국가 미국과는 맞먹는 크기이니, 사실상 세계 최대의 영토를 가진 국가라고 할 수 있다. 이뿐만 아니라 중국은 13억 명이 넘는 세계 최대의 인구를 가진 거대 국가이다. 이 거대 국가 중국이 육지로는 압록강과 백

카자흐스탄

그루지아
아르메니아
아제르바이잔
우즈베키스탄
키르키스스탄
터키
투르크메니스탄
타지키스탄
시리아
레바논
이스라엘
요르단
이라크
이란
아프가니스탄
쿠웨이트
바레인
카타르
파키스탄
네팔
부탄
사우디아라비아
아랍에미리트
오만
인도
방글라데시
미얀
예멘
스리랑카

그림 1-1 ㅣ **아시아 속의 중국과 한국**

시아

중국

대한민국

일본

타이완

필리핀

보
아

베트남

브루나이

말레이시아

싱가포르

인도네시아

파푸아뉴기니

동티모르

두산, 두만강을 경계로 한반도와 국경을 맞대고 있으며, 바다로는 서해(황해)를 사이에 두고 한반도와 마주 보는 가장 가까운 위치에 이웃해 있다.

중국과 한국(남한)의 밀접한 관계는 2000년대 이후 비약적으로 커지고 있는 양국 간의 인적·물적 교류를 통해 잘 알 수 있다. 2019년 외교부 등록을 기준으로 중국(홍콩 포함)에 장기 체류 한국인 수는 35만여 명(219만 명의 조선족 제외)에 이르고, 중국에 유학하는 한국인 학생 수 또한 6만 명을 돌파해 중국 내 외국 유학생 중 가장 많은 수를 기록하고 있다. 한국 내에 살고 있는 중국인(조선족 포함) 수는 105만 명에 이르고, 중국 유학생 수 또한 7만 1000명에 이르고 있어 한국에 거주하는 외국인 가운데 가장 많은 수를 차지하고 있다. 경제적 교류 또한 폭발적으로 늘어 중국은 한국 상품의 최대 수출 지역이다. 2018년 현재 대중 수출액은 1621억 달러로 전체 수출액의 33% 이상 차지하며, 중국으로부터의 수입도 1064억 달러에 달해 전체 수입 총액의 20%를 넘어섰다.

국제관계에서도 한반도에 대한 중국의 영향력은 갈수록 증대하고 있다. 최근 북한의 핵무기 보유를 둘러싸고 촉발된 동북아시아의 긴장 관계 속에서 중국의 영향력은 더욱 분명하게 드러나고 있다. 중국은 동북아시아의 패권을 둘러싸고 진행되는 미국과의 대립 속에서, 북한을 자신의 영향력 아래 확실히 묶어두는 동시에 한국에 대해서도 경제적 압박을 통해 미국 일변도의 외교정책(사드 배치와 '한·일군사정보협정' 등)에 제동을 걸고 있는 것이다. 요컨대 오늘날 중국은 한국의 국가적 명운을 가름하는 데 가장 큰 영향력을 가진 국가임이 분명하다.

따라서 중국을 이해하는 것이 한국인들에게 필수적이라는 것은 두말할 필요가 없다. 중국을 이해하는 학문적 방법은 여러 가지가 있겠으나 대체로 현재의 중국과 중국 사회를 연구 대상으로 하는 사회과학적 접근, 예컨대 중국의 정치, 중국 경제, 중국 사회, 중국 문화 등의 연구와 함께 인문학적 접근, 예컨대 중국 어학, 중국 문학, 중국 사상, 중국 역사 등의 접근이 있을 수 있을 것이다. 이 책은 중국을 이해하는 가장 중요한 방법 중 하나인 중국에 대한 역사적 접근, 그중에서도 오늘날 중국과 가장 가깝게 연결되는 시대인 근현대 역사를 통해 현재의 중국을 이해하는 것을 목표로 한다.

　　중국의 지리적 환경에 대한 이해는 중국의 역사를 이해하는 데 필수적이다. 특히 중국은 거대한 영토와 인구를 보유하고 있어 하나의 국가 혹은 지역으로 다루기 어려울 만큼 다양한 지리적·환경적 모습을 나타내고 있다. 거대 국가 중국의 현재 영토는 아시아 대륙의 동부와 태평양의 서쪽에 위치하고 있으며 북으로 헤이룽장성(黑龍江省)의 모허(漠河)에서부터 남으로 난샤군도(南沙群島)까지 남북으로 약 5500km에 이르고 서로는 신장웨이우얼자치구(新疆維吾爾自治區)의 파미르고원(Pamir高原)에서부터 동으로는 우수리강에 이르기까지 동서로 5200km에 이른다. 이와 같은 광대한 영토의 규모에 의해 동서로 4시간의 시차가 나며 남북으로는 열대에서 아열대, 온대, 한대 등 다양한 기후대를 모두 포함한다.

　　지도상으로 봤을 때 중국의 국경선은 닭의 형상을 닮았다고 알려져 있다. 흔히 만주로 불리는 둥베이(東北) 지방은 닭의 머리에 해당하고 신장웨이우얼자치구와 시짱(西藏, 티베트)자치구는 닭의 꼬리에 해당하며, 산둥반도(山東半島)에서부터 남쪽으로 상하이(上海), 광저우(廣州)에 이르는 동부와 동남 해안 지방은 닭의 배에 해당한다. 한반도는 이 거대 닭의 부리에 해당하는 모양새를 띤다.

　　중국의 지형은 크게 봐서 서고동저(西高東低)의 형태를 띠고 있다. 흔히 세 개의 계단 형태로 알려져 있는 중국의 지형은, 가장 서쪽에 세계의 고원으로 알려져 있는 파미르고원과 거기에서 발원하는 높은 산맥들 및 칭장고원(青藏高原)으로부터 시작된다. 북쪽부터 쿤룬산맥(崑崙山脈)과 치롄산맥(祁連山脈), 탕구라산맥(唐古拉高原), 히말라야산맥(Himalayas) 등으로 이어지는 제1계단 지역은 해발 평균 4000m가 넘는 고원·산악 지대이다. 그 동쪽으로 이어지는 제2계단 지역은 네이멍구고원(內蒙古高原), 황투고원(黃土高原), 윈구이고원(雲貴高原) 등으로 이루어져 있으며, 해발 평균 1000~2000m에 이르는 지역으로 전통적인 유목 지역이다. 그 동쪽 제3계단은 둥베이평원(東北平原), 화베이평원(華北平原), 양쯔강(揚子江, 長江) 중하류 평원, 화난평원(華南平原)으로

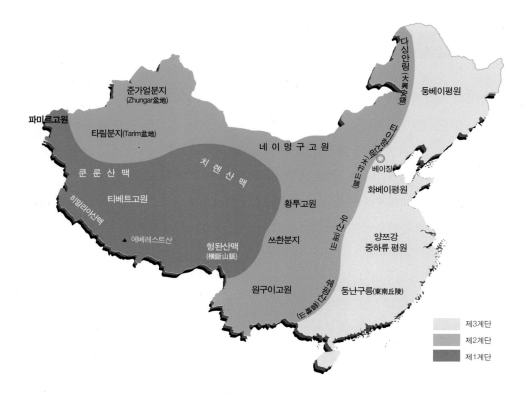

그림 1-2 | 중국 지형도

이어지는 대평원 지대로 평균 해발 500m 이하의 전통적인 농경 지역이다.

중국은 광대한 영토에 비해 산악, 고원, 구릉지가 전 국토의 69%를 차지하고 있으며, 농지는 13%에 그치고 있다. 이와 같은 자연환경 속에 최근 건조지대가 확산되면서 농업 생산과 환경에 심각한 위협 요인이 되고 있다. 특히 황사, 미세먼지와 함께 사막화는 지구온난화에 따른 기후변화와 함께 무분별한 산림 훼손과 초원 개간 등 인재가 겹치면서 심각한 사회·환경 문제로 대두하고 있다. 중국 대륙의 이와 같은 환경 문제는 한국이나 일본 등 동아시아 지역에도 큰 영향을 미치고 있어 단지 중국만의 문제로만 볼 수 없는 상황에 이르렀다.

세계 최대의 인구 대국인 중국의 인구 분포를 살펴보면, 동쪽의 제3계단 지역에 크게 편중되어 있다. 그중에서도 동부 해안과 동남 해안 지역에 많은 인구가 밀집되

신장웨이우얼자치구

네이멍구자치구

헤이룽장성

지린성

라오닝성

베이징시

톈진시

허베이성

닝샤
후이족
자치구

산시성
(山西省)

산둥성

칭하이성

간수성

시짱자치구

산시성
(陝西省)

허난성

장쑤성

쓰촨성

후베이성

안후이성

상하이시

충칭시

저장성

후난성

장시성

구이저우성

푸젠성

윈난성

광시좡족자치구

광둥성

홍콩

마카오

하이난성

그림 1-3 | **중국 행정지도**

어 있는데, 이 지역에 밀집된 많은 대도시를 통해서도 인구 분포 상황을 알 수 있다. 중국의 행정구역은 중앙정부 아래 4개 직할시, 22개의 성(省, 타이완 제외)과 5개의 소수민족자치구, 두 개의 특별행정구(홍콩과 마카오)로 구성되어 있으며, 그 아래 3000여 개의 지급(地級), 현급(縣級)의 하부 행정단위가 있다. 각각의 성은 오랜 역사의 산물로서 인위적인 행정단위로서만이 아니라 하나의 배타적인 지역 관념을 강하게 띠는 지역 단위로 자리 잡고 있다. 실제로 거대 국가 중국의 정치적 분권, 즉 지방자치 문제를 논할 때 성 단위의 지방자치 실시 방안[연성자치론(聯省自治論)]이 종종 제기되어 온 것은, 이와 같은 성 단위의 지역적 독자성에 기반을 둔 것이다.

　1980년대 이후 개혁·개방이 급속히 추진된 결과 경제적 발전이 가속화되면서 농촌 인구의 대규모 도시 유입, 그에 따른 급속한 도시화 또한 최근 중국 사회가 겪고 있

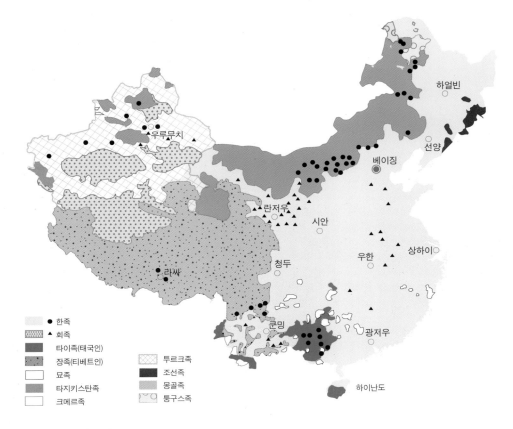

그림 1-4 | **중국의 민족분포도**

는 커다란 변화 중 하나다. 2010년 인구조사 통계에 의하면 도시 인구는 5억 6200만 명으로 전체 인구의 43%를 차지하고 있고 2020년까지 60%로 상향시킨다는 계획을 가지고 있어서 농업국가라는 표현은 이제 어울리지 않는다. 이와 같은 급속한 도시화는 많은 도시 문제를 야기하므로, 중국은 국가 정책으로 자유로운 인구 이동(도시 유입)을 엄격히 제한하는 호구(戶口) 제도를 실시하고 있다.

중국의 인구 문제를 이야기할 때 가장 주목해야 할 것이 소수민족 문제다. 중국 정부는 중국이 56개 민족으로 구성된 다민족국가라고 말하고 있고, 중국 경내에 사는 모든 민족이 '중화민족'에 포함된다는 이른바 '대중화주의'를 표방하면서 소수민족의 통합을 강조하고 있다. 그런데도 티베트와 위구르 등 소수민족들의 독립 요구가 끊임없이 제기되고 있으며, 민족 간의 갈등이 종종 폭력과 테러로 표출되기도 한다.

03 근현대 중국의 분열·통합과 '영토'의 변화

중국 역사상 최대 영토를 차지했던 시기는, 청대 최고의 전성기로 알려진 강희제(康熙帝)부터 건륭제(乾隆帝)에 이르는 시기로서 흔히 강건성세(康乾盛世)로 불린다. 물론 청조의 경우 역대 중국의 다른 왕조들과 달리 만주족 왕조를 중심으로, 하나의 다민족 제국을 이루었다고 파악되기 때문에 영토의 성격, 그중에서도 특히 만주 왕조와 티베트, 몽골, 위구르 등 주변 민족들과의 관계가 오늘날 우리가 이해하는 중앙집권적 국민국가와는 상당히 달랐을 것으로 보인다. 그렇지만 이 시기 영토 범위가 오늘날 중국 영토의 모태가 되었다는 점에서 중요한 의미가 있다.

그림 1-5 | 아편전쟁 직전인 1820년대 청조의 영토

청대의 영토는 19세기가 되면서, 구미 열강의 침략으로 심각한 위협에 직면했다. 특히 17세기부터 시작된 러시아의 동진 남하 정책은 동북부 헤이룽강(黑龍江, 아무르강) 유역에 대한 청조의 지배를 위협하기 시작했다. 또 같은 시기에 인도를 식민지화하면서 아시아로의 식민지 확대 정책을 노골화하고 있던 영국이 자유무역의 확대를 빌미로 중국의 중심적인 항구 도시 홍콩(香港)과 광저우(廣州) 진출을 적극적으로 추진하면서 거대한 중국의 영토는 그 원형을 유지하기 어려워졌다.

제1차 중영전쟁(아편전쟁)의 결과, 1842년 8월 난징(南京)에서 맺은 강화조약인 난징조약은 중국 최초의 불평등조약으로 홍콩섬의 할양과 함께 중국 남부의 대표적인 5개 항구의 강제 개항을 명시함으로써 열강들의 내지 침략의 신호탄이 되었다. 이후 1880년대의 청프전쟁과 1890년대에 일어난 청일전쟁으로 열강인 프랑스와 일본이 중국의 전통적 조공국 베트남과 조선을 침략해, 자신들의 영향권 아래 편입함으로써 전통 시대의 중국 중심 아시아 국제질서이던 중화제국 체제가 와해되기에 이르렀다. 영국, 프랑스, 독일, 러시아, 이탈리아, 일본 등 제국주의 열강들은 독자적인 행정권과 사법권을 행사하는 조차지(租借地, 租界)를 중국의 주요 항구에 두었을 뿐만 아니라 주요 철도와 항만, 광산 등을 소유함으로써 사실상 중국을 분할 점거(瓜分)하기에 이르렀다. 20세기 초 중국혁명의 지도자 쑨원(孫文)은 식민지보다 못한 중국의 처지를 강조해 '차식민지(次植民地)'라고 불렀다.

1911년 10월에 일어난 신해혁명은 이렇게 약화된 청조가 멸망하는 데 결정적인 계기가 되었다. 잘 알려져 있는 대로 신해혁명은 황제지배체제에서 공화제로 정치적 변혁을 가져온 공화혁명인 동시에 이민족인 만주족의 지배로부터 한족을 해방시킨 민족혁명이었다. 신해혁명을 전후해 몽골, 티베트, 위구르 등 중국의 주변 지역에서 중국으로부터의 독립을 내세우는 민족혁명이 일어난 것은 신해혁명의 영향이기도 하지만, 한편으로는 전통 시대의 왕조교체기마다 반복되어 온, '중심'의 약화가 가져오는 영토의 분열이라는 필연적 현상이기도 하다. 다만 이 시기에 변경 지역에서 일어난 독립운동의 배후에는 영국이나 러시아 등 외세가 있었다. 1911년 독립을 선언한 몽골의 뒤에는 러시아가, 또 1912년 독립을 선언한 티베트의 뒤에는 영국이 영

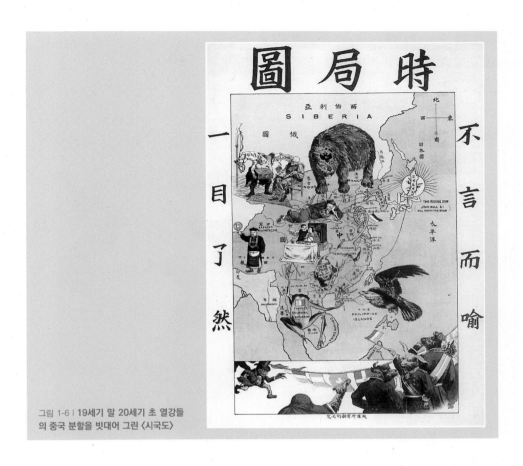

그림 1-6 | 19세기 말 20세기 초 열강들의 중국 분할을 빗대어 그린 〈시국도〉

향력을 크게 행사했다. 이런 까닭에 중국 측에서는 변경 지역 독립운동을 열강에 의한 중국 분할로 이해하면서 반외세라는 입장에서 소수민족들의 독립을 적극적으로 반대했다. 신해혁명의 결과로 시작된 중심의 약화와 그에 따른 동아시아 국제질서의 변동은 다시 한번 중국의 영토를 크게 위축시키는 결과를 낳았다.

신해혁명을 전후한 시기에 진행된 중국의 분열 현상은, 1916년 위안스카이(袁世凱) 사후 전개된 군벌들의 발호로 더욱 분명하게 드러났다. 군벌은 양무운동과 신정의 결과로 조직된 청조의 신식 군대 중 최정예군인 북양군(北洋軍)에서 비롯되었다. 여기에 성(省) 단위의 지역주의가 작용해 성 단위를 기본으로 하는 군사 집단인 군벌들이 크게는 몇 개의 성, 작게는 몇 개의 현(縣)을 지배하는 정치 세력으로 자리 잡으

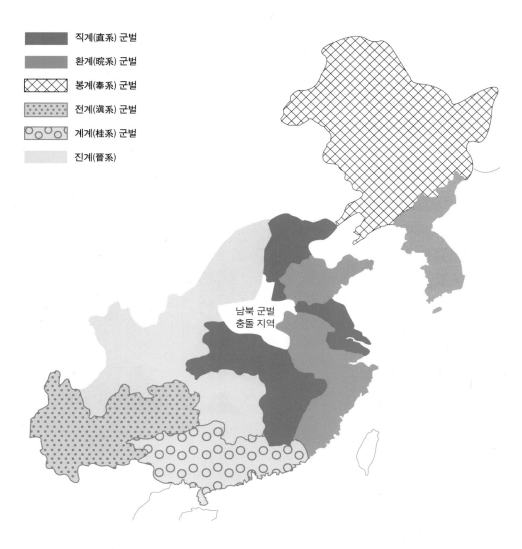

직계(直系) 군벌

환계(皖系) 군벌

봉계(奉系) 군벌

전계(滇系) 군벌

계계(桂系) 군벌

진계(晉系)

남북 군벌
충돌 지역

그림 1-7 | **1910년대 말의 군벌 할거 상황**

면서 일대 분열의 시대를 맞이했다. 군벌 중에는 광둥(廣東)의 천중밍(陳炯明)이나 허난(河南)의 펑위샹(馮玉祥)과 같은 진보적 색채를 띤 군벌도 일부 있었지만, 대개는 봉건적인 지배구조를 갖춘 군사 집단의 성격을 강하게 띠고 있었다. 군벌들은 이합집산을 거듭하면서 서로 잦은 전쟁을 일으켰으므로, 1916년 이후부터 1928년에 이르는 시기에는 수많은 내전으로 대혼란과 대분열이 반복되었다. 이 시기를 흔히 '군벌 시대'라고 한다.

1924년 1월 중국국민당 제1차 전국대표대회(1전대회)에서 시작된 국민혁명은, 러시아혁명 직후 만들어진 국제공산당 조직 코민테른의 중국혁명 지원과 국공합작을 바탕으로 전개되었다. 국민혁명의 실제적인 목표 중 가장 중요한 것은 바로 분열된 영토를 통합해 강력한 중앙집권적 국가를 만드는 일이었다. 1926년 6월에 시작된 국민혁명군의 북벌(北伐)은 2년 정도의 짧은 시간 안에 둥베이 3성을 제외하고 전 중국을 통일함으로써 커다란 성과를 거두었다. 이어서 1928년 12월 당시 둥베이 3성을 지배하고 있던 둥베이(奉系) 군벌 장쉐량(張學良)이 국민정부에 복종을 선언[동북역치(東北易幟)]함으로써 청조 멸망 이후 분열되어 있던 전국이 통일되었다. 물론 1930년 이후 전개된 여러 차례의 반중앙전쟁, 즉 반장전쟁(反蔣戰爭)은 당시 통일이 지닌 한계를 잘 드러낸다.

1931년 9월에 일어난 만주사변은, 1910년 한반도를 강제 병합한 다음 단계로 일본의 중국 침략이 본격화된 사건이며, 1937년 7월에 발생한 루거우차오 사변(蘆溝橋事變, 7·7 사변)을 계기로 일본과 중국의 전쟁은 전면전으로 확대되었다. 만주사변으로부터 치면 14년간, 루거우차오 사변으로부터 치면 8년간, 중일전쟁이 벌어지는 동안 중국의 주요 도시, 지역, 교통로가 일본의 직접 혹은 간접적인 지배를 받게 됨으로써 중국의 영토는 다시 한번 심각하게 분열될 위기를 맞는다. 장제스 휘하의 국민정부는 쓰촨성(四川省)을 중심으로 하는 서북 지역과 윈난성(雲南省) 등 서남 지역을 근거지로 삼아 장기적인 항전을 수행하지만, 1945년 8월 일본의 패망으로 다시 영토를 회복할 때까지 대부분의 지역이 일본의 지배를 받았다.

중일전쟁 종결 이후 1946년 1월부터 1949년 12월까지 전개된 국민당군과 공산당군 사이의 내전(국공내전)에서 마오쩌둥(毛澤東) 휘하의 공산당군이 승리하고 국민당군이 타이완(臺灣)으로 퇴각함으로써 타이완을 제외한 전 지역이 공산당 정부의 통치 아래 통일되었다. 그 후 1950년대 중반에, 청조가 멸망한 뒤 중국의 직접적인 지배에서 벗어나 있던 위구르, 티베트 등 주변 지역을 군사력을 앞세워 통합했다. 이후 강력한 중앙집권적 국가의 지배 아래 통합된 영토가 오늘날까지 이어지고 있으니, 넓게 보면 1912년 초 청조 몰락 이후 40여 년의 분열과 전쟁 시기를 거쳐 현재와 같은 영토를 보유한 중화인민공화국으로 통합된 것이다.

04 '근대', '현대'의 시기 구분과 이 책의 구성

서구의 근대 역사학에서 처음으로 등장한 삼분법 시대구분론에서 말하는 '근대'는, 후일 사회경제학적 개념인 생산양식이 시대 구분의 기준으로 덧붙여지면서, 자본주의 생산양식이 지배적인 시대를 의미하게 되었다. 이 개념을 기준으로 하여 중국의 역사를 구분한 학설 중 현재 중국과 일본·한국 학계에서 비교적 널리 받아들여지는 것은 1840년 제1차 중영전쟁(아편전쟁)을 근대의 기점으로 보는 학설이다. 본래 중국공산당 지도자들의 정치적 주장에서 출발한 시대 구분 주장은, 중국이 제1차 중영전쟁을 거치면서 영국을 중심으로 하는 세계자본주의 체제 속에 편입됨으로써 중국에 자본주의 시대가 열렸다고 본다. 그리고 이렇게 시작된 중국의 자본주의가 어느 정도 성숙해진 단계에서 등장한 자본가들의 정치적 혁명이 바로 신해혁명이며, 그 뒤를 이어 자본주의 체제를 타파하는, 중국공산당 자신들에 의한 공산주의 혁명이 등장했다고 보는 것이다. 엄격한 의미에서 볼 때 이와 같은 주장은 중국 사회 내면의 자본주의적 변화를 도외시한 것이지만, 제1차 중영전쟁에 의해 강제 개항이 이루어진 결과, 서구 문명의 직접적인 영향을 받으며 중국의 전통 사회가 커다란 변화를 겪기 시작했다는 사실과도 맞물려 비교적 많은 지지를 받고 있다.

시대 구분을 논하는 사람 자신이 속해 있는 시대 곧 '동시대'라는 의미로 '현대'라는 용어를 사용할 경우, 그 시발점을 언제로 잡을지를 놓고도 몇 가지 주장이 엇갈리고 있다.

첫째는 청조를 몰락시킨 1911년의 신해혁명을 현대사의 출발점으로 잡아야 한다는 주장이다. 이는 진시황(秦始皇)으로부터 청조의 마지막 황제 선통제(宣統帝)에 이르기까지 2000년 이상 지속된 중국의 황제지배 체제가 끝나고, '주권재민(主權在民)'을 바탕으로 하는 새로운 정치체제, 즉 공화국(중화민국과 그에 이은 중화인민공화국)이 들어선 것을 현대 중국의 가장 큰 특징으로 보는 주장이다.

둘째는 1919년 5·4운동을 현대의 출발점으로 잡는 주장이 있다. 이는 현대 중국사회의 새로운 주체로서 이름 없는 다수 즉 대중(혹은 민중)이 등장하는 계기로 5·4운동을 들면서, 대중이 주도하는 사회 곧 대중사회(mass society)를 현대의 가장 큰 특징으로 보는 관점에서 출발한다. 그리고 대중이 주도하는 각종 사회운동의 등장과 그중에서도 가장 중요한 대목인 노동운동과 농민운동에 주목하면서, 이를 기반으로 하는 공산주의 운동의 등장 또한 현대 중국의 가장 중요한 측면이라고 주장한다.

셋째는 1921년 성립된 중국공산당이 일련의 공산주의 혁명을 통해 집권하여 새로운 국가를 수립하는 1949년을 현대사의 출발점으로 삼자는 주장도 있다. 이는 현재의 중국이 공산주의 국가체제를 가지고 있고 그 시발점을 1949년 중화인민공화국의 탄생으로 보는 견해다.

이 세 가지 주장 중에 가장 폭넓게 지지를 받는 것은, 1919년 5·4운동을 출발점으로 잡는 주장이다. 5·4운동을 중국 현대사의 기점으로 잡는 이러한 주장은, 제1차 세계대전을 현대사의 기점으로 잡는 유럽사 내지 세계사의 시대 구분과도 맞아떨어진다는 점에서 더욱 설득력 있게 받아들여지고 있다.

물론 현대의 기점을 언제로 잡는가에 따라 근대의 하한이 정해지기 때문에 근대사의 하한을 따로 논의할 필요는 없을 것이다. 이어서 현대의 하한에 대한 논의를 소개해 보자면 다음과 같다. 먼저 1949년 인민공화국 성립 이전까지를 현대사로 보아 그 이후를 '오늘날의 역사'라는 의미의 '당대사(當代史)'로 규정하자는 주장도 있고, 현대의 의미를 '동시대'로 보아 현대사를 진행형으로 보아 오늘날까지로 그 범위를 넓혀야 한다는 주장도 있다. 또 자료의 한계라는 역사 연구의 현실적 조건을 고려해, 역사학에서는 적어도 한 세대(30년)가 지난 시기를 다루어야 한다는 입장에서 1980년대의 '개혁·개방' 이전까지만을 현대사로 보아야 한다는 주장도 있다.

이 책에서는 시대 구분을 둘러싼 이러한 여러 가지 논의를 토대로 하되, 더 넓은 시각에서 중국의 근대사와 현대사의 범위를 설정하고자 노력했다. 먼저 이 책이 서술하는 근대 중국 역사의 출발점은 일반적인 학설을 기반으로, 구미 열강과의 접촉이 본격화되는 제1차 중영전쟁, 곧 아편전쟁으로 잡았다. 다만 영국의 제국주의 침략전쟁인 제1차 중영전쟁의 배경이 된, 18세기 중엽 이후 청조 사회의 쇠퇴 과정을 2장에서 집중적으로 다루었다. 이 책의 출발을 18세기 중엽 이후로 잡은 까닭은 '서구의 충격'이라는 외부적 요인을 중국 근대사의 출발점으로 삼는 것은 다소 논쟁이 있을 수 있을 뿐만 아니라, '근대'의 의미 자체를 내재적 관점에서 재론하는 최근의 연구들과 전통 및 근대 사이의 단절성보다는 연속성을 더 강조해야 한다는 문제 제기를 받아들인 결과이다. 이를테면 서구의 충격 이전의 중국 사회 내면의 변화와 이후의 '근대적' 변화와의 관련성을 함께 이해할 필요가 있다고 본 것이다.

이 책은 중국 근현대사 강의의 필요성과 접근 방법을 제시한 프롤로그, '한국인의 관점에서 중국은 무엇인가'라는 문제를 집중적으로 조명한 에필로그를 비롯해 12편의 글을 3부로 나누어 구성했다. 1부는 18세기 중엽부터 19세기 말에 걸친 청조의 통치 시대를 3개 장으로, 2부는 20세기 초부터 20세기 중반까지의 중화민국 통치 시대를 4개 장으로, 3부는 20세기 중반(1949) 이후부터 21세기 초반 즉 현재에 이르는 중화인민공화국 통치 시대를 5개 장으로 나눠, 현재와 가까운 시기를 좀 더 자세히 다루고자 했다.

앞서 말한 대로 1부의 시작인 2장에서는 18세기 중엽 이후부터 19세기 초에 이르는 동안 일어난 청조 사회의 변화(쇠퇴) 과정과 서구와의 접촉 과정을 다루고 있다. 3장에서는 아편전쟁과 태평천국으로 대표되는 내우외환의 위기가 어떻게 진행되었으며, 그 결과 전통적 중국 중심의 아시아 국제질서, 즉 '중화제국 질서'가 어떻게 이완·해체되었는지를 다루었다. 이어 4장에서는 이런 위기에 대한 중국(청조)의 대응으로서 각 성 단위로 전개된 서구적 근대 기술 수용 운동인 양무운동과, 그 뒤를 이어 중앙에서 제도를 개혁하고자 전개한 변법운동의 전체적인 진행 과정을 살폈으며, 그러한 자구 노력(자강운동)에도 구미 열강의 침입을 막아내지 못한 채 마침내 '멸망'에 이르게 된 원인을 다루고 있다.

2부에서는 신해혁명으로 청조가 무너지고 중화민국이라는 공화국이 들어선 이후 단계인 이른바 민국시대사를 네 개 장으로 나누어 서술했다. 그 첫 번째인 5장에서는 19세기 말부터 시작된 청조타도운동, 즉 공화혁명의 진전과 함께 청조의 마지막 개혁운동인 신정개혁과 개혁적인 신사층을 중심으로 전개된 입헌운동을 다루고, 그 결과 태동하게 된 공화국(중화민국)의 성립 과정과 그 현대적인 의미를 다루었다. 6장에서는 청조 멸망 이후 본격적인 국민국가 건설 과정이라고 할, 그런 의미에서 '현대 중국'의 출발점으로 이해되는 5·4운동과 그 뒤를 이은 국민혁명의 전개와 의미를 다루었다. 이어서 7장에서는 국민혁명 결과 만들어진 난징 국민정부의 통치 시기 10년 동안(1928~1937, 황금 10년)의 대내적 근대국가 건설과 대외적 주권 회복의 성과와 함께 그 한계를 공산당의 활동상, 일본 제국주의 침략의 본격화, 그에 대한 저항을 중심으로 다루었다. 8장에서는 1937년 루거우차오 사변 발발 이후 8년간 지속된 전면 항일 전쟁과 제2차 국공합작의 진전 과정, 1941년 말 태평양전쟁으로의 확대 이후의 상황 등을 살펴보면서 종전 뒤 냉전으로 이어지는 새로운 동아시아 국제질서의 변화 과정을 살펴보았다.

3부는 모두 5개 장으로 흔히 당대사로 불리기도 하는 중화인민공화국 시대를 나누어 서술했다. 인민공화국의 성립 과정을 다룬 9장에서는 중일전쟁 종결 이후 진행된 평화적 통일 정권 수립 움직임이 결국 실패로 끝나고, 국공내전으로 치닫게 된 경위와 그 결과 만들어진 공산당 정권, 중화인민공화국의 수립과 정권 수립 초기의 정치·경제적 체제 수립 과정을 다루었다. 10장에서는 중일전쟁 종결 단계에서부터 태동한 동아시아 지역의 냉전체제 속에서 중국이 어떠한 위치에 있었는지를 한국전쟁과 인도차이나전쟁에의 개입과 중·소 분쟁, 미국과의 접근, 중국과 북한, 베트남과의 관계 변화 등을 통해 살펴봄으로써 인민공화국이 처했던 국제적 환경과 그에 대한 대응을 다루었다. 11장에서는 연합정부 형태로 출발한 인민공화국이 1956년 제8차 당 대회를 계기로 사회주의의 길로 전환한 다음, 대약진운동과 문화혁명 등 사회주의 노선 강행으로 나가게 된 과정과 그에 따른 경제적·정치적 파국을 다루었다. 12장에서는 문화대혁명 종결 이후 등장한 화궈펑(華國鋒) 체제와 뒤를 이은 덩샤오핑

(鄧小平) 체제 속에서 1980년 이후 본격적으로 추진된 개혁·개방 과정을 계획적 시장경제 체제라는 경제적 측면과 공산당 독재체제하의 제한적 민주화가 가지는 문제 및 한계를 중심으로 다루었다. 13장에서는 개혁·개방 이후 세계적 강대국으로 도약한 중국의 국제적 '부상'을 어떻게 볼 것인가라는 화두를 중심으로 경제력, 군사력, 소프트파워 측면에서 중국의 국력을 가늠하면서, 향후 중국이 미국을 추월해 세계 최강국가가 될 수 있을 것인라는 물음에 대해 여러 부정적 측면을 검토해 당장은 중국이 지역적 강대국에 머물 수밖에 없을 것이라는 관점을 제시하고 있다. 마지막 장인 14장에서는 19세기 말부터 현재까지 한국인들의 중국에 대한 인식과, 중국인들의 한국 인식이 어떠했는지를 정리·분석하면서 향후 한중 관계의 변화 속에서 어떻게 중국을 이해하고 중국과 교류해야 할 것인가에 대한 '시민적' 고민의 필요성을 제기하고 있다.

05 동아시아 시각과 세계사적 접근

이 책은 이름 그대로 중국의 근현대 역사를 다루고 있다. 그러나 근현대 중국의 역사는 근현대 한국의 역사와 마찬가지로 한 국가, 혹은 한 민족의 역사로 설명되기 어렵다. 그것은 근현대 시대 자체가 한 국가, 한 민족의 범위를 넘어 더 넓은 지역, 혹은 세계사와 긴밀히 연결되어 있기 때문이다. 예컨대 근현대 중국사를 관통하고 있는, 열강에 의한 식민지 혹은 반식민지라는 외부적 규정성과 그에 저항해 국가적 독립과 자주를 회복하기 위한 노력들은 근현대 중국의 역사를 일국사에만 머물 수 없게 만든다. 또 최근 벌어지고 있는 중국의 강대국으로서의 부상 역시 중국사를 일국사로만 설명할 수 없게 한다. 이를테면 근현대 중국의 역사는 출발에서부터 종착(현재)에 이르기까지 지역 내지 세계의 변동과 함께 설명될 수밖에 없는 것이다.

이런 문제의식에서 2000년경 이후 한국 학계에서는 '동아시아 담론'이라는 새로운 시각이 등장해 커다란 영향을 미치고 있다. 동아시아 담론은 앞에서 언급한 대로 근현대 시기 자체가 일국사로 서술되기 어렵다는 사실과 함께 일국사라는 관점이 지닌 배타적 입장, 즉 좁은 민족주의가 지닌 배타성을 극복하고 동아시아 지역의 평화와 공동의 번영을 추구하고자 하는 지역공동체적 노력이 절실하다는 사실에 그 기반을 두고 있다. 이런 의미에서 동아시아 담론은 학문적 관점인 동시에 시민운동으로서의 관점을 포함하고 있으며, 따라서 동아시아 지역공동체를 목표로 하는 실천적 의미가 있다. 이와 같은 동아시아 담론을 근현대 중국사를 다루는 학문적 관점으로 삼기 위해서는 더 세밀한 검토와 실증적 작업들이 이어져야 한다는 점에서 아직 많은 문제를 안고 있다는 지적들이 있다. 그럼에도 불구하고 이 책에서는 한국의 건전한 시민들이 근현대 중국을 어떻게 이해할 것인가라는 문제와 관련해 가능한 한 동아시아 담론 내지 동아시아 시각에서 서술하고자 노력했다.

좀 더 구체적으로 살펴보자면 청 말을 다룬 1부의 경우 18세기 후반 이후 중국의 상황을 다루면서, 산업혁명 이래 전개되고 있던 구미 열강의 동아시아 침략(진출)과 그 연장선에서 설명하고자 노력했고, 이어서 내우외환과 그에 대한 중국(청조)의 대응 문제를 다루면서도 그 과정에서 동시에 일어나고 있던 중화체제의 와해와 동아시아 국제질서의 변화를 함께 설명하고자 노력했다.

중화민국 시기를 다룬 2부의 경우에도 요컨대 신해혁명과 함께 중국 내 소수민족들의 저항과 독립 문제를 다루었다. 이른바 오족공화 문제를 중국과 주변의 관계라는 문제에 초점을 맞춰 서술하고자 했고, 5·4 운동과 국민혁명을 다루면서는 1910년대 이후 본격화하고 있던 일본의 중국 침략과 이에 대한 저항으로서의 5·4 운동의 등장 과정을 설명하고자 노력했다. 나아가 세계혁명을 목표로 삼았던 국제공산주의 운동(코민테른)의 영향 아래 진행된 국민혁명의 국제적 성격을 다루었다. 난징 정부 시대 10년을 다루는 데도 1920년대 말부터 본격화되고 있던 일본의 둥베이·화베이 지방에 대한 침략과 그에 대한 저항을 집중적으로 조명했으며, 중일전쟁과 태평양전쟁을 다룬 대목에서는 전체 동아시아를 배경으로 전개된 일본의 대외 침략과 제2차 세계대전의 진전, 미국의 참전 등을 거시적 관점에서 다루었다.

마찬가지로 중화인민공화국 시기를 다룬 3부에서도 국공내전의 국제적 관련성과 냉전으로의 발전 과정, 냉전체제 속에서의 중국과 주변 지역(특히 한국, 북한과 베트남)과의 관련 문제, 대약진운동과 문화대혁명 전개 과정에서 드러나기 시작한 중소 간의 대립 문제 등을 중점적으로 서술했다. 이어서 1980년대 이후 전개된 개혁·개방의 진행 과정과 강대국 중국의 부상, 향후 중국의 강대국화에 대한 전망과 관련해서도 동아시아나 세계와의 연관성을 기본적인 설명 틀로 삼고자 했다.

물론 이 책의 서술이 일국사의 관점을 완전히 극복했다고 볼 수는 없다. 국제적 관점만으로 설명하기 어려운 대목의 경우 일국사적 서술을 할 수밖에 없는 한계로 인해, 동아시아적 시각이나 글로벌 히스토리의 시각을 충분히 적용하지 못한 채 평이한 서술에 머문 부분 또한 적지 않다는 점을 밝힌다.

06 당부의 말

어떤 분야, 어떤 지역을 다루든, 역사 공부의 최종 목표는 한 시대, 한 지역에 대한 전체적 이해 방식, 곧 '시대상'을 파악하는 것이어야 한다. 이렇게 파악한 시대상은, 그 연장으로서의 현재를 이해하는 시각이 되어야 함은 물론이거니와 미래를 향한 현재적 행동들의 출발점이 되어야 할 것이다. 이런 점에서 역사는 과거와 현재의 대화일 뿐 아니라 과거와 미래의 대화가 되어야 한다는 '에필로그'(백영서 교수)의 표현에 전적으로 동감한다. 그런 점에서 역사는 현재적 실용에 초점을 맞춰야 하는 실천적 학문이며 사회과학이 되어야 마땅하다고 본다. 이 책 3부의 3개 장을 사회과학자들이 맡도록 한 것도 이런 이유에서이다. 이와 관련해 이 책을 읽거나 공부하는 독자들께 당부하고 싶은 말이 있다. 현재 한국 사회와 한국인들이 당면하고 있는 중국 관련 문제의 연장선에서 근현대 중국의 역사를 읽어줄 것을 바란다는 것이다. 다시 말해 현재의 중국과 중국 사회, 중국인들을 이해하는 한 가지 방법으로 근현대 중국의 역사를 읽어달라는 당부이다.

그럴 경우 근현대 중국의 역사는 일차적으로 그 시대 중국인들의 실천적 고민들이 녹아 있는 것이 됨과 동시에 한국 사회, 한국인들과의 '역사적 관련'이라는 틀 속에 놓이면서 우리의 적극적인 관심 속으로 들어오게 된다. 물론 역사적 혹은 객관적 사실들의 파악 위에서만 이러한 관심은 올바른 해답을 찾을 수 있을 것이므로 현재적 관심만을 강조하는 것은 종종 '과학적 이해'를 넘어서는 오류를 범할 수 있음을 잊지 말아야 할 것이다. 이 책을 통해 근현대 중국의 역사에 우호적이되 객관적이고 과학적으로 접근함으로써 좀 더 바람직한 한중 관계와 동아시아공동체에 대한 전망, 나아가 세계적 평화, 공존, 호혜를 위한 모색이 이루어질 수 있기를 소망해 본다.

더 읽을거리

배경한. 2016. 『중국과 아시아』. 한울엠플러스.

배경한 엮음. 2013. 『동아시아 역사 속의 신해혁명』. 한울엠플러스.

백영서. 2021. 『중국현대사를 만든 세 가지 사건: 1919, 1949, 1989』. 창비.

_____. 2013. 『핵심현장에서 동아시아를 다시 묻다』. 창비.

신승하. 2001. 『중화민국과 공산혁명』. 대명출판사.

_____. 2004. 『근대중국: 개혁과 혁명』(상·하). 대명출판사.

유용태. 2017. 『동아시아사를 보는 눈』. 서울대학교 출판문화원.

유용태 엮음. 2014. 『한중 관계의 역사와 현실』. 한울엠플러스.

유장근. 2014. 『현대 중국의 중화제국 만들기』. 푸른역사.

전인갑. 2016. 『현대 중국의 제국몽』. 학고방.

정문길 외 엮음. 2004. 『주변에서 본 동아시아』. 문학과 지성사.

1부

중화제국의
동요와
자강운동

2장 18세기 후반의 중국과 세계

정혜중(이화여자대학교 인문과학대학 사학과 교수)

이른바 세계체제론이 학계에 소개되면서 18세기 중국 경제가 주목받기 시작했다. 지리상의 발견 이후 서양의 중국에 대한 관심과 중국의 대응, 그 과정에서 일어난 교류의 양상을 이해하고, 중국 사회의 변화를 살펴보는 것은 세계사의 맥락에서 중국 근대사를 이해하는 데 매우 중요하다. 16세기 지리상의 발견 이후 세계 각 대륙은 바닷길로 연결되었다. 중국도 예외는 아니었다. 17세기 명·청 왕조 교체를 거친 후 중국의 바다를 통한 서양과의 교역은 지속적으로 확대되었다. 영국의 중국 공격으로 인한 중국 사회의 변화는 19세기에 절정에 달했지만, 건륭제 시기인 1793년 후반 중국을 방문한 영국의 매카트니(Macartney) 사절단에서 그 전조를 찾아볼 수 있다. 매카트니는 중국을 "가라앉는 거대한 군함"과 같다고 언급했다. 하지만 18세기 중국은 건륭제 시기의 영토 확장과 만주족의 통치에 주요 의미가 있는 시기다. 강희·옹정의 뒤를 이은 건륭제 시기 후반은 반란이 빈번해 쇠락이 촉진되었다. 18세기 중국은 대외 관계의 변화에 주목해야 한다. 청조는 네 개의 항구에서 하나의 항구로 무역항을 축소했다. 이른바 광둥(廣東) 무역 시스템으로 부르는 이 시기에 산업혁명을 진행하고 있던 영국의 고민은 깊어졌다. 매카트니 사절단을 보내 무역의 모순을 해결하고자 했으나 실현되지 못한 채 19세기를 맞이한다. 또한 18세기는 서양과의 교류에서 비롯된 중국 사회의 변화도 주목할 만하다. 선교사들은 청 근대와 유럽 세계를 연결해 주며 동서 문화 교류에 지대한 공헌을 했다. 사회적으로는 고증학의 발전, 대규모 편찬 사업, 인구 증가 등이 18세기의 주요한 특징이다.

1) 제국의 영토 확장

청대의 영역은 현재의 중국보다 넓었다. 그 넓은 영토는 건륭제 시대에 완성된 것이다. 18세기 중후반 그가 지배했던 중국은 유럽과 비교해 경제적인 지표가 결코 뒤지지 않았던 시기였다. 영토가 확대되고 인구가 늘어나는 18세기 후반에 중국은 세계와 더욱 밀접하게 연결되었다. 성세(盛世)라고 불린 이 시기에 중국을 통치했던 황제는 강희제(康熙帝, 1661~1722), 옹정제(雍正帝, 1722~1735), 건륭제(乾隆帝, 1735~1795)였다. 특히 건륭제 시기는 앞선 두 황제의 통치를 바탕으로 중국 역사상 가장 넓은 영토를 확보했다는 점에서 현재 중국에서도 특별히 주목받고 있다.

1735년 옹정제가 죽고 넷째 아들 건륭제가 25세의 나이로 즉위했다. 선대의 치세로 다져진 안정되고 평화로운 통치 기반을 이어받아 건륭제 시기에도 번영과 발전은 계속되었다. 그중 가장 두드러진 것이 바로 영토 확장이었다. 당시 청나라의 판도는 역대 최대, 세계 최대가 되어 명실상부하게 제국의 전성기를 맞이했다. 청 제국의 영토 확장은 강희제 시기부터 진행된 중가르(準噶爾)와의 전투, 그리고 러시아와의 사이에서 진행된 일련의 국경 확정 작업과 관련이 있었다.

몽골족은 후금이 대청으로 성장하는 시기에 만주족이 세운 청에 병합되었지만, 그 일부가 17세기에도 여전히 외몽골, 톈산북로(天山北路), 바이칼호 등지에서 활약하고 있었다. 일찍이 톈산 북로 주변에서 활약하던 오이라트 일파는 이 무렵 중가리아 분지에서 활동을 재기해 중가르몽골(準噶爾蒙古)로 불렸다. 17세기 중후반 갈단(噶爾丹)이 중가르칸(汗)이 되어 4부를 통일하고, 칭하이(靑海)와 티베트 지역에서 세력을 떨쳤다. 중가르가 외몽골 칼카부(喀爾喀部)를 정벌하자 강희제는 1688년 이후 세 차례 직접 정벌해 중가르를 공격했다. 그는 1696년 몸소 고비 사막 북쪽으로 출정했는데, 이때 중가르에는 내분도 있어 크게 승리할 수 있었다.

이보다 앞서 시베리아로 진출한 러시아는 1680년대에 헤이룽강(아무르강) 방면에

그림 2-1 | 젊은 시절 건륭제 모습

서 청조와 충돌했다. 중가르와의 대결을 준비하던 강희제는 러시아와의 관계를 고려해 1689년 '네르친스크(Nerchinsk)조약'을 맺고 국경을 헤이룽강 지류인 아르군강과 외싱안링(外興安嶺)으로 정했다. 갈단 사후, 청조가 몽골 쪽으로 세력을 키워 1727년에는 러시아와 '캬흐타(Kyakhta)조약'을 맺었다. 이 조약에 따라 캬흐타를 국경 마을로 정하고 이곳을 통해 교역을 허용했다.

강희제의 친정(親征) 결과 갈단이 죽고 외몽골 지역 전체를 포함하는 청 제국 영토가 형성되었다. 중가르는 청에 복속되기는 했으나 옹정제 시기에 갈단의 조카 체왕 아라푸탄(策妄阿拉布坦)이 칸이 되어 재차 세력을 떨쳤다. 이에 옹정제 역시 중가르를 정벌했고, 더 나아가 티베트를 정복해 중국의 영역을 넓혔다. 청이 정벌한 티베트에 대해 중가르가 군사적 행동을 취하자 건륭제는 티베트에 군사를 보내 중가르를 물리쳤다. 또한 동투르키스탄을 둘러싸고 중가르와 격전을 벌였다. 이때 건륭제는 중가르의 내분을 이용해 원정군을 보내 그들의 본거지인 톈산산맥 북쪽 이리(伊犁) 지방을 공격했다. 1755년에 청은 이리 지방을 제압했고, 나아가 1759년에는 동투르키스탄 지배를 확립했다. 이렇게 청조가 새로 획득한 지배 영역은 신장(新疆)으로 불렸다. 당 왕조에서 이곳을 지배한 이후 다시 1000년 만에 중국의 영역으로 들어왔다. 이 지역을 중심으로, 이란과 러시아, 인도의 무굴제국으로 연결되는 세계 교차로

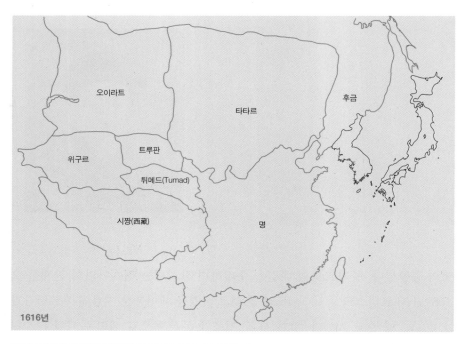

오이라트

타타르

후금

위구르

트루판

튀메드(Tumad)

시짱(西藏)

명

1616년

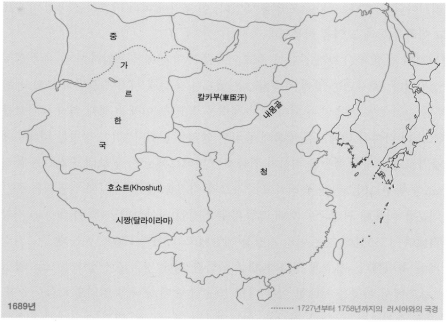

중
가
르
한
국

칼카부(車臣汗)

내몽골

호쇼트(Khoshut)

청

시짱(달라이라마)

1689년

·········· 1727년부터 1758년까지의 러시아와의 국경

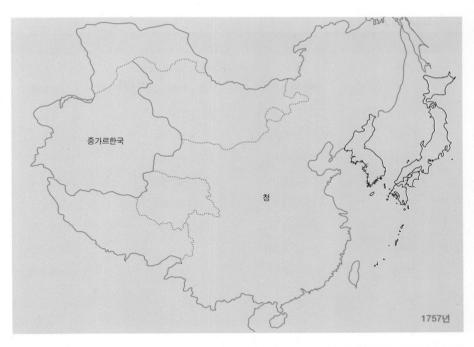

중가르한국

청

1757년

헤이룽장

외몽골

지린

펑텐

신장

내몽골

즈리

산시

산동

칭하이

간쑤

산시

허난

장쑤

시짱

쓰촨

후베이

안후이

저장

장시

푸젠

후난

구이저우

광시

광둥

윈난

■ 1840~1911년까지 상실한 지역

1911년

그림 2-2 | **17~19세기 초의 중국 강역**
자료: 中國社會科學院 主編, 『中國史稿地圖地』 下册(中國地圖出版社, 1990)을 참고해 작성했다.

표 2-1 | **건륭제의 십전**

회차	연도	지역	확보한 지역
1차	1749	다·샤오진촨(大·小金川)	티베트 시짱(西藏)
2차	1755(건륭 20)	중가르(准噶爾)	신장(新疆)
3차	1757(건륭 22)	중가르	신장
4차	1759(건륭 24)	회부(回部)	신장
5차	1769(건륭 34)	미얀마(緬甸)	서남부 변경
6차	1776(건륭 41)	다·샤오진촨	티베트 시짱
7차	1788(건륭 53)	타이완(臺灣)	타이완
8차	1789(건륭 54)	베트남(安南)	서남부 변경
9차	1791(건륭 56)	네팔	티베트 시짱
10차	1792(건륭 57)	네팔	티베트 시짱

역할을 했다.

이처럼 신장 지역을 확보해 중화민국에 넘겨주고, 또 그 영토가 현대 중국으로 이어지게 하는 데는 건륭제의 공이 매우 컸다. 건륭제는 생전에 10차례의 외정(外征)을 성공하고, 자신을 십전노인(十全老人)이라 칭하며 선대의 숙원 사업을 완성했다고 자평했다. 10전의 전역은 〈표 1-1〉과 같다.

결과적으로 이때 확보된 영토는 중국 역사에서 크게 주목을 받고 있다. 영토뿐 아니라 영토에 사는 각 민족까지 청 제국에 복속되면서 다민족 국가의 원형이 완성되었기 때문이다. 1750년대까지 중가르, 회부 전 지역에서 확보된 영토에 120년 뒤 신장성이 설치되어 다민족 통일국가의 기반이 되었다. 그런데 1760년 이후에 진행된 전쟁은 남쪽으로 베트남, 미얀마에까지 이어지고 있으나, 성공한 것으로 보기 어려운 사례도 있다. 또한 대외적으로 보면 1760년대 이후는 프랑스와의 전쟁에서 승리해 인도에 대한 정치적 지배권을 갖게 된 영국이 중국과 외교 관계 개선을 준비하기 시작하는 변화의 시기이기도 했다.

2) 만주족의 중국 지배

18세기 후반, 청조는 건륭제의 십전으로 최대 판도를 확보했다. 그러나 17세기 이후 여기에 포함된 영역과 사람들이 하나의 원리로 통치된 것은 아니었다. 청나라는 투항한 한족 관료들의 적극적인 협조 속에 명나라의 제도를 답습해 통치 체제를 유지해 갈 수 있었다. 한인 관료를 회유하기 위해 청나라는 명나라의 정통성을 이어 황제를 모시는 국가로서의 모습을 보이기 위해 유교에 기초해 과거를 실시하고 제천의식을 행했다. 백성을 위한 세제도 명나라의 제도와 크게 다르지 않았다.

강희·옹정 시대를 거치면서『명사(明史)』편찬에 힘을 쏟은 것도 정통을 계승하는 모습을 보여주어 한족에 대한 통치를 공고히 하려는 의도가 있었다. 그러나 한인 남성에게 변발을 강요하고, 한인이 만주족에 대해 민족적 우월감을 보이면 가차 없이 탄압했다. 이는 한족 여성들에 대해 전족 금지 정책을 완만히 실시한 것과 대비된다. 만주족이 중국 내지로 세력을 확장하면서 한족 통치를 공고화할 수 있었던 것은 강희제의 강건한 정치적 공적에 기초한 바가 크다. 치세 초기 10살도 채 되지 않은 강희제는 오삼계(吳三桂)와 정성공(鄭成功) 세력을 물리치고 중국 전역으로 통치권을 강화했으며, 강남을 순행해 한족의 안정을 확인하기도 했다. 그는 북쪽으로 몽골 세력을 제어하기 위해 자금성을 대신해 러허(熱河)의 피서산장에서 지냈다. 이런 전통은 손자인 건륭제에게도 이어졌다.

건륭제는 매년 러허에서 여름을 보냈다. 러허에는 사냥터인 무란웨이창(木蘭圍場)이 있어 군사훈련을 겸한 수렵 활동도 가능했다. 건륭제는 이곳 러허에서 몽골의 왕공을 알현하고, 티베트 불교 사원도 세웠다. 러허는 단순히 건륭제가 여름을 보내는 피서산장뿐 아니라 청조가 장악한 광대한 내륙 아시아에서 패권을 유지하는 데 중요했다.

청나라의 통치권은 옹정제 시기에 주접제도(奏摺制度)로 더욱 확고해졌다. 원래 주접제도는 강희제가 한족 통치와 재정을 확보하기 위해 우선적으로 파악해야 하는 강남 사정을 몰래 보고하게 한 데서 시작되었다. 이후 옹정제는 중신과 근친을 처단하면서 권력을 집중시켜 갔고, 관료들이 사적인 그룹을 만드는 것을 금지하고 주접을 올리는 관료와 관계를 공고히 하면서 황제권을 강화하고자 했다. 반발도 만만치 않았지만 그는 한족의 사상개조를 위해 『대의각미록(大義覺迷錄)』을 저술해 보급했다. 또한 군사기밀을 취급하는 군기처를 만들었다. 군기처는 건륭제 시대에 걸쳐 그 역할을 확대해 가며 정무의 중핵을 담당하는 기관이 되었다. 황제에게 자문하고 조칙을 작성하며 정치적인 중요 사항을 심의하는 최고 기관으로 발전한 것이었다.

군기처는 군기대신(軍機大臣)과 군기장경(軍機章京) 등 약 30명의 관료로 구성되었다. 군기대신은 황제가 임명한 관료로, 황제의 의사가 정책에 그대로 반영되어 황제권력 강화에 기여했다. 청조 초기에 실시된 합의제적 정치체제는 강희·옹정·건륭의 성세를 거치면서 황제 의지에 따른 정책 결정으로 바뀌면서 황제의 전제 지배가 강화되는 방향으로 바뀌어갔다.

지방의 주와 현은 명조부터 계속된 행정 체제로, 중앙에서 임명한 지주(知州)와 지현(知縣)이 책임을 맡아 각 지역에 설치된 아문(衙門)을 운영했다. 문서 행정 실무는 서리(胥吏)가 맡았고, 범인 체포와 같은 실력 행사는 아역(衙役)이 담당했다. 서리와 아역은 현지 출신으로 직을 세습하는 경우도 있었으나 정규 급여는 없었다. 따라서 이들은 직권을 남발해 백성들에게 다양한 이유로 징수했다. 지현은 이 서리와 아역을 활용해 일을 진행해야 했고, 이들과 함께 현을 잘 관리하는 것이 지현의 능력으로 평가되었다. 이 때문에 지현은 사재를 들여 막우(幕友)라 불리는 고문 내지 비서에 해당하는 인재를 고용해 도움을 받기도 했다. 청대 후반에 들어 막우의 활약이 눈에 띄게 증가한 것은 지방의 질서가 이전보다 혼란해진 경향과도 연관이 있었다.

청대 지방 행정의 가장 큰 특징은 번부 지배에 있었다. 다수를 차지하는 몽골인들은 청나라에 편입된 시간과 과정에 따라 대우에 차이가 있었다. 팔기군(八旗軍)에 편입되어 청조 통치에 참여하게 된 경우 청나라가 설정한 구역에 방목지를 정해주어 몽골족 지배하에서 어느 정도 자치를 유지하기도 했다. 유목 생활을 하는 몽골인들은 상호 경쟁이 심했기에 청조는 몽골족 지배자의 임면권을 과시하면서 이들은 관리했다.

한편 티베트 지배도 번부(藩部) 지배에서 중요한 역할을 했다. 청조는 티베트 불교를 숭상하고, 달라이 라마를 수호함으로써 티베트 불교권에 대해 영향력을 확보하고자 노력했다. 청조는 중가르 세력이 달라이 라마를 이용해 티베트를 세력화하려 하자 이를 물리치고 라싸에 대신을 파견해 지역 상황을 파악했다. 또한 신장 오아시스에 사는 회교도 이민족 지역에도 대신을 파견해 관리했다. 이렇듯 청조의 황제는 청조 영역에 포함된 다양한 민족을 '번부'라는 명칭 아래 개별적인 논리로 여러 형태의 지배력을 행사했다.

3) 쇠락의 징조들

120년간 지속된 성세는 건륭제 후반 이후 쇠락의 그림자도 함께 드리우기 시작했다. 쇠퇴는 정치사회 문제에서 시작되었다. 인구가 늘어나면서 경작지가 부족해지자 유민이 증가하고, 반란으로 연결되면서 사회가 불안해졌기 때문이다.

먼저 정치와 관련된 경제 상황을 알아보자. 건륭제는 조부 강희제가 6차례의 남순(南巡)을 다녔던 것처럼 강남을 6차례 순행했고, 그 외 지역으로의 순행까지 포함하면 총 15차례에 걸쳐 순행을 다녔다.

남순 때는 장닝부(江寧府: 현재 난징), 쑤저우부(蘇州府), 항저우부(杭州府), 양저우부(揚州府) 등을 둘러보았다. 황제가 순행할 때는 황자와 공주, 대신, 환관 등 궁정 관련 사람들이 함께 움직이므로 적어도 2000~3000여 명이 함께 갔다. 순행 기간은 4~5개월이나 되었기 때문에 막대한 경비가 소모되었다. 일부 경비는 상인들의 자발적인 기부도 있었으나, 숙박과 이동 등에서 백성에게 돌아가는 부담도 적지 않았다. 하지만 정치적인 효과도 있었다. 강희제 시기부터 남순의 목적은 강남 지방 한족에 대한 감시와 하천 공사를 감독하기 위한 것이었다. 건륭제는 특히 장저(江浙)의 인구 조밀 지역에서 민정을 살피고자 했다. 강희제의 경우, 강남의 명승을 관람하며 운하 주변의 대상인단과 돈독한 관계를 유지하기도 했다.

건륭제가 십전으로 영역을 확보한 공적은 매우 컸지만, 내부 통치 구조 자체는 강희·옹정 연간처럼 공평하고 철저히 관리되지 못했다. 이는 화신(和珅)을 비롯한 관료들의 부정·부패에 원인이 있었다. 1769년부터 화신은 두각을 나타내며 건륭제의 눈

표 2-2 | 건륭제의 남순

	연도(나이)	기간(음력)	소요일
1차 순행	1751년(41세)	1월 13일~5월 4일	139
2차 순행	1757년(건륭 22, 47세)	1월 11일~4월 26일	105
3차 순행	1762년(건륭 27, 52세)	1월 12일~5월 4일	113
4차 순행	1765년(건륭 30, 55세)	1월 16일~4월 21일	124
5차 순행	1780년(건륭 45, 70세)	1월 12일~5월 9일	117
6차 순행	1784년(건륭 49, 74세)	1월 21일~4월 23일	121

자료: 조영헌, 『대운하와 중국상인』(민음사, 2011), 316쪽.

에 들기 시작한다. 화신이 군기대신(軍機大臣)이 되어 권력의 핵심을 차지하는 1776년부터 20년간 건륭제 통치 체제는 느슨해졌다. 실권이 화신에게 넘어가면서 청나라의 관료 사회는 빠르게 부패해 갔다. 화신은 가경제(嘉慶帝)가 등극해 4년이 지난 1799년 건륭제가 죽자 바로 처형되었는데, 이때 몰수한 재산이 8억 냥에 달했다. 청조의 예산이 몇천만 냥이었던 상황을 고려하면 화신을 비롯한 당시 관료들의 부패가 어느 정도였는지 알 수 있다.

부정부패는 민심의 이탈로 이어졌다. 청나라에 쇠퇴의 그림자가 드리우자 아래로부터 동요가 시작되었다. 1774년에 발생한 백련교(白蓮敎)도 왕륜(王倫)의 난이 그것이다. 건륭 연간 백련교, 천지회(天地會) 등의 비밀결사가 조직적인 활동을 전개하며 한족의 민족의식을 고취해 갔다. 특히 백련교는 청조의 탄압에도 산둥(山東)·허난(河南) 일대에서 쓰촨(四川)·산시(陝西)·후베이(湖北) 등 각지로 확대되는 추세였다. 화신이 부정·부패를 자행하는 가운데 관이 백성에게 반란을 일으키게 하는 관핍민반(官逼民反) 상황도 심각했다. 관과 지주들의 농민에 대한 압박이 가혹해지자 산둥 지역에서 왕륜이 백련교의 한 계통인 청수교(淸水敎)도들과 반란을 일으켜 현성(縣城)을 공격했다. 이들은 세력을 키워 산둥성의 경제 중심지 린칭(臨淸)에서 정부군과 대치했으나 결국 진압되었다.

멀리 타이완(臺灣)에서도 반란이 일어났다. 이들은 백련교와는 다른 천지회 계통이었다. 천지회는 이 무렵 푸젠성(福建省)을 중심으로 활동을 시작했다. 청 말에 일부가 삼합회(三合會)로 이어지는 비밀결사로, 청나라를 무너뜨려 한족의 국가를 건설하자고 주장하며 봉기를 일으켰다. 임상문(林爽文)의 경우도 푸젠성 일대를 장악하고 정권을 세워 타이완에까지 영향을 미쳤다. 건륭제의 십전 중 제7차 타이완 정벌은 임상문 반란 등을 중심으로 한 혼란을 수습하기 위한 것이었다.

변경의 소수민족 지역에서도 반란이 그치지 않았다. 칭하이의 회족반란(回族反亂, 1781~1784), 후난(湖南)·구이저우(貴州)의 묘민반란(苗民反亂, 1795~1797)으로 청조는 심각한 타격을 입었다. 청조는 난의 진압을 위해 막대한 경비를 사용했다. 또 정치체제가 흔들리는 것을 방지하기 위해 노력했지만 효과적으로 대처하기에 역부족이었다. 성세의 정점인 건륭제의 통치가 끝나고 가경제 시대를 맞이하며 쇠락 속도는 더빨라졌다. 결정적인 타격을 준 것은 후난, 쓰촨, 산시에서 일어난 백련교도들의 반란(1775~1804)이었다. 이 세력들의 반란은 허난(河南), 산시(陝西), 산시(山西), 산둥, 허난으로 확대되었다. 가경제 초에 일어난 백련교도의 진압에는 청 정부보다 각 지방에서 조직된 향용(鄕勇)의 활약상이 뛰어났다. 18세기 말 청정부의 군대는 이미 국내 반란의 진압에도 힘겨워할 정도로 약해져 19세기 외국과의 전쟁에는 효과적으로 대응하지 못하는 상황이 되었다. 청조가 국내의 정치적·경제적 사정으로 힘겨워하는 사이에, 서양에서는 미국의 독립(1776), 프랑스대혁명(1789)이 일어나며 인간의 존엄성과 자유, 평등, 박애가 강조되기 시작했고, 영국이 산업혁명을 거치며 더 적극적으로 중국의 문을 두드리고 있었다.

02 광둥 무역 시스템과 세계무역

1) 청조의 대외정책

1644년 중원으로 들어온 청나라는 정치·경제 분야는 물론이고, 대외 관계에서도 명나라의 관행을 존중했다. 명 초 몽골의 부활을 경계해 바다를 막는 해금(海禁) 정책을 실시한 것처럼, 청 역시 남명(南明)정권 등 명을 부활시키려는 세력과 대치했다. 이에 명 초처럼 해금 정책을 준수하고 나아가 해안가 주민을 내지로 옮기는 천계령(遷界令)을 시행했다. 그러나 이런 해금 정책은 오히려 경제 상황을 악화시켰다. 명대에 외국과의 무역을 통해 들어오던 은의 유입이 자유롭지 못하게 된 것이다. 성세 120년의 시작을 알리는 강희제 치세 초기인 17세기 후반은 명청 교체로 인한 경제적 불황에 더해 만주족 통치가 주는 불안이 공존했다. 삼번(三藩)의 난과 정성공의 반청 투쟁을 진압한 강희제는 1684~1685년 월해관(粵海關, 廣州), 민해관(閩海關, 福建과 廈門), 절해관(浙海關, 寧波), 강해관(江海關, 上海)에 네 개의 해관을 설치하고 무역을 재개했다.

당시 청조의 주요 무역 대상은 동남아시아, 인도, 일본이었다. 주로 월해관을 통해 동남아시아의 쌀, 향신료 등 식품과 금, 주석 등 광물을 수입하고, 수공업 제품을 수출했다. 인도에서는 난징 목면의 원료인 면화를 수입하고 사탕(砂糖)을 수출했다. 영국을 비롯한 서양 제국의 무역 상인도 17세기 말 광저우(廣州)로 찾아와 무역을 시작했다. 18세기 후반 구매력이 크게 늘어나면서 1770년의 무역량은 18세기 초에 비해 40배나 증가했다. 주된 수출 상품은 생사, 도자기, 차 등 특산품이었다. 그런데 향신료와 같이 중국에서 필요로 하는 상품이 없었던 서양 제국은 상품 대금을 지급하기 위해 많은 은을 지불해야 했다. 일본과 공식 외교 관계가 없었던 시기, 절해관에 일본 배가 들어와 무역에 참가했고, 청의 선박도 나가사키(長崎) 등지에서 일본 정부의 관리하에 생사를 수출하고 은·동 등을 수입했다. 이렇게 청대의 대외 관계는 명대부터 시작되어 시행된 조공 제도와는 확실히 다른 형태였다.

청조는 명조의 조선, 류큐(琉球), 베트남 등과의 조공 관계 아래 시행한 무역에 더해 강희제가 설치한 해관을 통해 각국과 무역하는 독특한 체계도 유지하고 있었는데, 이를 호시무역(互市貿易)이라 한다. 호시무역은 옹정제, 건륭제를 거쳐 아편전쟁으로 개항하기까지 계속되었는데, 조공 등 정치적인 관계를 동반하지 않고 정부가 지정한 위탁 상인조합인 공행(公行)이 외국 상인을 관리했다는 점이 큰 특징이다. 17세기 후반에 항구 네 곳이 열리고 외국과의 거래에서 중국 행상 중 선발된 16가(家)가 공행을 결성해 가격을 정하고 주요 상품의 독점을 꾀하기 시작했다. 1726년경에는 많은 행상 가운데 유력한 행상 몇 가(家)를 선발해 총상(總商)의 직책을 맡기고, 세금 징수의 책임과 외국과의 무역독점권 등 무역에서 중요한 지위를 부여했다. 이렇게 외국 상인들은 청조에 도착해 무역을 하기 위해 공행 조직의 통제를 받아야 했다. 공행은 제도적으로 몇 차례 개편이 있었으나 외국 무역 업무를 계속 독점해 간다는 기본 구조는 변하지 않았기 때문에 외국 상인들의 불만이 쌓여갔다. 그런 가운데 청조에서는 또 다른 조처를 통해 무역을 통제하고자 했다. 바로 무역항 숫자의 제한이었다.

2) 광둥 무역 시스템

1757년 무역을 할 수 있는 항구가 강희제 때 설치한 네 곳에서 광저우의 월해관 한 곳으로 축소되었다. 이른바 광둥 무역 시스템이 시작된 것이다. 건륭제 시기에는 선대의 대외정책 덕택에 호황을 맞아 물가가 앙등했다. 해외 무역으로 은이 지속적으로 유입되었기 때문이다. 1757년 건륭제의 지시로 서양 제국과의 통상을 광저우항 하나로 제한하는 정책을 시행함으로써 서양과의 무역은 광저우에서만 이루어졌다. 얼마 전까지 학계에서는 건륭제의 이러한 정책 변경을 서양 기독교 세력에 대한 견제로 보아, 청 정부가 더 먼 곳으로 무역항을 옮기고자 했다는 점을 강조해 설명했다.

하지만 최근에는 결제 수단으로 은과 동전을 함께 사용하던 청조가 과도한 은 유입에 따른 물가 변화와 지역적 불균형을 해소하기 위한 경제정책의 일환으로 해석하고 있다. 즉 대외 교역에서 월해관 관할의 광저우는 민해관 관할의 샤먼(廈門), 절해관 관할의 닝보와 치열한 경쟁 관계에 있었는데, 특히 18세기 중반이 되면 강남 지역을 배후지로 하는 닝보가 무역에서 우위를 차지하게 되었다. 절해관은 닝보의 저우산 군도(舟山群島)의 딩하이(定海)에 서양의 무역선이 정박할 수 있도록 하여, 영국 상인들이 이곳에 와서 생사와 차를 구매하도록 했다.

이런 분위기 속에 황제는 1757년 서양인과의 교역 항구를 광저우 한 곳으로 제한한다는 상유(上諭)를 내렸다. 상유에 거론된 이유 중 하나로 외국 선박을 광저우로 제

그림 2-3 | 〈광둥의 유럽 상관〉 오귀스트 보르제(Auguste Borget), 1840년 작.

한하면 무역 이익이 광둥 한 곳뿐 아니라 장시성(江西省) 등에 미치게 된다는 점이 강조되고 있다. 즉 강남은 이미 일본과의 무역을 거의 독점하고 있는데, 여기에 서양인들과의 교역이 집중되면 화난(華南)이 소외될 가능성이 있다. 따라서 제국 전체의 균형을 생각하면 광저우에서 서양인과의 교역을 전담할 필요가 있다는 것이다.

상유에 따라 외국인은 광저우에서 광저우부 성 밖 강가에 성벽으로 둘러싸인 거주 지구에 격리되어 생활했다. 광둥 무역은 계절풍의 영향으로 가을부터 겨울까지 가능했다. 이 시기가 지나면 외국인들은 광저우에 체류할 수 없어 마카오로 돌아갔다. 영국 상인은 이와 같은 무역 구조하에서 경제적인 이익을 올릴 수 있었다. 제약이 있기는 해도 중국에서 수입한 차와 중국으로 수출하는 인도산 면화, 게다가 1780년부터는 인도산 아편까지 더해져 영국 상인과 중국 상인 모두 거래에 만족해했다. 다만 영국의 상인들은 청조 정부가 정한 청국 상인(공행)과 교역해야만 했으므로, 정부 관리들과 직접 교섭할 수 없다는 점은 고민이었다. 정규 세금 외에도 시간이 흐를수록 각종 추가 부담이 있었고, 외국인의 재판을 중국 측에서 담당하는 것도 개선해야 할 사항이었다.

그림 2-4 | 〈광저우 외국 상관의 모습〉 작가 불명, 홍콩 역사박물관 소장.

1784년 영국 배의 포수가 축포를 쏘았는데 중국인이 다치는 사고가 발생했다. 청조는 무역을 중지하고 거류지를 봉쇄한 뒤 영국인 포수를 인도받아 사형에 처했다. 영국으로서는 교섭 창구가 없어 생긴 일이라고 보았기 때문에 이 사건을 계기로 정부 차원에서 사절단을 파견해 이러한 문제를 해결하기로 했다. 그 목적을 달성하기 위해 1792년 영국을 출발한 조지 매카트니(George Macartney)가 사절단을 이끌고 중국을 최초로 방문했다.

3) 매카트니 사절단

영국은 무역 확대를 위해 사절단을 파견했다. 전권대사 매카트니를 태운 라이언호는 영국을 출발해 아프리카의 희망봉과 인도양을 거쳐 발해만의 항구 다구(大沽)에 도착했다. 중앙정부와 직접 교섭하기 위해 광둥에 정박하지 않았다. 매카트니는 치외법권 보장, 차와 생사 생산 지역 할양, 안정적인 무역량 확보를 위한 조약 체결, 광저우의 폐단 근절 등 여섯 가지 임무를 띠고 1793년 음력 8월 건륭제를 알현했다. 공

그림 2-5 | **〈건륭제를 만나는 조지 매카트니〉** 영국의 풍자 화가 제임스 길레이(James Gillray), 1792년 작.

식적으로는 건륭제의 80회 생일 축하 사절이어서, 청은 '조공 사절'로 판단해 최상의 예우를 다했다.

　중국에서 황제를 알현할 때는 세 번 무릎을 꿇고 아홉 번 머리를 조아리는 '삼궤구고(三跪九叩)'의 예를 취해야 했다. 이런 예를 취하면 영국이 청조의 조공국이 되므로, 사절단은 이를 거부했고, 결국 영국식 예로 타협을 보았다. 청은 외교 교섭에 관심이 없었다. 건륭제는 다음과 같은 국서를 보내 6개 항의 요구를 공식적으로 거부함으로써 매카트니의 임무는 실패로 끝났다.

　　그대가 보내려 하는 사신에게 베이징의 유럽인들은 중국 복장을 입어야 하고, 지정된 장소에서만 활동할 수 있으며, 제 나라로 돌아가는 것을 허락받을 수 없소. 관리들과 같은 지위를 부여할 수 없으며, 자유로운 활동이나 본국과의 연락을 허용할 수도 없소. …… 이 왕조의 크나큰 덕은 하늘 아래 어디에도 미치지 않는 곳이 없어서 모든 왕과 부족들이 육로와 수로를 통해 귀한 공물을 보내오고 있소. 그대의 사신이 직접 보는 것처럼, 우리에게는 없는 물건이 없소. 나는 기이하고 별난 물건에 관심이 없으며 그대 나라 생산품이 필요하지 않소(中國第一歷史檔案官 編, 『乾隆朝上諭檔』 17冊, p.517).

건륭제는 영국에서 원하는 것은 중국의 제도와 맞지 않는 사항이고, 많은 나라에서 중국에 조공하므로 굳이 영국에서 수입할 것이 없음을 강조했다. 매카트니는 그의 목적을 달성하지 못했으나 광둥에서 북상하면서 중국의 해안을 측량할 수 있었다. 또한 러허에서 대운하를 이용해 강남 지방 등을 살펴보면서 광둥에서 출발하는 귀국길을 선택했다. 그 과정에서 중국에 관한 정보를 취득할 수 있었다. 이렇게 중국을 여행하는 6개월 동안 일기를 남겨 청나라 관료 사회를 파악하고자 노력했다. 그는 일기에 청조는 "가라앉는 거대한 군함"과 같다고 적었다.

16세기 지리상의 발견 이후 세계 각 대륙은 바닷길로 연결되었다. 중국도 예외는 아니었다. 17세기 명·청 왕조 교체를 거치면서 앞에서 살펴본 것처럼 청조도 바다를 통해 서양과의 교역을 꾸준히 확대했다. 영국이 청조를 공격하면서 일어난 중국 사회의 변화는 19세기에 절정에 달했지만, 청조를 방문한 영국의 매카트니 사절단이 청조에 제기한 요구 사항 속에서 무역 대립의 전조를 볼 수 있다.

청조의 사회경제는 18세기 후반 해상 경로를 통해 아시아로 진출한 서양과의 교역을 통해 세계경제체제로 편입되기 시작했다. 외국과의 교역은 경제발전 과정에서 청조 내부의 변화를 자극하기도 했다. 은 경제에 기반을 둔 상업화·도시화와 함께 사회적·인적 유동성이 확대되면서 변화 속도도 빨라졌다. 상인들은 청 제국 안에서 지역 간의 교역망을 형성하고 각 지역의 고유한 도시 문화를 서로 연결시키는 데 도움을 주었다.

03 사회문화의 발전

1) 선교사의 활약

명대에 가톨릭 선교사 마테오 리치(Matteo Ricci)는 갖은 고생과 노력 끝에 베이징에 들어가 가톨릭을 선교하고 서양 문화를 소개에 하는 데 크게 공헌했다. 그의 뒤를 이어 청대에는 예수회 선교사 아담 샬(Adam Schall)이 천문역법에 관한 지식을 중국에 전했다. 이 예수회 소속 선교사들은 적응 정책과 포용적 태도로 포교를 진행해 중국의 전통과 관습에 타협하면서 기독교를 전파했다. 예수회 선교사들의 이런 선교 방식에 반대한 도미니크회와 프란치스코회는, 가톨릭 신자는 공자와 조상을 숭배하는 의례에 참가해서는 안 된다고 주장했다. 의례를 둘러싼 이와 같은 논의는 전례 문제로 확대되었으며, 로마 교황청이 공자와 조상에 대한 숭배를 금지하는 칙령을 내리자 강희제 역시 강경한 자세를 취해 선교사를 통제하기 시작했다.

강희제는 선교사들이 지닌 기술과 과학 지식을 좋아해 스스로 배우고자 했고, 러시아와의 교섭에서 선교사를 적극 활용하기도 했다. 그러나 전례 문제를 둘러싼 분쟁은 피할 수 없었다. 옹정제 시기에 가톨릭교회의 활동을 금지하는 정책이 강화되는 가운데 궁정에 체류하던 선교사들은 주로 과학기술과 예술을 통해 청조에 봉사했다. 이들의 활동을 몇 가지로 구분해 살펴보자.

첫째, 지도 제작이다. 18세기 강희제 시대 후기에 프랑스계 예수회 선교사들은 중국 전역을 측량하고 이를 바탕으로 지도를 작성했다. 1602년 마테오 리치(Matteo Ricci)가 제작한 「곤여만국전도(坤輿萬國全圖)」라는 서양식 세계 지도도 있었지만, 1707년에 피에르 자르투(Pierre Jartoux), 조아킴 부베(Joachim Bouvet), 장밥티스트 레지(Jean-Baptiste Régis) 등 선교사들이 프랑스 루이 14세 시대에 발달한 측량 지식에 기초해 중국인과 함께 제작한 「황여전람도(皇輿全覽圖)」는 특히 의미가 있었다. 이 지도는 중국 내지와 변경 700여 곳을 10년간 측량하고, 총 41장의 부분 지도를 연결해 하나의 지도로 완성한 것이었다. 18세기에 시작된 예수회 선교사들의 측량과 지도 제작 사업은 건륭 시기까지 대규모 사업으로 이어졌다. 이와 같은 지도 제작은 선교사들의 열의와 청조 정부의 강력한 의지가 뒷받침되었기에 가능한 일이었다.

둘째, 천문 과학 관련 활동이다. 명대에는 마테오 리치가 구술하고 서광계(徐光啓)가 기록하는 방식으로 번역한 『기하원본(幾何原本)』은 중국 사회에 서양 과학이 정식으로 전해지는 계기가 되었다. 이후 중국에서는 역법과 관련된 성과가 두드러졌다. 명 말 숭정 연간(1628~1644)에 있었던 역법 개정에 아담 샬 등이 참가했다. 이들은 역서를 편찬하면서 역법 이론을 정리해 『서양신법역서(西洋新法曆書)』로 간행했다. 이를 토대로 청조 정부도 선교사가 『시헌력(時憲曆)』을 편찬하고, 국립 천문대인 흠천감(欽天監)의 책임자가 될 수 있게 했다. 페르디난트 페르비스트(Ferdinand Verbiest)는 『서양신법역서』를 보완해 『강희영년역법표(康熙永年曆法表)』(1668), 『영대의상지도(靈臺儀象志圖)』(1673)를 간행하여, 천문 지식의 확산에 크게 기여했다.

이들의 노력에도 서양 천문과학의 발전상이 실시간으로 중국에 전달된 것은 아니었다. 특히 태양력 중심의 세계관이 중국에 소개되는 데는 오랜 시간이 걸렸다. 1766년 니콜라우스 코페르니쿠스(Nicolaus Copernicus)의 지동설을 소개한 미셸 브누아(Michel Michel Benoît)의 『지구도설(地球圖說)』이 청나라에 소개된 것은 1799년이었다. 이는 선교사가 지닌 한계도 있었지만, 청나라 측이 자신들의 통치에 필요한 것만을 편의적으로 도입하려 한 데도 일부 원인이 있었다.

셋째, 청조의 문화 발전에 기여한 점이다. 이탈리아 출신 주세페 카스틸리오네(Giuseppe Castiglióne) 등이 그린 황제들의 다양한 초상화는 청조 황제의 일상을 엿볼 수 있게 해준다. 카스틸리오네는 원명원(圓明園) 설계에도 참여했는데, 건륭제 시기에 바로크 양식과 로코코 양식 등 유럽의 궁정 건축 양식이 나타난다. 이는 건륭제가 서양 문화에 얼마나 흥미가 있었는지 상상하게 해준다. 궁정에서 활동한 선교사들은 청대 사회의 다양한 측면을 유럽에 자세히 보고했다. 18세기 프랑스를 중심으로 하는 계몽사상가들에게 중국은 다양하게 해석되었다. 청조 치하의 중국에서 선교사들이 본래 목적한 선교는 큰 성과를 거두지 못했으나 마테오 리치에 의한 가톨릭 소개서 『천주실의』는 베이징을 방문한 조선의 연행 사절에 의해 조선에도 전파되었다.

18세기 후기 조선에서는 가톨릭이 '서학'이라는 이름으로 보급되면서 천주교가 뿌리 내리는 계기를 마련했다.

2) 고증학의 발전

청조의 학술은 명 말 청 초에 성립한 고증학이 주류를 이루었다. 고증학이 융성하고 『사고전서』를 편찬하는 등 문화가 꽃을 피운 것도 성세로 지속된 정치·경제적 안정에 기초한 것이었다. 경제 호황으로 부를 축적한 후이저우(徽州) 상인들은 문화의 후원자 자리를 마다하지 않았고, 거금을 사용해 문화를 풍성히 채워갔다. 청 초에는 만주족의 청조에 봉사하는 것은 옳은 일이 아니라며 은둔하거나 유랑하는 인물이 많았다. 그중 고염무(顧炎武)가 대표적인 인물이다. 그는 『일지록(日知錄)』, 『천하군국이병서(天下郡國利病書)』 등의 서적에서 알 수 있듯이 청대 고증학의 기초를 닦은 학자로 구체적인 역사·지리 고증 등 현실에 도움이 되는 학문에 정진했다. 그의 또 다른 대표작으로 고대 음운을 고찰한 『음학오서(音學五書)』가 있다.

청대 고증학은 유교 경서를 정확히 독해하는 것을 목표로 했고, 이를 위해서는 고대의 언어를 정확히 이해할 필요가 있었다. 전해진 경서 속에 만일 거짓 내용이 혼재되어 있으면 안 되었기 때문에 경서 내용이 진실인지 신중히 판단해야 했다. 그런 관점에서 고증 과정에는 경서 속에서 진리를 찾아내고자 하는 열정이 포함되지 않을 수 없었다. 성세인 건륭제 시대의 학문에서 학자들 사이에 새로운 발견을 위해 경쟁한 측면도 있었는데 이는 직접적인 정치적 언설을 피하고 고증에 몰두하는 경향과 관련이 있어 보인다.

청 초 경세학(經世學)으로 유명한 인물이 황종희(黃宗義)이다. 그는 청조 지배 시기에 학문 연구에 전념하며 『명이대방록(明夷待訪錄)』을 저술해 행정·재정·군사 면에서 폐해가 누적되어 명조가 멸망한 것이라고 지적하며 개혁안을 제시했다. 비슷한 시기에 경세치용의 학을 주장한 인물이 왕부지(王夫之)이다. 그는 만주족의 침입에 대항해 민족의식을 높여가야 한다고 주장하면서 『독통감론(讀通鑑論)』 등의 저술에서 청조 정치를 비판하기도 했다. 그는 천하를 사유화하는 군주 전제 대신 공평한 치정(治政)과 민생 향상을 중시했다.

고증학은 경세치용을 위한 수단으로 고전의 고증을 중시했는데, 글자의 자구뿐 아니라 고전 그 자체의 진위를 밝히는 데 초점을 맞췄다. 경서, 음운, 지리 등 다양한 분야에서 고증학 연구가 전개되었던 것이다. 성세 말기인 건륭 연간에 이와 같은 방법이 발달해 가경 연간에 더욱 꽃피웠다. 고증학의 발전은 청조의 사상 통제와도 관련이 있다.

청조는 사대부를 문화 사업에 적극적으로 참여시켜 반청 감정을 완화시키고자 했다. 강희제 시기부터 많은 학자들이 편찬 사업에 동원되었는데, 1679년에 시작되어 1739년에 완성된 『명사』 편찬이 대표적인 사업이다. 건륭제 시기에는 발전된 고증학을 배경으로 대규모 편찬 사업이 계획되어, 『사고전서(四庫全書)』의 편찬으로 이어진다. 『사고전서』 편찬은 고증학 연구를 심화·확대시켰는데 당시까지 출판된 중국 서적들을 하나의 총서로 묶었다는 데 큰 의미가 있다.

3) 인구의 증가

호황이 지속된 것처럼 보이는 청조의 역사에 밝은 면만 있었던 것은 아니다. 17세기 전란과 불황으로 1억 명에 머물렀던 인구가 18세기부터 증가 추세로 돌아서 이후 폭발적으로 증가하는 양상을 보였다. 강희제 말년부터 옹정제 연간에 걸쳐 만주족의 한족 지배가 안정되고, 평화 속에 생산이 회복되면서 나타난 현상이었다. 호경기가 전국적인 범위로 확대되자 인구 증가 현상은 더욱 심화되었다.

18세기 중반 세 배로 증가해 3억 명이 된 인구는 19세기로 들어서면서 4억 명을 돌파했다. 이와 같은 폭발적 인구 증가의 원인은, 지속적인 사회적 안정(평화) 속에 해외 교역이 늘어나고 화폐 공급을 통한 유동성 확장으로 수요가 계속 늘어나면서 이에 자극을 받아 생산이 증가한 데서 찾을 수 있다.

표 2-3 | **중국의 인구 증가**

연도	인구(100만 명)	경작 면적(100만 畝)	1인당 경작 면적(무)
125	56		
732	45		
1086	108		
1400	65~80	370 (±70)	5.1
1600	160	500 (±100)	3.1
1650	125		
1779	275 (±25)	950 (±110)	3.5
1850	430 (±25)	1,210 (±50)	2.8
1934	503	1,470 (±50)	2.9
1953	583 (±15)	1,678 (±25)	2.9

자료: 로이드 E. 이스트만(Lloyd E. Eastman), 『중국사회의 지속과 변화』, 이승휘 옮김(돌베개, 1999), 20쪽.

건륭제 시기의 인구와 관련해 인구과잉과 자원 부족에 대해 심각한 우려를 표시한 홍량길(洪亮吉)도 늘어나는 인구를 "사회가 잘 다스려지고 오랫동안 안정되면 천지는 인구를 증가시키지 않을 수 없으나 천지가 사람을 먹여 살리는 물자는 근본적으로 한정된 수량에 불과하다"라고 지적했다. 나아가 그는 "한 사람이 사는 집에 10명이 살게 되어 이미 부족한데, 어찌 100명에게 살라고 할 수 있는가? 한 사람이 먹을 것을 10명에게 먹여도 부족한데 하물며 100명에게 먹도록 할 수 있겠는가?"라고 하며 인구의 증가와 한정된 자원의 분배를 우려했다. 그의 이와 같은 고민은 시기나 내용 면에서 영국의 경제학자 토머스 맬서스(Thomas Malthus)가 1798년 『인구론(An Essay on the Principle of Population)』에서 제기한 주장과 유사하다. 이는 18세기 중국의 고민이 세계와 연결되어 있었음을 보여준다.

홍량길의 걱정처럼 당시 청조의 인구 증가는 기존의 경지와 작물 재배만으로는 부양하기 어려운 상황이었다. 여기서 나타난 새로운 현상이 이주와 새로운 경작지 개발이었다. 쓰촨 주변 지역의 산림 지구에서 주로 이루어진 이와 같은 개발은 환경 파괴와 심각한 자연재해를 초래했다. 이러한 환경변화는 자칫 농민반란으로 연결될 수 있다는 점이 더 큰 문제였다. 낯선 곳으로의 이주는 기존 전통사회에 대한 강한 저항에서 시작되었는데 이는 원적지의 지방관, 종족, 지주에게 항거하는 것으로, 기존의 사회질서를 유지하기 어려워졌다는 사실을 보여준다. 다른 한편으로 이 이주민들은 새로운 정착지에서 현지인의 강력한 저항에 맞서기 위해 새로운 조직을 만들었다. 그 결과 18세기 중반 이후 내지를 무대로 한 대규모 내란인 농민반란이 발생하기 시작했다. 백련교 교도들이 주도한 반란이 쓰촨(四川), 산시(陝西), 후베이(湖北) 세 개 성(省)의 경계지에서 발생한 것도 이 지역이 이주민들의 집결지였기 때문이다.

일찍이 학계는 18세기의 역동성에 주목해 왔다. '세계체제론'으로 불리는 이 역동성은 서양과 동양 각국이 은 경제를 중심으로 하나의 세계가 되었다는 점을 특히 강조하고 있다. 한편 이와 같은 역동적 변화 속에 중국은 왜 산업혁명 등을 진전시키지 못했는지에도 관심을 기울였다. 중국은 18세기에 아직 드러나지 않은 위기를 맞이하고 있었으나, 황제를 위시한 관료들 대부분은 계속되는 성세 속에 18세기 후반의 변화를 제때 직시하지 못했다. 이것이 중국의 근대로의 변화를 더디게 한 원인인지 모른다.

더 읽을거리

구범진. 2012. 『청나라, 키메라의 제국』. 민음사.

기시모토 미오(岸本美緒)·미야지마 히로시(宮嶋博史). 2003. 『조선과 중국: 근세 오백년을 가다』. 김현영·문순실 옮김. 역사비평사.

나퀸, 수잔(Susan Naquin)·이블린 S. 로스키(Evelyn S. Rawski). 1998. 『18세기 중국사회』. 정철웅 옮김. 신서원.

다니구치 기구오(谷口規矩雄). 1997. 『아시아역사와 문화』 4. 정성일 옮김. 신서원.

로, 윌리엄 T.(Willian T. Rowe). 2014. 『하버드 중국사 청: 중국최후의 제국』. 기세찬 옮김. 너머북스.

로스키, 이블린 S.(Evelyn S. Rawski). 2010. 『최후의 황제들: 청황실의 사회사』. 구범진 옮김. 까치.

미야자키 이치사다(宮崎市定). 2001. 『옹정제』. 차혜원 옮김. 이산.

스펜스, 조너선(Jonathan Spence). 1998. 『현대 중국을 찾아서』 1. 김희교 옮김. 이산.

_____. 2001.『강희제』. 이준갑 옮김. 이산.

_____. 2004.『반역의 책』. 이준갑 옮김. 이산.

엘리엇, 마크 C.(Mark C. Taylor). 2009.『만주족의 청제국』. 김선민·이훈 옮김. 이산.

_____. 2011.『건륭제』. 양휘웅 옮김. 천지인.

오금성 엮음. 2007.『명청시대 사회경제사』. 이산.

이스트만, 로이드(Lloyd E. Eastman). 1999.『중국사회의 지속과 변화』. 이승휘 옮김. 돌베개.

이시바시 다카오(石橋崇雄). 2009.『대청제국(1616~1799)』. 홍성구 옮김. 휴머니스트.

임계순. 2000.『청사: 만주족이 통치한 중국』. 신서원.

조영헌. 2011.『대운하와 중국상인』. 민음사.

크로슬리, 패밀라 카일(Pamela Kyle Crossley). 2013.『만주족의 역사』. 양휘웅 옮김. 돌베개.

퍼듀, 피터 C.(Peter C. Purdue). 2012.『중국의 서진: 청의 중앙유라시아 정복사』. 공원국 옮김. 도서출판 길.

프랑크, 안드레 군더(Andre Gunder Frank). 2003.『리오리엔트』. 이희재 옮김. 이산.

하오옌핑(郝延平). 2002.『매판: 동양과 서양 전통과 근대를 잇는 상인』. 이화승 옮김. 씨앗을뿌리는사람.

3장 내우외환과 중화제국의 동요

최진규(조선대학교 인문과학대학 역사문화학과 교수)

아편전쟁은 제1차 아편전쟁과 제2차 아편전쟁을 포함하는데, 좁은 의미로는 제1차 아편전쟁을 가리킨다. 아편전쟁은 마약 단속을 빌미로 전쟁을 도발한 명분 없는 사건으로, 영국의 토리당원 윌리엄 글래드스턴(William Gladstone)은 "원인으로 보아 이는 부정한 전쟁이며, 영국을 불명예에 빠뜨릴 것"이라고 의회에서 역설했다. 아편전쟁은 중국 근대사의 시작을 알리는 신호였고, 이후 중국은 100여 년 동안 식민지에 버금가는 곤경에 처했다.

태평천국은 청조 말기의 혼란과 무질서로 표현되는 체제 이완이 그 배경이었다. 태평천국을 진압하는 과정에서 증국번(曾國藩) 등 한인 신사(紳士)들의 역할이 두드러졌다. 이들이 지방에서 독자적인 권한을 인정받게 되자, 지방 장관인 총독과 순무의 세력도 강해졌다. 그동안 만주족과 한족의 비율이 반반이거나 만주인이 더 많았던 총독을 한인들이 차지하고, 주요 정책 결정에 지방 총독의 의견이 중시되었으며 이들은 독자적 세력으로 발전하여 민국시대의 군벌로 이어졌다. 제2차 중영전쟁과 태평천국을 겪으면서 청조는 외세에 대해 적대적인 태도에서 협조적인 정책으로 전환했다. 그 결과 총리아문과 총세무사를 설치하고, 세관 업무를 총괄하는 총세무사에 영국인을 임명함으로써 관세자주권을 상실하는 결과를 낳았다.

1, 2차 중영전쟁 이후 조공 관계를 기초로 한 전통적인 중화제국 질서는 새로운 도전에 직면했다. 청조는 새로운 국제 정세에 대응하기 위해 총리아문을 통한 새로운 외교정책과 양무운동을 전개했고, 외교 관계가 어느 정도 호전되자 왕조의 재건이 이뤄졌다는 중흥 의식도 나타났다. 그러나 구미 열강의 중국에 대한 개입과 압박이 강화되면서 중국과 주변 조공국 사이의 관계를 크게 변화시켜 오랫동안 유지해오던 제국 질서를 와해시켰다. 중화제국 질서의 위기를 둘러싼 상황 인식과 대응 방안을 두고 해방(海防)·새방(塞防) 논의가 일어나기도 했으나, 성과를 거두지 못한 채 열강의 강력한 도전을 맞았다. 청프전쟁과 청일전쟁을 거치면서 중화제국 질서의 와해는 물론이고, 민족적·문화적 위기에 직면하자 철저한 체제 개혁을 요구하는 흐름이 나타나기 시작했다.

1) 배경

일찍부터 중국은 서양 측에 미지의 이상향이었다. 예수회 선교사들은 초기의 청나라를 우호적으로 묘사했고, 100여 년 동안 이어진 안정적인 정치 즉 '강옹건(康雍乾) 성세'에 흥미를 보였다. 이를 반영하듯 서양에서는 중국의 상품과 사상이 선풍적인 인기를 끌어 중국풍(chinoiserie)이 유행했다. 그러나 청 중기 중국과의 교역은 매우 제한적이었으며, 서양 상인에게 개방된 무역항 광저우(廣州)의 관행에 불만을 품고 있던 동인도회사(East India Company)는 무역항 확대를 꾀했으나 여의치 않았다.

영국은 무역 확대를 위해 매카트니 사절단을 파견했으나 임무를 완수하지 못했다. 그러나 청조와의 교섭은 지속되었다. 19세기 초 포르투갈이 마카오를 점령하자 영국은 1816년 2차 전권대사로 윌리엄 애머스트(William Amherst)를 보냈으나, 이번에도 삼궤구고(三跪九叩)를 둘러싸고 논쟁이 벌어져 황제 알현에 실패하고 되돌아갈 수밖에 없었다. 3차 전권대사로 1834년 청을 방문한 윌리엄 네이피어(William Napier)는 기존 관습을 무시해 양광총독(兩廣總督)과 충돌했다. 양광총독은 상관(商館)을 포위하고 강제로 무역을 중단시켰고, 네이피어는 마카오로 돌아가 병사했다. 영국은 사절단을 통한 대청 교섭이 교착 상태에 빠지자 다른 방안을 모색했다.

1781년부터 1810년까지 중국에 유입된 은은 4200만 냥을 넘었다. 차를 비롯한 중국 상품에 대한 서양의 수요에 비해 가내수공업이 일반화되어 있던 중국에서 서양공산품은 판로를 개척하기 어려웠다. 대청 무역을 독점한 동인도 회사는 인도 점령과정에서 큰 부채를 지고 있었고, 이 문제를 해결하기 위해 영국의 자본, 인도의 면화, 청의 은을 이용한 삼각무역에 중점을 두었다. 그러나 19세기 이후 청은 국내 시장이 침체되고 면화 생산 가구가 확대되면서 인도산 면화는 판로를 찾을 수 없었다.

반면 19세기부터 크게 유행한 중국의 차(茶)는 영국의 대중국 수입 중 90%를 차지해 연간 구매 비용이 2800만 파운드를 돌파했다. 이와 같은 상황을 타개하기 위해 인

그림 3-1 | 중국풍 거실

도산 아편을 활용하는 방안이 나왔다. 사회 분위기가 이완되고 퇴폐적인 풍조가 확산되는 가운데 아편중독에 대한 경각심이 약했던 당시 아편의 환각 효과는 큰 인기를 끌었다.

아편 흡연이 만연하면서 도덕성과 이성을 마비시켜 각종 폐단이 생기자 청조는 대책 마련에 나섰다. 1799년 처음 '아편단속령'을 발표하고 1816년부터는 아편 흡연을 금했지만 성과가 없었다. 건륭제 말 백련교도의 반란 당시 이미 군인들 사이에서 아편이 유행했고, 관료들은 밀매단으로부터 뇌물을 받았다. 도광제(道光帝)는 즉위 전 아편을 피운 적이 있었으며, 아편전쟁 직전에는 황제의 아들 여러 명이 아편을 피우다 신장(新疆) 지역으로 추방되기도 했다. 아편 흡연은 두 가지 문제를 낳았다.

첫째, 경제적인 문제로 1834년 동인도 회사의 대중국 무역 특권이 폐지된 이후 아편 무역이 폭증하면서 중국은 한 해 3000만 냥의 은을 지불해야 했다. 이는 은값을 폭등하게 만들어 동전과 은의 교환 비율을 두 배 가까이 뛰어오르게 했고, 은으로 세금을 납부하는 농민들은 두 배의 세금 부담을 지게 되었다. 둘째, 아편 자체의 중독성이다. 아편은 단순히 흡입만 하더라도 일상생활이 불가능할 정도로 의존성이 높고, 흡연할수록 양이 늘어났다.

도광제는 1836년 전국의 관리들에게 아편 문제를 해결할 방안을 제출하도록 명했다. 태상시 소경 허내재(許乃濟)가 제시한 이금론(弛禁論)은 아편을 합법화해 정규 관세를 징수하고 아편 수입 시에 은 지불을 금지시켜 은의 국외 유출을 막자는 취지였다. 내각학사 겸 누부시랑(樓部侍郎) 주박(朱博)과 병부 급사중 허구(許球) 등이 제시한 엄금론은 '아편단속법'을 강력히 적용해 아편 유통에 관련된 이들을 모두 색출해 엄벌하자는 것이었다.

2) 임칙서의 강경책

공자진(龔自珍)과 경세론에 심취해 있던 후광총독(湖廣總督) 임칙서(林則徐)는 농·상업을 개혁하고, 아편을 단속하는 등 실적을 올리고 있었다. 도광제는 법을 지키는 것보다 법을 만드는 마음이 중요하다고 하면서 이금론을 반대한 임칙서의 정책을 수용해 1838년 12월 31일 그를 흠차대신으로 광둥(廣東)에 파견했다. 이듬해 3월 10일 광저우에 도착한 임칙서는 '아편금지령'을 위반한 1600명을 체포하고, 아편 2만 8000근을 몰수했으며, 부패한 관리들을 엄벌에 처했다. 3월 18일 영국 상인들에게 3일 내로 아편을 내놓으라고 명하고, 아편 무역을 재개할 경우 상품의 몰수는 물론이고 사형까지도 감수하겠다는 서약서에 서명하도록 강요했다. 그러나 영국 상인들은 아편 1036상자는 자발적으로 넘겼으나 여전히 2만 상자를 보관하고 있었다. 3월 24일 병사들을 동원해 영국 상관을 포위하고, 중국인 하인들을 철수시켰다. 조지 엘리엇(George Elliot)은 상인들에게 '아편소유권'을 영국 정부에 양도하면 피해를 보상해주겠다고 하면서 양도 문서를 작성하게 했다. 5월 16일 상인들은 아편 2만 1306상자(약 1425톤)를 임칙서에게 양도했다. 임칙서는 아편에 바닷물과 석회를 섞어 폐기했다.

아편 이외의 교역은 지속하고자 했던 임칙서의 생각과 달리 엘리엇은 상인들과 함께 광둥을 떠났다. 1839년 7월 12일 영국 상인들이 주룽(九龍)반도에 정박했을 때 술에 취한 영국 수병이 어부 임유희(林維喜)를 살해하는 사건이 발생했다. 유가족에게 보상금을 지급하고 치외법권을 발동하는 선에서 사건을 덮고자 했으나, 임칙서는 사건 전모를 밝힌 뒤 살해범 인도를 요구했다. 임칙서는 영국 상인들이 이에 응하지 않자 식량 공급을 중단하고, 8월 26일 영국인들을 마카오에서 추방했다. 엘리엇이 아편과 관련 없는 영국 상선 로열색슨호에 포격을 가해 광저우 진입을 막으려 하자, 청군은 이 상선을 보호하고자 정크선 29척을 보냈지만 찬비해전(穿鼻海戰)에서 대패했다. 청의 군사적 약점이 드러나자 임칙서는 서양식 대포와 함선을 구매하고 방어 태세를 강화했다. 이후 영국인들이 무역 재개를 요구하자 임칙서는 아편을 취급하지 않는다는 서약을 요구했지만 영국인들은 이를 거부했다.

그림 3-2 | **임칙서**

3) 아편전쟁의 경과

영국 의회를 상대로 한 아편 상인들의 강력한 로비에도 불구하고 전쟁 개시에 대한 영국 내 여론은 비판적이었다. 그러나 점차 군대를 파견하는 쪽으로 돌아섰다. 전쟁에 적극적이던 파머스턴 내각은 1839년 10월에 전쟁을 결의했고, 1840년 2월 전쟁 준비를 마치고 군비 지출 예산안을 의회에 올렸다. 대표적인 참전파 아서 웰즐리(Arthur Wellesley)가 찬성론을 주장하고, 파머스턴이 교역과 영국 시민의 안전을 위해서라는 논리를 내세워 1840년 4월 10일 전쟁 수행 예산안이 하원에서 통과되었다. 해군 소장 엘리엇이 통솔하는 영국의 동방원정군은 대포 540문을 탑재한 군함 16척, 증기 군함 4척, 운수함 27척, 병력 수송함 1척, 병사 4000명으로 구성되었다. 원정군은 수비력이 약한 광둥 부근의 저우산 군도(舟山群島)를 함락해 사기를 높였고, 임칙서가 철저히 방비하고 있는 광저우를 우회하여 북상해 톈진에 접근했다. 영국 측의 반발만 야기했다는 이유로 임칙서를 파면·소환한 후, 즈리(直隷)총독 기선(琦善)이 영국군과의 협상을 맡았다. 베이징을 방어할 책임을 맡은 그는 영국군의 요구에 응하는 자세를 취해 영국군을 톈진으로 퇴각시키자, 도광제는 기선을 흠차대신에 임명했다. 난징이 함락된 후 협상 2주 만에 '중·영장닝조약(中英江寧條約)'을 체결하고 전쟁을 끝냈다. '난징조약(南京條約)'으로 알려진 이 조약과 1843년에 체결한 '오구통상부점선후조약(五口通商附粘善後條約)', '후먼조약(虎門條約)'의 내용에서 알 수 있듯이 영국은 숙원인 자유무역을 성취했다.

조약 체결을 보고받은 청 조정은 높은 관세를 부과할 수 있을 것이고, 양쯔강과 저우산 군도에서 영국군이 철수했으며, 할양한 영토가 황무지인 홍콩이 전부라는 이유로 이를 받아들였다. 조정에서는 중국의 대외 질서 관념을 토대로 '난징조약'을 긍정적으로 해석했다. 영사재판권과 치외법권은 오랑캐 서양이 중국의 예법을 이해할 능력이 부족한 데에 기인한다고 생각했다. 협정관세권은 조공국이나 호시국에 이미 시혜적 입장을 취해왔으므로 그 연장에서 본다면 오히려 관세를 거둘 수 있는 것으로 보았다. 난징조약은 천자가 오랑캐에게 은혜를 베푼 것이라는 식으로 생각했다. 청 측이 이의를 제기한 것은 배상금 액수와 경제상 요충지인 푸젠(福建)의 개항 문제 정도였다. 과거 영국이 바치던 공행에서의 뇌물이 폐지된 것까지 고려하면 영국에는 큰 이득이었다. 영국이 청을 직접적으로 예속시키려 하지 않은 것은 4억 인구의 광대한 시장에서 장기적으로 이득을 취하는 것이 낫다고 판단했기 때문이었다.

영국이 표면적으로 내세운 전쟁 목적이 자유무역 권리의 수호였기 때문에 난징조약에는 전쟁 발발의 원인인 아편이 언급되지 않았다. 이후에도 아편 무역은 불법이었고 청의 단속 대상이었지만, 아편 수입은 오히려 폭증했다.

조약 체결 소식이 전해지자 다른 열강 역시 교섭을 요구해 왔다. 청 조정은 열강을 이용해 영국을 견제할 수 있다고 판단해 이들과의 교섭에 나섰다. 1844년 미국과 '왕샤조약(望厦條約)', 프랑스와 '황푸조약(黃埔條約)', 1858년 러시아와 '아이훈조약(愛琿條約)'을 체결하는 등 서양의 여러 나라와 통상장정을 체결했다. 그러나 중국 근대사의 시작이라는 일부 평가와 달리 아편전쟁은 중국 사회 자체에 큰 변화를 가져오지는 않았다. 무역에 큰 변화가 없었으며, 개항장에서도 이렇다 할 사회·경제적

난징조약의 주요 내용
① 청이 몰수한 아편을 은 600만 냥으로 배상한다.
② 홍콩을 영국에 할양한다.
③ 차후 청·영 간의 동등한 지위를 약속한다.
④ 광동 지역에서의 무역을 전쟁 이전으로 회복한다.

그림 3-3 | 《난징조약 조인 장면》 존 플랫(John Platt) 작.

변화가 없었다.

난징조약으로 파생된 직접적인 변화는 교통로 발달에 따른 인구이동과 유랑민의 증가였다. 무역로가 다변화되면서 이에 의지하던 사람들이 이동하기 시작했고, 특히 새롭게 개항한 항구 근처로 이주하면서 토착 농민과 대립하는 일이 많아졌다. 이는 청조의 양쯔강 이남에 대한 통치력이 한계에 이르렀음을 보여주는 신호였다.

4) 싼위안리 사건

아편전쟁이 한창이던 1841년 5월 29일, 광둥성 싼위안리(三元里)에서 영국군과 청의 민중이 충돌했다. 광둥성 교외의 요새에 주둔하던 6000여 명의 영국군 일부가 뉴란강(牛欄崗) 마을을 약탈하면서 부녀자를 욕보인 사건이 발생했다. 격분한 민중이 부대를 에워싸자 영국군은 급히 퇴각했지만, 소식을 듣고 합세한 1000여 명의 주민들이 싼위안리에서 영국군을 포위했다. 폭우로 화승총이 무용지물이 되면서 영국군 4명이 전사하고 20명이 부상했다. 항구에 주둔한 영국군 본진에서 이들을 구하기 위해 신식 무기를 갖춘 해병대를 급파해 2시간 만에 철수시켰지만, 주민들이 본진까지 따라와 포위했다. 영국군 사령관의 전갈을 받은 광저우 지부(知府) 여보순(余保純)은 '촨비가조약(川鼻假條約)' 후속으로 맺은 '광둥 협약'에서 영국에 배상하기로 한 600만 달러를 광저우 주민들에게 배상하도록 하겠다고 위협해 포위를 풀었다. 쌴위안리 사건은 아편전쟁 기간에 외세에 대항한 유일한 민중 봉기였다.

5) 평가

아편전쟁을 통해 중국이 근대로 나아갔다는 존 페어뱅크(John Fairbank)의 '충격과 반응'의 논리는 아편전쟁으로 발생한 중국사회 자체의 변화가 크지 않았기 때문에 아편전쟁을 중국 근대의 기점으로 삼을 수 없다는 비판을 받았다. 새로 개항한 5개 항에는 선교사 등 소수의 외국인이 거주했고, 자유무역 역시 아편으로 황폐화된 경제 상황에서 영국의 기대 만큼 수출을 늘릴 수 없었다. 오히려 청 측의 수출 제한이 풀리면서 폭증한 차 수입을 아편 무역으로 간신히 막는 정도였으며, 제2차 아편전쟁 직전에 이르면 아편 수입은 몇 배로 증가했다. 영국에서는 전쟁을 너무 쉽게 끝냈다는 비판이 나왔다. 전쟁을 1년 더 지속해 청조를 궁지로 몰아넣었다면, 더 많은 은을 챙길 수 있었다는 것이다. 이런 불만은 차 무역수지가 나아질 기미가 없자 더 강해져 새로운 문제의 시작을 예고했다.

02 제2차 아편전쟁(1856~1860)

1) 배경

영국은 제1차 아편전쟁에 승리해 개항장과 무역독점권을 얻었지만, 무역수지는 개선되지 않았다. 반대로 중국에서 아편을 자체 생산하기 시작하고, 차 수입이 급증하자 다시 무역 적자가 늘어났다. 마침 영국은 자국민 소유의 중국 선박 애로(Arrow)

호를 중국이 단속하는 과정에서 영국 국기가 훼손되었다는 이유로 전쟁을 선언했다. 하원은 사유가 황당하다는 이유로 개전안을 부결시키고 글래드스턴은 정부 불신임안까지 내놓았지만, 파머스턴 총리는 하원을 해산하고 개전안을 통과시켰다. 마침 프랑스 역시 자국 선교사가 처형된 것을 빌미로 전쟁을 선포해 청은 두 강대국과 전쟁에 돌입했다. 미국과 러시아가 참전하지는 않았지만, 개입할 수 있다는 의사를 표명하는 등 제국주의 열강의 공세가 거세졌다.

2) 전개

태평천국으로 국가의 역량이 크게 쇠퇴해 있던 청은, 침공 위협에 노출된 광둥성 등 남부 지방에서 제1차 아편전쟁 때와 같이 조직적으로 저항하기는 어려웠다. 영불연합군은 청의 지방군을 격파하고 광저우를 비롯한 광둥성 일대를 점령해 통치하는 한편, 해군력을 이용해 해안을 거슬러 올라가 양쯔강 일대를 소란에 빠뜨리고 다시 북상해 발해만에 이르렀다. 계속되는 패전과 전쟁 수행 능력의 부족, 국가적 역량의 한계와 수도 함락의 위험 등으로 청은 1858년 6월 배상금 지불, 개항장의 확대, 외교관의 베이징 상주 허용, 기독교 선교 공인, 양쯔강 통행과 외국인의 중국 내지여행권 허용 등을 내용으로 한 '톈진(天津)조약'을 체결했다. 그러나 영국과 프랑스 함대가 톈진에 설치된 장애물을 철거하고 북상하다가 다구(大沽)에서 큰 타격을 입고 후퇴하는 일이 발생했다. 영국은 1860년 지상군 약 2만 명에 173척의 해군 함대를, 프랑스는 지상군 6300여 명에 군함 33척을 동원해 베이징(北京)을 목표로 대규모 공세를 폈다. 베이징 입성에 앞서 발해만의 주요 항구를 초토화하고 상륙한 연합군은 청군을 섬멸하고 다구 포대를 초토화했다. 이후 협상이 재개되었다가 이내 부결되자, 8월 3일 톈진에 상륙한 연합군은 베이징으로 나아갔다. 함풍제(咸豊帝)와 주전파는 러허(热河)로 달아나고 팔기군(八旗軍)을 완파한 연합군은 베이징을 함락했다. 연합군은 원명원(圓明園)을 약탈하고 불태웠다. 베이징 외곽의 별궁인 원명원은 세계 각국에서 황제에게 진상한 보물을 보관하는 한편, 진기한 동물이 서식하던 동양 최고의 정원이었다.

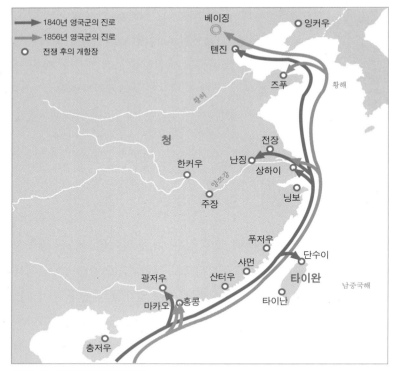

그림 3-4 | 아편전쟁 시 영국군의 진로

러시아의 중재로 '베이징조약'이 체결되었다. '톈진조약'에서보다 개항장이 늘어났고, 배상금도 증가했으며, 홍콩에 인접한 주룽반도까지 할양되었다. 통상·포교의 자유와 양쯔강에서의 군함 항행도 허용되었다. 러시아에는 연해주를 넘겨주기로 했다.

3) 결과

제2차 아편전쟁 후 중국은 세계의 강대국에서 구미 열강의 침탈에 속수무책인, 식민지에 버금가는 국가가 되었으며, 아시아에서는 구미 열강의 침략과 함께 중화제국의 질서가 무너지기 시작했다.

당시 조선은 제공받은 정보가 제한적이어서 청의 소식에 어두웠다. 조선은 제1차 아편전쟁에서 영국이 토벌된 것으로 생각해, 전라도에 표류해 온 프랑스 배를 통해 다른 소식을 들었을 때에도 별다른 반응을 보이지 않았다. 베이징이 함락된 제2차 아편전쟁 소식이 조선에 충격을 주었지만, 양이(洋夷)의 분탕질 때문에 황제가 잠시 북쪽으로 피신한 정도로 해석했다.

아편전쟁으로 충격을 받은 중국에서 서양을 배우자는 양무운동이 전개되기도 했지만, 중국인들이 받은 충격은 그리 크지 않았다. 영토의 최남단에서 벌어진 전쟁에 별 관심이 없었고, 중화사상이 여전히 팽배해 있었다.

양무운동에서 중국은 서구의 조선술이나 군사기술 등을 받아들이기 시작한 반면, 일본은 기술뿐만 아니라 대량 생산 체계, 기술, 근대식 교육과정까지 적극적으로 받아들였다. 청조는 제2차 아편전쟁이 끝나고 이듬해인 1861년에 총리아문을 설립하고 국제조약에 관심을 기울였다. 1864년 선교사 윌리엄 마틴(William A. P. Martin)이 저명한 국제법 학자 헨리 휘턴(Henry Wheaton)의 저작 *Elements of International Law with a Sketch of the History of the Science*를 '만국공법'이라는 제목으로 번역했지만 별다른 반향이 없었다. '만국공법'이 소개되자 법석을 떨면서 불평등조약 개선에 나섰던 일본과 달리, 방어적 외교정책을 고수한 청은 만국공법을 서양을 견제하는 수단 정도로 생각했다. 청일전쟁(1894)의 패배로 큰 충격을 받은 이후에 가서야 중국은 국제법에 대해 새롭게 인식하기 시작했다.

03 태평천국

1) 배경

태평천국은 19세기 전반 청조 지배하의 중국이 안고 있던 문제와 제1, 2차 아편전쟁을 계기로 시작되는 서양 세력의 침략을 배경으로 발생했다. 청조는 왕조 체제에 대한 내부의 도전과 외국 세력의 침략에 대처해야만 했다. 국내에서는 통치 질서의 이완, 인구의 증가, 비밀결사 활동, 토객(土客: 토착민과 이주민)의 대립 등이 있었고, 제 1, 2차 중영전쟁을 치르면서 무역항이 확대되고 국내 운송 경로가 변경되면서 비롯된 실업, 배상금 납부에 따른 세금 증가 등으로 생활이 어려워졌다.

정치적인 면에서 청조는 황제의 무능, 급변하는 상황에 대한 관료들의 부적절한 대응, 관료의 부패와 무능에 따른 관민의 충돌, 소수민족의 동요와 종족 간 충돌, 사회의 유동성 증가 등 여러 문제를 안고 있었다. 명 말 이래 새로운 농지 개간과 농작물 개발로 중국은 얼마간의 인구는 부양할 수 있었지만, 청 초의 안정을 바탕으로 급증한 인구가 18세기 중엽 1억 8000만 명에서 19세기 중엽 4억 명으로 늘어나면서 여러 문제를 야기했다. 광시(廣西)성의 경우 이른바 국내 인구이동의 종착지로서 인구 체증 현상을 보여, 사회·경제적 어려움이 심각했다. 애초부터 광시성에 살던 토착민이 주로 산악 지대에 거주하고 있었고, 당·송 시대부터 이주해 온 본지(本地)라고 불리는 사람들도 있었다. 여기에 17~18세기의 두드러진 인구 증가로 객가(客家)가 이주해 왔다. 이들은 협소한 토지에서 생활 습관의 차이, 경제적인 격차 등으로 서로 대립했다. 이곳은 1850년대에 들어서면서 청조의 통치력이 미치지 않아 무정부 상태에 빠졌다. 양쯔강 유역과 후난(湖南)성 일대에도 인구가 증가하면서 지주에 대한 소작료 납부를 거부하는 항조(抗租)와 국가에 대한 세량 납부를 거부하는 항량(抗糧)운동이 빈발했다. 태평군은 항조와 항량 운동과 결합함으로써 짧은 시간에 많은 호응을 얻어 세력을 확대할 수 있었다.

제1, 2차 중영전쟁에서 청조가 패배한 가운데 싼위안리 항영(抗英) 투쟁에서 보여준 민중의 승리는 청조의 실추된 권위를 인식할 수 있는 계기가 되었다. 특히 제2차 중영전쟁의 결과 대외 무역의 중심 창구가 광저우에서 상하이로 바뀌자 광둥·광시 지역의 경제가 타격을 입어 결과적으로 비밀결사의 경제적 이익이 급감했다. 경제적 불황은 해적 집단인 정비(艇匪)를 비롯해 천지회(天地會) 계열의 도비(盜匪)를 창궐하게 했고, 이는 결과적으로 상제회(上帝會) 세력이 성장하는 데 영향을 주었다.

2) 상제교의 창립과 상제회

서양 세력과 함께 들어온 기독교는 서양 세력의 상징으로 인식되었다. 홍수전(洪秀全)은 기본적으로 기독교 교리를 받아들였지만, 그 바탕에는 중국의 전통 사상이 깔려 있었다. 특히 현세적인 구세관이 가미됨으로써 홍수전의 기독교는 반란 이념으로 작용했다. 과거 농민반란도 천명사상을 원용해 새로운 질서의 출현을 주장하는 등 이념적인 측면에서 호소한 사례가 있었다. 태평천국의 경우 상제교(上帝敎)라는 강력한 사상 체계가 운동의 핵심 이념으로 기능함으로써 다른 농민반란에 비해 체계적이고 강력한 이념을 지닐 수 있었다. 특히 기독교는 유일신인 상제에 대한 신앙을 바탕으로 모두가 형제자매라는 인식을 갖게 함으로써 중국 고대의 대동 사상과 전통적인 반란 이념을 구조화하는 데 영향을 주었다. 이는 형제적 질서를 특징으로 하는 천지회 등 비밀결사와 연대하는 과정에서도 유리하게 작용했다.

태평천국의 본격적인 시작은 1851년에 일어난 진톈기의(金田起義)부터이지만 1837년 홍수전의 환몽(幻夢)과 1843년 상제교의 창립에서 그 싹을 틔우고 있었다. 광둥의 자잉저우(嘉應州)에서 광둥성 화현(花縣)으로 이주해 온 객가 집안에서 태어난 홍수전은 생활이 넉넉하지는 않았지만, 특유의 총명함을 인정받아 어릴 적부터 과거 시험을 준비할 수 있었다. 어린 시절 이름은 화수(火秀), 본명은 홍인곤(洪仁坤)이다. 후에 상제(上帝) 여호와(爺火華)의 이름을 피해 수전(秀全)으로 개명했다.

과거 시험을 통해 관리가 되는 것은 중국의 전통사회에서 독서인이 출세할 수 있는 거의 유일한 길이었다. 한편 과거 시험에 수차례 떨어져 낙담한 독서인이 반체제 활동에 나서는 경우도 종종 있었다. 1836년 홍수전은 두 번째 시험을 치르러 광저우에 갔다가 최초의 중국인 목사 양아발(梁阿發)이 지은 『권세양언(勸世良言)』을 얻었다. 대충 훑어본 후 크게 주목하지 않았다고 했지만 이것이 그가 기독교를 처음 만난 것이었다. 1837년 세 번째 시험에 실패하자 실망한 나머지 실성해 환몽을 꾸고, 5년 후 네 번째 시험에 실패하자 생계를 위해 서당의 훈장이 되었다. 우연한 기회에 『권세양언』을 정독한 그는 환몽의 내용이 사실이라 믿게 되었으며, 1843년 상제교를 창립했다. 스스로 세례를 행하고 서당 안에 있던 공자의 위패를 철거한 그는 친구 풍운산(馮雲山)과 친척 아우 홍인간(洪仁玕) 등 주위 사람들에게 전도하고 세례를 주었다.

상제교는 『권세양언』의 영향을 받았다. 『권세양언』은 중국의 전통 사상을 포함하고 있어 홍수전이 기독교 교리를 중국식으로 이해하도록 했지만, 이 때문에 상제 신앙을 쉽게 수용할 수 있었다. 『권세양언』에는 유일신의 존재와 예수의 인간을 대신한 속죄에 대한 내용이 기술되어 있었는데, 상제교는 이를 중국적인 가족관으로 받아들여 천부(天父)·천마(天媽)/예수[耶穌]·천수(天嫂)라는 상제 중심의 가족을 설정했다. 홍수전은 삼위일체의 의미를 이해하지 못했고, 상제와 예수를 부자 관계로만 인식했다.

상제교는 풍운산에 의해 조직의 기틀이 마련된 상제회를 통해 광시성 구이핑현(桂平縣)의 쯔징산(紫荊山) 일대에 전파되었다. 당시 격화되고 있던 천지회계의 반란에 대처하느라 겨를이 없었던 청조는 상제회를 주목하지 않았다. 상제회는 상제를 신앙하면 재난을 면하고, 천당에 가면 복을 얻는다고 선전해 세를 확대해 나갔다. 특히 본지와의 투쟁에서 밀린 객가가 상제회에 구원을 요청하면서 세력이 더욱 커졌다.

상제회가 우상 파괴 활동을 하면서, 향촌을 지키기 위해 신사들이 결성한 단련과 대립해 풍운산이 체포되었다. 이때 상제회 내부에서는 상제와 예수가 각각 양수청(楊秀淸)과 소조귀(蕭朝貴)에게 내려와 발언하는 천부·천형 하범(下凡) 사건이 발생해 지도층에 변화가 나타났다. 천부를 대신해 발언한 양수청, 천형을 대신해 발언한 소조귀가 주도적인 역할을 담당하면서 새롭게 형성된 지도층은 본격적으로 반란을 준비하기 시작했다. 1850년 후반 단영령(團營令)을 내려 각지의 회원들을 진톈(金田)으로 소집하고, 1851년 1월 12일 홍수전의 생일에 거병을 공식 선언했다.

1851년 3월 홍수전이 천왕(天王)에 오르고 관군과 전투를 치르면서 북상하는 가운데 국호를 태평천국으로 정하고 국가 조직도 갖추었다. 1851년 10월 용안(永安)에서 체제를 정비한 태평천국은 최고 지도자 천왕을 중심으로 강력한 영도력을 지닌 동왕 양수청, 홍수전의 매제인 서왕 소조귀, 상제회의 창립자 남왕 풍운산(馮雲山), 북왕 위창휘(韋昌輝), 익왕 석달개(石達開)를 5왕으로 봉하고, 동왕이 나머지 왕을 통할했다.

당시 군세는 남녀약 5만이었는데, 용안에서 성고제도(聖庫制度)를 시행해 재화의 사유를 금함으로써 전리품을 둘러싼 분쟁을 막고 평등 이념으로 단결을 꾀할 수 있었다.

1852년 2월에는 독자적인 책력인 천력(天曆)을 반포했으며, 간지(干支)의 문자를 변경하기도 했다. 1852년 4월 용안의 포위를 뚫고 후난성으로 진출한 태평군은 6월에는 찬저우(全州)를 점령했다. 당시 동왕과 서왕의 연명으로 반포한 세 매의 격문은 공자를 포함한 기성 질서 전반을 비판했다. 「봉천주요구세안민유(奉天誅妖救世安民論)」는 봉건적 질서를 공격했고, 「구일체천생천양중국인민유(救一切天生天養中國人民論)」는 민족주의혁명을 강조했으며, 「봉천토호격포사방유(奉天討胡檄布四方論)」 역시 민족혁명의 내용을 담고 있었다. 6월 상제회를 창립한 초기 지도자 풍운산이 사망하고, 10월 소조귀가 전사했다. 1853년 1월 후베이성으로 진출해 우창(武昌)을 점령하면서 항량 운동에 나섰던 사람들이 참가해 세력은 50만 명으로 증가했다.

청조의 본격적인 대응은 1853년에 시작되었다. 증국번(曾國藩)의 상용(湘勇)이 대표적이었다. 태평천국은 양쯔강을 따라 동진해 1853년 3월 난징을 점령하고 29일 천왕이 입성해 천경(天京)이라 개칭하고 수도로 삼았다. 이리하여 소천당(小天堂) 또는 신예루살렘의 건설이라는 목표가 이루어졌다. 「천조전무제도(天朝田畝制度)」를 반포하고, 관제를 완성했으며, 모든 주민이 머리를 기르도록 했다.

3) 지도층의 분열과 멸망

천경을 세우고 얼마 후 청조의 장군 향영(向榮)이 강남 대영을 세우고 기선(琦善)·승보(勝保)가 강북 대영을 설립해 협격하는 형세를 취했다. 태평천국에서는 나대강(羅大綱)이 전장(鎭江), 이개방(李開芳)·임봉상(林鳳祥)이 양저우(揚州)를 점령해 전초기지로 삼았다. 천경 건도를 전후한 시기에 태평천국 지도부가 선택할 수 있는 방책은 세 가지가 있었다. 첫째, 전력을 경주해 강남·강북 대영을 격파하여 비옥한 강남을 지배하에 두고 베이징 정부와 대치하면서 힘을 길러 청조를 압도하는 것. 둘째, 주력을 이끌고 북벌해 베이징으로 향하든가 허난(河南)에 근거지를 건설해 베이징을 노

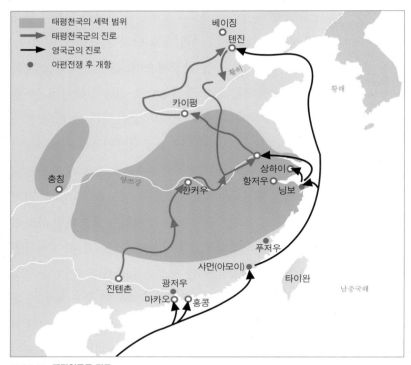

지도 범례:
태평천국의 세력 범위
태평천국군의 진로
영국군의 진로
아편전쟁 후 개항

베이징
톈진
카이펑
황허
황해
충칭
양쯔강
한커우
항저우
상하이
닝보
푸저우
샤먼(아모이)
타이완
진톈촌
광저우
마카오
홍콩
남중국해

그림 3-5 | **태평천국군 진로**

리는 것이었다. 태평천국에 호의를 가지고 이수성(李秀成) 부대에 투신해 활약한 아우구스투스 린들리(Augustus Lindley)는 이렇게 하지 않은 것이 태평천국 패배의 원인이라고 아쉬워했다. 그러나 기후, 풍토, 언어, 식량은 물론이고 교통·경제 조건, 청조의 지배력을 감안할 때 부녀자와 노약자가 포함된 대집단을 북진시키는 것은 쉬운 일이 아니었다. 셋째, 태평천국 수뇌부가 선택한 방책으로 군사력을 세 방면으로 나누어 배치하는 것이었다. 최대의 병력은 강남·강북 대영과 증원되고 있는 청군의 위협으로부터 천경을 방위하기 위해 배치되었다. 그리고 여관(女館)의 부인(婦人)과 패미관(牌尾館)의 어린이들까지 동원해 성벽 안팎에 호를 파고 곳곳에 망루를 쌓았다. 이와 함께 1853년 5월 중순 양주에서 불러들인 이개방·임봉상 군대와 천경에서 파견한 약 2만 명을 난징의 대안(對岸) 포구에 집결시켜 북벌에 나서게 했다. 이렇게 결성된 태평군의 북벌은 광시의 노형제(老兄弟)와 후난에서 가입한 장병을 중심으로 이루어진 최정예부대였다. 북벌군이 출발한 후 6월 3일 호이황(胡以晃)·뇌한영(賴漢英)을 주장으로 한 서정군이 배 1000여 척에 나누어 타고 천경을 출발했다. 천경 상류의 3대 군사 거점인 안칭(安慶)·주장(九江)·우창(武昌)을 탈취해 안후이 남부와 장시를 확보함으로써 천경의 장벽으로 삼고, 후베이와 후난에 대한 지배를 확대해 안정적으로 식량을 공급하는 것이 목적이었다.

그러나 북벌군은 청조 당국에 심리적인 타격을 주었지만, 준비가 철저하지 않아 실패로 끝났다. 결과적으로 보면 양쯔강 유역을 점령하는 데 치중해야 했지만, 열강의 세력이 들어와 있는 상하이가 문제였다. 열강은 태평천국이 정권을 장기적으로 유지한다는 데 회의적이었고, 유능하고 강력한 새로운 정권의 등장을 바라지도 않았기 때문에 청조 측에 기울어 있었다.

한편 1853년 말 양수청에 하범한 천부(天父)가 만조백관이 보는 앞에서 천왕을 매질하는 등 절대 권력을 과시했다. 1854년에는 양수청이 만세 칭호를 요구해 허락받았지만, 1856년 9월 지도자들 사이에 분쟁이 있었다. 북왕 위창휘가 동왕을 암살하고 그의 휘하 2만여 명을 학살함으로써, 태평천국은 유능한 지도자를 잃었다. 익왕 석달개가 단신으로 톈진에 들어와 북왕을 힐책하며 대립하다가 위협을 느끼고 천경을 빠져나가자 북왕은 그의 가족을 몰살했다. 천왕은 동왕을 대신해 강력한 세력으로 부상한 북왕을 살해하고 익왕을 불러들였다. 이후 천왕의 친척들이 권력을 장악해 측근 정치가 행해지는 가운데 익왕과 불화가 생기자 익왕은 자신의 군대를 이끌고 천경을 탈출해 각지를 전전하다 관군에 체포되어 처형당했다.

이리하여 태평군은 사분오열되고 천왕은 친척들을 중심으로 새로운 조직을 구성했다. 1859년 천왕의 친척 동생 홍인간(洪仁玕)이 홍콩으로부터 천경에 들어와 정치적 실권을 장악하고 근대적 자본주의 국가 건설을 내용으로 한 정치적 청사진 『자정신편(資政新編)』을 제시했다. 군사적으로는 영왕 진옥성(陳玉成)과 충왕 이수성이 양쯔강 중하류의 방위를 담당했다. 특히 유능한 지휘자 이수성은 상하이 공략에 전력을 기울여 쑤저우 점령 작전을 수행했지만, 이홍장(李鴻章)이 이끄는 회군과 영불 연합군과의 전투에서 패했다. 1860년대에 천경에 대한 포위가 더욱 강화되면서 1863~1964년에는 식량이 부족한 가운데 천왕은 이슬을 먹다가 1864년 5월 병석에 누웠다. 약 복용을 거부하던 천왕은 6월 1일 승천하면서 "천당(天堂)에 올라가 천병(天兵)을 이끌고 오겠다"고 조칙을 내려 민심을 안정시키려 했다.

천왕이 죽은 후 유주(幼主) 홍천귀복(洪天貴福)이 즉위했다. 그러나 7월 19일 지하 통로를 통해 천경에 진입한 증국전(曾國荃) 부대와 시가전이 전개되어 2000여 명이 자살하고 10만 명이 학살되었다. 천경을 탈출하다 포로가 된 충왕 이수성은 자술서를 쓰고 처형당했다.

4)「천조전무제도」와『자정신편』

1853년에 반포된「천조전무제도」는 사유 제도의 원칙적 부정, 토지 평분 원칙, 상향적 향촌 조직, 종교·생활 조직 일체화, 병농 일치, 공양(公養) 원칙 등 사회 전체의 변혁을 담았다. 사유 제도의 원칙적인 부정은 역대 농민반란에 나타난 대동사상(大同思想)이나 균전제(均田制) 이념을 집대성한 것이었다. 토지 평분 원칙은 15세 이상의 남녀가 균등하게 토지를 소유하며 좋은 토지와 나쁜 토지를 함께 가진다는 것이고, 상향적 향촌 조직은 아래에서부터 선거를 통해 조직하는 방식으로 양사마(兩司馬)가 지휘하는 25가(家)부터 1군(軍)에 이르는 향촌 조직이었다. 종교와 생활 조직을 일체화해 25가마다 예배당을 두고 양사마가 주일 예배를 주관하고 재판도 담당했다.

「천조전무제도」는 당시 사회에 실제로 적용할 수 없었고 오히려 생산력 발전을 제약했다는 점에서 역사적 반동성이 지적되기도 한다.「천조전무제도」의 한계는 이념의 미성숙으로 인한 일관성의 결여였다. 절대평등을 표방하면서도 범칙자를 농민으로 강등하는가 하면 빈부의 차이를 전제로 한 내용도 있고, 남녀평등을 이상으로 하면서 삼종지도(三從之道)와 같은 전통적인 덕목도 거론하고 있다. 분전(分田)과 관련해 실제로 어떻게 나누어줄 것인지에 대한 언급이 없고, 환수(還收) 규정도 들어 있지 않았다. 양쯔강 중하류 지역은 상품경제가 발달해 절대평균을 규정한「천조전무제도」는 실정에 맞지 않았다. 특히 전쟁을 수행하던 상황에서 태평천국은 토지 소유자에게 전량(田糧)을 징수하도록 하는 정책(照舊交糧)을 시행해 사실상 지주 제도를 인정했다.

그럼에도 불구하고 지주를 억압하고 농민을 보호한다는 전반적인 방향 제시는 진보적인 의미가 있었다. 지주의 재산을 몰수하거나 소작료를 내리게 한 사례가 있고 기부금을 내게 하고 토지 소유 증명서[田憑]을 발급해 소유를 인정하기도 했다. 결과적으로 지주보다는 농민을 옹호한 정책이었기 때문에 지주들은 불안해했고, 농민들은 일체감을 느꼈다.

『자정신편』은 천경에 돌아온 홍인간이 국정을 총괄하면서 제시한 것으로 1859년에 간행되었다. 홍인간은 진텐기의에 합류하지 못하고 홍콩에서 테오도레 함베리(Theodore Hamberg) 등 서양 선교사에게 기독교와 서양 사정을 배우고 세례를 받았다. 그 후 홍인간은 상하이 흑해서원(黑海書院)에서 천문과 역학을 배웠으며 홍콩에서 런던 전도회의 전도사가 되었다. 1858년 6월 선교사들의 도움으로 천경에 들어간 홍인간은 그간의 견문과 지식을 바탕으로 『자정신편』을 제출했다.

『자정신편』은 통치의 근본으로 풍속관에 의한 교화, 적절한 입법과 법률 준수, 형벌에 의한 처벌이라는 삼원칙을 거론하면서 내정, 외교, 경제, 사회, 문화, 교육 등에 대한 혁신적인 계획을 담고 있었다. 내정에 관해서는 권력을 집중하고 상하의 소통을 꾀하는 것을 가장 중요한 과제로 들고, 이를 위해 도당을 맺는 폐단을 금지할 것, 관위나 칭호의 매매 및 연줄에 의한 추천과 뇌물·오직(汚職) 등을 법에 의해 처벌할 것, 각성마다 공정한 인물로 이루어진 신문관을 두어 내외의 소식을 수집하고 물가의 동향과 민생의 실태를 천왕에게 보고할 것, 투서함 설치와 우편국 설립으로 상하 의사소통을 꾀할 것 등을 제안했다.

외교와 관련해서는 약소국이라도 남의 나라의 밑에 놓이는 것을 바라지 않을 것이므로 타국에 대해 만방내조(萬邦來朝), 사이빈복(四夷賓服), 이적(夷狄), 융만(戎蠻), 귀자(鬼子) 등 상대를 경멸하거나 비하하는 용어의 사용을 금하고, 중화사상에 입각해 만들어진 전통적인 용어의 사용을 중지하자고 제안했다. 그리고 훌륭한 기술과 국법을 가진 외국인에게는 통상을 허락하되 멋대로 내지에 들어오거나 국내법을 비방하는 것을 금하고, 목사나 기술자들에게는 중국인을 가르치도록 허락한다는 자주적 개방정책을 언급했다. 경제정책으로는 기차, 기선, 간선도로를 건조·건설해 교통운수를 원활히 하고, 자산가에게 은행을 설립하게 하며, 기계 발명을 장려해 특허권·전매권을 줄 것, 매장된 지하자원을 개발하기 위하여 지하자원을 발견한 사람에게 채굴권을 허가하도록 제안했다.

사회복지 및 풍속의 개량과 관련해서는 민간에 의해 유지되는 병원, 학교, 복지시설 설립을 장려하고, 장애자들에게도 음악, 서예, 산수 등의 기능을 교육해 유용한 인재로 양성할 것을 제안했다. 형식적 문체를 불필요한 것이라 비판하고 사실을 바르고 알기 쉽게 전하는 것을 주목적으로 하는 구어에 가까운 문체의 채용을 호소했다.

『자정신편』에 서술되어 있는 사회개혁은 「천조전무제도」의 유토피아 구상과는 전혀 다른 것이었다. 「천조전무제도」는 사유나 사적 이익의 추구를 금지하고, 자가 소비분을 제외한 모든 것을 공유해 전원이 획일 균등한 안정된 생활을 실현하는 것을 이상으로 했다. 이에 비해 『자정신편』은 사유나 사적 이익 추구를 긍정하고 광공업이나 근대적인 교통·운수 수단의 건설을 통한 경제발전을 꾀했다.

간왕 홍인간의 이 계획은 자본주의적 공업화를 추구한 선구로 높이 평가된다. 그러나 이것도 당시의 태평천국은 물론이고, 중국 사회 전체의 실정과 거리가 있는 계획이었다. 구체적인 방법을 언급하지 않아 외교정책이나 문체 개혁에 대한 제언 등을 제외하면 일종의 유토피아에 불과했다. 그러나 『자정신편』은 근대 자본주의 체제를 지향한 점에서 양무운동보다 진일보했다. 특히 자본주의 체제의 발전, 근대적 교통운수법의 발전, 공업과 상업의 발전, 서양 과학기술의 도입과 발전, 사인 자본의 보호와 발전, 근대적 형법 체제와 신문 제도의 확립, 자주적인 근대화 체제, 민주적 지향과 민중의 조직을 권장했다는 점에서 그 의의를 찾을 수 있다.

5) 대외 관계

태평천국 지도부는 상제교의 교리에 따라 천하일가의 관념에서 구미 열강을 양형

제(洋兄弟)로 생각해 평등한 자세를 취했다. 외국인의 자유로운 출입과 통상을 허용했고 선교사의 활동에 호의적이었으며 외국인을 적극 고용하기도 했다. 그러나 근본적으로 천부·천형·천왕의 국가인 태평천국이 천하를 통치하는 것으로 생각해 일종의 형태를 달리한 중화사상을 포함하고 있었다. 열강과의 공식적인 접촉은 1853~1854년에 영국·프랑스·미국의 외교관과 군인이 태평천국 지역을 방문해 북왕 및 익왕을 만나면서 시작되었다. 열강은 1853년을 전후해 중립적인 입장을 선언했는데, 이는 중국의 사태에 대한 전망과 영국·프랑스가 러시아와 전쟁을 하던 상황을 반영한 것이다. 특히 1857~1859년 사이에 인도에서 세포이 반란이 일어나 영국은 적극적인 대책을 구사하기 어려웠고, 중립을 표방함으로써 청에 조약 개정을 압박할 수 있다는 생각이었다.

상제교의 이단성과 태평천국의 성격에 대한 열강의 불안 역시 초기의 호의적인 태도에서 중립 정책으로 전환하는 데 영향을 주었다. 태평천국은 청조에 비하면 유연한 편이었지만, 역시 화이사상을 가지고 있었다. 동왕은 평화를 위해 세계 어느 나라와도 교류할 수 있으며 세계는 형제라고 하면서도 홍콩총독에게 보낸 문서에서 "천왕은 각국의 진정한 지배자(天王爲各國眞主)"라고 하면서 모두 천왕의 명령을 받들라고 했고, 서양인의 방문을 "내조(來朝)"라고 표현했다.

열강이 태평천국에 결정적으로 등을 돌리게 된 계기는 이수성 군대의 상하이 공격 위협이었지만, 그간의 교섭에서 얻어낸 기득권을 유지하기 위해서는 아편 무역을 적극 반대하던 태평천국보다 청조와 상대하는 것이 효과적이라고 판단했기 때문이다. 제2차 아편전쟁이 종결되고 베이징조약이 조인되면서 열강의 태도에 변화가 있었다. 1862년 초부터는 적극적인 간섭에 나섰는데 이는 관세 수입이 줄어 배상금 징수에 지장을 줄 것으로 여겼기 때문이다. 영국은 태평천국이 조약체제를 유지하지 못하거나 유지하지 않을 가능성이 있다고 보았다.

1862년 1월 이수성군의 상하이 공격이 시작되자 2월에는 영국·프랑스군이 서양식 훈련을 받은 군대를 조직해 이수성군에 대항했다. 3월 이 군대를 상승군(常勝軍)이라 이름 짓고 해군 소령 찰스 고든(Charles Gordon)에게 지휘하도록 명했다. 상승군은 소수의 영국·프랑스 지휘관과 필리핀, 중국인 병사로 이루어져 있었으며, 군비는 청조가 부담했다. 청조는 1864년 5월 양쯔강 하류의 태평군을 거의 평정해 상승군의 필요성이 감소하자, 그 병력이 태평군에 가담하거나 제3세력이 될 소지가 있다고 보아 이를 해산시켰다.

04 중화제국 질서의 동요

1) 조공체제

조공체제는 기원전 3세기에 시작해 19세기 말에 이르기까지 동아시아, 동남아시아, 중앙아시아의 국제관계를 규정짓는 체제였다. 이 질서 속에서 중원 왕조는 천조를 자처하며 책봉을 통해 조공 체계를 형성했다. 중국과 주변 국가 사이에는 진공(進貢)과 상사(賞賜)라는 명목으로 조공 무역이 행해졌으며, 특정 시기에는 중원 왕조가 주변의 강력한 민족이나 국가에 진공하기도 했다. 조공체제로 뒷받침되고 있던 중화제국 질서는 청일전쟁을 계기로 동요했다.

뿌리 깊은 중화사상을 기초로 한 중화제국의 질서는 19세기 중반 무력을 앞세워 불평등조약을 강요해 온 구미 열강의 도전에 직면해 대외 관계와 정세에 대한 인식이 변화되면서 조정과 변용이 나타났다. 그러나 중화사상이 지닌 문화적 우월성으로 이는 매우 완만히 진행되었으며, 1860년대 중반 국내 반란의 평정과 대외 관계의 호전으로, 일시적으로 중흥 의식이 발원하자 대외 강경책을 요구하는 여론도 나타났다. 그러나 1870년대에 들어서자 조선을 포함한 주변 조공국들이 일본을 비롯한 열강들의 압박으로 중국의 지배권에서 이탈하고 청일전쟁을 거치면서 중화제국 체제의 붕괴라는 새로운 단계에 접어들면서 총체적 위기의식이 확대되자 새로운 질서가 모색되었다.

2) 1860~1870년대 변경의 위기와 대응

청조의 대외 위기의식을 크게 확산시킨 제2차 아편전쟁이 끝난 1861년 1월 서구와의 교섭을 담당할 새로운 외교 기구 총리각국사무아문(總理各國事務衙門, 이하 총리아문)이 설립되어, 베이징에 외교관이 상주하고 각국 영사관이 개설되었다. 보수주의자들의 영향으로 대외 관계에 전면적인 변화가 일어나지는 않았지만, 총리아문을 중심으로 주요 국가들과 외교 활동을 하고 외국어를 통역할 인재를 양성하기 위해 교육기관을 설립했으며, 해외 사절단을 파견해 각국 원수를 예방해 조약을 체결하는 등 외교적 성과를 거두었다. 그러나 총리아문은 당시의 실적에 만족해 이후 발생하는 외교적 문제에 효과적으로 대처할 방안을 마련하지 못했다. 전통적인 세계관에서 벗어나지 못해 활발한 외교 활동을 통해 본국의 이권을 확보하려는 노력은 약했다. 1870년 톈진 교안(敎案) 이후 서구의 외교 공세가 거세지자, 그 한계는 더욱 부각되었으며 적극적인 외교적 대응이 필요해졌다.

과거 중국과 조공 관계를 맺었던 일본은 메이지유신 이후 양국 간의 관계를 새롭게 설정하기 위한 노력의 일환으로 1870년 10월 톈진에 관리를 파견해 조약 체결을 요구했다. 이 조약 체결을 두고 반대론자들은 중국의 대외 관계가 불편한 틈을 타 일본이 책동을 벌이는 것으로 인식했지만, 증국번과 이홍장 등은 조약을 무조건 거부할 것이 아니라 함께 손잡고 서구에 공동 대응하는 것이 유리하다고 하여 조약 체결을 추진했다. 일본이 처음 제시한 초안은 최혜국 대우를 내세운 불평등조약으로 중국 측 초안과 상충되었다. 이후 중국 측 초안을 근거로 협상을 진행한 끝에 1871년 9월 '청일수호조규(淸日修好條規)'와 '통상장정'이 체결·조인되었다. 이 조약은 중국에 대한 우위를 확보하려는 일본의 의도가 충분히 반영되지는 않았지만 일본이 기존의 중화제국 체제와 무관하다는 것을 명확히 했다. 이후 일본은 자국 내에서 정한론(征韓論)이 부상하자 조선에 대해 종주권을 주장하는 중국과 동등하거나 우월한 지위를 주장하는 전략을 쓰면서 중국의 외교적 허점을 노렸다. 1871년 말 타이완(臺灣) 사건은 중요한 계기가 되었다.

일본은 류큐(琉球) 표류민이 피살당한 일을 응징한다는 명분으로 1874년 타이완에 파병했다. 중국의 총리아문은 일본 공사의 요구에 완만하고 소극적인 대응으로 일관했다. 일본에 대해 강경책을 주장하던 이홍장도 양국 간의 화의를 건의해 결국 보상금 지급과 일본 점령군의 주둔비를 배상하는 것으로 사건이 종결되었다. 이는 청조가 사실상 자국 영토를 침해당하고도 침략자에게 보상하는 선례를 남겨 중국의 무력함을 노출시키는 계기가 되었다. 결국 일본을 비롯한 몇몇 동아시아 국가들이 중국의 지배질서에서 이탈함으로써 중화제국 체제의 동요가 분명해졌다.

태평천국과 염군(捻軍)의 반란 등 중국 내지에서 일어난 혼란을 틈타 변경 지역에서도 반란이 연이어 일어났다. 그중 청조 지배하에 차별대우를 받던 서북과 서남 지역 회민(回民)이 반란을 일으켜 청조의 주변국에 대한 영향력이 약화되었으며, 영국·러시아의 내륙 진출이 본격화되었다. 1854년 윈난(雲南)성에서 발생한 회민 반란은 그 규모가 커지면서 소수민족까지 가세할 정도로 확대되었다. 1862년에는 서북의 산시성(陝西省)에서 반란이 일어나 간쑤성(甘肅省)까지 확대되었다. 청조는 내지의 반란을 평정한 후 1870년대 초중반까지 회민 반란을 완전히 평정했지만, 과거 중국의 영향력을 다시 되살릴 수는 없었다. 청조의 간접 지배를 받았던 중앙아시아 지역에서는 이러한 동요를 틈타 여러 정권이 중국의 세력권에서 이탈하는 경향을 보였다. 그중 1866년 이후 일어난 아불 오글란(Abul Oghlan) 정권과 야쿱 벡(Yakub Beg) 정권의 수립은 러시아의 국경무역을 압박해 러시아의 남진과 이를 저지하기 위한 영국의 개입까지 유발했다.

주요 내란을 모두 평정한 청조는 신장(新疆) 지역에서 야쿱 벡이 주도하는 회란을 평정하는 것을 주요 목표로 삼아 이른바 신장 수복 작전을 전개했다. 1877년에는 이리(伊犁) 지역을 제외한 신장 전역을 회복하고 아불 오글란 정권을 굴복시켜 이리 지역을 점령하고 있던 러시아와 대립하다가 이리 반환을 위한 조약을 체결했다. 이 역시 러시아의 요구가 대폭 반영된 까닭에 양국 간의 긴장 관계를 피할 수 없었다. 재협상 끝에 1881년 2월 이리 지역 일부 영토의 할양과 점령비 지불에 수정을 가한 '상트페테르부르크조약'(통칭 이리조약)을 체결해 청 정부의 비준을 받았다. 이후 1884년까지 여섯 개의 국경조약을 추가로 체결해 중앙아시아 국경 대부분을 확정지었다.

1860년대부터 1870년대에 이르는 변경의 위기는 전통적 조공체제를 근간으로 하는 중화제국 질서를 크게 동요시켰다. 중국은 더 이상 제국의 지위를 유지할 수 없었을 뿐 아니라 열강의 직접적 침략 아래 식민지와 같은 지위로 전락해 갔다.

더 읽을거리

구범진. 2012.『청나라. 키메라의 제국』. 민음사.

나퀸, 수잔(Susan Naquin)·이블린 S. 로스키(Evelyn S. Rawski). 1998.『18세기 중국사회』. 정철웅 옮김. 신서원.

로, 윌리암 T. (Willian T. Rowe). . 2014.『하버드 중국사 청 : 중국최후의 제국』. 기세찬 옮김. 너머북스.

류, 리디아(Lydia Liu). 2016.『충돌하는 제국』. 차태근 옮김. 글항아리.

마스이 츠네오(增井經夫). 2004.『대청제국』. 이진복 옮김. 학민사.

민두기. 1985.『중국 근대개혁운동의 연구: 강유위 중심의 1898년 개혁운동』. 일조각.

스펜스, 조너선(Jonathan Spence). 2004.『반역의 책』. 이준갑 옮김. 이산.

_____. 2009.『근대중국의 서양인 고문들』. 김우영 옮김. 이산.

엘리엇, 마크 C.(Mark C. Elliott). 2009.『만주족의 청제국』. 이훈·김선민 옮김. 푸른역사.

왕현종 외. 2009.『청일전쟁기 한중일 삼국의 상호전략』. 동북아역사재단.

왕효추(王曉秋). 2002.『근대 중국과 일본: 타산지석의 역사』. 신승하 옮김. 고려대출판부.

이스트만, 로이드(Lloyd E. Eastman). 1999.『중국사회의 지속과 변화』. 이승휘 옮김. 돌베개.

장중례(張仲禮). 1993.『중국의 신사』. 김한식 외 옮김. 신서원.

코지마 신지·마루야마 마츠유키(小島晉治·丸山松幸). 1998.『중국 근현대사』. 박원호 옮김. 지식산업사.

웨이크만, 프레더릭 (Frederic Wakeman). 1987.『중국제국의 몰락』. ·김의경 옮김. 예전사.

하오옌핑(郝延平). 2001.『중국의 상업혁명: 19세기 중·서 상업 자본주의의 전개』. 이화승 옮김. 소나무.

하정식. 2002.『근대 동아시아 국제관계의 변모』. 유장근 옮김. 혜안.

호리가와 데츠오(堀川哲男). 1994.『중국근대사』. 이양자 옮김. 삼지원.

4장 자강운동과 열강의 침탈

조병한(서강대학교 국제인문학부 사학과 명예교수)

19세기 중반 태평천국운동과 제2차 중영전쟁(아편전쟁)이라는 내외의 위기 속에서 등장한 중국의 양무운동(洋務運動)은 청 왕조의 첫 단계 자강운동(自强運動)으로 근대화 개혁의 서막이었다. 베이징조약으로 구미 열강에 의해 강요된 조약체제 아래에서 1860년대에 시작된 양무개혁은 서유럽의 근대 문명 중에서 군사·외교적인 요소부터 도입하기 시작했다. 원래 양무개혁은 내란과 서양 침략에서 청 제국 체제의 중흥을 위한 개혁 정책의 한 부분으로 착수되었으나, 청조의 내정 개혁이 소극적 정체 상태에 그치면서 군사·외교상 성과에 국한되고 말았던 것이다. 1870년대의 양무사업은 군사에서 나아가 국부(國富)를 지향하는 발전 추세를 나타냈다. 개혁 결과 청조는 증강된 군사력으로 일시적으로 제국의 분열을 극복하고 변경의 영토를 수복하는 등 상당한 성과를 거두기도 했다. 그러나 각 성 단위로 지방분권화가 진행되고, 변경의 영토와 인접 국가들에 대한 서유럽, 러시아, 일본의 침탈로 국제 위기가 심화되어 갔다. 서양의 방법을 차용해 중국의 자강을 추구한다는 양무개혁의 목적은 청일전쟁에서 일본에 참패함으로써 실패로 끝나고, 동아시아 지역의 제국으로서 중화제국은 해체되어 반식민지화가 진행되었다. 제국주의 열강의 중국 분할에 대응해 두 방향에서 구국을 위한 저항이 시작되었다. 하나는 청조 체제의 정체를 철저히 개혁하는 최초의 민족주의적 근대화 운동으로 신사층을 중심으로 전개된 변법자강운동이었다. 다른 하나는 전통적인 민란의 형태를 띤 북중국 민중의 의화단운동으로, 이는 원형적 민족주의(proto-nationalism)의 출현이기도 했다. 이 두 운동이 좌절되자 이제는 분리되어 가는 각 성을 중심으로, 만주족 정부에 대항해 한족 혁명운동을 전개하기 위한 사회적 기반이 형성되기 시작했다.

1) 베이징정변과 조약체제의 수용

청 제국의 내전 상태에 편승한 영불 연합군이 1856년 말 제2차 아편전쟁을 일으키자, 청조는 태평천국과의 내전에 더해 양면 전선을 형성할 수밖에 없었다. 그 후 수도 베이징(北京)을 함락한 영국군과 프랑스군은 청 왕조를 굴복시켜 1860년 베이징조약을 체결했다. 이 조약을 고비로 중국 시장이 전면적으로 개방되기 시작했고, 제1차 중영전쟁 이래 영국을 중심으로 연대한 구미 열강의 제국주의 정책에 따라 중국은 자본주의 세계시장에 편입되었다. 러허(熱河: 현재의 承德)로 피신한 함풍제(咸豊帝) 대신 베이징 방위를 맡은 그의 아우 공친왕 혁흔(奕訢)이 베이징조약에서 영국, 프랑스, 미국, 러시아 4국과의 교섭을 담당하면서 중앙정권의 유력한 실세로 부상했다. 1861년 황제가 러허에서 사망하자 제위를 이은 어린 아들(만 5세) 동치제(同治帝)의 생모 자희태후(慈禧太后: 西太后)와 공친왕이 제휴해 일으킨 베이징정변으로 재원(載垣)·숙순(肅順) 등 황족·귀족 섭정단이 숙청되고 서태후와 의정왕(議政王)이 된 공친왕 사이에 연정이 성립되었다.

양무개혁은 먼저 베이징 중앙정부를 장악한 공친왕과 만주 기인(旗人) 출신의 문상(文祥)·계량(桂良) 등에 의해 베이징에 상주한 구미 열강 외교단과의 협조 정책을 배경으로 추진되기 시작했다. 양무개혁의 출발은 1861년 1월 양무사업의 추진 기구로 총리각국사무아문(總理各國事務衙門)이 설치되면서 시작되었다. 이는 전통적 국가 체제의 밖에 설립된 임시 기구였지만, 베이징조약 직후 서유럽 근대 외교를 수용하는 데 따른 대응 조치로 획기적 의미가 있다. 뒤이어 외교·통상 등 양무를 보조하기 위해 경사동문관(京師同文館)이 서양 언어와 만국공법(萬國公法: 국제법)을 가르치는 교육 기관으로 베이징에 설립되었다. 미국 선교사 윌리엄 마틴(William A. P. Martin)이 번역·소개한 국제법 지식은 이후 세력균형 개념과 더불어 양무운동의 외교 지침이 되었을 뿐 아니라 근대 중국의 세계관과 법제 개혁의 형성에 출발점이 되었다. 또 경사

그림 4-1 | 동문관

동문관(京師同文館)에 산학관(算學館)을 설치해 신사와 하급 관료에게 서양의 천문학과 수학을 가르치려던 베이징 개혁파의 시도는 유교적 사대부 공론, 즉 청의(淸議)의 저항으로 축소되었다. 영국의 패권 아래 프랑스, 미국, 러시아가 참여한 4개국 열강 외교단이 대중국 정책에 공조하는 가운데 19세기 후반의 협조외교가 종전의 포함외교를 대체했으나, 양무개혁이 시도한 제국 중흥의 노력은 강력한 구미의 외압 아래 제약을 받을 수밖에 없었다.

2) 상군·회군 집단과 양무의 군사적 기원

양무운동의 또 하나의 중심은 태평천국 진압의 주축이던 동남부 연해 각 성의 상군(湘軍)·회군(淮軍)계 대관료들이었다. 1870년대부터 이들은 베이징 중앙을 제치고 양무개혁의 중심 세력이 되었다. 한족의 경세 관료들이 핵심적인 역할을 한 이 개혁은 당장 시급한 내란 진압에서 시작해 구미 열강으로부터 연안을 방위하는 장기 목적으로 점차 확대해 가고자 한 것으로, 임시변통적 성격이 강했다. 따라서 그 개혁은 같은 시기 일본의 메이지유신(明治維新)이 중앙정권을 장악해 전국적 규모로 국가체제 개혁을 추진해 혁명적 근대화 운동으로 발전한 것과는 달리, 중앙집권적 구체제를 보완하기 위해 체제 밖의 편법으로 서양의 방법을 차용하는 부분적·분산적 개혁의 집적이라는 현상을 나타냈다. 이는 서양과의 교섭에 당면한 연해의 지방관료들이 외교·군사 문제를 중심으로 추진한 행정상의 변통으로 볼 수 있다. 특히 약체화된 팔기군(八旗軍)을 대체하기 위해 정부군을 개편하고 군수산업을 건설하는 데 중점을 두었다. 1860년대 양무개혁 초기에 근대적 총포와 함선의 도입은 태평천국운동 말기에 주요 전장이 된 장쑤(江蘇)와 저장(浙江) 지역에서 벌어진 내전 당사자의 군비 경쟁에서 비롯되었다. 당시 상하이(上海), 닝보(寧波) 등 개항장에서는 청조의 상군 및 회군과 태평천국 양측에서 모두 경쟁적으로 구미의 화기와 기선을 구매 또는 임대하는 상황이 전개되었다. 아편전쟁 이후 중국의 최대 개항장으로 발전한 상하이의 방위는 조계(租界)와 무역 이익의 수호를 명분으로 영국·프랑스 외교단과 주둔군이 떠맡아 왔으며, 그들은 베이징조약 이후 중립 정책을 바꿔 청조의 회군과 협력해 태평군 진압 작전에 협력했다.

　　남중국 양무집단의 기원을 이루는 상군은 후난성(湖南省) 출신의 유교적 지배층인 신사층의 신형 군대로 성 단위의 전국적 관군으로 발전했으며, 그 총수인 증국번(曾國藩)의 지원 아래 제자 이홍장(李鴻章)이 내전 말기에 상군을 모델로 안후이(安徽)성에서 편성한 회군과 함께 청조 말기 정부군의 주력이 되었다. 태평천국 진압과 양무개혁 형성의 전환점은 1861년 양강(兩江: 江南. 江西) 총독 흠차대신으로 임명된 증국번이 안후이성의 성도 안칭(安慶)을 함락한 다음이었다. 양쯔강 하류의 장쑤성, 안후이성, 저장성, 장시성 등 4성의 군무를 총지휘하게 된 그가 태평천국의 수도 난징(南京)을 포위하는 한편, 태평천국에 대한 대규모 포위 전략을 위해 그가 천거해 순무(巡撫)로 파격 승진한 이홍장과 상군의 좌종당(左宗棠)은 각기 장쑤성과 저장성에 진군하면서 상하이와 닝보 등 개항장에서 영국 및 프랑스 주둔군과 접촉하며 외교·군사적 협력을 확보하게 되었다.

3) 양무개혁의 시작과 연해 방어 체제

상군·회군계의 양무개혁은 태평천국 등 반란 진압에서 착수되었으나 궁극적 목적은 서양의 근대적 군사력에 대응해 연해의 해양 방어, 즉 해방(海防)을 위한 군수산업 건설에 있었다. 이 같은 해방 전략은 1840년대 제1차 아편전쟁 직후 위원(魏源)이 『해국도지(海國圖志)』에서 처음 제안한 "오랑캐[이적(夷狄)]의 장기를 학습해 오랑캐를 제어한다"라는 전략에서 이론적 기원을 찾을 수 있다. 그러나 양무개혁의 내용은 해방 전략을 중심으로 근대적 외교의 수용과 군수산업을 비롯한 관련 산업의 건설로 확장됨으로써, 제국 체제를 부흥하려는 지도부의 의도와는 달리 초기 근대화의 준비 단계로 역할을 하게 되었다. 상군·회군계 관료 집단의 개혁 과정은 3단계의 발전을 거쳤다.

1860년대 양무개혁 1단계의 단초는 1862년 증국번이 안칭내군계소(安慶內軍械所)(1862)에서 수공으로 서유럽식 총포와 기선 제작을 시도한 것이다. 그의 막부(幕府)에는 전통적인 재정·형벌·문학·군사 인재 이외에 이선란(李善蘭) 등 과학자와 기술자를 포함한 양무 인재들이 참여하고 있었다. 증국번, 이홍장의 협력 아래 총포를 생산하는 병기창 건설에서 시작된 양무사업은 처음에는 관영 군수공업이 중심이었다. 최초

그림 4-2 | 강남제조총국 번역관

의 근대 병기공장은 상하이에서 이홍장이 미국인의 기계공장을 매입해 시작한 상하이양포국(上海洋炮局)을 기반으로 발전시킨 강남제조총국(江南製造總局)이었다. 이 강남제조총국은 중국번이 최초의 미국 유학생 용굉(容閎)이 올린 방책에 따라 그를 미국에 파견해 구입한 대량의 기계 도입과 함께 1865년에 완성되었다. 그 밖에 난징의 진링제조국(金陵製造局, 1865), 북방의 톈진기기국(天津機器局, 1866)을 비롯해 연해의 각 성을 중심으로 여러 근대적 관영 병기공장이 설립되었다.

기선 제조는 중국번이 강남제조총국의 사업 범위를 넓혀 본격적으로 조선에 착수한 것이 시초였으나 규모가 큰 전업적 조선소로 발전한 것은 민저(閩浙)총독 좌종당과 후임 양무 관료 심보정(沈葆楨)이 푸젠성에 푸저우선정국(福州船政局, 1866)을 설립하면서부터였다. 한편 이홍장이 설립한 관립 외국어학교 상하이광방언관(廣方言館)은 중국번에 의해 강남제조총국 번역국에 편입되었는데, 존 프라이어(John Fryer), 알렉산더 와일리(Alexander Wylie) 등 서구의 선교사와 막부의 과학자와 기술자들이 협력해 서양의 많은 과학·기술 서적을 번역·보급했다. 한편 좌종당·심보정은 푸저우선정국에 부설된 조선·항해 교육기관으로 푸저우선정학당(福州船政學堂)을 설립했으며, 여기서 1870년대 이후 푸젠 해군뿐 아니라 북방의 북양(北洋)해군에 소속되어 활동한 초기 중국 해군의 간부 요원 다수를 배출했다.

그림 4-3 | 북양해군의 진원호

1) 이홍장과 1870년대 관독상판 기업

양무운동이 본격적으로 궤도에 오른 1870년대 이후 진행된 개혁의 제2단계는 1870년 톈진(天津) 반기독교 사건[교안(教案)]을 계기로 실각한 증국번의 후임으로 이홍장이 즈리총독(直隷總督) 겸 북양대신(北洋大臣)으로 부임하면서 그의 주도 아래 추진되었다. 이홍장은 민저(閩浙)총독 심보정, 장쑤순무 정일창(丁日昌)의 협력 아래 연해 각 성에 주둔하는 회군과 군수산업을 기반으로 각종 양무사업을 추진하는 개혁의 중추 역할을 수행했다. 당시 서태후에 의해 공친왕(恭親王)이 밀려난 베이징 정국에서 이홍장은 북방 연해의 외교·통상 업무를 관장하는 북양대신의 지위를 통해 중앙의 총리아문과 협력하며, 청일전쟁으로 실각할 때까지 청조의 대외정책을 주도했다. 양무개혁은 연해 방위 전략의 일종인 군수산업을 중심으로 전개되어, 이후 사업 범위는 석탄·철광 등 광산은 물론이고 기선·항운, 면방직공업, 전신·철로 등 민수산업으로까지 확장되었다.

그림 4-4 | 이홍장

양무사업의 경영 방식은 1860년대 관영에서 출발해 1870년대 이후 관독상판(官督商辦)과 관상합판(官商合辦)으로 다양해졌다. 관독상판은 아편전쟁 이후 연해 무역에서 서양 기업과 협력한 매판상인 자본을 끌어들여 관료가 감독권을 갖고 민간 상인이 경영하는 것으로, 양무 기업의 전형적 형태다. 이 기업에는 정부가 독점적 특허권을 부여하고 보조금을 지급하며 인사와 정책 결정에 관료가 강력히 개입했기 때문에, 민간 상인에 의한 효율적 경영이나 민족자본 형성에 기반을 둔 근대 자본주의 발달에는 제약이 있었다. 최초의 관독상판 기업으로 1872년 설립된 윤선초상국(輪船招商局)은 이홍장과 그의 막료 성선회(盛宣懷)의 주도 아래 매판상인 당정추(唐廷樞)·서윤(徐潤)·정관응(鄭觀應) 등이 투자하고 경영한 기선항운회사였다. 양쯔강과 남북 연해의 운송과 무역에 종사한 이 회사는 영국의 이화양행(怡和洋行)·태고양행(太古洋行), 미국의 기창양행(旗昌洋行) 등과 경쟁하면서 한때 기창양행을 인수하는 등 성과도 보였으나, 결국 외국 항운사를 중국 연해에서 축출하지 못한 채 영국 회사와 가격 담합으로 국내 시장을 분할하기로 타협하기에 이르렀다. 총포·기선과 같은 군수산업은 원자재나 동력 자원을 국내의 광업을 통해 조달했는데, 외국으로부터의 수입을 대체하기 위해 석탄·철광을 비롯한 구리·금·은·아연 등 광산 개발로 확장해 갔다. 즈리의 카이핑광무국(開平礦務局) 탄광(1878), 츠저우탄광(磁州炭鑛, 1875), 타이완의 지룽탄광(基隆炭鑛, 1876)을 비롯한 다수의 광산이 개발되었다. 양무파의 민수용 제조업은 이홍장이 관독상판 기업으로 창설한 상하이기기직포국(上海機器織布局, 1879)이 있으나 곧 소실되는 등 1890년대 이전에는 미미한 수준이었다.

2) 해방·육방 논쟁과 해군 건설

동치(同治) 시대가 끝나고 서태후의 섭정이 연장된 가운데 양자인 광서제(光緒帝)가 만 3세로 즉위한 1874년과 그 이듬해에 일본 메이지 정부의 타이완 침공을 둘러싸고 이른바 해방(海防)·육방(陸防) 논쟁이 일어났다. 청조의 해군 건설이 논쟁의 초점이었으나, 청조의 군사 재정을 해양 방어와 내륙 변경 방어 양측에 고루 분할한다는 절충안으로 귀결되었다. 이홍장 등 양무 진보파의 입장은 서유럽 해양 국가들의 경쟁적인 과학·기술 혁신에 주목해 미래 중국의 국방 중심을 전통적 유목 세계인 서북 내륙 방어에서 동남 해상 방어로 이동시키고자 한 것이었다. 한편 신장(新疆)을 원정 중이던 양무 보수파 좌종당과 양무개혁에 부정적인 유교적 청의파(淸議派) 관료들의 관점은 전통적 청 제국의 중흥을 위해서는 내륙의 실지인 신장 회복과 러시아에 대한 변경 방어가 핵심 과제였다.

그림 4-5 | 좌종당   그림 4-6 | 증국번

정일창(丁日昌)이 처음 주장한 청의 해군 건설은, 연해 각 성의 양무 관료들이 합의해 난양(南洋)·푸젠·광둥(廣東) 해군보다 이홍장의 북양해군에 우선권을 주었다. 연해 방어를 위해 공해상에서 작전할 수 있는 근대 해군 건설이 목적이었는데 최신 군함의 구매처로, 1870년대 중국 해상에 등장한 신흥 강국 독일이 기존 패권국 영국의 경쟁 상대로 부상했다. 해군 건설에 보조를 맞춰 해군아문(海軍衙門)이 설치되고(1885), 톈진에 육해군 학당도 설립되었다.

1870년대 해방 정책이 국제관계에서 국가 권익을 보호하기 위한 외교상의 혁신으로 발전한 결과, 1876년 영국·프랑스 공사로 양무파 곽숭도(郭崇燾)를, 이듬해 일본 공사로 하여장(何如璋)을 파견해 해외 상주 공관이 설치되었다. 또 1870년대에 서양 지식에 대한 관심이 높아지면서 구미 유학생 파견이 시작되었다. 용굉의 제의를 받아들여, 증국번에 의해 소년들의 미국 관비 유학이 착수되었으나, 증국번이 사망한 뒤 수구적 여론의 압력으로 철회되었다. 그러나 영국에서 항해술, 프랑스에서 조선술을 배우기 위해 유럽으로 파견된 푸저우선정학당의 학생들은 청조의 해군 건설에 크게 기여했다.

일본의 타이완 침공으로 해양 방어의 중요성이 커지면서 심보정의 제안으로 푸젠성의 푸저우(福州)와 샤먼(廈門) 사이에 전신이 가설된(1876) 것을 필두로, 1880년대 초 이홍장, 성선회 등에 의해 톈진-다구(大沽)선(1881), 톈진-상하이선 등 전신이 설치되었으며, 이어 장쑤·저장·푸젠·광둥 연해로 확장되었다. 군사적 수요에서 민수용으로 확대된 전신은 관영에서 시작해 관독상판으로 추진되었다. 이를 관리하도록 설립된 기구인 톈진전보총국은 1883년 중국전보국으로 바뀌었었다. 또한 기술 교육을 위해 톈진전보학당 등 신식 학교가 설립되었다.

3) 양무개혁과 민간자본, 유교 공론의 저항

베트남의 종주권을 둘러싸고 일어난 청프전쟁(1883~1985)으로부터 1894년 청일전쟁 발발까지를 양무운동의 3단계로 볼 수 있다. 청조의 중앙 권력을 강화하려는 서태후의 양무파 견제책으로 유교적 공론에 의지한 수구적 사대부의 청의파가 정치적 압력을 증대하는 가운데 이홍장과 서태후 권력의 타협과 유착 관계는 양무개혁의 진전에 부정적인 영향을 미쳤다. 청의의 비판은 이홍장 주도의 양무 관료가 드러낸 대외 타협과 지방분권 경향에 대한 견제였다. 한편 양무 진영 안에서도 대외 강경 노선을 고집하던 청의파 관료 장지동(張之洞)이 양무파로 전환해 대외 유화파인 이홍장과 대립하면서 양무개혁의 유력한 경쟁자로 부상했다. 장지동은 양광총독, 후광총독을 거치며 광저우, 특히 후베이성의 한양(漢陽)을 중심으로 후베이창포창(湖北槍炮廠), 후

그림 4-7 | **청일전쟁**

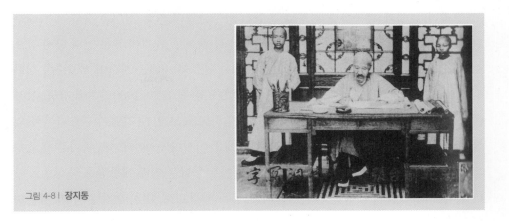

그림 4-8 | 장지동

베이직포국(湖北織布局), 후베이방사국(湖北紡紗局) 등 여러 관영기업을 설립하고, 광둥·후베이의 육해군 학당을 세웠다. 그가 설립한 기업 중 가장 영향력이 큰 것은 한예핑매철공사(漢冶萍煤鐵公司)로, 한양제철소(漢陽製鐵所), 다예철광(大冶鐵鑛), 핑상탄광(萍鄕炭鑛)을 결합한 거대한 관영기업이었다. 한편 이홍장계의 관독상판 기업으로 근대적 면직공장인 상하이기기직포국을 재건한 화성방직총창(華盛紡織總廠)이 1890년대에 설립되었다.

　철로는 1863년 영국, 프랑스, 미국 상인들의 상하이-쑤저우 간 철도 건설 요구가 거부된 이래 총리아문과 각 성 총독·순무 간에 서양과의 조약 수정과 관련해 철로 축조 논쟁(1867~1868)이 있었으며, 1880년대에도 3차의 철로 논쟁을 거치면서도 좀처럼 진전이 없었다. 이 같은 유교적 공론의 끈질긴 저항 속에서 철로 축조의 시초는 1881년 석탄 수송을 위한 이홍장계의 탕산(唐山)-쉬거좡(胥各莊) 철로였는데, 청프전쟁 이후 석탄 수송과 해방 전략을 목적으로 1888년에 해군아문의 관할 아래 톈진-다구 철로로 연장되었다. 회군계 타이완순무 유명전(劉銘傳)도 변경의 도서인 타이완에 지룽(基隆)-타이베이(臺北) 철로(1891)를 설치했다. 1889년 철로 논쟁 이후 이홍장과 장지동을 중심으로, 남북의 자기 세력권 내에 각기 철로 건설 계획을 유치하려는 경쟁이 있었으나, 그동안 변경에 머문 철로 건설이 전국적인 범위에서 확장되기 시작한 것은 청일전쟁 패전 이후였다.

그러나 관영과 관독상판 위주로 운영된 양무사업의 기업 경영은 유교적 사대부 관료의 비전문적 경영, 종족·동향과 과거제의 사우(師友) 관계에 따른 인맥 중시 등으로 부패하고 비효율적이었다. 양무 기업에 대한 관료의 지배는 시간이 흐를수록 심화되어 20세기 중국 관료자본주의의 근원이 되었다. 한편 1870, 1980년대에 광둥·상하이·톈진 등 연해 도시에서 근대적 제조업 부문의 소규모 민간 기업이 관료자본과 외국자본의 틈바구니에서 등장했고, 1890년대에 들어서야 눈에 띄는 민족자본이 형성되기 시작했다. 이러한 민간자본은 아편전쟁 이후 동남부 연해 개항장을 중심으로 구미 자본주의 진출에 대응한 매판상인의 성장을 배경으로 했다. 이들은 구미 자본의 협력자로 회사 경영에 참여하거나 중개상으로 금융, 차·생사·면화·면사·식료품 등 수출입 무역에 종사하면서 자본을 축적해 점차 외국자본과 경쟁 관계를 형성하게 되었다. 매판자본의 일부는 이홍장계 양무기업에 참여해 관료 직함을 지닌 상인, 이른바 신상(紳商)으로서 청조 말에 사회적·정치적 영향력을 형성해 갔다.

<h2>03 청 제국의 중흥 노력과 제국주의 열강의 도전</h2>

1) 한족 신사층과 분권적 성 권력의 대두

청 제국 체제의 변화에 획기적 전환점이 된 것은 연해에서 일어난 아편전쟁의 충격보다는 중국 내부에서 발생한 태평천국 동란이었다. 서유럽 문명의 중국 내부 침투도 태평천국 동란 이후 가능해졌다. 또한 전통적 인맥 관계에 기초한 지방 신사층의 광범한 정치적 대두는 내전에서 상군, 회군으로 대표되는 신사층 주도의 의용군이 관군을 대체하며 강화되었다. 신사층은 현(縣) 단위의 향촌 무장 치안 조직인 단련(團練)과 의용군[향용(鄕勇)] 활동, 그것을 토대로 확대된 상군, 회군 및 양무파 대관료의 막부에 참여해 군공을 세워 천거를 받거나 의연금 납부[연납(捐納)]를 통해 정규 과거 시험을 거치지 않고 관료로 진출하면서 크게 늘어났다. 이는 전통적 과거 관료제를 크게 변화시켰다. 내전으로 군사 관련 재정이 늘어나자 청조는 의연금을 확대했다. 또한 신사의 군사 협력을 독려하기 위해 관학의 학생 정원을 늘리면서 하층 신사의 수도 대폭 늘어났다.

내전 중 한족 출신 상군, 회군의 군사적 기반 위에 각 성 단위의 총독·순무의 행정·재정·군정 권력이 강화되자, 독무에 대한 하위 지방관료의 종속이 심화되어 성 단위의 지방분권화 현상이 갈수록 심화되었다. 분권화의 배경으로는 총독·순무들의 천거[보거(保擧)]를 통한 인사권 남용, 호부(戶部) 세수의 지방 전용(轉用)이나 지방 간의 상호 재정 지원 등 재정 면의 재량권 증대 등을 들 수 있다. 정액이 고정된 토지세 대신, 국가 재정에서 소금전매 과세, 대외 무역의 해관세, 전쟁 중 신설된 상품유통세인 이금(釐金) 등의 비중이 증대되었고, 이것이 각 성의 재정에 큰 비중을 차지했다.

유교적 경세파 관료들이 주도한 양무사업은 주요 과제인 군사 개혁에서 구미 선진국과의 격차를 좀처럼 메울 수는 없었으나 각 성의 양무파 총독과 순무의 권력을 강화시켰다. 이들의 강력한 군사력을 토대로 청 제국은 국내 반란 진압과 주변부의 실지를 회복하는 데 상당한 위력을 발휘해 1880년대에 중흥의 성과가 어느 정도 성취된 듯 보였다. 중국번을 중심으로 태평천국군을 진압한 데 이어, 청조 최정에 병력이 된 이홍장의 회군이 주력 부대가 되어 1868년까지 북중국의 염군(捻軍)을 평정했다. 산간총독(陝甘總督) 좌종당의 상군은 산시성과 간쑤(甘肅)성의 이슬람계인 회족반란을 진압한 다음 신장(新疆) 지역으로 진격해 1875년까지 남부의 위구르 지역[톈산 남북로(天山 南北路)]을 수복했다. 청프전쟁 때인 1884년에는 한족과 관계없는 이민족 지역으로서 청조에 소속된 번부(藩部) 신장에 중국 본토와 같이 성(省)이 설치되고, 이듬해에 해외 식민지 타이완에도 성이 설치되었다. 이로써 20세기 초 이래 청조의 발상지 만주와 서북의 번부, 몽골과 티베트까지가 중국과 행정적으로 일원화되기 위한 첫걸음을 내딛었다.

2) 양무파의 정치개혁 사상의 발전

양무파의 개혁 사상은 개명된 일부 유교 관료·신사층이 전통적 유교 경세학의 실학(實學) 관념을 바탕으로 근대 서유럽 문명의 외압이라는 위기에 대응해 그 내용과 범위를 변통·확장하는 과정에서 성립한 것으로, 서학(西學)과의 절충을 통해 서유럽의 과학기술을 경세의 실용 수단으로 수용한 사상이다. 청 제국의 쇠퇴에 즈음해 19세기 초 공자진(龔自珍), 위원 등 선구적인 경세학자를 중심으로 명말청초(16·17세기)의 유교 경세학이 부흥하자, 호남 경세학의 전통을 이은 증국번은 전통적인 유교 실학을 재구성해 양무론으로 확장시키는 이론적 전형을 보여주었다. 그의 경세학은 18세기 건륭 시기의 『사고전서(四庫全書)』 편찬 사업 이래 확립된 주자학, 고증학의 절충 사조를 바탕으로 고대 제자백가 이래 중국 전통 학문의 여러 학파를 유교의 예치(禮治) 문화에 모두 통합하는 것이었다. 더욱 진보한 양무 이론은 한림학사 출신의 쑤저우(蘇州) 신사 풍계분(馮桂芬)이 저술한 『교빈려항의(校邠廬抗議)』(1860)에서 최초로 제시되었는데, 청조의 고증학 등 유교 학문에 조예가 깊었던 그의 사상은 전통적인 경세 실학 체계 안에서 양무·변법 사상을 형성하는 데 선구적 역할을 했다.

아편전쟁 시기에 위원 사상을 계승한 증국번 등 상군·회군계 대관료들의 양무론은 경세학의 연장에서 중국의 도(道: 유교 윤리)와 서양의 기(器: 기술), 이 양자의 상호 보완을 주장하는 도기론(道器論)의 관점을 공유하고 있었다. 풍계분은 서양 과학(格致)과 정치, 경제의 장점을 인식해 양무론에서 변법론으로 연결되는 과도적 특징을 보였으며, 중국의 윤리를 근본으로 서양의 부강술을 보완하자고 제창했다. 이와 같이 발전된 개혁론은 청일전쟁 후 장지동의 중체서용(中體西用: 중국학이 본체, 서학이 실용) 논리로 집약되었다. 초기 변법론자로 불리는 진보적 양무 사상가의 저술로는 곽숭도(郭崇燾)의 『사서기정(使西紀程)』, 왕도(王韜)의 『도원문록외편(弢園文錄外編)』, 설복성(薛福成)의 『주양추의(籌洋芻議)』, 마건충(馬建忠)의 『적가재기언기행(適可齋紀言紀行)』, 정관응(鄭觀應)의 『이언(易言)』·『성세위언(盛世危言)』 등이 있다. 양무 관료 또는 증국번, 이홍장의 막료 출신이거나 매판자본가 또는 조계 거류민, 망명한 이력이 있는 그들은 사상적으로 근대적 변법론으로 가는 중간 단계에 있을지라도 현실 정치에서는 양무개혁의 한계를 넘지 못한, 양무 진보파에 속하는 이론가들이었다.

3) 제국주의 세계질서와 러시아·일본의 침탈

양무개혁을 통한 자강운동은 열강의 침략이 날로 격화되는 19세기 후반의 제국주의 세계질서의 시각에서 볼 때 명백히 한계가 있는 개혁이었다. 통일을 이룬 독일 제국의 부상과 함께 1870년대부터 제국주의 경쟁이 격화된 결과, 구미를 중심으로 근대 국민국가들의 식민지 침탈은 최고조에 이르렀다. 1860년 베이징조약에 따른 중국의 전면 개방으로 서구의 자본주의 경제가 본격적으로 침투하기 시작하는 한편, 프랑스의 가톨릭과 영·미 개신교의 포교 활동도 초기의 개항장을 넘어 양쯔강 연안을 중심으로 내륙 각지에서 활발해졌다. 그에 따른 신사층과 민중의 반기독교 사건(교안)이 후난성, 쓰촨성 등 각지에서 빈발하는 가운데, 프랑스 가톨릭교회의 신부, 수녀가 다수 희생된 톈진교안(1870)은 양국 사이에 전쟁 분위기를 조성했다. 협상에 임한 양무 관료 증국번이 유교적 공론을 내세운 청의파로부터 집중적으로 비난을 받아 명망에 심각한 타격을 입었다.

1870년대 이후 중화학 공업 중심의 제2차 산업혁명을 배경으로 신흥 강대국 독일이 부상하면서 영국의 패권 아래 있던 제국주의 세계질서에 변화의 조짐이 나타났다. 동아시아에서는 이 지역에 영토를 보유하고 있는 후진적 열강 러시아와, 일본의 군사 침략으로 중화제국의 중흥 사업은 난관에 부딪혔다. 동시베리아 총독 니콜라이 무라비요프아무르스키(Nikolay Muravyov-Amursky)는 제2차 아편전쟁을 틈타 아이훈조약(愛琿條約, 1858)으로 아무르강[헤이룽강(黑龍江)] 이북을 할양받아 연해주를 청·러 공동 관리하에 두기로 한 데 이어, 베이징조약을 통해 연해주를 러시아의 영토로 인정받았다. 1871년 러시아가 신장위구르의 반란을 틈타 신장 서북부 이리(伊犁) 지역을 점거하자 청 조정은 실지 회복을 위해 러시아와 영토 협상을 개시했다. 리바디아(Livadia)조약에서 일단 실패한 청조는 협상 대표를 증기택(曾紀澤: 증국번의 아들)으로 교체해 상트페테르부르크(Petersburg)조약(1881)을 통해 발하슈(Balkhash)호 일대를 제외한 이리 지역 대부분을 수복했다.

청조와 일본 메이지 정부의 근대적 수교는 1871년 근대적 평등 조약인 청일수호조규 체결로 시작되었다. 1874년 타이완 원주민의 류큐(琉球)인 살해 사건을 빌미로 일본이 타이완을 침공하자, 이 사건을 외교적으로 해결하는 과정에서 청의 이홍장과 총리아문이 일본의 류큐영유권 주장을 정당화하는 빌미를 제공했다. 원래 류큐는 중국 및 일본 사쓰마번(薩摩藩)과 조공·책봉 관계에 있는 왕국으로 일본의 고유 영토가 아니었다. 그런데 청은 류큐인의 피해보상을 주장하는 일본의 요구를 수용했는데, 1879년 일본이 류큐제도(琉球諸島)를 오키나와현(沖繩縣)으로 강제 병합하는 데 이것이 근거가 되었다. 이는 근대 국제법의 국가주권 관념이 도입되는 동아시아 질서의 전환기에 일본이 주권 관념에 어두운 청조 관료들의 외교적 약점을 파고들어 청의 전통적 조공국을 잠식한 것이다.

이처럼 러시아, 일본 두 나라의 변경 침공과 외교적 분규는 근대 국제법상의 국가주권 관념의 수용과 더불어 국가 간의 경쟁을 격화함으로써 중국이 전통적 조공·책봉 질서를 탈피해 근대적인 국가주의 관념을 인식하도록 하는 계기가 되었다. 또한 국제법이 수용되었으나 구미 제국주의 열강의 침탈 아래 국제법 질서의 평등 관념은 서유럽 문명권 밖의 세계에서는 통용되지 않는 이상에 지나지 않으며, 국제 현실은 국가 간의 세력균형으로 지탱되는 것이라는 각성이 양무 진보파 사이에 일어났다. 그 결과 중국의 부강을 위한 외교적 자강책으로 중상주의가 거론되고 불평등조약에 대한 비판의식이 싹트게 되었다.

4) 청프전쟁과 양무개혁의 지체

중화제국 중흥의 환상은 전통적 조공·책봉국인 조선과 동남아시아의 버마(현재 미얀마), 베트남에 대한 열강의 잠식으로 무너지기 시작했다. 인도로부터 동진하는 영국의 버마 병합에 소극적으로 대응했던 청은, 프랑스의 베트남 병탄에는 적극적으로 대응해 양국 간에 전면전이 일어났다. 프랑스는 1860년대에 남베트남을 점령한 다음 베트남의 식민지화를 추진해 응우옌왕조(阮王朝)를 멸망시켜 보호령으로 삼았다. 프랑스군이 베트남 전역을 병탄하기 위해 베트남 북부 통킹(Tongking) 지역으로 북상하자, 청은 1883년부터 광시·윈난(雲南)군을 베트남 북변에 투입했고 양국 간에 군사 충돌이 발생했다. 태평천국군의 잔당으로 예전부터 북베트남에 근거지를 두고 있던 유영복(劉永福)의 흑기군(黑旗軍)이 베트남 왕조 측에 가담해 프랑스군과 싸웠으며, 청프전쟁에서는 청군의 선봉으로 분전했다.

이 전쟁의 지휘 책임을 맡은 이홍장은 언제나 그래왔듯이 처음부터 프랑스와의 유화적 외교에 주력해 일단 간명조약(簡明條約)을 맺었으나, 청군이 철군하는 중에 프랑스군이 무례하게 공격함으로써 전쟁이 다시 시작되었다. 프랑스의 해군 제독 아메데 쿠르베(Amédée Anatole Prosper Courbet)는 선전포고도 없이 중국을 침공해 회군이 지키던 타이완에서는 전과가 부진했으나, 푸저우 마웨이항(馬尾港)에서는 푸젠함대를 기습해 전멸시켰다. 한편 청군을 경멸한 프랑스 지상군은 북상해 광시성 변경의 전난관(鎭南關)으로 추격했으나, 주전파인 양광총독 장지동의 지원을 받는 노장 풍자재(馮子材)의 분전으로 패퇴했다. 청군이 지상전에서 뜻밖의 전과를 올리자 프랑스 제3공화국 내각이 붕괴했다. 이런 상황에서 이홍장은 톈진조약을 체결해(1885), 베트남에 대한 청의 종주권을 포기하고 배상금 없이 전쟁을 종결시켰다.

청프전쟁 기간 중 중국의 정치 상황은 주화파인 이홍장의 회군 계열과 청의파 및 상군계 주전파 사이에 당쟁이 계속되었다. 청프전쟁의 결과 청의파의 수구적 주체 노선이 강화되었으며, 근대적 국권 관념이 출현하면서 전통적인 조공·책봉 관계에 있던 주변국을 근대적 주권이 없는 속국으로 전환시키려는 청조의 팽창주의 정책이 나타났다. 청의파 중 대외 강경론자들은 "조선과 베트남 전역 또는 일부를 병탄하자"라고 주장하기도 했다.

04 중화제국의 파탄과 근대화 개혁운동

1) 조선에서의 팽창 정책과 청일전쟁

중국의 반식민지화는 아편전쟁 이래 체결된 불평등조약이 아니라, 주체적인 근대화 노력에 실패한 결과 일본에 패배한 청일전쟁(1894~1895)에 의해 확정되었다. 유럽 근대 국민국가 간의 제국주의 경쟁이 절정에 달한 1870년대 이후 세계는 20세기 벽두에 일본에서 망명 생활을 하던 양계초(梁啓超)가 민족주의와 제국주의 개념을 발견하면서 언급했듯이 민족제국주의 시대였다고 할 수 있다. 제2차 산업혁명 시대에 후발 자본주의 선진국으로 등장한 독일과 미국이 영국을 추격하면서 제국주의 경쟁이 격화하는 가운데 세계경제는 영국의 자유무역으로부터 열강의 보호무역으로, 원자재나 상품 무역에서 산업·금융 자본의 직접 투자로 이행되었다. 특히 청일전쟁을 계기로 세계 제국주의 경쟁의 중심 무대가 중국으로 이동했다.

19세기 후반 자본주의 근대화를 통한 부국강병이라는 국가 목표를 설정하고 천황제 근대국가로 발전한 일본은 1873년 조선 정벌 논쟁 이후 근대적 제국 건설을 목적으로 전면적 근대화를 추진했다. 일본은 청의 타이완을 침공한 이듬해 조선에서 운요호(雲揚號) 사건을 일으켜 불평등조약을 강요했다. 전통적으로 유지되던 조공·책봉 관계에 따라 당시 청조는 조선을 속국으로 간주했지만, 조선의 내정에 대한 자주권을 인정해 조약 교섭에는 관여하지 않는다는 입장을 보였다. 그러나 조선에서 임오군란(1882)과 갑신정변(1884)이 일어나자, 이홍장은 적극적인 군사 개입을 통해 대원군(大院君)파와 개화파를 제거하고 조선의 내정을 감독하며 실질적으로 속국화하는 정책을 추진하는 동시에 경제적 이권을 독점하려 했다. 이에 대항한 일본은 국제법상 조선이 자주국이라는 명분을 내세워 조선을 청에서 분리시켜 일본의 세력권에 편입시키려 했고, 향후 불가피한 결전에 대비해 군비 확장을 가속화했다.

1894년 동학농민운동(東學農民運動)이 일어나자 청·일 양국은 조선으로 출병했고, 이 상황을 이용해 일본군은 경복궁을 점거한 후 개혁 추진을 명분으로 철수하는 청군을 의도적으로 공격해 전면전을 도발했다. 일본 지상군은 평양회전(平壤會戰)에서 승리한 후 랴오둥(遼東)반도로 진격해 뤼순(旅順)·다롄(大連)을 함락했다. 한편 일본 함대는 황해해전(黃海海戰)에서 이홍장의 양무사업의 최대 성과인 북양해군(北洋海軍)을 궤멸시키고 산둥성 웨이하이웨이(威海衛) 군항을 함락해 청조의 패전을 결정지었다. 청일전쟁에서 중국이 일본에 패배한 원인은 본질적으로는 메이지유신과 양무자강의 우열에 따른 것이었으나 이홍장의 전쟁 지도력에도 문제가 있었다. 그는 공해상에서 해전이 가능한 북양함대를 건설했지만 연해 방위(해방)라는 수세적 관념에 얽매어 공세적인 전투를 수행하지 못했다. 특히 그는 개전 초부터 영국·러시아 등 구미 열강의 조정을 통해 전쟁을 피하려는 외교적 노력에 기대를 걸고 있었다. 국가 정체(政體)의 근본적인 근대화 개혁에 완강히 반대하면서 전통적 제국의 주체성에 집착해 주전론을 강경하게 펼친 유교적 청의파(淸議派)의 수구적인 당론에도 물론 책임이 있었다.

이홍장과 이토 히로부미(伊藤博文)가 1895년 3월에 서명한 시모노세키조약(下關條約)에는 조선의 자주독립과 청에 대한 종속 관계 청산, 랴오둥(遼東)과 타이완(臺灣), 펑후제도(澎湖諸島) 할양, 배상금 2억 냥, 개항장 확대[사스(沙市)·충칭(重慶)·샹탄(湘潭)·쑤저우(蘇州)·항저우(杭州) 등], 이금세 면제, 중국 내지에의 직접 투자 등이 포함되었다. 구미 열강과의 불평등조약에 포함되어 있는 최혜국조관(最惠國條款)의 기회 균점 원칙에 따르면, 청일전쟁에 의한 중국 영토의 분할과 중국 내 직접 투자는 구미 열강의 경쟁적 침탈을 허용해 중국의 반식민지화를 촉진하는 치명적인 결과를 낳았다. 그러나 랴오둥반도는 중국의 수도권을 위협하는 전략적 요지였기 때문에 러시아·독일·프랑스 3국의 간섭을 불러왔고 이에 굴복한 일본은 랴오둥의 이권을 청에 반납하는 대신 배상금 3000만 냥을 추가했다.

2) 중국 분할의 위기와 반식민지화

청일전쟁 패전 이후, 세계 제국주의 열강이 중국 영토를 분할하는 데 도화선이 된 사건은 1897년 말 독일이 산둥성 자오저우만(膠州灣)을 조차(租借)한 것이다. 독일은 산둥성 쥐예(鉅野)에서 독일인 선교사가 피살되자 이를 빌미로 자오저우만을 점령하고, 자오지철로(膠濟鐵路)[자오저우만-지난(濟南)]와 광산 이권 등 산둥을 독일의 배타적 세력 범위로 설정했다. 뒤이어 부동항을 찾아 남하하던 러시아가 삼국간섭으로 일본이 청에 반환한 랴오둥의 뤼순과 다롄을 조차해(1898) 뤼순에 군항을 건설하고 동삼성(東三省, 만주)을 그 세력 범위로 삼았다. 이에 영국은 산둥의 웨이하이웨이를 조차하고 양쯔강 유역을 세력 범위로 삼았다. 프랑스는 광저우만을 조차하고 식민지 베트남에 인접한 중국 서남부 지역(광둥, 광시, 윈난)을 세력 범위로 삼았다. 그러자 영국은 홍콩의 대안(對岸) 주룽반도(九龍半島)를 99년간 조차하고, 일본은 식민지 타이완의 대안 푸젠성을 세력 범위로 선포했다.

조차지, 세력 범위 설정과 더불어 철로와 광산의 이권 분할을 놓고 열강 사이에 치열한 경쟁이 벌어졌다. 철로부설권의 경우 독일 이외에 영국의 상하이-난징 철로, 러시아의 만주-중동(中東) 철로, 프랑스의 베트남-쿤밍(昆明) 철로가 대표적이었으며, 분할 투자로는 베이징-한커우(漢口) 철로(러시아·프랑스), 톈진-전장(鎭江) 철로, 광저우-한커우 철로(영국·미국), 베이징-펑톈(奉天, 만주) 철로(영국·러시아) 등의 건설 이권이 양여되었다. 열강의 중국 분할에 반대하던 미국 국무장관 존 헤이(John Hay)는 중국에서 의화단전쟁이 일어난 1900년 중국에 대해 문호 개방을 선언하고 열강에 의한 배타적 분할 지배의 중지를 제창했다. 열강의 공정한 경제 진출 기회가 보장되도록 중국을 공동 지배해 관리할 것을 주장한 이 선언은 자유무역 국가인 영국의 호응을 얻었다.

3) 신사층의 근대적 변법자강운동

청일전쟁 직후 중국의 분할과 망국의 위기를 극복하려는 민간 신사층의 구국운동이 변법을 통한 새로운 자강운동이며, 이 변법운동(變法運動)은 양무개혁의 실패를 비판하며 국가 정체의 급진적 개혁을 추구했다. 중국의 반식민지화가 영국 중심의 구미 열강이 아니라 동아시아 한자문화권의 소국 일본에 의해 결정되고, 더욱이 유교적 보편 문명을 자임하던 중국에 치명적 패배를 안긴 일본이 고대 이래 중국 문명의 영향 아래에 있다가 최근 메이지유신으로 급속히 근대화되었다는 사실은 중국의 개혁파 신사층 지식인들에게는 충격으로 받아들여졌다. 변법운동은 1895년 청일전쟁에서의 패배가 결정될 무렵 광둥 출신 신사 강유위(康有爲)를 중심으로 시작된 중국 최초의 근대화 개혁이었다. 강유위는 예부에서 주관하는 최상급 과거고시(會試)를 치르기 위해 각 성에서 베이징으로 모인 약 1200명의 응시자들을 동원해 청년 황제 광서제(光緒帝)에게 공거상서(公車上書)를 올려, 굴욕적인 강화조약을 거부하고 천도를 해서라도 끝까지 항전하며 변법의 추진을 주장했다. 그는 황제의 스승인 군기대신(軍機大臣) 옹동화(翁同龢)를 비롯해 문정식(文廷式) 등 청의파 관료들과 제휴해 강학회(强學會)를 조직하고, 이들의 지원을 통해 황제에게 접근할 통로를 확보했다. 청일전쟁의 참패에 따른 체제 위기로, 일부 수구적 청의파 주전론자조차 정치적 방향 전환을 모색하지 않을 수 없는 상황이었다.

강유위의 서양에 대한 지식은 영국 식민지 홍콩이나 개항장 상하이를 통해 입수한 서양의 자연과학 번역서나 신문·잡지 등을 통한 시사 문제에 머물러 있어, 정체변혁을 위해 이데올로기를 수립하는 과정에서 체계적인 이론화 작업은 중국의 전통적 지식에 의존할 수밖에 없었다. 1890년 유교의 금문경학(今文經學)을 바탕으로 강유위는 유가, 제자학, 불학 등 중국학과 서양 과학을 절충하는 방법으로 『신학위경고(新學僞經考)』, 『공자개제고(孔子改制考)』 등을 저술해 변법 개혁의 이데올로기를 구성했다. 광저우의 신형 서원(書院) 만목초당(萬木草堂)에서 양계초 등 제자들과 형성한 강학(講學) 집단은 강유위의 변법 이념에 따라 개혁을 추진하는 핵심 세력이 되었다. 강유위는 근대 서유럽의 과학문명을 통해 보편적인 공리(公理)와 진화(進化) 관념을 파악해, "세계의 역사가 서유럽을 선두로 미래의 유토피아인 대동(大同) 세계를 향해 직선적으로 진화하는 과정에 있다"는 중국 최초의 진보적 역사 인식을 제시했다. 그의 근대국가 만들기에서 두 가지 핵심 전략은 국

그림 4-9 | **강유위**

그림 4-10 | 경사대학당

가 정체를 전면 개혁하는 변법과, 기독교를 모델로 한 일종의 종교개혁으로 전통 유교를 국가 유교로 개조하는 공교(孔敎: 공자교)의 수립이었다.

강유위 등의 변법자강운동은 청의파인 황제당을 통해 중앙 관계에 진출하는 한편, 베이징강학회 등 여러 학회를 설립해 개혁을 지지하는 관료·신사를 결집하고 학회를 중심으로 신문·잡지를 발행하며 신식 학교를 설립하는 것이었다. 양계초, 황준헌(黃遵憲) 등이 상하이에서 창간한 정기간행물 ≪시무보(時務報)≫는 변법운동의 선전지로 양계초의 신식 문체를 통해 지식계에 큰 반향을 일으켰다. 변법운동의 계몽적 역할은 그 후 상하이, 광둥, 후난을 중심으로 각 성 단위의 신사층이 중심이 된 여러 지역별 학회와 출판·교육 활동으로 파급되어 갔다. 후난성에서는 1896년부터 순무 진보잠(陳寶箴) 이하 황준헌 등 관료와 신사 담사동(譚嗣同), 당재상(唐才常) 등을 중심으로 지방의회 기능을 겸한 남학회(南學會)를 설립해 ≪상보(湘報)≫·≪상학보(湘學報)≫ 등의 잡지를 발간하는 한편, 시무학당(時務學堂)을 설립하고 상하이에 머물던 양계초를 초빙해 신지식을 교육했다. 그 결과 신사 중심의 민권(民權) 사상이 선전되고 다수의 개혁·혁명 지사를 배출해 태평천국 진압의 거점인 후난이 장저(江浙, 장쑤성·저장성), 광둥과 더불어 중국 변혁운동의 중심지 중 하나가 되었다.

4) 무술정변과 애국계몽 사조

1898년에 접어들면서 변법운동은 신사층의 지역사회운동에서 베이징의 중앙 정국으로 이동했다. 독일이 산둥성의 자오저우만을 점령한 이후 중국 분할 위기에 자극을 받은 강유위는 베이징에서 다시 보국회(保國會)를 설립하고 분할과 망국의 위기에서 국가, 종족(민족), 유교 문화를 보전하자고 주장한 것이다. 그는 중앙정부의 일개 하위 관료 신분이었으나, 광서제를 접견할 기회를 얻자 근대적 개혁군주의 모범 사례로 19세기 후반 일본의 메이지 천황 정부의 유신을 거론하며『일본변정고(日本變政考)』등 자신이 저술한 책을 올렸다. 제도국(制度局) 설립에 초점을 맞춘 개혁안은 제도국 예하에 법률, 재정, 학교, 농상, 공업, 광산, 철로, 우정(郵政), 조폐, 유력(游歷: 유학·여행), 사회(사회단체), 군비 등 12국을 설치하고, 지방에는 도에 신정국(新政局), 현에 민정국(民政局)을 두는 것이었다. 민법·상법을 포함한 근대적 법제의 정비, 과거제 개혁과 국민교육, 경사대학당(京師大學堂: 베이징 대학의 전신) 설립, 상회(商會: 상공회의소)·상학(商學)과 근대 상공업 육성, 은행·지폐·증권·특허제 등 근대 자본주의 제도 도입 등이 변법의 구체적인 내용이었다. 특히 근대적 국가와 사회경제의 조성을 위한 중심 동력으로 중앙집권적 법치 개혁이 추진되었다. 청 말기 군주와 인민의 일치를 위한 관제 개혁의 일종으로 잘못 이해되어 거론되어 온 의회제는, 군주에 의지하는 개혁파 권력의 취약성 때문에 일단은 보류되었다.

그러나 청 왕조의 전통적 체제 밖에 제도국이라는 신기구를 두고 그곳에 정치권력을 집중하는 개혁안은 구관료 집단에 정치적 위기의식을 느끼게 했다. 실권자인 서태후와 수구적 태후당의 반대로 개혁은 시행되지 못했을 뿐 아니라 서태후파는 회군계 양무파 관료 원세개(袁世凱) 등의 군대를 동원해 친위 쿠데타인 무술정변(戊戌政變)을 일으켜 황제를 연금하고, 담사동 등 변법파 6명을 처형했다. 이후 일본으로 망명한 강유위와 양계초는 "유폐된 광서제를 보위한다"는 명분으로 서태후 일당에 반대하는 보황당(保皇黨)을 조직해 입헌군주제를 주장하며 손문(孫文)이 이끄는 공화혁명파에 대항했다.

변법운동에서 움튼 계몽 활동은 정치개혁운동과 분리된 민간의 지식 활동으로 발전했는데, 여기에는 1870년대에 영국에서 유학하고 귀국한 엄복(嚴復)이 선구적인 역할을 했다. 톈진수사학당의 교관으로 있던 그는 변법운동 중 공론 활동을 개시해 톈진의 ≪직보(直報)≫를 통해 계몽 활동을 하는 한편, 토머스 헉슬리(Thomas Huxley)의 진화론을 『천연론(天演論)』으로 번역한 이래 여러 고전적 사회과학서의 번역을 통해 20세기 초 중국 지식인의 세계관에 크게 영향을 미쳤다. 1898년 말 일본으로 망명한 양계초 역시 ≪청의보(清議報)≫, ≪신민총보(新民叢報)≫를 잇달아 발간해 해외에서 계몽 활동에 착수했다. 서유럽의 근대 문명에 대한 학문적 이해와 중국의 문화 전통에 대한 비판적 재해석을 통해 근대 국민국가 건설을 위한 민족주의 선전에 힘쓴 이들의 애국계몽운동은 경쟁자인 공화혁명파의 사상에도 큰 영향을 끼쳤다.

05 의화단운동과 중국의 반식민지화

1) 반기독교 운동과 의화단운동의 기원

반기독교 운동에서 확대된 의화단운동은 청일전쟁 이후 청으로 상징되는 중국인의 생활권을 서양(일본 포함)으로부터 수호하려는 반외세 민중운동이었다. 베이징조약으로 중국 내지에서의 기독교 포교가 공인된 1860년대 이후 서양의 영향력이 일찍부터 미치기 시작한 양쯔강 유역에서부터 반기독교 운동이 형성되더니 1890년대에 들어 북중국으로 확대되기 시작했다. 제국주의의 민간경제 침투, 특히 청일전쟁 후 외국자본의 직접 투자와 독일의 산둥성 자오저우만 점령 사태는 북방 지역의 소농민 경제에 외국의 영향이 직접적으로 미치기 시작하는 계기가 되었다. 근대적 교통, 통신의 발달로 인한 대운하 운수노동자의 실업 사태, 자연재해로 인한 기근은 경제적으로 낙후한 산둥의 서부 농촌 지역에 사회적 혼란을 격화시키는 배경이 되었다. 『수호지(水滸志)』의 양산박(梁山泊)과 근접한 이 지역은 전통적 민란과 비밀결사 활동으로, 역사적으로 유명한 지역이기도 했다. 반기독교 운동은 중국과 서양의 문화 충돌인 동시에 교회를 이용한 서유럽 열강의 내정간섭에 대한 항의이기도 했다.

산둥의 반기독교 사건은 1886년부터 있었지만 의화단운동의 직접적 발단은 1896년 산둥성 서부 차오현(曹縣)·단현(單縣)에서 일어난 사건이었다. 이듬해 백련교계(白蓮教系) 비밀결사 대도회(大刀會)에 의한 쥐예(巨野) 반기독교 사건이 일어나고, 1898년 관현(冠縣)에서는 독일 선교사가 민간의 도교 사원을 파괴하고 교회를 설립한 것이 발단이 되어, 하층 신사의 지도하에 민중이 봉기했다. 그해 연말에는 "청을 도와 버텨내고 서양을 멸하자(扶淸滅洋)"는 구호가 처음으로 나타나더니 1899년 핑위안(平原)에서는 "부청멸양" 구호가 일반화되었다. 초기 교안은 주로 대도회·의화권(義和拳) 등 비밀결사 주도로 발생했는데, 1899년부터는 관부 지도를 받는 향촌의 무장 치안 조직 '단련'의 성격이 가미되어 '의화단'이라는 호칭으로 통일되었다. 이는 의화권이 널리 확산되면서 민중의 비밀조직이 관료 기구와 결합해 공개 투쟁으로 발전한 현실을 반영한 것이다. 초기에 청의 관료 기구와 서양 세력에 모두 반대하던 의화단운동이 청측에 서서 서양과 투쟁한 배경에는 의화권을 민간 단련으로 개편하도록 조정에 건의한 산둥순무 장여매(張汝梅)·육현(毓賢) 등 수구 관료들의 영향력이 작용했던 것이다.

그림 4-11 | 무장한 의화단

1899년 말 산둥순무로 부임한 양무파 군인 원세개가 서양 측에 협조해 의화단을 적극 진압한 결과, 의화단은 오히려 1900년 산둥에서 북상해 수도권인 즈리성으로 진입했다. 자수이(淶水) 반기독교 투쟁에 승리하고 주오저우현(涿州縣)을 점거한 의화단 민중은 베이징-바오딩(保定), 베이징-톈진 사이의 철로와 전신을 파괴하며, 5, 6월에는 베이징과 톈진으로 진입해 시가를 점거하기 시작했다. 이렇듯 상황이 급속히 악화된 이유는 열강의 경고에도 수구적인 서태후파가 의화단에 대한 유화책을 채택했기 때문이다. 권술과 같은 전통적 무술을 익혀 서양의 총탄도 피할 수 있다는 미신적 신념으로 외세에 저항했던 장렬한 반외세 무장투쟁은 그보다 몇 해 앞서 조선에서 일어난 동학농민운동(1894)과 유사한 면도 있었다.

2) 제국주의 열강의 베이징 점령과 러시아의 만주 점거

의화단운동에 대한 서태후 일당의 유화책은 친영·친일적인 강유위 등의 근대화 개혁운동을 진압하고 섭정을 연장한 수구 세력의 배외적 정치 입지와 관련이 있었다. 무술정변 후 광서제를 폐위하려는 움직임이 일부 개명(開明) 관료와 구미 열강의 반대에 직면하자 청조 수구파의 반서구적 배외 정서는 더욱 강화되었다. 의화단이 열강의 베이징 공사관을 포위해 공방전이 벌어지자 청 조정은 11개 열강에 전쟁을 선포했다. 이후 톈진에 진입한 8개국 연합군(영국, 독일, 미국, 러시아, 프랑스, 일본, 이탈리아, 오스트리아) 약 5만의 병력이 베이징으로 진격하자 서태후 조정은 시안(西安)으로 도망하고, 베이징은 점령되어 제2차 아편전쟁 당시를 능가하는 약탈과 살육이 자행되었다.

그 결과 1901년 이홍장 등과 11개국 공사 사이에 신축조약(辛丑條約)이 체결되었다. 4억 5000만 냥의 배상금을 39년간 분할·지불하기로 약속한 청은 원리금 합계 10억 냥에 달하는 배상금을 지불하기 위해 해관세와 소금세를 열강에 담보로 제공했다. 또한 베이징에 공사관구가 설정되어 외국군이 주둔하고, 톈진으로 들어오는 바이허(白河) 입구에 위치한 다구(大沽) 등의 포대가 철거되고, 베이징에서 만리장성의 동쪽 끝인 산하이관(山海關)에 이르는 각 요지에 외국군이 주둔하기로 했다. 또한 육현(毓賢) 등 다수의 수구적 배외 관료가 숙청·처형되었으며, 청조의 관료 임면(任免)이 열강의 간섭을 받게 되었고, 배외적 민간 결사는 금지되었다. 의화단전쟁 중 가장 야만적 침략성을 드러낸 국가는 열강 중 근대화에 뒤처져 있던 러시아와 일본이었다. 러시아는 의화단 진압을 빌미로 대군을 보내 만주 전체를 강점함으로써, 이에 대항하는 일본과 후일 조선 및 만주 병탄을 놓고 대립해 러일전쟁을 일으키게 된다.

이후 청 왕조는 신해공화혁명으로 멸망하기까지 약 10여 년간 연명했지만, 양계초와 공화파 손문 등이 비판했듯이 구미 열강의 괴뢰정권에 지나지 않았다. 중국의 반식민지화가 완성된 1900년 의화단전쟁 기간에 청의 종말을 촉진하는 세 가지 현상이 지방 각 성에서 일어나고 있었다. 양무파 출신 후광총독 장지동과 양강총독 유곤일(劉坤一)이 중심이 된 동남호보(東南互保) 사건은 그들이 상하이의 외국 영사단과 협정을 맺어 의화단전쟁 기간에 열강에 대해 중립을 선언한 것으로, 양광(광둥, 광시)·민저(푸젠, 저장)·산둥 등 연해 각 성 총독과 순무가 지역 보전을 위해 합류했다. 이는 각 성의 관료·신사층이 성의 독무(督撫)를 중심으로 청 조정에서 분리되어 자립화하는 경향을 보여준 것이다.

변법파에서는 후난성의 개혁가 당재상이 주도한 자립군(自立軍) 사건이 일어났다. 일본에 망명 중인 보황회의 지원을 받으며 개혁 거점으로서 후베이성, 안후이성 등 남방의 분리·자립을 도모한 자립군 거사는 민간 비밀결사 가로회(哥老會)와 결합해 무장봉기를 준비하던 중 총독 장지동에게 진압되었다. 광서제에게 충성을 다하겠다며 "근왕(勤王)" 주장했으나, 서태후의 청 조정에 반기를 들었다는 점에서 거의 혁명적 봉기에 가까웠다. 이와 동시에 상하이에서는 당재상이 용굉, 엄복 등과 함께 각 성 변혁 세력의 연합 조직으로 중국 의회(국회)를 설립했다. 한편 당시에는 미미했으나 그 의미가 지속된 또 하나의 거사는, 만주족이 지배하는 청의 타도를 내세운 손문의 한족 민족주의혁명이었다. 이들이 본격적인 정치세력으로 부상하게 된 계기는 의화단전쟁 중 광둥에서 발생한 후이저우(惠州)의거였다. 입헌군주제 개혁파와 공화혁명파는 정강과 전략의 차이로 망명지 일본에서 선전 투쟁에 몰두했으나, 국내 형세는 결국 1911년 신해공화혁명에서 양자가 합류하는 방향으로 상호 접근해 갔다.

강진아. 2009. 『문명제국에서 국민국가로』. 창비.

권석봉. 1986. 『청말 대조선정책사 연구』. 일조각.

김유리. 2007. 『서원에서 학당으로: 청말 서원의 학당개편과 근대학제의 수립과정』. 한국학술정보.

류, 리디아(Lydia H. Liu). 2016. 『충돌하는 제국』. 차태근 옮김. 글항아리.

민두기. 1985. 『중국 근대개혁운동의 연구: 강유위 중심의 1898년 개혁운동』. 일조각.

스펜스, 조너선(Jonathan Spence). 2009. 김우영 옮김. 『근대중국의 서양인 고문들』. 이산.

신승하. 1985. 『근대중국의 서양인식』. 고려원.

왕현종 외. 2009. 『청일전쟁기 한중일 삼국의 상호전략』. 동북아역사재단.

왕효추(王曉秋). 2002. 『근대 중국과 일본: 타산지석의 역사』. 신승하 옮김. 고려대출판부.

요시자와 세이치로(吉澤誠一郞). 2006. 『애국주의의 형성: 내셔널리즘으로 본 근대 중국』. 정지호 옮김. 논형.

웨이크만, 프레더릭(Frederic Wakeman). 1987. 『중국제국의 몰락』. 김의경 옮김. 예전사.

이은자. 2002. 『의화단운동 전후의 산동』. 고려대출판부.

장중리(張仲禮). 1993. 『중국의 신사』. 김한식 외 옮김. 신서원.

조병한. 1978. 「증국번의 경세예학과 그 역사적 기능: 태평천국과 양무운동에 관련하여」. ≪동아문화≫, 15집.

_____. 1999. 「강유위의 초기 유토피아 관념과 중서문화 인식: 근대 개혁 이데올로기의 탐색」. ≪동양사학연
       구≫, 65집, 85~142쪽.

쿤, 필립(Philip A. Kuhn). 2009. 『중국 현대국가의 기원』. 윤성주 옮김. 동북아역사재단.

하라다 게이이치(原田敬一). 2013. 『청일·러일전쟁』. 최석완 옮김. 어문학사.

하오옌핑(郝延平). 2001. 『중국의 상업혁명: 19세기 중·서 상업 자본주의의 전개』. 이화승 옮김. 소나무.

하정식. 2002. 『근대 동아시아 국제관계의 변모』. 유장근 엮음. 혜안.

호리가와 데츠오(掘川哲男), 1994. 『중국근대사』. 이양자 옮김. 삼지원.

2부

중화민국의
성립과 전개

5장 청 말의 신정, 입헌 준비와 신해혁명

김형종(서울대학교 인문대학 동양사학과 교수)

청일전쟁에서의 패배 이후 무술개혁과 같은 체제 내 개혁운동뿐만 아니라 청조를 타도하고 공화제 국가를 건설하려는 혁명운동도 비슷한 시기에 시작되었다. 이 두 운동은 이후 근대적 국민국가를 건설하려는 중국 내셔널리즘의 주류를 이룬다. 혁명운동을 가장 먼저 실행한 것은 쑨원(孫文)이었다. 그는 이 운동이 과거의 왕조 교체를 넘어 공화제 국가의 건립을 목표로 삼아야 함을 삼민주의 사상으로 제시했다. 하지만 혁명운동은 의화단운동을 거쳐 중국에서 내셔널리즘 사조가 융성하기까지 기다린 이후에야 비로소 힘을 얻을 수 있었다. 그리고 이 내셔널리즘의 발전을 통해 어떤 '중국'을 만들어야 하는지에 대한 논의가 활발해지면서, 그 주도권을 둘러싸고 혁명파와 개혁파(입헌파)의 경쟁 구조가 형성되었다. 한편 청조는 광서신정을 통해 본격적으로 근대화를 추진할 자구책을 마련했다. 정권 유지를 위한 신식 육군의 편성이 그 중심에 있었지만, 학당 설립과 과거 폐지로 상징되는 교육개혁이나 상회 등 민간 법인체의 육성으로 나타난 실업 진흥 정책 등은 일정한 성과를 거두었다. 하지만 정치개혁이 부진했으므로, 러일전쟁에서 입헌국인 일본이 전제국인 러시아에 승리한 것을 계기로 국내에서도 입헌운동이 활발해졌다. 이런 요구에 제대로 부응하지 못한 데다가, 신정의 모순으로 급속하게 확대된 재정난과 농민의 저항으로, 신정이 진행될수록 청조는 오히려 정치적 궁지에 몰렸다.

결국 1911년 10월 10일 우창에서의 신군봉기로 청조는 치명타를 입었다. 열강의 개입을 꺼린 혁명파와 입헌파의 타협으로 1912년 1월 1일 새로 성립된 중화민국은 그 권력을 북양(北洋) 신군(新軍)을 장악한 위안스카이에게 넘기지 않을 수 없었으나, 한족 중심의 민족통합과 국가건설이라는 중화민족론의 형성을 통해, 신해혁명은 청 제국의 영토 대부분을 중화민국이 그대로 이어받는 '성공'을 거둘 수 있었다.

1) 쑨원과 초기 혁명운동의 전개

1894년에서 1895년에 걸친 청일전쟁에서 '동양(東洋)'의 소국 일본에 참패를 당한 것은 엄청난 충격을 주어 청 말의 근대적·정치적 변혁과 내셔널리즘을 본격적으로 출범시키는 역할을 했다. 청일전쟁 이후에도 여전히 무력한 모습에서 벗어나지 못한 청조 때문에 무술개혁(무술변법)으로 알려진 체제 내 개혁 움직임이 점차 여론의 지지를 받아 힘을 얻게 되었다. 이뿐만 아니라, 아예 청조를 타도하고 대신 공화제 국가를 건립하려는 반체제의 혁명운동 역시 비슷한 무렵에 시작되었다. 이 두 가지 운동은 이미 근대 세계의 도전에 효과적으로 적응할 수 없게 된 대청제국(大淸帝國)을 근대적 국민국가로 바꾸어놓고자 하는 중국 내셔널리즘의 주류를 이루면서, 그 형성·발전의 계기를 제공했다.

청 말의 개혁운동에 대해서는 앞서 다룬 만큼, 여기서는 일단 혁명운동만 서술하고자 한다. 혁명운동의 방안을 가장 먼저 제기하고 실행에 옮긴 사람은 잘 알려져 있다시피 쑨원이었다. 쑨원(孫文)은 "반만(反滿=反淸)혁명"의 구호를 가장 앞서 제창하여 '중국 민주혁명의 선구자'나 '중화민국의 국부'로 일컬어진다. 1866년 광둥성(廣東省) 샹산현[香山縣: 오늘날의 중산시(中山市)]에서 농민의 아들로 태어난 쑨원은 청년기에 줄곧 하와이·홍콩에서 교육을 받은 서구적 유형의 새로운 지식인이었다. 같은 고향 광둥 출신의 태평천국 지도자 홍수전(洪秀全)의 전통적 반만 정서에도 강렬한 영향을 받았지만, 당시 매우 이질적이었던 그의 성장과 교육 배경은 그가 반만 혁명의 길로 나서는 데 중요한 역할을 했다. 하지만 쑨원은 1894년 6월 당시의 실력자 이홍장에게 서구적 모델의 개혁안을 제시하려던 시도가 실패한 다음에야 비로소 혁명운동으로 전환한 것으로 알려져 있다. 그는 직후 하와이에 가서 하와이 흥중회(興中會)를 조직하게 되는데, 이보다는 그가 홍콩으로 돌아와 천샤오바이(陳少白), 정스량(鄭士良) 등과 함께 양취윈(楊衢雲) 등이 설립한 보인문사(輔仁文社)와 연합하여 조직한 홍콩 홍중회가 본격적인 혁명운동의 출발점이 되었다.

「홍콩 흥중회 장정」에서는 공화제 국가 건립 의도가 분명하지 않았지만, "헌정을 건립"하고 "조정을 무너뜨리고 입헌 정부로 대신한다"는 반만 공화혁명의 이념이 이후 점차 분명하게 모습을 갖추기 시작했다. 여기에서는 청조 타도는 신속한 폭력혁명을 통해서만 이루어져야 하며, 전통적인 왕조 교체의 한계를 넘어서기 위해서는 연방제 공화제 국가를 건립해야 한다는 것이 핵심이었다. 나중에 쑨원에 의해 삼민주의(三民主義)로 종합된 이론의 용어로 표현하자면, 민족주의(民族主義)와 민권주의(民權主義)의 결합이고, 민족혁명과 정치혁명의 병행이었다.

한편 쑨원의 혁명운동은 광저우 부근의 회당(會黨)이나 해산된 병사[游勇] 등에 속하는 하층 민중을 동원하여 광저우 성성(省城)을 점령하려는 계획으로 나타났다. 비록 사전에 발각되어 실패했지만, 최초의 무장봉기였던 이 시도는 청 말 혁명운동의 실질적인 출발이 되었다. 이 무렵 쑨원 일파의 역할이나 그 혁명성(공화주의)이 지나치게 높이 평가된 것도 사실이지만, 이 시도에서 주목할 만한 것은 이후 신해혁명을 성공시킨 1911년의 우창봉기(武昌蜂起)에 이르기까지 거의 변함없이 이어진 쑨원의 혁명전략이다. 그것은 해외 화교로부터 자금을 모집하고, 해외 또는 외지에서 무기를 조달하며, 현지에서 참여 인원을 확보해 주로 중국 서남부의 변경 지역에서 무장봉기를 추진함으로써 각계각층의 호응을 얻으려 했다는 점이 특징이다.

이러한 '변경 혁명' 노선을 시종일관 고집한 쑨원의 전략은 아마도 태평천국의 경험에서 영향을 받은 것으로 보인다. 또 이것은 회당 등 지방 사회 하층민의 반(反)왕조 정서에 크게 의존하는 경향도 드러났다. 이는 비교적 명확한 정치강령을 내세우고, 선전과 선동을 통해 대중을 끌어들이고자 하는 근대적 정치 변혁이나 대중운동과는 상당히 동떨어진 행태였다.

광저우봉기가 실패한 다음 외국으로 망명한 쑨원은 일본, 미국을 거쳐 영국의 런던으로 건너갔다. 거기서 청국 공사관에 억류된 유명한 런던 피랍 사건 덕분에 쑨원은 혁명가로서 국제적인 명성을 떨치게 되었다. 대영박물관에 출입하면서 접한 서구의 새로운 사상을 통해 그 자신을 대표하게 되는 유명한 삼민주의 사상의 기초를 닦은 것도 이 무렵이었다. 하지만 이후 그는 다시 일본에 가서 무술개혁에 실패한 다음 망명한 캉유웨이(康有爲), 량치차오(梁啓超) 등의 개혁파와 연합을 모색하여 1900년 의화단 사건을 전후해서는 양광(兩廣) 독립을 함께 모의하는 등 원칙보다는 실용성을 앞세우는 활동을 이어나갔다.

이 계획이 실패한 다음 쑨원은 다시 홍콩 흥중회를 통해 제2차 무장봉기인 후이저우봉기(惠州蜂起)를 조직했다. 하지만 정스량이 부근 회당 세력을 동원해 한때 2만여 명의 참가자를 모으기도 했지만, 외부 지원의 두절로 이 봉기는 스스로 대오를 해산함으로써 실패로 끝났다. 이후 몇 년 동안 쑨원은 다시 일본과 구미 각지를 여행하면서 조직과 자금을 모집하는 활동을 계속했다. 다시 무장봉기를 계획할 수 있게 된 것은 1905년 중국동맹회(中國同盟會)가 성립된 이후에야 비로소 가능했을 정도로 쑨원은 힘든 시기를 보내야만 했다.

2) 중국 내셔널리즘의 형성과 혁명 사조의 확산

1900년을 전후한 의화단운동의 충격적인 패배와 이 시기의 혼란을 틈타 탕차이창(唐才常) 등 개혁파는 양쯔강 유역에서 그 목표가 개혁과 혁명 사이에서 어중간했던 자립군봉기(自立軍蜂起)를 시도했다. 이 봉기가 실패한 다음, 열강의 침략과 베이징 점령을 불러온 청조에 대한 깊은 불신과 더불어 반청 혁명의 사조가 급속히 늘어났다. 청조에 실망한 사대부나 지식인, 유학생들이 근대 내셔널리즘에 눈을 떠 혁명운동에 대거 합류하여 이전과는 상황이 크게 달라진 것이다. 궁지에 몰린 청조가 자구책으로 실행한 신정(新政) 시기 교육개혁으로 해외 유학이 장려되자, 가깝고 같은 한자문화권이지만 먼저 서구화를 이룬 일본에 유학이 집중되었다. 1905년을 전후하여 가장 많을 때는 일본 유학생이 1년에 1만 명을 넘길 정도였는데, 이 유학생들이 혁명운동의 새로운 주역으로 등장했다. 특히 국내보다는 훨씬 자유로운 환경 속에서 일본이 수입한 새로운 서구적 학문과 사상을 접할 수 있었던 그들은 제국주의의 침략과 그에 대한 청조의 무력한 대응, 청일전쟁과 러일전쟁에서의 승리로 큰 성공을 거두고 있던 일본의 발전에 대비되는 중국의 낙후성을 절감했다. 이들은 '과분(瓜分)'과 식민지화의 위기에 처한 중국을 위기에서 구해내고 선진국과 같은 부강을 이룩하려는 내셔널리즘에 열광하게 되었다.

이들이 일본에서 동향 단체를 중심으로 펴낸 잡지나 다양한 번역 서적은 대개 국민적 각성의 촉구, 서구의 과학·기술·문화 및 다양한 사회사상의 소개에 중점을 두었다. 이러한 내셔널리즘의 사조 속에서 반만 사상의 고취도 주요한 흐름을 차지했다. 무술개혁 실패 후 일본으로 망명한 량치차오는 이와는 달리 기본적으로는 청조의 보전을 전제로 한 온건한 개혁을 주장하면서 ≪청의보(淸議報)≫, ≪신민총보(新民叢報)≫ 등의 잡지를 발행하여 서구의 새로운 흐름을 소개하는 데 커다란 역할을 했다. 이러한 유학생 사회의 동향은 그대로 국내로 전파되면서 중국 내셔널리즘 발전을 크게 자극했다.

이들의 비판은 구미 열강의 다양한 도전에 무력하게 대응하여 중국을 '망국멸종(亡國滅種)'의 위기에 빠뜨린 청조, '국민'으로서의 자각을 하지 못하는 나약하고 분열된 중국 백성에게 집중되었다. 따라서 이들은 심각한 위기를 극복하기 위해 '민족주의'를 제창하여, '중국인'이 청조의 노예라는 지위에서 벗어나 '국민'으로서 각성하게 함으로써 세계의 중심이라는 중국 본래의 위치를 되찾게 해줄 부강한 국민국가를 건설하는 것을 목표로 삼았다.

물론 그 가장 가까운 모델은 일본이었다. 하지만 이것은 동시에 '중국'이 무엇이고, 새로 건립될 국민국가와 그 영토, 국민·민족의 성격·성원을 어떻게 규정해야 하는가라는 질문과 그에 대한 답변을 요구하게 되었다. 개혁 사상과 내셔널리즘 전파의 선구자로 등장한 량치차오는 1901년 발표한 「중국사서론(中國史敍論)」에서 "우리가 가장 부끄러워해야 할 사실 가운데 나라 이름이 없다는 것보다 더한 일은 없다"라고 했다. 그가 국민정신을 각성시키기 위해 왕조의 명칭이나 외국인이 부르는 명칭이 아닌 '중국(中國)'이나 '중화(中華)'라는 명칭을 사용해야 한다고 주장한 것은 바로 이런 점을 잘 보여준다. 량치차오는 또 한족뿐만 아니라 만주족과 청조 통치 영역에 포함된 여타 이민족들을 포괄하는 '중화민족'의 개념을 통해 '대민족주의'를 제창함

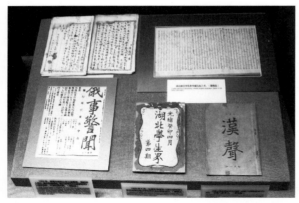

그림 5-1 | ≪아사경문≫, ≪호북학생계≫, ≪한성≫ 등 유학생 잡지 필자 촬영.

으로써, 한족 국가의 재건을 내세우는 혁명파의 '소민족주의'에 대항했다. 이러한 중화민족론은 이후 20세기 중국의 내셔널리즘을 대표하는 개념 틀로 발전하게 된다.

'중국'의 새로운 형성을 지향하는 내셔널리즘 사조 속에서 가장 급진적인 일파를 차지한 일본 유학생들은 자연스럽게 혁명운동의 주역이 되었다. 1902년 가을 친위류(秦毓鎏), 장지(張繼) 등이 결성한 중국청년회는 "민족주의를 종지로 하고 파괴주의를 목표로 한다"는 혁명적 기치를 분명히 내세운 최초의 학생 조직이었다. 그리고 이 청년회 회원들은 각기 성 단위별로 각종 잡지를 발간하여 급진적 내셔널리즘을 고취하기 시작했다. ≪호북학생계(湖北學生界)≫, ≪강소(江蘇)≫, ≪절강조(浙江潮)≫, ≪유학역편(游學譯編)≫ 등이 대표적인 경우였다.

그러나 1903년 이후 혁명운동의 기반을 급속히 늘린 것은 의화단운동 시기에 대규모 군대를 파견한 동삼성(東三省) 지역을 계속 점령·지배하려는 러시아의 음모에 항의했던 거아운동(拒俄運動)이었다. 1903년 4월 29일 일본 유학생 500여 명은 집회를 열고 청조에 러시아와의 전쟁을 요구하면서 러시아군에 대항하겠다는 의사표시로 '거아의용대(拒俄義勇隊)'(이후 '거아학생군'으로 개명)를 조직하여 군사훈련을 하는 한편, 국내에도 대표를 파견했다. 거아운동은 상당한 국내의 호응을 얻었지만, 그 '혁명성'을 의심한 청조는 도리어 이들을 엄혹하게 탄압했다. 일본에서도 학생군의 군사훈련은 청조의 요청으로 금지되었다. 거아운동의 실패는 여기 참여한 일본 유학생들을 반만 혁명의 소용돌이로 몰아넣음으로써 중국 내셔널리즘의 투쟁 방향이 종래의 '반제국주의'에서 '반만(반청)'으로 집중·전환하게 하는 중요한 계기를 만들었다.

이해 5월 11일 황싱(黃興), 천톈화(陳天華) 등이 군국민교육회(軍國民敎育會)라는 단체를 결성한 것은 그 점을 잘 보여준다. 군국민교육회는 나아가 지방적 색채가 강한 화흥회(華興會), 광복회(光復會) 등 새로운 국내 혁명 단체가 성립되는 데 큰 역할을 했다. 화흥회는 1903년 11월 황싱, 쑹자오런(宋敎仁), 류쿠이이(劉揆一) 등 일본 유학생이 중심이 되어 후난성(湖南省) 창사(長沙)에서 설립한 혁명 단체였다. 광복회는 1904년 겨울 상하이(上海)에서 설립된 단체로, 회장 차이위안페이(蔡元培) 외에 장빙린(章炳麟), 타오청장(陶成章), 치우진(秋瑾), 쉬시린(徐錫麟) 등이 중심이었다. 1904년 7월 후베이성(湖北省) 우창(武昌)에서도 학생, 지식인, 신군에 대한 혁명 공작을 목표로 세운 과학보습소(科學補習所), 뒤이어 일지회(日知會)가 조직되었다. 이 밖에도 상하이에서는 1902년 차이위안페이, 장빙린 등이 주도하여 중국교육회(中國敎育會)를 조직하여 교육을 명목으로 한 혁명운동을 전개하고 있었다. 이들은 또한 애국학사(愛國學社)를 조직하여 점차 급진화의 경향을 보이던 학생들을 후원했다.

그런데 이렇게 각지마다 혁명 단체가 조직되고 무장봉기가 잇따라 시도되면서, 점차 지방이나 성의 한계를 뛰어넘은 단결과 조직·지도의 문제가 혁명운동의 과제로 등장하게 되었다. 거아운동 실패 후 유학생 잡지가 ≪20세기의 지나(二十世紀之支那)≫, ≪한치(漢幟)≫ 등 각 성이 아니라 중국 전체를 가리키는 제목을 쓴 것도 이런 점을 잘 보여준다. 이와 같은 전국적 차원에서의 혁명운동은 1905년 8월 도쿄(東京)에서 중국동맹회가 성립되면서 새로운 단계로 들어서게 된다. 이것은 동시에 중국 내셔널리즘의 새로운 성장을 보여주는 것이기도 했다.

02 광서신정의 추진과 그 성과

1) 광서신정의 개시

청일전쟁에서 패한 청은 그야말로 '망국멸종'이 눈앞에 다가온 것과 같은 풍전등

화의 위기에 몰렸다. 이후 열강의 드센 공세에 맞서기 위해 청조는 의화단(義和團)이란 하층 민중 결사에 모인 힘을 이용하여 구미 열강에 선전포고를 하면서 최후의 저항을 시도했다. 하지만 이 투쟁은 구미 열강과 일본으로 구성된 8개국 연합군의 군사력 앞에 무참한 실패로 끝났다. 그 결과 신축조약(辛丑條約)이라는 또 하나의 불평등 조약을 체결한 청은 전에 없는 대내외적 위기에 빠졌고, 이에 대처하기 위해 결국 무술정변으로 중단시킨 개혁을 다시 꺼내 들지 않을 수 없었다.

이에 1901년 1월 열강의 베이징 점령 후 시안(西安)으로 도피한 자희태후(慈禧太后 즉 西太后)는 부득불 변법의 상유(上諭)를 반포하여 신정(新政)을 추진하게 되었다. 이른바 광서신정(光緖新政 또는 辛丑新政)이다. 변법 상유는 중체서용의 이념을 전제로 청조 체제 전반에 대한 개혁의 필요성을 인정한 것으로 부강을 이루기 위해 서학(西學)의 본질을 배우겠다는 그 의도는 사실상 캉유웨이 등의 무술개혁과 똑같은 것이었다. 다만 3년의 시차가 있을 뿐 무술개혁의 조치 대부분이 다시 그대로 추진되기 때문이다. 하지만 이 3년의 시차는 그 결과 면에서 엄청난 차이를 낳는다.

이렇게 시작된 신정은 초기 단계에서는 신군의 편성을 통한 군사력 재건을 꾀하는 군사개혁, 과거제도의 폐지와 신식 학당 교육제도의 정비, 유학의 장려 등을 내용으로 하는 교육개혁, 그리고 상공업 진흥과 장려 등 경제발전에 중점을 두었다. 신정은 이전의 자강운동과는 달리 중앙정부 차원에서 전반적 서구화·근대화를 추진하게 된 것이므로 사실상 중국 사회의 본격적인 변화는 여기에서 출발하게 된다고 해도 과언은 아니다.

2) 광서신정의 다양한 성과

하지만 위기 탈출에 급급한 청조가 가장 먼저 관심을 쏟은 것은 '연병주향(練兵籌餉)', 즉 전국적인 신군의 편성[신군 36진(鎭), 약 45만 명 배양]과 이를 뒷받침하는 재정 확보, 그리고 이를 통한 중앙집권제의 재정비라는 군사개혁과 체제안정책이었다. 특히 이를 위해 1903년 연병처가 설치되고, 1906년에는 병부가 육군부로 개편되었다.

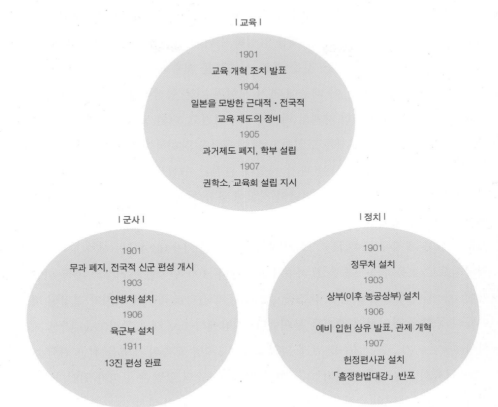

| 교육 |

1901
교육 개혁 조치 발표
1904
일본을 모방한 근대적·전국적
교육 제도의 정비
1905
과거제도 폐지, 학부 설립
1907
권학소, 교육회 설립 지시

| 군사 |

1901
무과 폐지, 전국적 신군 편성 개시
1903
연병처 설치
1906
육군부 설치
1911
13진 편성 완료

| 정치 |

1901
정무처 설치
1903
상부(이후 농공상부) 설치
1906
예비 입헌 상유 발표, 관제 개혁
1907
헌정편사관 설치
「흠정헌법대강」 반포

그림 5-2 | **신정 당시 분야별 개혁**

    19세기 후반에 들어와 무력해진 팔기군(八旗軍)과 녹영병(綠營兵)을 대체할 신군의 양성은 청조가 가장 중점을 둔 사업이었다.

    여기에 중앙정부가 확보할 수 있는 재원의 대부분이 투자되었고, 신군 편성의 책임을 떠맡게 된 각 성 당국의 경우도 마찬가지였다. 그리하여 1911년 단계가 되면 약 20개 진 규모의 신군이 갖춰졌다. 하지만 이렇게 군사력으로 왕조의 안전을 도모하려 했던 청조가 심혈을 기울여 편성한 신군은 혁명파의 공작과 내셔널리즘의 발전에 따라 점차 혁명화되면서 도리어 청조를 무너뜨리는 가장 치명적인 무기가 되었다.

그다음으로 신정에서 중요시된 것은 교육개혁이었다. 의화단 이후 대세로 자리 잡은 서구화·근대화에 필요한 인재를 양성하기 위해서는 과거(科擧)와 서원(書院) 교육이 결합하여 유교적 교양을 갖춘 관료·사대부를 배출하는 전통 교육제도를 해체하는 것이 필수적이었다. 이 때문에 과거 시험의 기본 형식이자 핵심인 팔고문(八股文) 폐지, 뒤이어 과거 시험 자체의 폐지가 이루어졌고, 이와 동시에 서원을 학당으로 개편하여 서구식 교육 체제를 도입하고 해외 유학을 장려하는 조치가 실행되었다.

교육개혁에 대해서는 사실 과거 시험과 관련된 수험생(약 100만 명 정도)이나 관료·신사층(紳士層) 등 기존 이익집단의 저항이 완강했다. 하지만 엘리트 위주의 교육에서 국민교육 체제로 전환하는 교육개혁에는 신사층의 적극적인 참여가 필요했다. 새로운 교육 체제에 참여하는 기회가 제공되자 그들 가운데 일부는 점차 교육개혁에 적극적으로 호응하는 모습을 보여주기 시작했다. 1905년 9월 즈리(直隷)총독 위안스카이(袁世凱)나 후광(湖廣)총독 장즈둥(張之洞) 등의 건의로 과거제 폐지가 결정된 것은 이들의 동향에 결정적인 계기를 부여했다. 지방에서는 종래의 학정(學政) 대신 제학사사(提學使司)가 교육 업무를 맡게 되었고(1906), 지방 교육의 개혁을 위한 권학소(勸學所)·교육회(敎育會)가 설립되었다. 여기에는 신사층의 활발한 참여가 있었다. 물론 전국적인 교육개혁의 추진을 위한 중앙기구인 학부(學部)의 설치(1905)도 이루어졌다.

신식 학당을 위한 장정도 반포·정비되면서 학당 교육 제도와 교과과정도 신설되었다. 신식 학당의 개설도 마찬가지여서, 학부의 통계에 따르면 1904년에는 학당의 총수가 4222개소에 학생 수가 9만 2169명이던 것이 1909년에는 각기 5만 2348개소에 156만 270명으로 늘어났다. 일본식 제도의 영향을 받은 교육개혁의 성과는 사실 실질적으로 많은 한계가 있었다. 교사의 부족, 교육 내용과 교과과정의 낮은 수준, 과거 시험과 관련된 장려제도의 존속, 전체 인구와 면적에 비추어보면 아주 낮은 교육보급률과 높은 문맹률 등이 그것이다.

그러나 이런 점을 감안해도 신정기의 교육개혁은 특히 양적인 면에서는 상당히 인상적인 성과를 거두었다. 학당과 학생의 수가 크게 늘고 이들의 사회적 존재감이 커지면서 교육개혁은 사회 전반의 변화에 큰 영향을 주었다. 신식 교과과정의 도입에 따라 서구적 가치관과 학문의 유입도 가속화되었고, 이것은 전통적인 유교적 가치관을 서서히 무너뜨리는 기반이 되었다. 19세기 중국의 근대화 움직임에서 빠져 있었던 것이 바로 이러한 교육 분야의 혁신이었다. 한편 과거제가 폐지되고 신식 교육 제도가 도입된 것은 기존의 관료·신사층과 왕조 권력 사이의 연결 고리를 끊어놓음으로써 청조의 체제 안정에 상당히 위협적인 요소가 되었다.

한편 신정 재원의 확보와 근대적 경제발전을 추진하기 위하여 실업 진흥 정책도 활발하게 추진되었다. 1903년 상부(商部, 이후 農工商部로 바뀐다)가 설립된 것은 1901년 열강의 요구로 설립된 외교부(外交部)와 더불어 1000년 이상의 역사를 지닌 6부(六部) 체제의 틀에 종지부를 찍었다. 새로운 변화에 따라 전통적인 중농억상의 이념도 포기되고, 상전(商戰)의 이념, 즉 상공업의 발전과 경쟁을 통한 자본주의적 경제발전의 모색이 그것을 대신했다. 설립 이후 상부는 상공업 진흥을 위한 다양한 정책을 실행했고, 그것은 중국 자본주의가 일부 지역에서 초보적인 발전을 이루는 데 공헌했다.

또 상공업자들을 동원하기 위해 청조는 그들의 단체인 상회(商會)의 전국적인 설립과 조직화를 권장했다. 그 결과 1911년 무렵 상회는 전국적으로 900개소 정도에 임원 수가 2만 명이 넘고, 회원의 수는 20만 명에 이를 정도로 신속한 발전을 이루었다. 마찬가지로 상인이나 신사의 참여가 활발했던 교육회(敎育會)나 농회(農會)도 각지에 설립되었다. 이 조직들이 서로 연합하여 성 단위나 전국 단위의 연합체를 구성하기도 한 것은 이들의 정치적 영향력을 크게 높여주었다.

이 밖에도 관료제 정비나 서리층(胥吏層) 정돈을 꾀하는 행정 개혁, 근대적 경찰 제도의 도입(1905년 巡警部 설치)이 시작되었고, 종래의 중앙집권적 재정을 부활시키기 위한 화폐와 재정제도의 개혁(戶部에서 度支部로의 변화), 지방(省) 재정의 정리와 중앙 집권화가 시도되었다. 새로운 근대적 법전 편찬과 독립적인 사법 제도의 신설을 꾀한 사법개혁, 만·한 차별의 폐지 등 신정기 개혁이 미치는 범위는 그야말로 광범위하여 사실상 20세기 중국 사회의 변화에 중요한 출발점을 제공했다. 특히 변경 지역의 경우 종래 내지와는 다른 간접 통치 방식을 취해왔던 청조가 이 시기에는 적극적으로 내지와 같은 직접 통치 방식을 도입하면서 내지화(內地化)·한화(漢化)를 강화하려 시도했다는 점도 주목할 필요가 있다. 청조 역시 근대적 국민국가로의 전환을 모색하는 과정에서 '중국'의 범위(영토, 그리고 국민을 구성하는 각 민족의 통합)를 확정하고자 시도했던 것이다.

3) 광서신정의 한계와 의의

이런 점에서 보면 청 말 약 10년 동안 추진된 신정과 그 시기의 변화는 이후 지금까지 이어지는 근대화의 출발점이라고 해도 좋다. 특히 광서신정은 19세기의 자강운동(양무운동)과는 달리 중앙정부, 즉 국가적 차원에서 추진되었다는 점이 중요한 특색이다. 따라서 비록 신해혁명으로 그 성과가 크게 위축될 수밖에 없었지만, 사실 이후에도 신정기에 시작된 다양한 변화의 흐름은 줄곧 이어졌다.

또한 신정기의 변화는 19세기 후반까지 이어져 오던 전통적인 황제지배 체제의 기반을 근본적으로 뒤흔들어 놓았다. 따라서 서구화·근대화를 통해 '중화제국'에서 근대적 국민국가로 변신하는 것을 그 목표로 삼았던 신정은 이후 입헌제 국가의 건립을 위한 준비로 연결되면서 결과적으로는 청조 자체를 붕괴시키는 결과를 낳았다.

청조가 신정을 시작하면서 적극적인 협력자로 그 역할을 기대했던 신사층은 상회와 농회, 교육회 등의 새로운 '법단(法團: 사단법인)'이나 지방의회와 국회의 전신인 자의국(諮議局)·자정원(資政院) 등을 통해 그 세력을 결집하면서 도리어 정부를 위협하는 도전자로 성장했다. 청 말 각지에서 추진된 이권회수운동이나 입헌운동, 지방자치의 실시 등에서 나타나는 중앙과 지방, 정부와 지방 엘리트(신사·상인층)의 긴장 관계는 그 점을 잘 보여준다. 신해혁명 직전 청조의 정치 위기를 심화시키는 데 큰 역할을 한 것은 개혁파 신사층이 주도하면서 다양한 계층의 참여를 끌어내는 데 성공한 대중적 국민운동의 성장이었다.

이를테면 1905년의 대미 보이콧 운동은 상하이 상무총회(商務總會)가 미국이 '(중국인)이민제한법'을 개정하지 않으면 미국 상품을 배척하겠다는 의사를 표명하고 이를 전국 각지에 통전(通電)하면서 시작되었다. 이 운동은 전국 각지 상공업자에서 지식인, 학생, 노동자에 이르는 다양한 사회계층과 단체가 참여한 최초의 전국적 대중운동으로 발전했다. 이와 더불어 신정기에 광범위하게 전개된 이권회수운동 역시 마찬가지였다. 이 운동은 청일전쟁 이후 가속화된 열강의 경제 침략으로 상실된 이권을 되찾아 자력으로 개발·운영하겠다는 강렬한 내셔널리즘의 영향 아래 전국 각지에서 신사층의 주도로 활발하게 전개되었다.

이렇게 신사층이 주도하는 국민운동의 성장, 그리고 민간단체의 조직화와 전국화는 청조 정책에 반발하는 정치·사회 운동의 영향력을 크게 늘려놓았다. 더구나 신정기 후반으로 갈수록 더욱더 개혁의 추진에 무능하고 무력했던 청조의 태도는 신사층이 더욱더 정부와 대립각을 세우는 방향으로 치닫게 했다. 선통(宣統) 연간(1909~1911)에 정부 승인 없이 전국적 규모로 교육회나 상회·농회연합회, 그리고 각성자의국연합회(各省諮議局聯合會)가 결성된 것은 이런 경향을 잘 보여준다. 중앙과 지방, 청 정부와 신사층의 대립은 관신(官紳) 협력 체제의 재건·강화를 기대했던 신정의 목표를 무산시켰다. 나아가 후술하듯이 입헌군주제를 지향한 그들의 요구에 제대로 부응하지 못한 청조는 곧바로 그들에게 버림을 받게 되었다. 이를테면 우창봉기의 도화선이 되어 사실상 신해혁명의 출발점이 된 쓰촨성(四川省)의 보로운동(保路運動)은 철로 이권을 민간에서 회수해 다시 외국자본을 빌려 건설하겠다고 나선 청조의 국유화 정책에 대해 이 지역 신사층과 민중이 정면으로 반기를 든 사건이었다.

청조를 몰락시킨 또 다른 요인은 신정 추진에 따른 가혹한 세금 부과로 지방관의 수탈이 급증하고 물가가 앙등한 것이었다. 이 때문에 부가세·기부금 거부 투쟁, 또는 식량 폭동 등을 통해 다양하게 표현된 이 시기 농민의 저항은 1905년 103회, 1906년 199회, 1907년 188회, 1909년 112회, 1910년 266회로 급속한 증가세를 보였다. 의화단 배상금 등으로 중앙정부의 재원이 고갈되자 무리한 통화 발행으로 그 부족분을 확보하는 등 지방 각 성과 백성을 최대한 수탈하면서 추진한 신정은 이리하여 청조 지배체제를 도리어 내부로부터 붕괴시키는 역할을 맡게 되었다. 이것은 의화단운동 이후 맺은 '신축조약' 때문에 구미 열강에 원금과 이자를 합해 총액 9억 냥이 넘는 거액의 배상금을 40년에 걸쳐 지출해야만 했던 청조가 둔 자충수였다. 20세기 들어와서도 1년 예산은 기껏해야 수천만 냥 정도였으므로, 결국 중앙정부는 신정 추진을 위한 재원의 부담을 모두 지방 성(省)정부에 떠넘겨야 했다. 이 부담을 지게 된 성정부는 결국 농민에 대한 수탈로 그것을 메울 수밖에 없었는데, 이것이 결국 농민의 저항을 초래해 지방 사회에 대한 통제력 자체를 무너뜨리게 된 것이다.

03 청조의 입헌 준비와 입헌운동

1) 청조의 입헌 준비와 관제 개혁

광서신정은 사회구조의 변화와 함께 그에 수반되는 새로운 사회계층(지식인과 학생, 군인 등 새로운 엘리트)과 사상, 의식의 출현·성장을 가져오면서 중국 사회 전반에 걸쳐 광범위한 변화를 낳았다. 하지만 당시 청조가 직면한 문제를 해결하기 위해 시도한 정치체제나 행정 방면의 개혁은 초기부터 거의 성과를 거두지 못했다. 이를 위한 기관으로 1901년 정무처(政務處)가 설치되었지만, 정치개혁은 초기부터 신정의 중심 의사일정에 오르지 못했다. 관료제 정비와 서리층의 정돈 등 낡고 부패한 행정 방면의 효율 개선도 관료사회의 저항으로 큰 효과는 없었다.

이렇게 신정 초기에는 근대적 국민국가를 건립하는 데 핵심적 과제인 입헌 체제로의 변신을 위한 준비는 거의 이루어지지 않았다. 따라서 점차 정치체제의 변혁을 위한 입헌론이 출현하지 않을 수 없었다. 특히 신사층은 19세기 후반 이래 지방행정에의 참여나 지방의회의 설립을 제도적으로 보장해 주기를 요구했고, 입헌파로 결집된 이들의 개혁론은 이후 중앙 차원에서는 헌법 제정과 국회 개설, 지방 차원에서는 지방의회 개설과 지방자치의 실행 요구 등으로 표출되었다.

하지만 이런 움직임이 실제 운동으로 바뀔 수 있었던 것은 러일전쟁(1904~1905) 덕분이었다. 일본이 당시 최강 국가의 하나인 러시아에 승리를 거두자 이것을 전제국 러시아에 대한 입헌국 일본의 승리로 간주하는 시각이 널리 퍼지면서, 전제국 청조

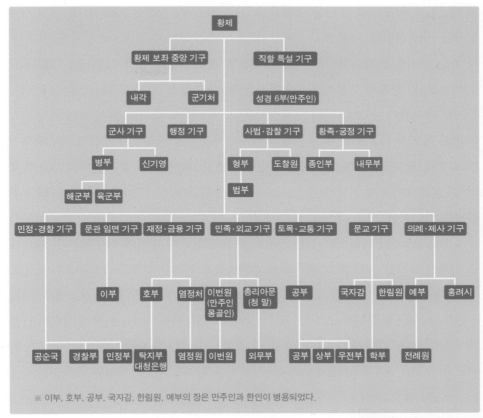

그림 5-3 | **청 말 신정 시기 중앙정부 조직**
자료: 박한제 외, 『아틀라스 중국사』(개정증보판)(사계절, 2015), 202쪽 참조.

역시 입헌국으로의 변신이 필요하다는 확신을 굳혀주는 계기가 되었기 때문이다. 이에 따라 입헌파가 세력을 차츰 늘리면서 그들이 주도하는 입헌운동이 훨씬 큰 영향력을 발휘하게 되었다. 물론 입헌군주제의 성공 사례로 여겨진 일본은 그 모델로 간주되었고, 중국이 당면한 모든 과제를 해결할 수 있을 것으로 기대된 국회(國會)의 개설이 입헌 체제의 핵심으로 지목되었다.

여론에 떠밀린 청조 역시 점차 확산되는 혁명 사조를 견제하기 위해서라도 입헌 체제로의 전환을 모색하지 않을 수 없었다. 입헌 체제로의 개혁을 요구하는 해외 주재 외교관이나 지방 고위 관원 등의 목소리가 높아지자 청조는 1905년 9월 해외 각국 헌정을 시찰한다는 명목으로 5명의 대신을 파견하려고 했다. 하지만 혁명파 우웨(吳樾)가 이들을 암살하려다 미수에 그친 사건이 발생해 연기되었다가, 12월에 짜이쩌(載澤) 등 황족이 포함된 5명의 대신을 영국, 프랑스, 일본 및 미국, 독일, 러시아 등지로 파견했다. 이보다 앞서 고찰정치관(考察政治館)이 설치되었다. 해외 헌정 시찰의 결과 짜이쩌 등은 귀국 후 일본의 메이지유신을 모방한 입헌제를 준비하자고 주청(奏請)했다. 입헌군주제로의 이행을 결심한 청조는 1906년 9월 입헌 준비의 상유를 내려 "헌정을 모방하여 실행한다(倣行憲政)"라고 선언했다. 1907년에는 다시 3명의 고찰헌정대신이 일본, 영국, 독일로 파견되었다.

그리고 1906년 11월에는 입헌 준비를 위한 중앙관제 개혁이 이루어졌다. 종래대로 명칭을 유지한 이부(吏部), 예부(禮部), 외무부(1901년 설치), 학부(1905년 설치) 외에 농공상부[상부(商部)에서 개칭], 탁지부[度支部: 호부(戶部)에서 개칭], 육군부(陸軍部), 법부(法部), 우전부(郵傳部), 민정부[民政部: 순경부(巡警部)에서 개칭], 이번부(理藩部)가 설치되어 11부가 만들어졌다. 이를 통해 1000년 이상의 전통을 지녔던 삼성육부제(三省六部制)가 완전히 사라졌다. 각 부 상서(尙書)에 만인·한인을 각기 1명씩 임명하던 만한병용제(滿漢竝用制)도 폐지되었다.

그러나 군기처(軍機處)를 내각에 통합시켜 책임내각제의 준비를 실행하려던 시도가 좌절되었고(군기처는 1911년까지 유지되었다), 새로 임명된 상서 11명 가운데 6명이 만주족이었던 점에서 알 수 있듯이 권력은 오히려 만주 귀족에게 더욱 집중되는 등 입헌 준비의 의미가 크게 퇴색했다. 지방 관제의 개혁 역시 이때 시도되었지만, 의견의 통일이 이루어지지 않아 일부 지역에서만 시험 삼아 실행되는 등 큰 성과를 거두지는 못했다.

관제 개혁 다음 해인 1907년 8월 고찰정치관이 헌정편사관(憲政編査館)으로 개편되어 입헌 준비의 핵심 기구로 자리 잡았고, 헌정편사관은 입헌 준비를 위한 각종 법제와 규칙을 공포했다. 그리고 1908년 8월에 예비헌법인 「흠정헌법대강(欽定憲法大綱)」을 반포하면서 입헌 준비 시간을 9년으로 잡아 1916년 헌법을 반포하고 국회 선거를 거행하기로 결정했다. 이러한 일정은 신해혁명으로 중단되었지만, 이를 통해 메이지 시대 일본의 경험을 모방하여 국회 설립 이전에 헌법을 제정하고 황제권을 강화하여 국회의 권한을 제약하면서 중앙집권제를 확립하려는 청조의 의도가 분명해졌다. 이것은 국회를 먼저 개설하고 국회에서 헌법을 제정함으로써 입헌군주제를 건립하고자 했던 입헌파의 민권론과 상당한 차이가 있었다.

2) 입헌운동의 발전과 국회속개운동

한편 입헌 준비 과정으로 국회의 전신인 자정원(資政院)과 지방의회의 전신인 자의국(諮議局)을 설치하라는 지시도 내려졌다. 그리하여 1908년에는 자의국 설립과 의원 선거를 위한 장정(章程)이 마련되어 1년 이내에 자의국을 설립하라는 지시가 내려져, 1909년 10월 14일 전국 21개 성에서 정식으로 선거를 통해 자의국이 설립되었다. 1908년 8월에는 자정원 설립과 선거를 위한 장정 역시 반포되어 1910년 9월 흠선(欽選) 의원과 민선(民選) 의원 각 100명으로 구성된 자정원이 베이징에 설립되었다.

입헌 준비의 일부인 지방자치의 실시를 위한 준비 역시 실행에 옮겨졌다. 청조는 1908년 12월에는 성(城)·진(鎭)·향(鄕)의 하급 지방자치를 위한 장정을 반포했다(부·청·주·현 등 상급 지방자치 장정은 1909년 12월 말에 반포되었다). 하지만 자의국 설립 준비 때문에 자치 준비가 실제로 시작된 것은 1909년 중반 이후였다. 청조는 지방자치를 추진하면서도 그것을 관치(官治)의 보조(補助)라는 제한된 범위 안에 한정하려 했다. 지방자치가 실질적으로는 지방 사회에서 신사층이 관행적으로 수행해 오던 역할을 합법화·제도화시켜 주는 것인 만큼 이들의 역할을 정부에서 통제하려는 의도였다. 지방자치의 준비는 상당한 편차가 있지만, 1911년이 되면 대체로 일부 성에서는 자치기구가 거의 성립될 정도의 성과를 거두었다. 그러나 성·진·향 지방자치와 부·청·주·현 지방자치의 준비가 완료되기도 전에 청조가 무너짐으로써 청 말의 지방자치는 제대로 실행될 기회를 얻지 못했다.

실상 청조는 입헌제로의 이행에 소극적이었지만, 입헌 준비를 시작함으로써 일단 신사층(대부분 입헌파)의 적극적 호응을 얻을 수 있었다. 무술개혁의 실패 후 해외로 망명하여 보황회(保皇會)를 조직한 캉유웨이, 량치차오 등은 보황회를 국민헌정회로 개칭하고, 뒤이어 도쿄에서 정문사(政聞社)를 조직하여 ≪정론(政論)≫ 잡지를 발행함으로써 이에 호응했다. 국내에서도 장쑤, 저장, 푸젠 지역 인사가 모인 예비입헌공회(豫備立憲公會), 후베이의 헌정주비회(憲政籌備會), 후난의 헌정공회(憲政公會) 등 다수의 입헌단체가 설립되어 세력 결집과 입헌운동의 진전을 꾀했다.

입헌파가 강력한 결집력을 발휘할 수 있게 된 계기는 자의국의 설립이었다. 전통적인 신사의 권리를 제도화·합법화하고 지방자치의 실현을 구현하는 기반이 된 자의국에 일본 유학생이나 신식 학당 출신의 개혁파가 결집하여 주도적 역할을 했다는 점은 이미 잘 알려져 있다. 이 자의국은 신사층의 지방분권적 요구에 배치되는 청조의 중앙집권화 경향이나 입헌 준비의 지연에 불만을 품은 입헌파의 적극적인 입헌운동에 중요한 기반을 제공했다. 청조는 자의국과 자정원, 그리고 지방자치에 대해 자문기관이나 관치의 보조라는 제한된 역할만을 기대했으나, 이를 통해 결집한 입헌파는 그 제한을 훨씬 뛰어넘어 실질적인 의회 기능과 자치의 실행을 구현하고자 했다.

특히 1908년 11월 거의 50년간 청조를 장악해 왔던 자희태후가 광서제(光緖帝)와 거의 같은 시기에 세상을 뜬 것은 입헌운동 발전에 중요한 전환점이 되었다. 권력의 공백과 위기를 느낀 만주 귀족층은 선통(宣統) 연간(1909~1911)에는 권력 유지를 위한 중앙집권화에 집착했다. 따라서 책임내각제나 국회 개설 등에 훨씬 소극적인 태도를 보였다. 하지만 이러한 동향은 자의국을 중심으로 결집한 입헌파의 강력한 도전에 부딪혔다. 이미 1908년 여름 예비입헌공회에 의해 각 성 입헌 운동 단체의 대표를 포함한 국회속개청원운동(國會速開請願運動)이 발기된 것은 바로 국회의 조속한 개설이 모든 문제의 해결책이라고 여겼던 그들의 시각을 잘 보여준다.

한편 민권론의 전파에 가장 큰 공을 세운 량치차오는 국민의 수준, 즉 '민도(民度)'가 낮다는 이유로 이 무렵 오히려 개명전제론(開明專制論)을 제기하면서 실제 입헌운동의 전개에 소극적이었다. 그와는 달리 '민도론'을 비판하면서 국민의 분발을 강조한 후난 출신의 입헌파 양두(楊度)가 국회속개청원운동의 전개에서 아주 중요한 역할을 맡았다. 그는 혁명파의 "반만" 구호에 대항하여 천하에 호소할 수 있는 구체적이고 호소력 있는 목표인 '국회의 개설'을 제안했던 것이다. 량치차오 역시 결국 기존의 민도론을 수정하며 이 흐름에 동참할 수밖에 없었다.

이후 1909년 후반 자의국이 설립된 다음 입헌운동은, 장쑤성 자의국 의장 장젠(張謇)의 제창으로 전국자의국연합회가 조직되어 신속한 국회 개설을 촉구하는 대규모 운동으로 발전했다. 이 연합회는 1909년 상하이에서 청원단을 조직해 이듬해 1910년 1월 국회속개청원서를 제출했고, 6월과 11월에는 다시 두 차례의 청원운동을 전개했다. 이러한 청원운동의 발전에는 ≪신보(申報)≫, ≪시보(時報)≫, ≪중외일보(中外日報)≫나 ≪동방잡지(東方雜誌)≫, ≪국풍보(國風報)≫ 등의 언론도 적극적으로 동조했다. 특히 세 번째 청원에 대해서는 동삼성총독 등 18명의 고위 지방관이 연명으로 지지하기도 했다. 자의국의 범위를 넘어 수많은 학회, 교육회, 상회 등의 사회단체뿐만 아니라 일반 민중까지 포함하여 약 30만 명 정도가 참여했다.

이 때문에 청조는 1910년 11월 입헌 준비 기간을 5년으로 단축했지만, 동시에 각 청원 단체를 엄격히 탄압·해산시켰다. 이것은 결국 국회속개청원운동을 '실패'로 몰아넣었다. 청조의 입헌 구상에 의존하던 입헌파 가운데 일부 급진 세력은 이를 계기로 청조에 대한 기대를 접고 혁명으로 방향을 전환했다. 1911년 청조가 입헌 준비 기간 단축을 위해 설립한 책임내각은 13명의 국무대신 가운데 만주족이 9명(황족 7명)이고, 한족은 겨우 4명이었다. 입헌군주제의 원칙을 무시하고 황족을 대거 참여시킨 이 '황족 내각'의 출범은 온건한 입헌파조차 청조에 등을 돌리게 했다. 이해 후반기 우창에서 신군의 봉기가 일어나자 입헌파 중심의 여론주도층이 성 단위로 독립하는 형식으로 이루어진 신해혁명에 대거 찬성하게 된 것은 바로 이 때문이었다. 입헌제 실행보다 권력 유지에만 집착한 청조의 태도는 도리어 주요 지지층의 이반(離反)을 유발했다.

04 전국적 혁명운동의 발전

1) 중국동맹회의 성립

1905년은 신해혁명사에서 획기적인 전환점이었다. 중국동맹회(이하 동맹회로 약칭)가 성립하면서 혁명운동이 한 단계 비약했기 때문이다. 후이저우봉기 실패 이후 일본과 유럽에서 망명 생활을 하던 쑨원은 새로운 방안을 모색하는 과정에서 해외 유학생에게 눈을 돌렸다. 1905년 유럽의 유학생들과 접촉하여 혁명 단체를 조직한 쑨원은 7월에는 일본에 도착하여 황싱, 쑹자오런, 천톈화, 장지 등과 만나 통일적인 혁명운동의 필요성에 합의했다. 그 결과 기존 단체의 활동가나 유학생들이 개인 자격으로 동맹회에 가입해 7월 30일에는 동맹회라는 명칭이 확정되고, 쑨원이 1903년 이래 사용해 오던 "오랑캐를 몰아내고 중화를 회복한다. 민국을 창립하고, 지권을 고르게 한다(驅除達虜, 恢復中華, 創立民國, 平均地權)"는 「16자 강령」이 채택되었다. 뒤이어 8월 20일에는 정식 성립 대회를 열어 장정을 통과시키고 쑨원을 총리로 추대했으며, 국내외 각 지부도 결성되기 시작했다. 이후 동맹회의 회원은 꾸준히 늘어나 신해혁명 직전에는 1만여 명에 이르렀다.

동맹회의 성립은 이제 혁명운동이 명확한 강령과 전국적인 조직의 지도 아래 추진되는 단계에 이르렀음을 의미했으며, 11월에는 그 기관지로 ≪민보(民報)≫가 창간되어 선전 기능도 본격적인 체계를 갖추었다. 창간호에 실린 「민보 발간사(民報發刊詞)」에서 쑨원은 구미와 마찬가지로 중국도 민족주의, 민권주의, 민생주의에 의해 진화해야 함을 강조했다. 3호에 실린 「민보의 육대주의(民報之六大主義)」는 열악한 현 정부의 타도와 공화 정체 건립, 토지 국유, 세계의 진정한 평화 유지, 중·일 양국의 국민적 연합, 세계 열강의 중국의 혁신 사업에 대한 협조의 요구를 제기했다.

그리고 1906년에는 쑨원, 황싱, 장빙린 등이 공동으로 「중국동맹회 혁명방략(中國同盟會革命方略)」을 제정하여 혁명운동의 기본 전략과 방침을 제시했다. '군정부선언' 등 15항목으로 이루어진 이 방략은 '앞 시대의 영웅 혁명'과 다르게 '오늘날의 국민혁명'에서는 군정부가 중추가 된다고 하면서 동맹회의 강령을 실현하는 과정으로 군법 (軍法), 약법(約法), 헌법(憲法)에 의한 통치를 규정했다. 또한 「대외선언」에서는 중국이 이전에 각국과 맺은 조약, 기존의 외채와 외국인의 권리를 모두 보호하겠다는 취지를 밝혔다.

「동맹회 혁명방략」은 전부터 쑨원이 제기해 온 반만공화혁명론을 더욱 상세하게 정리한 것이다. 그러나 이후 건립될 공화제 국가의 구체적인 내용과 전망은 담겨 있지 않았다. 쑨원이 내세운 오권헌법(五權憲法)에 대한 독특한 주장을 제외한다면, 공화제 방안에 대해서는 추상적이고 소략한 전망만 제시했을 뿐이다. 당시에는 혁명투쟁의 과제에만 집중했을 뿐, 혁명 성공 이후의 문제에 대해 심각하게 고려하지 않았다는 한계가 있었던 것이다. 초기 내셔널리즘의 형성을 자극했던 "반제(反帝)"의 구호 역시 뒷전으로 밀려났다.

2) 혁명파와 입헌파의 논쟁

혁명파의 혁명 이론은 입헌파와 치열한 이론 투쟁을 거치며 형성되었다. 양 파의 공개적인 논쟁은 이미 1902년 캉유웨이가 혁명론을 공격하면서 시작되었지만, 동맹회의 성립과 ≪민보≫ 발간을 계기로 그 논쟁은 본격적인 궤도에 올랐다. 양 파는 이 논쟁을 통해 각자의 이념을 좀 더 분명히 정리할 수 있었다. 이 논쟁에서 혁명파 측은 쑨원, 왕징웨이(汪精衛), 후한민(胡漢民) 등이 주요 역할을 맡았고, 입헌파 측에서는 ≪신민총보(新民叢報)≫를 무대로 삼은 량치차오가 무대를 독차지했다. ≪민보≫와 ≪신민총보≫를 무대로 한 이 논쟁은 이후 도쿄에서뿐만 아니라 동남아시아 화교를 대상으로 한 선전 경쟁에서도 그대로 되풀이되었다.

여기서 주로 논의된 주제는 ① 반만 민족혁명의 필요성 여부, ② 정치혁명의 문제(폭력에 의한 공화제의 수립이냐, 아니면 권고·요구에 의한 입헌제의 수립이냐), ③ 쑨원의 민생주의가 제기한 토지국유화와 사회혁명론, ④ 혁명은 반드시 중국의 내란과 열강의 간섭, 그로 인한 궁극적인 분할, 즉 과분(瓜分)을 초래한다는 '혁명과분론(革命瓜分論)'의 제기와 그에 대한 혁명파의 반론 등등이었다.

양 파의 논쟁에서 가장 큰 비중을 차지한 것은 민생주의와 사회혁명론의 논란이었다. 하지만 민생주의는 동맹회 내부에서도 큰 동의를 얻지 못했을 뿐만 아니라, 당시는 물론이고, 이후에도 시급한 선결 과제가 아니었다. 그렇지만 민생주의에 초점이 맞춰진 것은 이 논쟁이 양 파의 소모적인 기세 싸움으로 치달았기 때문이다. 일본에서는 1907년 무렵 마무리된 이 논쟁은 신해혁명으로 청조가 무너졌으므로 혁명파의 반만공화혁명론이 승리한 것으로 평가하는 경향이 강하다. 하지만 여기서 제시된 다양한 이론이나 논점의 배경에 자리 잡은 기본적인 인식과 지향은 오히려 서로의 공통성을 확인시키는 것이 적지 않아, 어느 한쪽의 우세라는 판정은 큰 의미가 없다.

이를테면 ≪민보≫의 대표적인 논객으로 쑨원의 입장을 대변한 왕징웨이는 혁명과분론에 대해 "혁명은 과분의 화를 막을 수 있는 것"이라고 반론하면서도 결국 혁명의 문제는 '이해(利害)'의 문제가 아니라 '시비(是非)'의 문제라는 점을 군색하게 인정할 수밖에 없었다. 혁명운동이 실제로는 중국의 장래에 불리하거나 위험할 수도 있지만, 옳은 일이기 때문에 무조건 혁명을 수행해야 한다는 논리였다. 반면 ≪중국신보(中國新報)≫ 등을 무대로 독자적인 입헌군주론을 제창한 양두는 "이치[理]를 가지고 말하는 것이 아니라 오로지 현실[勢]에 의거해서 판단"하면, "중국에서는 단지 군주입헌만 가능하지 민주입헌은 불가능하다"는 논리를 폈다. 만·한뿐만 아니라 몽골족, 위구르족, 티베트족 등 다수 이민족을 통제하는 청조의 존재가 중국이라는 국가를 위해서는 필수적이며, 혁명이 일어나면 이들이 독립을 모색해 내란과 과분을 초래할 것이라는 이유였다. '의기(意氣)'를 앞세운 혁명파의 패기는 혁명과분론을 실질적으로는 극복할 수 없었다.

또 흥미로운 것은 만·한 평등과 몽골·위구르의 동화를 강조하면서 청조를 입헌군주제 국가로 바꾸고자 했던 양두의 견해 역시 한족이 주도권을 잡고 다른 민족을 동화하는 공화제 국가를 구상한 왕징웨이의 그것과 별 차이가 없었다는 점이다. 혁명의 실행 여부를 두고 의견이 엇갈렸지만, 우창봉기 이후 청조의 붕괴가 확실해지자 새로운 국민으로서의 '중화민족'에 대한 양자의 다툼은 이제 의미를 잃게 되어, 이후에는 단지 정치주도권 다툼만 남았다. 중국 내셔널리즘의 시각에서 보면 양자의 차이는 정치 파벌 사이의 권력투쟁에 지나지 않았다.

3) 무장봉기의 추진과 동맹회의 분열

동맹회 성립 후 혁명파는 조직 확대나 선전 활동 이외에도 무장봉기를 추진했다. 첫 봉기는 1906년 12월 후난과 장시(江西)의 교계(交界) 지역에서 일어난 핑류리봉기(萍瀏醴蜂起)다. 동맹회 본부에서는 사전에 알지 못했지만, 그 정치적 영향력하에 이루어진 이 봉기는 한때 수만 명이 참가한 대규모 봉기로 발전했다. 청조에 의해 무력으로 진압되었지만, 이 봉기는 혁명파와 회당(會黨)의 연합이라는 새로운 가능성을 보여주었다.

이후 청조의 압력 때문에 일본 정부에 의해 추방당한 쑨원은 왕징웨이, 후한민 등과 함께 베트남으로 옮겨 하노이에 기관을 설치하고 서남부 변경 지역에서 일련의 무장봉기를 주도했다. 1907년 5월 하순에 일어난 차오저우(潮州)·황강(黃岡) 봉기부터 1908년의 친롄봉기(欽廉蜂起)와 허커우봉기(河口蜂起)까지 모두 10번의 봉기가 시도되었다. 연이은 봉기의 실패는 "서남 지역에서 근거지를 얻은 다음 북상하면서 다른 지역의 호응을 얻어낸다"는 쑨원의 변경혁명론이 대중적 선전이나 조직화 등을 무시한 군사모험주의적 성격이 짙다는 한계를 분명히 보여주었다.

따라서 쑨원이 청조의 압력으로 베트남에서 추방된 다음에는 황싱과 후한민 등이 중심이 된 봉기가 이전과는 상당히 다른 양상을 보였다. 회당 대신 신군을 지원 대상으로 주목하고, 근거지도 광저우로 옮긴 것이다. 1909년 황싱 등은 홍콩에 동맹회 남방 지부를 조직해 1910년 2월의 신군봉기, 1911년 4월의 황화강봉기(黃花岡蜂起)를 추진했다. 특히 후자의 경우는 동맹회가 마지막으로 모든 인력·재력을 동원하여 광저우를 점령한 다음 전국적인 반란을 유도하기 위해 전력을 기울였지만, 참담한 실패로 끝났다. 이 봉기로 청조의 위신이 크게 실추되기는 했지만, 동맹회 내에서도 실패에 낙담한 황싱, 후한민, 왕징웨이 등이 개별 활동에 나서는 등 와해와 분열의 경향이 뚜렷해졌다.

본래 동맹회는 혁명을 내세운 정당이지만 회원들의 사상적 통일성이 부족했고, 조직 면에서도 상당히 느슨했다. 더구나 쑨원이 일본을 떠나고 회원들이 귀국하면서 1907년 이후에는 본부도 제대로 기능하지 못했다. 기관지 ≪민보≫ 역시 1908년 10월 일본 정부에 의해 폐간되었다. 따라서 자기 노선만을 고집하는 쑨원에 대한 반발과 더불어 동맹회의 분열이 나타나기 시작했다. 1907년 8월 도쿄에서 창장(長江) 유역 출신 회원들이 회당 공작에 주목해 공진회(共進會)를 설립한·것은 그 대표적인 사례이다. 광복회 역시 독자적으로 활동하거나 쑨원을 비판하며 동맹회와 경쟁함으로써, 혁명파 내부를 분열시켰다.

그리고 뒤이어 '창장혁명(長江革命)'을 주창하는 쑹자오런, 탄런펑(譚人鳳), 쥐정(居正) 등이 1911년 7월 31일 상하이에서 동맹회 중부 총회를 성립시켰다. 쑨원의 지도력과 변경혁명론에 반발한 중부 총회는 사실상 본부가 와해된 동맹회를 재건한 것으로, 이후 후베이의 혁명 단체와 연락해 우창봉기를 이끌었다. 쑨원도 동맹회 본부에 대해 매우 냉담한 태도를 보여 1910년 이후에는 해외의 분회를 중화혁명당(中華革命黨)으로 바꾸는 등 독자 행동에 나섰으므로, 신해혁명 직전 혁명파는 이후 전개될 혁명을 제대로 지도할 수 있는 통일적 역량을 갖추지 못했다. 이 점은 우창봉기 이후 혁명파가 단합해 통일적인 행동에 나서는 데 상당한 장애가 되었다.

05 신해혁명과 중화민국의 성립

1) 우창봉기와 중화민국의 성립

흔히 '우창수의(武昌首義)'라 일컬어지는 1911년 10월 10일 후베이성 우창 신군의 봉기는 정치적 위기로 흔들리고 있던 청조에 마지막 일격을 가했다. 신군 병사들은

그림 5-4 | **우창 신군이 조직한 악군도독부**(후베이 군정부) **앞에 세워진 쑨원상** 필자 촬영.

그림 5-5 | **우창봉기에 참여한 후베이성의 신군** 필자 촬영.

10월 10일 밤 후광총독 아문을 점령하고 이어 11일·12일에는 한커우(漢口)와 한양(漢陽) 신군의 호응을 얻어 이 우한 3진(三鎭)을 장악하면서 이에 동조하는 전국적 혁명의 전개를 촉발했다. 우창봉기 성공의 배후에는 후광총독 장즈둥이 주도한 '양무신정(洋務新政)'의 성과가 있었지만, 한편으로는 후베이 혁명파가 학생이나 회당 외에 신군에 대한 혁명 공작에 공을 들인 점이 크게 작용했다.

후베이 혁명파는 1911년에 들어와 문학사(文學社), 공진회가 연합해 지휘부를 설립하고, 중부 총회와도 연락하여 봉기를 준비하고 있었다. 그러나 10월 9일 한커우 러시아 조계에서 봉기용으로 준비하던 폭탄이 폭발하는 사건 때문에 수색·탄압이 이어지자 지휘부가 모두 도피한 상태에서 궁지에 몰린 신군 병사들이 어쩔 수 없이 봉기에 나섰다. 갑작스러운 봉기가 뜻밖의 성공을 거두자 혁명군은 11일 후베이 자의국에서 회의를 열어 신군 협통(協統) 리위안훙(黎元洪)을 도독(都督)으로 추대하고 혁명군 정부를 건립했다. 후베이군정부는 성립 후 국호를 중화민국으로 내세움과 동시에 전국에 봉기의 정당성을 알리면서 호응을 요청했다. 또 동맹회 방략에 따라 대외적으로는 열강의 기존 이권과 권리를 인정하고 외국인의 생명과 재산을 보호하겠다는 취지를 선포했다.

우창봉기의 성공은 곧바로 전국을 급격한 혁명의 회오리 속에 몰아넣었다. 이후 1개월 사이에 산시(山西), 산시(陝西) 두 개 성과 후난, 윈난, 장시, 구이저우, 장쑤, 저장, 광시, 푸젠, 안후이, 광둥 등 남방 각 성 대부분, 그리고 상하이 등이 독립을 선포하며 혁명군에 가담했다. 아마도 미국 독립혁명에서 영감을 받았겠지만, 이러한 각 성별(나아가서는 부·주·현별 독립이라는 사태도 다수) 독립이라는 형태로 이루어진 신해혁명의 전개는 지역별로 아주 다양한 양상을 드러냈다.

하지만 공통적인 것은 신군이나 회당 등의 대중적 봉기나 그 압력에 의해 독립이 선포되거나 군정부가 수립되었지만, 결과적으로 상하이나 광둥 등 일부 지역을 제외하면 심지어는 후베이에서조차 혁명파보다는 입헌파나 구세력에게 권력이 넘어갔다는 점이다. 이 점은 상대적으로 소수인 젊은 해외 유학생이 중심이 되어 지방 사회에서 영향력이 약했던 혁명파의 한계를 보여준다. 더구나 그들은 신해혁명 직전의 분열을 극복하지 못했다. 청조 타도에 찬성하기만 하면 "모두 함께 유신에 참여하자(咸與維新)"라고 하며 누구라도 받아들였던 혁명군의 태도 역시 여기에 크게 작용했다. 반면 입헌파는 전국적으로 통일적인 국민운동을 이끈 경험을 통해 '민의'의 대변자로 쉽게 자리 잡을 수 있었다. 우창봉기 이후 양 파는 사실상 반청 연합전선을 펴게 되므로 이들을 혁명군[民黨]으로 부르는 편이 적절할 것이다.

혁명군 측은 우창봉기 후 전국적인 동조 기세를 이용해 11월 중순부터 임시 중앙정부의 수립을 준비하기 시작했다. 11월 15일 상하이에서 각 성 도독부(都督府) 대표 연합회가 결성되고, 12월 3일에는 임시정부 조직대강 21조가 제정되었다. 하지만 혁명군 측은 11월 2일 한커우, 11월 27일에는 한양을 내어주었다. 이후 영국의 중재로 청조와 혁명군 사이에 남북의화(南北議和)가 제안되어 정전이 이루어졌다. 12월 5일 각 성 대표회의는 청조 측과 협상에 합의했고, 남북의화를 통한 정전은 신해혁명의 전환점이 되었다. 정전이 계속 연장되면서, 무장투쟁에서 정치적 타협으로 국면이 전환되었기 때문이다. 아울러 가장 강력한 군사력인 북양(北洋) 신군을 장악한 데다가 열강의 지지를 받고 있으며, 청조로부터 전권을 위임받은 위안스카이와의 타협, 그의 '반정(反正, 즉 공화제에의 찬성)'에 의해 국면을 수습하려는 분위기가 짙어졌다.

2) 난징 임시정부와 위안스카이 정권의 성립

1911년 12월 20일 개시된 남북의화로 평화적 타협과 청 황제의 퇴위, 위안스카이의 대총통 선출이라는 구도가 사실상 거의 확정되었다. 그렇지만 우창봉기 이후 곧바로 귀국하지 않고 미국과 유럽을 여행하면서 열강의 지지와 원조를 얻으려 했던 쑨원이 12월 25일 상하이에 도착하자, 혁명군의 타협은 일단 중지되었다. 12월 29일 17성 대표에 의해 임시대총통에 선출된 쑨원은 1912년 1월 1일 중화민국의 성립을 정식으로 선포하면서 난징 임시정부를 수립했다. 이것은 남북 타협의 과정에서 쟁점이 되었던 민주공화제를 기정사실로 만들었고, 나아가 북벌(北伐)을 통해 혁명을 완수시키자는 강경론을 부활시켰다.

난징 임시정부는 민족, 영토, 내치, 재정, 군정의 통일을 내세우면서 열강이 중립을 지켜줄 것과 중국을 동정할 것을 호소했다. 또 대내·외적인 방침의 발표뿐만 아니라 여러 가지 실제적인 개혁을 실행했다. 양력의 사용, 고문과 인신매매 금지, 아편 금지 등은 공화국의 새로운 출발을 상징했다. 그러나 각 성의 연합으로 이루어졌기 때문에 중앙정부로서 제대로 기능할 수 없었던 난징 임시정부는 위안스카이와의 무력충돌을 피하여 남북의화를 통한 타협이라는 값싼 승리에 안주할 수밖에 없었다. 혁명군 내부도 여전히 단합을 이루지 못한 채 다양한 분열상을 보였다. 비밀 혁명조직 동맹회를 공개 정당으로 개조하는 문제나 총통제와 내각제, 중앙집권과 지방분권 등 새로운 국가의 기본 틀에 대해서도 의견 통일이 이루어지지 못했다.

더구나 직접적인 무력간섭은 없었지만, 내전을 틈탄 변경 지역에서의 열강의 도발과 그로 인한 위기의식의 심화는 신속한 타협과 통일, 질서 회복을 요구하는 여론을 부추겼다. 실제 비한족(非漢族)이 다수 거주하는 변경 지역 역시 독립의 움직임을 보이면서 중국 전체가 분열될지도 모른다는 우려는 혁명의 진전을 바라는 심리를 크게 위축시켰다. 중화민국의 국기로 우창 신군이 내건 18성기(十八省旗: 18성은 명대의 판도를 상징하는 만큼 한족 국가의 재건을 의미했다)가 아니라 만·한·몽·회·장 오족 연합에 의한 공화제, 즉 오족공화(五族共和)를 상징하는 오색기(五色旗)가 선정된 것도 이런 상

그림 5-6 | 18성기와 오색기
필자 촬영.

황을 반영했다. 중화민국의 국민으로 '한족'이 아니라 '한족을 포함한 오족'이 설정되었다는 것은 혁명파의 '반만혁명론'보다 '대민족주의'를 지향한 구 입헌파의 중화민족론이 폭넓은 지지를 받았음을 의미한다.

결국 1912년 1월 22일 쑨원은 청조 황제의 퇴위 조서가 접수되면 즉각 자신이 사임하고 임시 참의원(參議院)에서 위안스카이를 임시대총통으로 선출하겠다는 타협안을 제시했다. 1912년 2월 12일 청조의 황제가 양위를 선포하면서 위안스카이가 청조와 난징 임시정부를 대신해 중화민국의 대총통으로 선출되었다. 위안스카이는 이 과정에서 "'민당과 더불어' 공화정부를 조직하라"는 퇴위 조서의 내용을 삭제하는 조작을 통해 독자적인 정부 조직의 권한을 넘겨받았다. 이렇게 되자 위안스카이를 난징에서 취임시켜 견제하려던 쑨원의 노력은 실패로 돌아가고, 위안스카이는 3월 10일 베이징에서 임시대총통으로 취임했다. 이후 민국 초기의 정치 상황은 혁명군의 '실패'를 확인해 가는 과정이 되었다. 동맹회 중심의 옛 혁명파에게 남은 길은 국회와 정당을 이용해 위안스카이를 견제하는 것뿐이었다.

여기서 두각을 나타낸 인물이 바로 쑹자오런이다. 동맹회는 1912년 3월 공개 정당으로 전환했으며, 8월 25일에는 국민당으로 이름을 바꾸었다. 이후 국회에서 다수 의석을 확보해 의회민주제를 실행하고자 했던 쑹자오런의 노력으로 1913년 1~2월에 최초로 시행된 국회의원 선거에서 국민당은 과반수를 획득하며 승리를 거두었다. 그러나 국민당 내각의 성립을 꺼린 위안스카이가 3월 22일 상하이에서 쑹자오런을 암살함으로써 이 승리는 물거품이 되었다. 사건 처리를 둘러싸고 국민당 내부가 분열된 데다가, 1913년 6월 위안스카이가 국민당계 성 도독 3명을 파면한 것을 계기로 일어난 이른바 '제2혁명'(또는 '2차혁명')도 위안스카이의 압도적인 무력 앞에 힘없이 무산되었다. 신해혁명의 실패를 재확인한 제2혁명 이후 쑨원 등은 다시 일본으로 망명했다.

이후 위안스카이는 독재체제를 강화하고, 1916년에는 황제체제의 부활을 시도했다가 실패한 후 곧 사망했다. 이것은 신정기에 중앙집권화를 무리하게 추진했다가 실패한 청조의 전철을 되밟은 것이었다. 따라서 중앙과 지방 관계의 조정, 총통제와 내각제, 국회의 적절한 기능, 국민의 형성과 통합, 입헌질서의 건립과 지방자치 등 민주주의의 다양한 과제 역시 민국 초기에는 제대로 된 성과를 낼 수 없었다. 국민국가로서 국민통합이라는 과제는 이제 막 시작되었지만 도리어 심각한 분열을 낳았을 뿐이었고, 위안스카이의 후계자를 자처하는 군벌의 혼전이 본격화되자 민주공화제는 이름과 형식만 남아 전혀 제 기능을 발휘할 수 없었다. 전통적 국가 권위의 붕괴와 그것에 의해 지탱되었던 중앙집권적 질서의 와해는 민주주의의 정착을 비롯한 민국 초기의 새로운 과제가 만들었다. 신해혁명에 의해 확보되었던 자유와 해방, 희망의 분위기도 곧바로 가라앉았고, 여기에 참여했던 다양한 정치 세력은 새로운 모색을 다시 시작하지 않을 수 없었다.

3) 신해혁명의 현대적 의의

청 말의 신정과 입헌운동 그리고 신해혁명은 열강의 침략과 도전에서 비롯된 국내외적 위기를 극복하고 독립적이고 부강한 근대적 국민국가체제를 수립하려는 중국 내셔널리즘의 발전 속에서 이루어졌다. 그리고 장기적인 시각에서 청 말 신정기와 신해혁명기를 바라보면 이 시기에 이루어진 정치·사회·경제적 구조의 변화와 학생, 지식인, 신군, 상공업 계층 등 새로운 사회계층의 출현, 그리고 그들을 뭉치게 한 내셔널리즘의 형성과 발전은 20세기 중국 사회를 그 이전과는 상당히 다른 모습으로 바꿔놓았음을 알 수 있다. 국가 주도의 서구화·근대화가 처음으로 전면 추진된 청 말 신정기의 개혁 역시 청조가 붕괴한 이후에도 변화의 원동력으로 여전히 작용했다.

하지만 당시 중국이 직면한 과제에 비추어본다면 신해혁명의 성취는 상당히 빈약했다. 2천 년 이상 된 황제체제를 무너뜨리고 민주공화제를 수립했다는 점에서 상당히 큰 의미가 있지만, 중화민국에서 그 성과가 제대로 계승되지 못하고, 중국의 국제적 지위 역시 크게 달라지지 않았기 때문이다. 이런 점에서 볼 때는 신해혁명은 '실패'했다고 해도 과언은 아니다. 이 경우 혁명운동의 성격이나 그 과제를 가장 집약적으로 반영한 "반만" 구호의 한계에 주목할 필요가 있다. 반만으로의 전환은 1903년 거아운동 이후 분명해졌고, 민족 정서에 호소함으로써 한족 모두를 끌어들일 만큼 강력한 힘을 발휘했다. 하지만 반만에의 집중은 오히려 혁명의 목표를 모호하게 만들기도 했다. 청조의 한족 고위 관원인 위안스카이를 아무런 거부감 없이 중화민국의 임시대총통으로 선택했다는 점은 이를 잘 보여준다.

또 "반만"이라는 구호는 '망국멸종'과 '과분'의 위기의식에 자극을 받아 외국의 침략에 대항하겠다는 동기를 가지고 출발한 혁명운동에서 '반제'의 과제를 사실상 지워버렸다. 이를테면 쑨원은 신해혁명 직후 '민족주의'와 '민권주의'가 완성되었다는 견해를 보이기도 했다. 그에게 '민족주의'는 반만이었고, 애당초 혁명의 출발점이던 '반제'는 어느새 잊혀버린 셈이었다.

이러한 약점은 고스란히 혁명파 지도력의 한계로 연결되었다. 그들과 정치적으로 대립했던 입헌파가 국내에서 사회경제적 또는 지역적으로 훨씬 유리한 기반을 갖추고 있었으므로, 신해혁명의 성과가 제한적이었던 것은 혁명파의 이론적·실천적 역량 부족이나 분열에서 그 원인을 찾을 수 있다. 신해혁명을 '조숙한 혁명'이나 '미완의 혁명', 또는 민국 초기 5·4 운동 및 국민혁명과의 연결이라는 점에서 '민국혁명(공화혁명)'의 제1단계로 파악하는 견해는 바로 이러한 맥락에서 이해될 수 있다.

한편 "반만"의 구호를 내세워 "오랑캐를 몰아내자"라고 외쳤던 혁명파가 중화민국 성립 직후 곧바로 '오족공화론'을 인정해 버린 점 역시 주목할 필요가 한다. 이 오족공화론은 청조는 타도하지만 그 유산인 광대한 영토를 그대로 물려받겠다는 내셔널리즘에 기초한 영토 의식의 표현이기도 하다. 이것은 쑨원이 내세웠던 '반만'이라는 감성적 내셔널리즘보다는 근대국가의 영토 논리를 충실히 따른 냉정한 발상이었다.

이것은 현대 중국의 내셔널리즘, 즉 현재의 중국 영토 위에 거주하거나 거주했던 모든 민족과 주민은 바로 중화민족의 일원이자, 중화민족이라는 대가정의 구성원이라는 논리의 출발점이기도 하다. "오랑캐를 몰아내자"는 문제에 대해서는 혁명파와 입헌파가 입장을 달리했지만, '회복해야 할 중화' 또는 새로 만들어질 '중국'을 놓고서는 한족 중심의 민족통합과 국가건설로 모든 것이 수렴되었던 점이 바로 이 시기 중국 내셔널리즘의 특징이었다. 그리고 신해혁명을 통해 청 제국의 판도를 중화민국이 그대로 이어받음으로써 중국 내셔널리즘은 지리적 '성공'을 성취할 수 있었다. 이는 당시 세계에 존재했던 어떤 제국도 국민국가로 전환하는 과정에서 보여주지 못했던 결과였다. 이 점은 좀 더 장기적인 관점에서 바라볼 때 신해혁명의 '실패'보다는 '성공'에 주목할 수 있는 가능성을 제공해 주기도 한다.

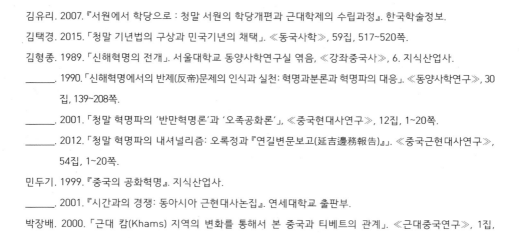

더 읽을거리

김유리. 2007. 『서원에서 학당으로 : 청말 서원의 학당개편과 근대학제의 수립과정』. 한국학술정보.

김택경. 2015. 「청말 기년법의 구상과 민국기년의 채택」. ≪동국사학≫, 59집, 517~520쪽.

김형종. 1989. 「신해혁명의 전개」. 서울대학교 동양사학연구실 엮음, ≪강좌중국사≫, 6. 지식산업사.

_____. 1990. 「신해혁명에서의 반제(反帝)문제의 인식과 실천: 혁명과분론과 혁명파의 대응」. ≪동양사학연구≫, 30집, 139~208쪽.

_____. 2001. 「청말 혁명파의 '반만혁명론'과 '오족공화론'」, ≪중국현대사연구≫, 12집, 1~20쪽.

_____. 2012. 「청말 혁명파의 내셔널리즘: 오록정과 『연길변문보고(延吉邊務報告)』」. ≪중국근현대사연구≫, 54집, 1~20쪽.

민두기. 1999. 『중국의 공화혁명』. 지식산업사.

_____. 2001. 『시간과의 경쟁: 동아시아 근현대사논집』. 연세대학교 출판부.

박장배. 2000. 「근대 캄(Khams) 지역의 변화를 통해서 본 중국과 티베트의 관계」. ≪근대중국연구≫, 1집,

71~83쪽.

_____. 2003. 「근현대 중국의 역사교육과 중화민족 정체성 1: 민국시대의 민족 통합문제를 중심으로」. ≪중국현대사연구≫, 19집, 1~25쪽.

박한제 외. 2015. 『아틀라스 중국사』(개정증보판). 사계절.

배경한. 2006. 「신해혁명 시기의 왕정위」. ≪중국근현대사연구≫, 30집, 1~19쪽.

_____. 2011. 「민두기선생의 신해혁명사 연구와 '공화혁명론'」. ≪중국근현대사연구≫, 51집, 169~181쪽.

배경한 외. 2013. 『동아시아역사 속의 신해혁명』. 한울엠플러스.

사카모토 히로코(坂元 ひろ子). 2006. 『중국 민족주의의 신화: 인종·신체·젠더로 본 중국의 근대』. 양일모·조경란 옮김. 지식의풍경.

시프린, 해럴드(Harrold Schiffrin). 2003. 『손문평전』. 민두기 옮김. 지식산업사.

오병수. 2006. 「중국 국민사학의 형성과 인종·강역문제: 량치차오·장병린의 만주 인식을 중심으로」. ≪동북아역사논총≫, 14호, 1~20쪽.

요시자와 세이치로(吉澤誠一郞). 2006. 『애국주의의 형성』. 정지호 옮김. 논형.

요코야마 히로아키(横山宏章). 2012. 『중화민족의 탄생중국의 이민족 지배논리』. 이용빈 옮김. 한울엠플러스.

유용태. 2006. 『환호속의 경종: 동아시아 역사인식과 역사교육의 성찰』. 휴머니스트.

유장근. 2014. 『현대중국의 중화제국 만들기』. 푸른역사.

윤혜영·천성림. 2016. 『중국 근현대여성사』. 서해문집.

윤휘탁. 2006. 『신중화주의 : '중화민족' 대가정 만들기와 한반도』. 푸른역사.

이평수. 2007. 「19세기말 광동지역 천지회의 활동재개」. ≪중국사연구≫, 46권, 257~307쪽.

_____. 2012. 「20세기 초 중국의 공화혁명과 비밀결사: 동맹회와 천지회의 무장기의를 중심으로」. ≪중국근현대사연구≫, 54집, 77~120쪽.

장의식. 1988. 「청말 과거제 개폐에 대한 각계의 반응과 구과거층대책」. ≪동양사학연구≫, 28집, 49~96쪽.

_____. 1993. 「청말 학당출신자에 대한 장려제도와 학생사회」. ≪동양사학연구≫, 45집, 49~118쪽.

천성림. 2002. 『근대중국 사상세계의 한 흐름』. 신서원.

_____. 2016. 『근대 중국. 그 사랑과 욕망의 사회사』. 소명출판.

6장 5·4 운동과 국민혁명

강명희(전 한세대학교 인문사회학부 교수)

민주공화정이 막 시작된 1910년대 중후반, 중화민국의 국내 정치사회적 상황은 혼란의 늪에 빠져 있었고, 나라 밖에서는 제1차 세계대전과 러시아의 공산주의혁명이라는 세계사적 대사건이 벌어지며 그 파고가 몰려와 중국은 엄혹한 현실에 직면했다. 민주공화정은 유린되고 파괴되었지만, 그 껍데기는 오히려 여러 군사 집단의 무력투쟁의 결과를 합리화해 주는 허울이 되었다. 황제지배체제는 무너졌고, 그 사상적 기반인 유교의 권위는 동요했지만, 유교는 중국인들의 생각과 윤리·도덕을 여전히 지배했다. 다른 한편으로 제국주의 열강의 중국에 대한 반식민지적 지배는 여러 군사 집단 파벌의 이해와 결탁해 유지·강화되고 있었다. 이런 상황에서 벗어나 통일된 국민국가를 건립하기 위한 몸부림이 신문화운동, 5·4 운동, 국민혁명의 과정이었다.

1) 중일 관계

인류 역사상 전에 없던 규모와 살상력을 과시하며 전개된 제1차 세계대전과 그 와중에 성공한 러시아의 볼셰비키혁명, 러시아혁명에 대한 간섭전쟁의 전개 속에서 신생 민주공화국인 중화민국은 기회와 위기를 동시에 겪어내야 했다. 뒤에 다시 서술하겠지만 구미 열강 세력이 중국 시장에서 후퇴한 상황 속에, 중국 경제가 자본주의의 초보적 발전을 이룰 수 있는 환경이 조성되었다. 그러나 다른 한편으로는 일본의 정치적·경제적 진출이 확대되어 1915년 '21개조 요구'를 수락하게 되었다. 이는 중국에 대한 일본의 지배력 확대를 보여준 상징적 사건이었다.

제1차 세계대전 기간에 무역 흑자국으로 발전한 일본은 중국 시장을 상대로 상품과 자본 수출을 확대하며 경제적 지배력을 넓혔을 뿐 아니라, 제1차 세계대전 발발 직후인 1914년 11월 독일에 선전포고 하고, 산둥반도의 독일 조차지를 점령해 중국에 대한 군사적 압박을 강화했다. 1915년 1월 일본은 위안스카이(袁世凱) 정부에 대해 이른바 '21개조 요구'를 제출해 산둥, 남만주, 둥베이, 내몽골 나아가 푸젠성에까지 이권을 확대하고, 나아가 중국 중앙정부에 일본인 정치·재정·군사 고문을 초빙하도록 압박을 가했다. 일본인 고문에 대한 부분만 희망 사항으로 남기고, 나머지 요구 조항에 대해서는 5월 7일 최후통첩을 해, 5월 9일 중국 정부가 결국 수락하게 함으로써 중국에 모멸감을 안겨주었다.

위안스카이 사후에 성립된 돤치루이(段祺瑞) 내각은 일본의 막대한 재정 지원을 차관 형식으로 받으며, 중국 내에서 일본의 군사행동과 경제적 특수 지위를 보장했다. 일본은 차관을 제공하는 대가로 대독일전에 참전하라고 중국에 요구했고(1917), 일본 장교가 중국인 참전군을 훈련하도록 했다. 또 러시아혁명 후 구미 열강의 혁명간섭전쟁에 가담한 일본군이 시베리아로 출동하면서 비밀협정을 맺어(1918.5), 중국 내 일본군의 자유로운 이동과 작전, 나아가 중국군에 대한 지배를 확대했다. 1918년 제

1차 세계대전 종전이 임박한 상황에서 일본은 차관을 제공하면서 교환한 공문을 통해, '21개조 요구'에서도 제기했으나 관철되지 못했던 산둥 독일 권익의 승계, 일본인 고문 채용, 일본군의 특수 지위 등을 모두 승인받았다. 1918년 9월 주일공사 장쭝샹(章宗祥)은 일본 외상과 교환한 공문 말미에, "중국 정부는 일본 정부의 제의에 혼연히 동의한다"라고 서명해 문제의 불씨를 남겼다.

2) 군벌 지배 체제

1916년 6월 위안스카이 사후, 베이징 정국은 총통부와 국무원, 그리고 국회 간의 갈등으로 얼룩졌다. 일본은 북양 군사 세력인 국무원 총리 돤치루이를 지원하며 이권을 확대하고 제1차 세계대전 참전을 요구했다. 참전에 반대한 대총통 리위안훙(黎元洪)과 돤치루이 총리 사이의 갈등이 불거졌다. 참전에 반대하는 총통부와 국회에 대항해 돤치루이는 독군단회의를 소집해 참전을 강행하고자 했고, 이 과정에서 돤치루이 계열의 성장(省長)들은 중앙정부로부터 분리를 선언하는 사태가 벌어졌다. 대총통은 장쉰(張勳) 장군에게 군사 세력의 저항에 대한 조정을 요청했으나, 장쉰은 오히려 대총통을 핍박해 국회를 해산하고 청조 복벽(復辟: 황제제로의 복귀)을 추진하는 사태가 벌어졌다. 이를 진압하고 국무총리에 복귀한 돤치루이는 '민국 재건'의 공신으로 부활했고, 리위안훙은 대총통직에서 사임했다.

이후 지방 독군 등 군사 세력들은 무력으로 중앙정치에 간여했고, 북양 군사 집단이 최고 정치 지도자를 멸시하는 군사 세력의 통치 시대, 이른바 군벌시대가 시작되었다. 문제를 더욱 복잡하게 만든 것은 중앙의 북양 군사 집단이 분열해 패권 다툼 전쟁을 벌였으며, 또한 서남 지방의 군사 세력은 시종 베이징의 최고 권력 기구를 승인하지 않고 저항했다는 것이다. 이런 문제는 결국 지속적인 전쟁으로 귀결되었고, 물적·인적 폐해는 기층 민중이 짊어져야 했다. 게다가 군사력을 강화하기 위해 군벌들은 제국주의 열강과 결탁해 지원을 받았다.

1920년 7월 돤치루이의 안푸(安福)계와 즈리(直隷)계 군사 세력 간의 '안직전쟁'을 필두로,[우페이푸(吳佩孚)와 차오쿤(曹錕)의] 즈리파와 [장쭤린(張作霖)의] 펑톈파(奉天派)의 '봉직전쟁'이 이어졌고, 그들 간의 결탁 관계에 따라 중앙정부는 요동쳤다. 광둥을 차지하기 위한 서남 군사 세력 간의 전쟁과 즈리계 중앙정부 타도를 위한 수차례 반직전쟁(反直戰爭, 반즈리파 전쟁) 등 1920년 12월부터 1921년과 1922년에 걸쳐 전쟁은 계속되었다. 이런 상황에서 국무원을 장악한 군사집단이 베이징 중앙정부에 대해 실권을 행사했다. 국무원은 최고 권력 기구가 아니었지만, 책임내각제 형식을 이용하여 최고 행정 기구로서 재원분배권과 지방독군 및 순열사 임명권, 즉 중앙정부의 재정과 인사권을 장악했다. 이와 같은 막강한 권력에 대한 끊임없는 도전으로, 군벌시대라 일컫는 1916년부터 1928년까지 내각이 38차례 경질되어 평균 재임 기간은 3개월이었다.

중앙정권을 장악한 군사·정치 집단은 신해혁명으로 성립된 공화제의 틀을 이용해 법적 정통성, 즉 '법통(法統)'을 주장했다. 지방의 군사정치 집단 역시 중앙정권의 무력 통일 시도에 저항하며 지역 정권을 합법화하는 수단으로 연방제 성격인 '연성자치(聯省自治)'를 표방하며 형식상 자치, 성장의 민선, 성 의회의 성 헌법 제정 등을 추진했다. 유가 윤리에 근거한 치국의 전통이 신해혁명을 전기로 법에 근거한 통치(以法立國, 以法治國) 개념으로 전환되었지만, 민국시대의 실제 통치 과정은 각 군사정치 집단들이 비합법적 절차로 국가의 기준법을 무시·변경하면서 자기 집단의 이익을 옹호하는 도구로 이용할 뿐이었다. 이 군사 세력들과 구신사층인 정객들이 연합한 정치 운영 실태를 '군신(軍紳)정권'이라 칭하기도 한다. 이와 같은 퇴행적 행태의 군벌정치와 제국주의 세력이 결탁한 실태에 분노한 것이 5·4운동이며, 이런 상황을 변혁해 새로운 질서를 수립하고자 한 것이 국민혁명이라고 할 수 있다.

3) 자본주의적 발전과 사회 변화

1911년 공화혁명 직후부터 '국민경제 발달이 공화정치의 발전을 돕는다'는 의식과 중앙정부의 산업 진흥 정책과 관련법 제정 등으로 창업 분위기가 고조되어 1912년 이후 민영기업 설립 붐이 일어났다. 여기에 제1차 세계대전 기간에 영국을 비롯한 유럽 세력이 중국 시장에서 후퇴한 상황은 중국 민족자본주의 발전의 기회였고, 실제로 면방직업과 제분업을 비롯한 소비재 공업이 현저한 발전을 이루어 '민족자본주의 발전의 황금기'로 일컬어지고 있다.

그러나 제1차 세계대전 기간 중의 산업 발전이 순탄한 것만은 아니었으니, 군벌 정권과 결탁한 일본 세력의 상품과 자본, 또 중국 시장에 대한 진출이 확대된 미국 상품과 경쟁해야 했다. 1910년대 후반 이후 신생 기업들은 외국자본, 외국 상품과의 경쟁 속에 불안한 발전과 도산을 거듭하고 있었다. 면방직 방적업이나 제분업 같은 소비재 공업은, 과잉 투자로 인해 1920년대에 도산하는 기업이 많았고 일본 자본의 재화(在華)면방업과 불리한 경쟁에 시달리고 있었다. 일본 자본은 면방업뿐 아니라 중국 내 석탄광 생산의 약 4분의 1, 철광과 제철 생산의 대부분을 장악했고, 은행업을 통해 금융업에 대한 지배를 확장하고 있었다. 중일 친선과 경제 제휴를 표방하며, 중국의 자원과 실업을 공동 개발한다는 명목으로 중일 공동 경영 은행인 중화회업은행(中華匯業銀行)이 설립되고 경영권은 일본 측이 차지했다.

그럼에도 1910~1920년대 중국의 자본주의경제(민족자본주의)는 전반적으로 성장하고 있었다. 1910년대 후반 군벌 세력들은 정치적으로 불안정해 사회·문화와 경제 부문에 대한 통제력이 취약했고, 역설적으로 그런 상황 속에서 후술할 신문화운동이나 민간 기업의 발전이 가능한 측면도 있었다. 1912년부터 1919년 사이 8년간, 민족 기업뿐 아니라 외국 기업의 발전에도 기인한 것이었지만, 노동자 숫자가 두 배가량 증가했다. 전국의 산업 노동자 수는 제1차 세계대전 후 약 200만 명을 넘어선 것으로 추계되는데, 그 외 도시 잡업 노동자, 수공업 노동자, 상점 점원 등도 엇비슷한 규모였을 것으로 추산된다. 이들은 몇몇 대도시에 집중되어 있었기 때문에, 결집된 행동을 하기에 유리한 상태였다.

금융업 분야에서도 자본주의적 발전이 이루어졌다. 베이징 정부는 내채와 중국은행 및 교통은행의 임시차입금에 의존해 재정 곤란을 해결하는 실정이었지만, 은행계가 정부의 지배와 간섭에서 벗어나 금융의 신용을 견지하려는 경향을 보였다. 전국은행공회연합회가 조직되면서 은행계가 생산 사업 이외의 정부 재정 문제에는 거리를 두겠다고 결의했다. 이에 따라 민족기업에 대한 대출이 실제로 증가했다.

1) 사상 혁명의 기치, 민주와 과학

부강하고 통일된 '신중국'의 '신시대'로의 발전을 기대한 지식인들은 민주공화정이라는 제도가 수립되어도 그 주체가 될 국민이 주인 노릇을 할 수 있는 사상적·문화적·사회적 변화가 없으면 오히려 악용될 소지가 다분하다는 것을 당시 정치사회적 상황 속에서 깨닫고, 근본적으로 새로운 토대 즉 사상과 문화의 변화를 추진했다. 당시 잡지 ≪동방(東方)≫, ≪갑인(甲寅)≫은 이런 계몽적 역할을 적극 수행했고 영향력도 적지 않았다. 급진적 민주주의자 천두슈(陳獨秀)는 신사상을 소개하는 데 그치지 않고, 기존 가치 체계를 부정하고 공격함으로써 새로운 문화를 건설하고자 한 점에서 그가 중국 사회에 미친 충격과 영향은 특별했다. 기성세대에 절망한 그는 청년들에 희망을 걸고 새로운 가치관과 세계관으로 새로운 시대를 열어가도록 변화시키

그림 6-1 |
천두슈(왼쪽)**와 후스**(오른쪽)

기 위해 《청년잡지》를 창간했는데(1915년, 이듬해 '신청년'으로 개명), 이것이 '신문화운동'의 시발점이다.

그림 6-2 | 《신청년》

위안스카이로의 권력 집중, 국회 해산, 황제제 부활, 청조 부활(복벽), 공자 제사 부활, 절부열녀 표창 등 민국 초년의 복고 정책 시도는 사실, 강한 권력자에 의한 국가 통합을 희망하며 기존의 윤리·도덕 체계의 온존을 원하는 방대한 사회 기층 민심을 배경으로 하는 것이었다. 이런 상황에 대해 천두슈는 복고를 막는 것만으로는 불충분하며 근본적 출로는 서양식 신사회·신국가, 즉 자본주의경제와 민주주의 정치의 국가를 건립하는 것이라 보았다. 근대사회의 민주주의 발전 과정의 핵심 요소이지만 중국에는 결여된 평등한 인권 사상을 확립하고자 했으나, 문제는 인권 사상과 유교 가치관이 서로 용납하지 못한다는 것이었다. 종족주의·가족주의 사고와 삼강오륜의 윤리관을 가진 중국인은 독립적 개체로서 주권 행사의 주체가 되기 곤란하기 때문에, 중국에 민주주의가 정착되기 어렵다고 천두슈는 파악했다.

《신청년》을 중심으로 전개된 신문화 계몽운동은 개인 인권과 자유를 고취하면서, 전통적 윤리관을 공격했다. 신청년 그룹은, 유교가 2000년 이상 황제제와 결합되어 유일한 정통 이념으로서 정치, 사상, 문화, 학술을 지배하는 데 따른 폐해, 우상적 권위와 전제정치, 교조적 미신, 인성 압박을 비판했고, 현대사회의 윤리로서 적합하지 않다고 주장했다.

유교사상이라는 거대한 권위에 도전하기 위해 이들은 서구 계몽운동과 마찬가지로, 이성과 과학에 대한 신뢰에 의거하지 않으면 안 되었다. 신문화운동의 기치로서 '민주와 과학'은 상호 불가분의 관계에 놓여 있는 것이다. 민주와 과학의 발전은 신청년 그룹뿐 아니라 당시 지식인들이 공통적으로 지향한 것이지만, 그 목표에 장애가 되는 전통을 과감히 공격함으로써 철통 같은 유교의 권위에 도전해 다원적 가치와 사상의 자유를 추구하는 사상 해방과 개성 해방의 물꼬를 튼 것이 ≪신청년≫의 신문화운동이었다.

신청년 그룹은 운동 초기에 개인주의 가치, 즉 개인의 인권과 자유, 평등의 가치를 강조했고, 민주와 과학도 이를 구현하기 위한 수단이라는 의미도 있었다. 그러나 '신문화'를 건설하려는 궁극적인 목적이 정치적 독립, 통일, 부강한 국가를 건설하려는 민족 진흥에 있었기 때문에, 민주와 과학을 가지고 중국의 병폐를 치유하려는 강박감 또는 환상적 기대에 빠지게 되었다. '더(德) 선생'(데모크라시)과 '사이(賽) 선생'(사이언스)만 있으면, 과학적 정신과 방법으로 중국인의 사고방식을 개조하고 중국을 부흥시킬 수 있다고 믿게 된 것이다. 민주와 과학은 수단이 아닌 목적이 되었고, '새로운 신앙'이 되었다. 5·4 정신은 맹종에 반대하는 비판정신이었지만, 유교를 대신해 민주와 과학을 절대화하며 지향하는 과학주의 현상이 만연했다.

≪신청년≫의 유교 비판이 공자 사상에 대한 전면적 부정은 아니었다고 해도, 공자의 가르침이 봉건적 전제정치 이념이며 유교 윤리·도덕은 개성을 말살하는 노예의 도덕이므로 배척해야 한다는 주장은 전통문화의 핵심에 대한 반란과 같았고, 사상 혁명을 의미했다. 신문화운동의 과격한 문제 제기에 대해 비판과 저항이 거셌고 이에 동조하지 않는 기성세대가 대부분이었지만, 장기적으로 볼 때 중국인의 의식 또는 가치 체계의 기본 구조를 불식시키고 새로운 정체성을 모색해야 한다는 근본적인 변화가 일어났던 것이다.

2) 문학혁명

≪청년잡지≫의 창간은 1915년이지만, 신문화운동이 시작된 시점은 대개 1917년으로 본다. 이해 천두슈가 베이징 대학 문과대학장으로 취임하며, 베이징 대학 가오이한(高一涵), 리다자오(李大釗), 우위(吳虞), 후스(胡適), 첸쉬안퉁(錢玄同) 등 유명 인사들이 중요 논설을 게재하면서 잡지 성격이 동인지로 바뀌었다. 이때부터 ≪신청년≫의 주장에 대해 반론이 시작되면서 ≪신청년≫이 주목을 끌게 되었고, 1917년에 '운

동'이 일어나 1918년 고조되어 갔다.

후스는 귀국 전 미국에서 「중국문학 개량 추의」를 발표했고(≪신청년≫, 2권 5호, 1917.1), 이에 동조해 천두슈가 다음 호에 「문학혁명론」을 발표해, 본격적으로 신문화운동이 촉발되었다. 문학혁명은 무엇보다 문학의 도구로 문어체 문장을 지양하고 구어체 문장인 백화문 사용을 주장한 것이 첫째 의의라 할 수 있다. 청 말 이래 정부의 공포문이나 신문기사 등에 정보를 효율적으로 전달하기 위해 백화문을 사용하자는 주장이 받아들여지고 있었다. 그러나 신청년 그룹은 여기서 한 발 더 나아가 실용문이 아닌 문학의 도구로서 어문인 백화문을 사용하자고 주장한 것이다.

후스는 구문학은 죽은 문학이라 비판하며, "문장은 도리를 담고 있어야 한다(文以載道)"는 전통을 부정하고, 고전적 암시나 진부한 상투어, 대구(對句)의 사용을 비판하며 속어와 속자를 포함한 백화문이 '살아 있는 문학'을 창조하는 데 적합한 매체라고 주장했다. 이것은 단순한 문학의 형식이나 도구의 문제가 아니라, 유학의 도리를 담고 있던 문학에 대한 도전이기 때문에 형식과 내용 모두에 대한 혁명이었고, 문학혁명과 사상혁명은 불가분한 동전의 양면이었다. 신청년 그룹은 사실주의적 경향과 통속적 사회문학, 국민문학을 지향하는 문학의 내용 개혁을 통해 중국 현대문학의 발전을 이끌었다.

그러나 ≪신청년≫의 문학혁명 주장에 대해 큰 반발이 일어나 1918년에는 '신구문학' 논쟁이 벌어졌지만, 이를 계기로 백화문사용운동과 문학혁명론에 대한 관심은 더욱 고조되었다. 5·4 운동을 거치며 백화문 사용 추세는 전국적으로 급속히 확산되었고, 5·4 운동 이후 학생 단체가 발행한 백화문 신문·잡지가 400여 종에 달했다. 1920년 베이징 정부의 교육부도 각급 학교 교재에 백화문을 도입하라고 명령을 내렸다. 신문화운동의 격랑에서 가장 먼저 뚜렷한 성취를 이룬 것이 백화문사용운동이었다.

1918년은 중국 신문학에서 백화문 논쟁뿐 아니라 백화로 지은 신시가 널리 실험되었고, 백화문을 사용한 새로운 번역 기법으로 유럽의 문학작품이 번역·출판되었으며, 풍자조의 수필 형식, 희곡운동이 시작되었고, 근대적 단편소설 「광인일기」가 출판된 기념비적인 해였다. 반전통·반유교의 사상 혁신과 사상 해방의 메시지를 담은 루쉰(魯迅)의 「광인일기」는 백화문을 사용해 좋은 문학작품을 쓸 수 있음을 보여주어 신문화운동의 한 상징이 되었다.

신문화운동은 전통문화에 이의를 제기하며 개인의 권리와 자유를 존중하는 신사상에 입각해 신윤리와 신문학, 즉 '신문화'를 건립하고자 한 계몽운동이었고, 5·4 운동은 민족의 위기에 저항한 애국주의 구국운동이었다. 언뜻 보면 별개의 두 운동인데도 양자는 서로 영향을 미치며 전개되었고, 광의의 5·4 운동은 신문화운동을 포괄한다. 오늘날도 중국에서 '5·4 정신을 계승·완수하자'는 식의 표현이 종종 등장하는데, 이는 5·4 사건 전후에 전개된 신문화운동까지 포함한 광의의 5·4 운동의 정신을 일컫는 것이라 볼 수 있다. 그렇다면 5월 4일에는 과연 무슨 일이 일어났는가?

03 5·4 운동의 전개와 확충

1) 5·4 운동의 전개

1919년 5월 4일 톈안먼광장에 모인 학생들의 시위는, 중국의 권익을 일본에 팔아넘긴 베이징 정부의 매국노 고관들에 대한 파면 요구(內除國賊)와 파리강화회의 당사국들에 대해 베르사유조약에 서명하지 않도록 본국 정부에 요청해 달라는 청원서 전달이 목적이었다(外爭國權). 제1차 세계대전 종전에 따른 파리강화회의가 시작되었을 때 중국인들은 민족자결주의와 같은 공리의 실현을 기대하며 ① 산둥의 주권 회복, ② 산둥조차지와 자오지철도(膠濟鐵道) 등 독일 이권의 반환, ③ '21개조 요구' 파기를 요구했다. 그러나 산둥의 독일조차지를 실제 점령하고 있던 일본이 산둥 권익의 계승을 요구하자, 이후 4개월 동안 전개된 중·일 간 외교 전쟁의 상황에 많은 중국인들이 촉각을 곤두세우게 되었다. 그러나 산둥 문제에 대한 강화회의의 최종 결정은, 일단 일본이 산둥의 권익을 계승하고 이후 중국과 재협상한다는 것이었다. 일본이 산

등 권익 계승을 주장하는 근거가 친일파 고관들과의 비밀 협상과 "흔연히 동의"한 공문 때문이라는 사실도 알려졌다.

강화회의에서 결정된 내용이 알려진 5월 1일 이후 중국의 여론은 들끓었지만, 강화회의에서 재론의 여지는 없었다. 파리의 중국 대표가 조약에 서명하지 않는 것, 승전국들도 서명하지 않는 것 외에 바랄 수 있는 것이 없었지만, 베이징의 학생들은 분노와 항의의 의사 표시를 하지 않을 수 없었고, 3일 저녁의 베이징 학생궐기대회에서 4일에 시위를 하기로 결정했다. 당시의 교통·통신 상황에서 베이징의 중등 이상 각 학교 대표가 신속히 집회에 참석하고, 다음 날 수천 명이 시위에 나서는 등 역사상 초유의 사태가 벌어진 것은 신문화운동의 영향을 받은 학생들이 여러 단체를 만들어 활동하고 있었기 때문이었다. 그들이 중추적인 역할을 맡았을 뿐 아니라, 사회 전반에도 위기의식이 널리 퍼져 있었기에 가능했다. 국민외교협회원 린창민(林長民)은 5월 2, 3일 베이징에서 출간하는 신문에 「산둥 문제의 경보」 등을 발표해 "외교의 실패는 망국의 위기"라고 경고하면서, "자오저우와 산둥을 잃어버리면 중국은 국가임을 포기해야 한다"라는 격정적 논설을 게재했다.

앞에 언급했듯이 매국노 파면 요구와 각국 공사관에 대한 청원서 전달 등 평화적인 항의를 계획하고 시위를 벌였으나, 청원서 전달이 여의치 않자 분노에 찬 학생들은 교통장관(매국노 중에서도 고관)인 "차오루린(曹汝霖)의 집으로 가자"라는 구호에 호응했다. 학생들은 차오루린의 집에 방화하고, 담을 넘어 들어가 마침 그곳에 숨어 있던 주일공사 장쭝샹을 구타했다. 이 일로 32명의 학생들이 군경에 체포되었다. 이것이 5월 4일의 사건이다.

정부 측으로서는 학생들이 고관집을 침입·방화한 폭력은 용납할 수 없었으므로 "학교를 폐쇄하라", "학교장(총장)을 파면하라"는 주장이 대책회의에서 제기될 정도였다. 그러나 베이징 대학 차이위안페이(蔡元培) 총장을 비롯한 학교장들은 연합회의를 열고 체포된 학생들을 석방시키기 위해 교육부 장관, 경무총감 등과 교섭했다. 베이징 학생들은 5일부터 동맹휴학을 감행했고, 여론은 체포·구속된 학생들을 '애국청년'으로 규정하며 석방해야 한다고 주장했다. 학교장들의 중재로, 정부는 학생들이

그림 6-3 | **5·4 운동** 베이징.

수업에 복귀하고 5월 7일 국민외교협회 주관의 국치일 기념 국민대회에 참가하지 않는다는 조건으로 구속된 학생들을 석방했다. 이렇게 해서 사태가 마무리되는 듯 보였다. 그러나 5·4 운동은 6월 초까지 지속·확대되었고, 강화회의의 서명 문제가 종결되는 6월 말까지 이어졌다.

2) 5·4 운동의 확대: '삼파투쟁'

학생들의 지나친 정치활동에 반대한 차이위안페이 총장은 학생들이 석방되자 사임계를 제출하고 베이징을 떠났다. 그런데 베이징의 여론은 차이위안페이 총장이 교육부의 부당한 압력으로 사임했다면서, 교육의 독립성 유지를 위해서라도 학교로 돌아와야 한다고 주장했다. 학생들은 동맹 수업 거부[파과(罷課)]를, 교직원들은 총사직을 결의했다. 이런 와중에 5·4 시위에 참여했다가 지병이 악화되어 사망한 학우의 추도식이 열렸다. 애국 열정에 고취된 학생들이 베이징에 5000명(5.18), 상하이에 1만 명이나 운집해 추도식을 거행했고(5.31), 수업 거부에 돌입했다.

학생들은 5월 초 이래로 거리 연설과 전단 배포를 통해 국가와 민족이 처한 위기 상태를 대중에게 알렸고, 시민 조직인 '구국십인단(救國十人團)'은 일본상품배척운동을 벌였다. 학생들은 ① 국산품 애용, ② 조약 조인 거부, ③ 매국노 징벌을 요구하며 시민들의 동조를 촉구했다. 정부는 수업 복귀를 명령했고, 일본의 항의에 부응해 배일운동을 탄압하고 집회·출판의 자유를 허용하지 않았다. 그러나 배일운동은 베이징·상하이를 넘어 톈진, 난징, 한커우, 광저우 등의 대도시는 물론이고, 윈난(雲南)에서부터 헤이룽장(黑龍江)성까지 전국으로 확산되었다. 학생들은 전국 각 지역에서 학생연합회를 조직했고, 각계각층도 동조해 노동자, 여성, 교육계, 언론계, 상공계, 신사, 종교계 등 단체들이 각계연합회를 구성했다. 소규모의 자발적 애국운동 조직도 각지에서 활동하면서 운동은 전국적으로 연결되어 갔고 참가계층이 확대되며 격화되어 갔다.

운동이 확산되는 가운데 상하이에서 일어난 '삼파투쟁(三罷鬪爭)' 즉 파과(罷課: 수업 거부), 파시(罷市: 철시), 파공(罷工: 노동자 파업)은 중국 역사상 미증유의 대중운동으로 기록되었다. 정부가 학생들에게 '수업복귀령'을 내리고(5.25) 학생운동을 질서 파괴 행동으로 규정하자, 학생들은 체포를 각오하고 가두연설을 벌이며 대중 궐기 방식으로 운동 확대를 꾀했다. 상하이에서는 5월 26일 2만 명이 수업 거부에 동참했다. 6월 3~4일 베이징에서 900명 이상의 학생들이 체포되었다. 6월 3일 체포 소식이 전해지자 상하이 학생들은 더욱 적극적으로 상계, 노동계와의 연합 투쟁을 도모했다.

일본 상품과 경쟁하던 기업주들과 달리 상인들은 일본상품불매운동과 소각 활동에 동조하기 쉽지 않았다. 학생들은 상하이 현상회와 총상회와 논의하고 상점마다 방문해 파시에 동참할 것을 호소했다. 이에 비해 파공은 양상이 달랐다. 상하이 인구의 절반 정도를 차지하는 노동자들은 노동 현장에 집결해 다분히 자발적으로 파공에 참여했다. 6일부터 전차기사, 기계공들의 파업에 이어 7~8일에는 부두 노동자, 철로 노동자, 인쇄공, 직물공장 노동자, 일본 자본으로 운영되는 각 공장의 노동자 수천 명, 수도사업소 노동자, 전기회사 및 담배공장 노동자, 청소노동자 등 수만 명의 노동자가 파업에 동참했다. 상점과 시장, 수많은 구식과 신식 금융업소까지 영업을 정지했고(罷市), 교통은 마비되었다.

6월 5~9일에 삼파투쟁이 최고조에 달해 사태가 더욱 과격해졌고, 도시 기능이 마비될 정도에 이르렀다. 5일 오후 상하이 상, 학, 공(노동), 보(언론) 각계연합회가 성립되었고, 톈진, 우한(武漢)을 비롯한 전국 각지에서 삼파투쟁이 전개되었다. 베이징 총상회, 톈진 총상회 등 유력 단체들이 매국 고관을 징계하라는 민의를 수용하지 않으면 사태가 수습되지 않을 것이라는 우려를 정부에 전달했고, 상하이 조계 당국인 공부국(工部局)과 지역 군사 세력도 상하이의 질서 파괴와 금융시장 붕괴 위기를 중앙정부에 대해 전달하면서 '민의 수용'을 개진했다.

서민의 정치 참여 통로가 없다시피 했던 시대에 벌어진 학생, 상인, 노동자들의 대규모 연합 투쟁은 정부 당국자들에게 경각심을 불러일으켰고, 사태의 악화를 막기 위해 마지못해 매국 고관들을 면직시켰다(6.10). 운동의 1차 목표는 달성되었고 분노는 다소 풀렸지만, 산둥 문제가 해결된 것은 아니었다. 운동의 다음 목표는 강화조약 조인 거부였다. "조인은 불가피하다"는 것이 베이징 정부의 입장이었고 연합국 측도 중국의 조인을 압박했지만, 결국 정부는 대표단이 판단해 결정하라고 훈령을 내렸다. 파리의 중국인 유학생과 노동자들은 중국 대표단의 숙소를 포위해 조인을 거부하도록 압박했다. 결국 파리의 중국 대표단은 파리강화조약에 서명하지 않았다(6.28). 산둥 권익이 회수된 것은 아니었지만, 운동의 참여자나 관찰자 모두는 끈질긴 투쟁으로 '내제국적 외쟁국권(內除國賊 外爭國權)'이라는 5·4 운동의 투쟁 목적이 달성되었다고 여겼다. 이 운동은 대중의 단결과 정치 참여에 대한 인식을 전환시켰다.

3) 사회개조운동의 발전

유례없이 광범하게 민족감정이 표출된 5·4 애국운동 이후 민족주의 열기는 더욱 고조되었고, "정치를 논하지 않는다"며 시작되었던 신문화운동 속에 잠재되어 있던 정치 재건이라는 주제가 표면에 드러났다. 신문화운동이 제기했던 개성의 해방을 통해 국가의 부강이라는 근대화 목표를 어떻게 실현할지 막연했고, 신문화운동은 원했던 계몽의 효과를 거두지도 못했다. 5·4 운동 과정에서 서양 문명에 실망한 중국인들은 서양식 근대를 지향한 신문화운동에 대한 열의도 상실했다. 근대화의 패러다임 위기에 봉착한 5·4 운동 이후 중국 지식계의 운동 목표는 새로운 가치관의 형성으로부터 사회개조로 급속히 전환되었다.

사상계몽운동으로서 신문화운동이 5·4 운동을 거치며 사회개조운동으로 변화해가는 과정은 마르크스·레닌주의에 대한 관심이 고조되는 과정이기도 했다. 5·4 운동 이전부터 중국에는 무정부주의(아나키즘), 사회주의, 민주주의 및 러시아식 민수주의(民粹主義)의 영향이 복합된 평민주의 사조가 만연했다. 하층 민중이 국가 사회의 주인이 되는 해방운동을 의미한 '평민주의'라는 용어가 'democracy'의 번역어로 사용되며 크게 유행한 것이다. 권력에서 소외된 지식인들은 사회개조의 역량을 평민에서 찾을 수밖에 없었고, 낙후된 현실을 조속히 극복하고 이상적인 사회를 건설하려는 희망에서 아나키즘이나 사회주의 계열의 이상주의 사상에 이끌렸던 것이다. 빈부격차나 도시 문명의 타락성에 대한 반자본주의 정서는 농촌 사회의 순박한 창조성을 선망하는 민수주의 사조를 확산시켰다.

민수주의적 평민주의에 동조하던 중국인들은 사회주의에 공감하면서도 마르크스주의는 아직 중국 실정에 맞지 않는다고 생각했으나, 경제가 낙후된 소련에서 공산주의 혁명이 성공했다는 소식은 비서구식 '공평' 사회 건립의 가능성을 보여주었다. 마르크스주의에 대한 호의적 관심과 연구가 증폭되던 시점에 소련은 「카라한선언」을 발해(1919.7), 제정러시아가 청조로부터 획득한 이권을 조건 없이 돌려줄 것이며, 비밀조약을 모두 파기하겠다는 메시지를 보내왔다(이는 끝내 실행되지 않았다). 민수주의와 레닌주의에 대한 호감은 중국 지식인에게 전통적 대동사회에 대한 열정을 환기시켰고, 사회개조에 적극적으로 투신하는 행동파를 배출했다.

5·4 운동에 앞장섰던 청년들은 평등주의적 평민주의에 입각한 사회개조의 문제의식에서 하층 민중을 위해 복무하는 것이 목표가 되어 '인민 속으로, 농촌으로, 공장으로' 들어가 함께 노동하면서 교육 계몽을 하거나 생활환경을 개선하기 위해 노력했

다. 지식인들의 평민교육운동과도 결합되어 강연, 야학, 빈민학교, 무료학교, 노동자 보습학교 등을 운영하며 하층민의 식자 능력과 사회의식을 키우기 위해 힘썼다. 지식인 청년들 자신의 개인 개조로부터 사회개조로 목표를 전환했던 것이다.

(1) 노동운동

5·4 운동 이전부터 무정부주의자들에 의해 근대적 노동조합 개념이 선전되었고, 전통적 길드 형태의 노동단체들이 결성되어 있었으며, 5·4 운동 이후 무정부공단주의와 사회주의 노선의 노동운동이 활발해졌다. 5·4 운동 시기의 일본 자본 기업은 규모가 커서 한 기업당 수천 명의 노동자를 고용하고 있었다. 따라서 노자 갈등의 파업이나 노동운동은 민족운동의 형태로 전개되는 양상이 나타났다. 5·4 운동 과정에서 노동자 계급이 대규모로 파업에 참여해 정치 무대에 등장했다. 초기 노동운동은 노동 조건의 개선을 요구하는 것이었지만, 초기 공산주의자들의 활동에 힘입어 자본주의 제도의 타파를 지향하는 운동으로 점차 전환해 갔다.

(2) 여성운동

5·4 운동 이전 신문화운동 단계부터 자유주의자와 아나키스트들은 전통적인 가족제도가 청년과 여성에게 가하는 억압을 타파하고자 여성해방 사상을 고취하면서 서구의 여성해방운동을 소개한 결과, 이것이 5·4 운동 전후 중국 사회의 가장 두드러진 변화상이 되었다. 여성과 청년층의 개성 해방과 인격의 독립을 고취한 신문화운동의 결과, 신식 교육을 받은 도시 젊은이들이 연애와 혼인의 자유를 추구해 전통적 결혼 관념을 지닌 부모 세대와 심각하게 갈등했다. 여성 교육이 급속히 확대되었고, 여성들의 사회 활동이 증대했다. 여성들의 경제적 자립 능력을 제고하기 위한 여성공독호조단(女性工讀互助團)이 시도되기도 했고, 여권·참정권운동도 진전되었다. 5·4 운동 이전부터 씨가 뿌려진 여성운동이 5·4 운동을 거치면서 민중과 결합된 실천적 운동으로 확장되고, 사회주의 계열의 운동과 결합되는 양상도 나타났다.

(3) 공독호조운동

육체노동의 신성함을 주장한 무정부주의자들의 노동주의에 고취되어 일어난 '유법근검공학운동(留法勤儉工學運動)'은 선발된 학생들을 프랑스로 파견해 노동과 학업을 병행할 수 있는 기회를 제공했다. 제1차 세계대전 시기에 유럽의 전쟁과 사회주의 혁명의 풍파 속에서, 이 운동을 통해 미래 중국공산당 지도자 저우언라이(周恩來), 덩샤오핑(鄧小平)을 비롯한 중국의 지식청년들이 국제정치와 혁명 사상에 대한 인식을 확대하는 계기가 되었다. 국내에서도 노동과 학업을 병행할 수 있도록 공독호조운동(工讀互助運動)이 조직되었지만, 기술력도 자본도 없는 학생들의 노동으로 경제문제를 해결할 수는 없었다. 1919년 말부터 1920년 전반까지 실시되어 짧은 시간 안에 끝났지만, 당시에는 일본 무정부주의자의 '새로운 마을(新村)' 운동과 더불어 현실에서 이상을 실험하려고 하는 운동에 대해 많은 기대를 품었다.

노동을 강조하며 사회개조를 지향한 운동들은 현실의 벽 앞에서 좌절됐지만, 청년층에 지대한 영향을 미쳐 마르크스주의 수용을 예비했다는 의미가 있다. 한편 농촌과 공장에서 민중운동에 나선 학생들도 환영받지 못했다. 권력으로부터도, 민중으로부터도 소외된 청년 지식인들은 노동자를 지도할 뿐 아니라 그들로부터 배워야 함을 깨달았다.

(4) 신청년 그룹의 분열과 '국고' 정리

5·4 운동 이후 신청년 그룹 중 천두슈, 리다자오 등은 마르크스주의자로 변신했다. 자유주의자 후스는 「문제는 더 많이 연구하고, 주의는 덜 논하자」라는 글에서 주의와 이론을 공담하는 것을 비판하며, 구체적인 문제를 연구하고 해결하기 위해 더 노력하자고 주장했다. 리다자오는 실제 문제를 해결하는 방법으로서 주의는 의의가 있고, 또 공동의 이상으로서 군중을 동원해 사회문제를 근본적으로 해결할 수 있는 도구가 될 수 있기 때문에, 주의에 입각한 사회혁명 방법을 신봉한다고 주장했다. 1919년 여름에 전개된 이 '문제와 주의' 논쟁은 5·4 운동 이후 신청년 그룹의 분열을 상징한다. 즉 점진적·실험주의적 자유주의 세력과 근본적인 해결을 추구한 마르크

스주의 진영으로 나뉜 것이다.

계몽운동의 상징이던 ≪신청년≫은 1919년 마르크스주의 특집호를 발간해 긍정적인 관심을 표명했고, 공산당 기관지 성격으로 전환되어 갔다. 1920년 12월 호에 실린 「신청년선언」은 서양의 죄악인 자본주의와 결별하는 신시대, 신사회의 이상적 목표를 제시하며, 서양식 착취·경쟁·강권에 대비되는 노동과 호조, 전사회의 행복을 이루는 신문명의 사회개조를 호소했다. 1919년 후반부터 1920년 사이에 공산주의 소조 활동의 시기를 거쳐 1921년 중국공산당이 창당되고, ≪신청년≫의 맹장 천두슈는 초대 당서기가 되었다.

≪신청년≫과 결별한 후스는 문학과 철학 주제를 주로 다루는 ≪노력주보(努力周報)≫를 창간했다(1922). 봉건적 전통문화를 비판하는 데 앞장섰던 후스는 민족문화의 정수를 '과학적' 방법으로 연구하고 보존하는 '국고정리(國故整理)'운동을 펼쳐 학술적 업적을 쌓았다. 후스뿐 아니라 량치차오(梁啓超), 펑유란(馮友蘭) 등은 제자백가 철학을 새롭게 해석했고, 공자와 유가 철학에 대해서도 긍정적으로 평가를 하며 근대적 학문 전통을 수립했다. 문학사 방면에서도 경시되어 온 고대문학 작품이나 대중문학 작품에 대한 연구를 발전시켜, 유학뿐 아니라 다양한 전통의 정수를 정리하는 데 공헌했다. 특히 '신사학'이라 일컬어진 과학적 연구 방법의 역사학 발전은 신문화운동의 최대 결실로 평가된다.

(5) 문화보수주의의 흥기

5·4운동 후 중국에서 민족주의 정서가 고조되어 서양 문명에 대한 회의가 일어나던 시기에, 제1차 세계대전 후 서구 사회 내부도 물질문명에 대한 재성찰과 정신문명에 대한 철학적·사상적 경향의 변화가 일어났다. 파리강화회의 참석차 유럽을 방문한 량치차오가 보내온 「구유심영록(歐遊心影錄)」은 유럽의 이러한 철학 사조의 변화와 동양의 정신 가치에 대한 인식의 전환을 전해주었다. 민족주의 정서를 배경으로, 중국의 고전적 전통에 내재한 불변의 가치를 추구하며 이를 서양의 과학 문명과 결합시키려 모색하면서 문화보수주의가 발전해 갔다.

량치차오는 전통의 인문 가치로써 근대화를 위한 과학기술의 발전 과정을 규제하고자, 인간의 심신이 조화를 이루는 발전 방법을 추구했다. 비슷한 시기 량수밍(梁漱溟)의 「동서 문화 및 그 철학」도 중국·인도와 서양 문명의 차이가 발전 수준의 차이가 아니라, 인생에 대한 상이한 태도에 나타나는바, 각 문명의 성질상의 차이라 주장했다. 그는 양명학에서의 직관을 정신과 도덕의 본성으로 파악하는 철학을 제시했다. 이들은 현대 신유가의 선구가 되었다.

중국의 전통문화를 본위로 하여 서양 문명의 핵심인 인문정신을 융합하고 조화시켜 중국 민족의 문화전통을 재건하자는 문화민족주의는 학형파(學衡派)에 의해 주창되었다. 이들은 전통문화에 대해 맹신하지도, 신청년파와 같이 배격하지도 않으면서, 존중하고 옹호하는 자세로, 서양 고전문화의 인문주의를 지적 자원으로 삼아 동서 문명의 정신적 융합을 도모하여 문화보수주의의 한 축을 형성했다. 이러한 보수주의 사조는 당시의 자유주의 추세와, 급속히 확산되는 마르크스주의를 위시한 급진주의 사조와 함께 20세기 전반기 중국 사상계에 정족지세(鼎足之勢)를 형성했다. 보수주의, 자유주의, 급진주의 사조의 삼파전에 깔려 있는 공통분모는 민족주의 정서와 사회개조를 지향하는 것이었다. 이를 배경으로 국민혁명 추진 세력이 형성되어 갔다.

04 국민혁명

국민혁명은 첫째, 중국 각지에 할거하며 권력을 형성하고 있던 군사 세력 즉 '군벌'들의 봉건적 지배구조에 대한 공격으로서, 민주주의 혁명의 성격을 띠고 있었다. 둘째, 이와 같은 군사 세력과 결탁해 중국에서 각종 이권을 취하고 사실상 식민 도시 성격의 조계를 운영하고 있던 제국주의 세력에 대한 민족주의 혁명이었다. 이 혁명을 추진한 주체는 공산당과 합작한 국민당이었으며, 1925년부터 1928년까지 약 3년 동안 전개된 '대혁명'의 결실이 난징 국민정부의 수립이었다.

1) 국민당의 개진·개조와 국공합작

자신의 무력 기반을 가지지 못한 쑨원(孫文)을 중심으로 한 구 국민당 세력은 광둥을 근거로 재기를 도모했지만, 좌절의 연속이었다. 쑨원이 이끌던 중화혁명당이 5·4 운동을 거친 다음 공개 정당인 국민당으로 변신한 후, 국민혁명의 추진 주체로 개조되기까지 코민테른의 지원과 지도하에 혁명 이론과 혁명 조직이라는 측면에서 당이 변혁되고 공산당과의 국공합작이 이루어지는 과정을 살펴보도록 하자.

1916년 위안스카이가 사망한 후 쑨원은 서남 군벌을 이용해 민국 초년에 성립된 약법(約法) 체제의 회복을 표방하며 1차 광둥군정부를 수립했다(1917). 그러나 독자적인 군사력을 갖추지 못하고 군벌과 타협해 통일을 시도한 연합 체제는 1년이 못 되어 붕괴되었다. 1920년 쑨원은 군벌 혼전 중 천중밍(陳炯明) 군대의 도움으로 1921년 4월, 2차 광둥군정부를 수립했다. 비상대총통으로서 반즈리파 동맹에 참가해 북벌을 희망했지만, 천중밍의 반대와 반란으로 쑨원은 다시 상하이로 돌아갔다(1922.8). 서남 군사 세력의 힘을 빌려 중앙정치에 진출하려는 쑨원의 시도가 좌절을 거듭하는 와중에 쑨원은 코민테른에서 파견한 인사들과 접촉을 시작했다.

열강의 지원을 갈망했으나 여의치 않았던 쑨원은 1921년 12월 구이린(桂林)에서 코민테른이 파견한 마링(Maring, 본명은 Henk Sneevliet)을 만나 회담하고, 대중운동에 기반을 둔 국민당으로의 개조와 혁명군 창설을 위한 군관학교 설립을 논의했다. 한편 1922년 8월, 공산당원들이 개인 자격으로 국민당에 가입할 것을 제의하는 코민테른의 지시가 중국공산당에 전달되었다. 같은 시기 마링은 상하이에 칩거하던 쑨원과 공식적으로 접촉해 공산당원의 국민당 가입, 국민당 조직 개편, 대중운동 전개, 소련의 지원 문제를 논의했다. 대중의 정치적 역량과 정치적 선전의 중요성을 인식하고 대중적 정당 체제를 지향했던 쑨원과 국민당 측을 소련이 연합 대상으로 보고 접근한 것이었다.

쑨원이 소련의 지원을 예상하고 착수한 국민당 개진 과정에 공산당 총서기 천두슈가 참여했다. 1922년 9월 국민당 개진 계획과 당 장정을 확정했으며, 1923년 1월

1일 국민당 개진 선언이 이루어졌다. 코민테른은 대중 선전에 주력하는 방향으로 당 조직을 강화할 것을 강조하며, 농공위원회와 부녀위원회 설치를 제시했다. 개진 선언에서는 교육과 선거 제도, 기본권 보장을 천명했고, 토지 소유의 한도 규정이나 중요 산업의 국유화 등 '사회경제의 균등 발전'을 주장하며 대중적·민주적 정당을 지향한다는 뜻을 표명했다.

개진 선언 직후 소련 대표 아돌프 요페(Adolph Joffe)는 상하이에 도착해 쑨원과 회담하고, 중국 통일과 독립 달성에 소련이 원조할 것을 약속하는 「쑨-요페공동선언」을 발표했다. 그 직후 쑨원은 광둥군과 객군의 도움으로 천중밍을 몰아내고 3차 광둥군정부를 수립했다. 한편 쑨원의 심복 랴오중카이(廖仲愷)는 요페의 일본행에 동행해 군관학교 설립과 군사고문 파견, 국민당에의 정치 비용 지원을 약속받았다. 혁명 조직이 정비되고 코민테른의 재정적 지원을 받아 군관학교도 설립했지만, 국민당은 반제·반군벌이라는 목표를 달성하기 위해 우선 광둥군정부를 안정시켜야 했다. 광저우시의 재정난을 타개하기 위한 중세 정책이 상인층의 반발을 샀고, 객군과의 사이에도 군사 문제와 재정 조정이라는 난제가 자리하고 있었다.

이해 10월 정치고문 미하일 보로딘(Mikhail Borodin)이 광저우에 도착해, 소련이 군사원조의 조건으로 내건 국민당 조직 개편과 반제국주의 입장에서의 삼민주의 재정립, 즉 혁명론의 전환을 주도했다. 보로딘은, 서양 민주제에 대한 환상에 기초한 쑨원의 민권주의를 혁명론적 측면에서 비판했고, 민족주의 측면에서는 세계적인 반제 전선에 참여할 것을 촉구했다. 그러나 반제 문제는 '불평등조약의 취소'를 천명하는 것으로 귀결되었다. 민생주의 측면에서 보로딘은, 노동자 농민을 혁명에 동원하기 위한 노동법(8시간 노동제와 최저임금제 규정)과 토지법(지주의 토지몰수와 무상분배) 제정을 주장했지만, '경자유기전(耕者有其田)' 원칙을 제시하는 선에서 조정되었다.

1924년 1월 국민당 제1차 전국대표대회(1전대회) 개조 선언은 '연소(聯蘇), 용공(容共), 농공부조(農工扶助)'의 3원칙을 표방하며, 혁명의 목표와 투쟁방식 면에서 혁명론이 전환된 반제적 대중운동 정당으로의 변모를 선포했다. 즉, 서양식 자본주의 사회를 추구하는 민주공화국 건립을 위한 부르주아민주주의 정치혁명 지향의 투쟁 방식에서 탈피하여, 민중에 대한 정치 동원과 국민혁명의 영도 임무를 맡은 레닌주의 건당 원칙 위에 선 국민당이 재창당된 것이다.

국민당 개조 선언은 당의 볼셰비키화에 대한 우려와 비난을 고려한 국민당과 소련 간의 타협의 산물이었고, 선언과 현실 사이에도 괴리가 있었다. 개조 선언에서는 '빈부 대립의 사전 예방'이 제시되었지만, 개조 후 삼민주의 강연에서 쑨원은 '부원의 개발'(즉 경제발전)을 강조했고, 공산주의 조직이나 소비에트 제도는 중국에서 실현될 수 없다고 주장했다. 그는 기본적으로 계급투쟁이 아닌 계급 조화에 의한 국가 건설을 지향했다. 그러나 당 조직의 개편과 정비는 공산당원의 활동 범위를 넓혀주었다.

당 조직은 민주집중제를 추구해 구성했는데, 최고 기관은 전국대표대회이며, 폐회 중에는 중앙집행위원회가 실질적인 정책 결정 기구로 기능했으며, 일상적인 당무는 3인의 상무위원으로 구성된 집행부에서 담당했다. 이는 이전의 총리제를 위원제로 개편한 것으로 중앙집행위원회 조직부장에 탄핑산(譚平山), 농민부장에 린쭈한(林祖涵) 등 공산당원이 임명되었고, 공인부장을 랴오중카이가 맡아 대중조직을 강화했다. 또한 군관학교 설립안도 통과되었다.

국공합작의 틀 안에서 코민테른 주도하에 이루어진 국민당의 개조에 대한 당내의 비판도 적지 않았다. 국민당 하부 조직에의 공산당 침투를 비난하는 '공산당탄핵안'이 제출되었지만, 쑨원은 용공 원칙을 재확인했고, 반제·반군벌 방향으로의 개조에 비판적인 화교 출신 인사들을 당무에서 배제한 채 중앙정치위원회를 성립시켰다. 이는 이후 국민당 내 갈등의 원인이 되었다.

2) 국민회의운동과 5·30 운동

광둥에 대한 지배도 불안정한 상황에서 쑨원은 1924년 9월 북벌을 선언하고 반즈리파 전쟁에 참여했다. 군벌 타도뿐 아니라 군벌이 의지하고 있는 제국주의 타도를 발표하고 객군을 동원했다. 그런데 이때 즈리파계 펑위샹(馮玉祥)이 쿠데타를 일으켜 베이징 정권을 장악하는 정변을 일으키고, 군벌 영수들과 회합해 쑨원을 배제한 채 돤치루이를 총리로 결정했다(11.10).

쑨원은 광저우를 떠나 베이징으로 향하며 발표한 「북상(北上)선언」(11.10)에서 "국민의 무력으로써 국민혁명을 성공시켜야 한다"면서 시국 문제에 대한 해결 방안으로 전 국민 대표가 참여하는 국민회의 개최와 평화 통일 문제의 토의를 제안했다. 각종 직업 단체가 대표를 선출하는 직접민주주의식 대중운동 방법으로 국민회의를 성립시켜 기존의 국회를 대신하는 직업대표제 성격의 의회를 구상한 것이다. 전국 각지에 각계각층이 참여하는 국민회의 촉성회를 성립시킬 것을 독려한 결과, 약 3개월 사이에 전국적으로 각종 단체가 조직되었다. 실업계·언론계·교육계·정당인·학생·노동자·시민에게로 확산된 국민회의운동이 일어난 것이다. 민국 초 '가짜 공화'에 실망해 직접민주주의에 대한 관심이 고조된 가운데 조직된 이 단체들은 북벌 시기 민중운동의 기반이 되었다.

국민회의운동 과정에서 총공회가 설립되고 파업이 실행되는 등 노농운동이 활성화되자, 대중 동원의 중요성을 인정해도 공산당의 계급적 해방 논리에 공감하지 않는 대다수 지도층은 노농운동의 급진화를 경계해 국민혁명 진영 내에서 갈등이 표면화되기 시작했다.

다른 한편 국민회의운동 과정에서 불평등조약 폐지[폐약(廢約)]운동이 일어나 반제국주의 측면에서 큰 진전이 있었다. 중국과 열강 간 불평등조약의 상징인 해관의 협정관세제에 반대한 관세자주권 쟁취 문제와 특권적 조계와 영사재판권의 폐지 요구가 핵심이었다. 1925년 상하이 민중의 반제 폐약운동은 조계 문제를 중심으로 일어났고, 일본 방직공장의 노동자 해고(2월)가 발단이 되어 일어난 파업이 공산당원과 국민회의 촉성회의 지원을 받아 쟁의를 계속했다. 이런 와중에 "치외법권 취소, 외국인의 재중국 조계 회수, 일체 불평등조약 폐지"를 구호로 외치는 상하이 노동자·학생·시민과 조계의 외국 경찰이 정면충돌하는 유혈 사태가 발생했다(5·30 사건). 이후 전국적 반제운동으로 확산되어 1200만 명의 참가자가 파업, 파공, 파시의 삼파투쟁에 참가하고 외국 상품 저지운동을 벌였다. 민중적 민족주의운동이 열강과의 정치 충돌 내지 폭력 충돌로 전환되기도 했다. 그런데 이 시기 반제운동은 본국 정부를 옹호해

그림 6-4 | 상하이 5·30 사건을 지지하는 광저우 10만 노동자와 군중 시위 1925년 6월 23일.

외국에 반대하는 민족주의운동이 아니고, 민족주의 기치 아래 베이징 군사 정치 집단의 통치에 대한 민중의 불만을 간접적으로 표현한 것이었다.

상하이 5·30 사건의 영향을 받은 광저우 지역 노동자·학생·시민·군인 등이 조계 지역에서 시위를 벌이다가 영국 관헌과 충돌해 사상자가 발생한 사건 또한 일어났다(6.23) 이를 계기로 광저우와 홍콩에서 파업이 시작되었는데, 홍콩에서 돌아온 파업노동자들에 대한 파업지원금 제공 등 광둥군정부(국민정부)의 지원과 공산당의 지도하에 1926년 10월까지 16개월 동안 반제 노동운동인 파업이 지속되었다. 북벌이 정식 개시된 후 후방 근거지 안정을 이유로 국민정부가 중지시켰다.

3) 북벌과 대중투쟁의 전개

국민혁명은 국민당의 혁명군대에 의한 북벌이라는 군사작전과 당의 지도를 받은 대중투쟁이라는 두 방식으로 동시에 진행되었다. 북벌은 1926~1928년 사이에 진행되었으며 대중투쟁은 앞 절에서 언급했듯이 1925년에 이미 시작되었다.

그림 6-5 | 황푸 군관학교

쑨원 사후(1925.2) 국민당은 집단지도체제가 성립되어 왕징웨이(汪精衛)를 주석으로 하는 상무위원 16인의 국민정부위원회가 설치되었고, 전국대표대회가 소집되어, 공산당 문제와 군정 및 재정의 통일 문제가 논의되었다. 그러나 랴오중카이와 장제스(蔣介石)의 재정·군정 통일 정책에 대한 반발이 만만치 않은 상태에서 랴오중카이가 암살되고 집단지도체제는 붕괴되었다. 후한민(胡漢民)은 사태에 대한 책임을 지고 해외로 떠나고, 결국 왕징웨이와 장제스 연합 체제가 성립되었다.

황푸 군관학교 출신 당군이 활약하며 천중밍군을 토벌하고 객군을 몰아내어 광둥성 전역에 대한 국민정부의 지배권이 확립되고 재정적 기반도 안정화되어 갔지만, 당내 반대파는 북방에서 국민정부 배척운동을 일으켰다[시산(西山) 회의파]. 1926년 1월 열린 국민당 2전대회는, 소련과의 연합을 표명하고 노동운동과 농민운동결의안을 통과시켜, 친소·농공부조의 당 노선을 재확인했다. 그러나 공산당 활동에 대한 의심, 탄압, 제한 문제가 지속된 결과 중국공산당 간부와 소련 고문을 구속한 중산함 사건을 야기했지만(1926.3), 국공합작은 지속되었다.

(1) 북벌

쑨원이 죽고 집단지도체제도 붕괴된 후 권력의 핵심으로 부상한 장제스는 각 군에 대한 군사지휘권을 장악하고 국민혁명군 총사령관직에 취임했으며(1926.6), 군인부장으로 선출되었다(1926.7). 당과 군을 실질적으로 지휘할 수 있게 된 장제스는 북

벌에 나섰다. 1926년 초부터 이미 후난에 군대를 파견해 우한 점령과 국민군과의 합류를 시도해 사실상 북벌이 시작되었고, 6월에 정식으로 국민혁명 군대가 북벌을 위해 출정했다. 7~11월 사이 북벌군은 후난의 창사와 후베이의 우한 주장 지역을 점령하고 행정을 장악했다. 장제스의 주력부대는 쟝시성과 푸젠성으로부터 저장성 장쑤성으로 진격해 상하이와 난징을 점령했다(1926.12~1927.3).

10만여명 규모의 국민당 북벌 군대가 도합 70여만 명의 북양군벌 군대에 대해 공전의 승리를 거둔 원인은 첫째, 국공합작 체제하에서 잘 훈련받은 황푸 군관학교 출신 군인들의 국민혁명에 대한 사명감과 높은 사기,

그림 6-6 | **북벌 지도**

적절한 전략·전술을 들 수 있다. 둘째, 가짜 공화에 실망하고 주권의식이 고양되어 국민회의운동에 기대를 건 시민들의 정치적·사회적 의식 변화, 셋째, 북벌 군대에 앞서 도시와 농촌에서 대중 선전 활동을 펼쳐 이전의 군벌 전쟁과 다른 국민혁명을 위한 전쟁의 의미를 알리고, 대중운동을 이끈 공산당원 중심의 대중동원 활동 등이 복합적으로 작동하여 가능한 것이었다. 국민당은 이제 광둥성을 지배하는 지방 정권에서 전국적 지배를 표방할 수 있는 중심 정치 세력으로 굴기했다.

(2) 대중운동

앞에서 상하이와 홍콩, 광저우에서 일어난 대규모 파업과 반제운동을 살펴보았

는데, 북벌이 진전되는 과정에서 노동운동과 반제운동이 결합되어 다시 전개되었다. 1927년 3월 상하이총공회는 공산당 지도하에 무장기의를 일으켜 이 지역 군벌을 몰아내고 시민정부를 조직했다. 그러나 장제스 휘하의 국민혁명군이 입성해 노동자규찰대의 무장을 해제하고 파업을 제한하며 후방 치안에 집중했다. 국민혁명군은 상하이 임시정치위원회를 조직하고 공산당을 축출하는 청당(淸黨)을 준비하자 무장기의 주도 세력과 대립하게 되었고, 결국 공산당원을 체포하여 처형한 '4·12 쿠데타'가 발생했다. 다른 한편 광저우에서도 광둥국민정부와 우파 군부는 노농운동을 통제하여 후방 안정을 도모하며, 공산당 지도하의 노동자규찰대와 농민자위군을 습격하고 체포했다(4.15).

북벌 군대의 북진과 함께 대중운동이 고양되어, 한커우와 주장에서 영국조계를 회수하는 등 반제 대중운동이 과격화되었다. 후베이에서는 노동자 5000명이 무장규찰대를 조직하고, 농촌에서는 농민자위군을 편성해 토지혁명을 요구하는 등 각지의 토지 문제 해결 방식에서도 과격화 현상이 나타났다. 공산당이 주도한 농민운동강습소를 통해 훈련된 농민운동 특파원이 각지에서 농민협회를 조직했다. 농민협회가 주도한 농민운동은 민단, 지주, 징세기관에 대한 저항, 특히 소작료 인하[감조(減租)] 문제로 표출되어 계급투쟁의 성격을 띠었으며 농민자위군을 조직하기도 했다. 무력 충돌이 빈번히 일어나는 가운데 농회가 사실상 향촌 정권 기관의 역할을 수행한 것이다. 토지를 몰수하거나 지주에게 형벌을 가하는 식의 급진화 현상에 대해 국민혁명군의 주축인 (지주계급 출신) 군장교들이 반발하며 계급 이해의 대립 현상이 나타났고, 이것은 결국 국공 대립과 분열의 주요 요인으로 작용했다.

4) 난징 국민정부 성립

(1) 당권 다툼

우창, 한커우 등을 점령한 직후 우창에 중앙 당부와 국민정부를 둘 것을 결의한 것은 국민당 좌파가 주도한 국민당중앙집행위원회, 국민정부위원회 임시연석회의였고, 난창(南昌)에 주둔한 장제스는 임시중앙정치회의를 구성해 중앙 당부와 국민정부를 난창에 두기로 결정했다. 두 개의 국민당 당 중앙이 성립되어 대립하게 된 것인데, 국민당 우파 내에서도 장제스로의 급격한 권력 집중에 반발했다. 그를 견제하려는 세력은 장제스의 군권이 당권을 제한한다며 비판했다. 이들은 장제스의 독재를 공격하며 당권제고운동을 벌이고 군총사령부의 권한을 약화시키려 했고, 우한 측 중앙감찰위원회는 장제스의 직위를 해제하고 당적을 박탈했다.

그러나 우한 측 국민당 좌파는 재정이 불안해 군사비 지출도 곤란한 가운데 장저(江浙) 지방을 장악하고자 했으나 장제스의 4·12 쿠데타로 불발에 그쳤다. 부유한 장쑤·저장 지방 상공인은 정세의 안정을 희망해 장제스를 지원했다. 경제봉쇄를 당한 우한에서는 상하이, 광둥과 경제 교류가 단절되자 지폐를 남발하여 물가 앙등 현상이 나타나는 등 경제 위기에 빠졌다. 국민당 좌파는 한편으로 장제스의 독재를 비난하고, 다른 한편으로 공산당에 의한 농민·노동자운동의 급진 과격화도 비판해야 하는 딜레마에 빠졌다.

(2) 난징 국민정부 수립

상하이의 주도권을 잡은 장제스는 당원로인 후한민 등의 지지를 받아 난징에 국민정부를 수립했다(4.18). 국민당 좌파의 우한 측은 계급 대립, 국공 대립, 난징 측과 대립 속에 경제 위기를 겪고 있었다. 공산당과의 합작이 한계에 부딪힌 우한 측에 공산당과의 분열[分共]의 빌미를 제공한 것은, 중국공산당에 대해 '토지국유화 시행, 공산당원 2만과 노농 5만의 무장, 국민당중앙집행위원회 개조'를 지시한 코민테른의 전문이었다. 그것은 국민당과의 합작을 넘어 공산당이 주도하는 혁명으로의 전환을 요구하는 것을 의미했기 때문이다.

난징 측은 우한 지도자들이 난징 정부에 참여하도록 환영하며(8.8), 장제스는 일단 사퇴했고(8.13), 9월 양측의 협상회의에 시산 회의파도 참여해 국민당 내 3파의 통합 방안을 논의하고 중앙특별위원회를 구성했다. 이듬해 장제스는 국민혁명군 총사령관에 복직했다(1928.1). 국민당은 2월, 중앙위원회 제4차 전체회의(4중전회)를 개최해 국민정부를 개조하고 공산당을 제재하며, 혁명 세력의 역량을 집중해 북벌을 완성하기로 결의했다. 이 회의에서 국민정부 주석에 탄옌카이(譚延闓)가, 군사위원회 주석에 장제스가 선출되었다. 얼마 후 3월에 장제스가 중앙정치회의 주석으로 취임함으로써 군사적·정치적 주도권을 확립했다.

(3) 북벌의 완성

1928년 장제스 주도로, 펑위샹, 옌시산(閻錫山), 리쭝런(李宗仁)의 군대와 연합해 베이징을 점유하고 있던 펑톈파 군벌에 대한 북벌을 시작했다(4.4). 한 달 남짓 북벌연합군과의 전투 후, 장쭤린(張作霖)은 정전을 제안했다(5.9). 장쭤린은 군대를 산하이관(山海關) 밖으로 철수시키고 펑톈으로 떠났다. 그러나 장쭤린의 퇴각이 만주에 가지고 있던 자신들의 이권을 위협한다고 판단한 일본은 펑톈행 기차를 폭파시켜 그를 살해했다(6.4). 북벌군은 6월, 베이징, 톈진을 점령하고 장제스는 베이징 교외인 시산(西山) 벽운사에 있는 쑨원 무덤 앞에서 북벌의 완성을 선포했다.

장쭤린 사후 펑톈군 총사령에 추대된 그의 아들 장쉐량(張學良)은 7월 1일 평화적 통일을 희망한다는 통전을 발표하고 난징 측과 정치적 협상을 진행했다. 12월 29일 장쉐량은 국민정부의 청천백일기를 내걸어[역치(易幟)] 중앙정부에의 복종을 선포했다. 그러나 여러 지역 군사 세력과 연합해 북벌을 실행하면서 그들의 지역 권한을 인

그림 6-7 | 북벌 완료 선언

정해 주는 통일이었기 때문에 불완전한 것이었고, 이후 군벌 혼전이 재발할 가능성이 열려 있었다. 국공합작을 통해 성장한 공산당 세력도 각지에서 폭동을 일으키거나 숨어서 근거지를 키우며 중앙정부에 저항을 책동하고 있었다. 이와 같이 불완전하게 통일된 난징 국민정부는 이제 일본의 침략에 맞서며 근대 국민국가를 건립해야 한다는 역사적 과제에 직면했다.

더 읽을거리

민두기. 1990. 『중국국민혁명운동의 구조 분석』. 지식산업사.

민두기 엮음. 1988. 『중국국민혁명(1923~28) 지도자의 사상과 행동』. 지식산업사.

민두기 외. 1985. 『중국국민혁명의 분석적 연구』. 지식산업사.

배경한. 1995. 『장개석연구: 국민혁명시기의 정치적 군사적 대두과정』. 일조각.

백영서. 1994. 『중국현대대학문화연구』. 일조각.

서울대학교 동양사연구실 엮음. 1989. 『강좌 중국사』 VI, VII. 지식산업사.

신승하·임상범·김태승. 1998. 『20세기의 중국』. 서울대학교출판부.

유용태. 2004. 『지식청년과 농민사회의 혁명: 1920년대 중국 중남부3성의 비교연구』. 문학과지성사.

_____. 2011. 『직업대표제. 근대중국의 민주유산』. 서울대학교 출판문화원.

윤혜영. 1991. 『중국현대사연구: 북벌 전야 북경정권의 내부적 붕괴과정(1923~25)』. 일조각.

윤혜영·천성림. 2016. 『중국 근현대여성사』. 서해문집.

이승휘. 2018. 『손문의 혁명』. 한울엠플러스.

이케다 마코토(池田誠). 1995. 『중국공업화의 역사』. 김태승 옮김. 신서원.

전인갑. 2002. 『20세기 전반기 상해사회의 지역주의와 노동자』. 서울대학교출판부.

정문상. 2004. 『중국의 국민혁명과 상해학생운동』. 혜안.

주책종(周策縱). 1980. 『5.4운동』. 조병한 옮김. 광민사.

한국 중국현대사연구회. 1999. ≪중국현대사연구≫, 7집(5·4 운동 80주년 기념 특집호).

히메다 미쓰요시(姬田光義) 외. 1995. 『20세기 중국사』. 김순호 옮김. 돌베개.

7장 난징 국민정부 10년(1928~1937)

국민당 국가권력, 중공, 일본의 침략

박상수(고려대학교 문과대학 사학과 교수)

1928년 10월 정식으로 출범한 중국국민당의 난징 국민정부는 국내적으로 청 말 이래의 분열된 정치·군사 세력들을 단일한 중앙정부의 권위 아래 통합하고, 대외적으로는 제국주의의 침탈에 맞서 자주적 주권국가의 위상을 확보해야 한다는 역사적 과제를 안고 있었다. 1937년 중일전쟁의 발발로 난징이 함락될 때까지 '황금 10년' 동안 난징 정부는 이와 같은 역사적 과제를 자임하며 통일되고 독립된 근대국가 건설을 위해 노력했다. 그러나 이 난징 정부 10년은 괄목할 만한 성취만큼이나 많은 한계를 내포한 시기이기도 했다. 중앙정부의 권위는 영토 전역에 미치지 못했고, 많은 사회경제적 정책이 실효를 거두지 못했으며, 정권은 옛 군벌과 다양한 정치 세력의 불안정한 연합 상태를 극복하지 못했다. 특히 국내적으로 공산당은 농촌을 중심으로 독자적인 소비에트 혁명을 추진함으로써 국민당 통치의 정당성에 정면으로 도전했으며, 국외적으로는 일본 제국주의의 영토 침략이 만주 강점을 넘어 화베이로 확대됨으로써 국가 주권이 심각하게 위협받았다. 이 장에서는 난징 국민정부 시기 국가 건설의 성과와 한계, 중국공산당의 농촌혁명과 장정, 일본의 침략과 항일운동, 항일 국공합작의 전개 과정을 중심으로 난징 정부 10년 시기를 서술한다.

1) 난징 국민정부와 국가 건설

(1) 난징 국민정부의 수립

1928년 6월 8일 국민당의 국민혁명군이 베이징을 점령함으로써 1926년 중반 이래 추진되어 온 북방 군벌에 대한 북벌전쟁은 결정적인 성공을 거두었다. 12월 29일에는 둥베이 군벌의 수령 장쉐량(張學良)이 항복의 표시로 동삼성에 국민당의 청천백일기를 내걸면서[역치(易幟)], 만주 지역을 포함하는 전국이 국민정부의 통치하에 들어왔다. 중화민국 초기부터 계속된 극심한 군사적 분열과 대립을 극복하고, 중국은 통일된 근대국가를 건설하기 위한 조건을 갖추게 되었다.

10월 국민당은 중앙상무위원회를 소집해 '국민정부조직법'과 「훈정강령(訓政綱領)」을 채택함으로써 정식으로 난징 국민정부를 수립했다. 국민정부는 쑨원(孫文)이 생전에 주창한 '혁명방략'에 따라, 입법원, 사법원, 행정원, 고시원, 감찰원 등을 최고 기관으로 하는 5원제(五院制) 정부체제를 채택했으며, 헌정(憲政)에 이르기 전까지 과도기로서 훈정(訓政)을 설정함으로써 국민당이 "국민을 지도해 정권을 행사하는" 국민당 일당독재기가 시작되었다. 장제스(蔣介石)가 훈정 시기 국민정부의 주석으로 취임했다.

난징에 중앙정부가 수립되고 전국이 그 휘하에 통일되었으나, 초기에는 외형적 통일 수준에서 크게 벗어나지 못했다. 내부적으로는 북벌 과정에서 군사적·정략적으로 국민혁명군에 항복했던 옛 군벌 세력들[장쉐량(張學良), 옌시산(閻錫山), 펑위샹(馮玉祥), 리쭝런(李宗仁), 바이충시(白崇禧), 리지천(李濟琛) 등]이 지방 각 성에 온존하면서 세수를 장악하고 사병(私兵)을 양성하는 상태가 지속되었다. 중앙정부의 실질적 권위는 수도 난징 주변의 장쑤성, 저장성, 안후이성에 미칠 뿐이었고, 국가권력의

그림 7-1 | **청천백일만지홍**(靑天白日滿地紅)
난징 국민정부 수립과 함께 채택된 새로운 중화민국 국기(현재 타이완 중화민국의 국기).

힘이 지방의 기층 수준에까지 투사되지는 못했다.

(2) 장제스의 권력 강화와 국민당 일당독재

전국 통일 후 구 군벌에 대한 중앙집권적 지휘 통제 체제를 구축하고, 북벌 과정에서 약 220만 명으로 늘어난 병력을 감축함으로써 군사비 부담을 줄이는 것이 신정권에는 급선무였다. 1928년 8월의 국민당 제2기 5차 중앙위원회 전체회의(5중전회)에서 통과된 '군사정리안'과 1929년 1월에 열린 전국국군편견회의(全國國軍編遣會議: 군대정리 회의)는 육군 병력이 80만 명을 초과하지 못하도록 해 군사비를 국가 총수입의 40%로 제한했을 뿐만 아니라, 전국의 군대를 8개의 편견구(編遣區)로 나누고, 그중 4개를 장제스가 장악함으로써 군대에 대한 중앙 통수권자의 지휘권을 강화하기 위한 조치를 단행했다.

이와 같은 중앙집권적 조치는 지방 군벌의 존립에 심각한 위협이 되었기 때문에 정치적·군사적으로 완강한 저항이 있었다. 이에 대해 장제스는 3월에 국민당 제3차 전국대표대회(3전대회)를 소집해 대표의 4분의 3을 중앙이 지명하는 방식으로 당내 권력을 장악하고, 정치적 반대파인 개조파(改組派)와 광시파(廣西派)를 제명하는 등 강압적인 행보를 보였다. 장제스의 독주에 대해 정치·군사적 반발이 잇달았다. 먼저 1929년 3월 이쭝런, 바이충시 등 옛 광시계 군벌 세력들이 군사적 저항에 나섰다[장계전쟁(蔣桂戰爭)]. 5월에는 서북군의 펑위샹, 10월에는 쑹저위안, 12월에는 탕성즈(唐生智) 등이 연이어 반기를 들었다. 1930년 5월부터 10월에 걸쳐 대규모의 이른바 중원대전(中原大戰: 남북대전)이 발발함으로써 장제스 권력은 북벌 완성 이후 최대의 위기를 맞았다. 대규모의 반장(反蔣)전쟁에는 옌시산, 펑위샹 등 옛 군벌뿐만 아니라 개조파(좌파)로부터 시산파(西山派: 우파)에 이르기까지 장제스의 독재

그림 7-2 | ≪타임≫ 표지의 장제스
1933년, 당시 46세.

강화에 반대하는 정치 세력들도 동참했다. 이들은 3전대회의 무효를 선언하며 베이징에 새로운 국민정부(주석 옌시산)를 수립해 난징 국민정부와 장제스에 대항했다. 전쟁은 약 반 년 동안 지속되었지만 펑톈의 장쉐량이 난징 정부를 옹호하며 군사를 움직여 베이징으로 진입함으로써 반장 세력은 결국 와해되고 만다. 중원대전의 결과는 서로 다르면서도 밀접히 연관된 두 가지 결과를 낳았다. 그 하나는 장제스 독재 권력의 강화이며, 다른 하나는 난징 국민정부가 근대국가 건설을 위해 필요한, 비교적 안정적인 정치·군사 환경을 갖추게 되었다는 점이다.

중원대전을 진압한 후, 1931년 5월 장제스는 국민회의(國民會議)를 소집해 '중화민국훈정시기약법(中華民國訓政時期約法)'을 통과시켰다. 이는 당시 입법원장이던 후한민(胡漢民)의 반발을 야기했는데, 후한민은 국민정부의 체제를 분권제로 하자고 주장했고, 장제스는 집권제를 주장했다. 이를 계기로 광저우에 모인 반장파에 광둥군벌 천지탕(陳濟棠), 광시군벌 리쭝런, 후한민, 왕징웨이(汪精衛) 등이 가담해 임시 국민정부를 조직하고 장제스에 대항했다. 이 약법은 훈정 시기에 중국국민당 전국대표대회가 국민대회를 대신해 중앙통치권을 행사하고, 대표대회 폐회 시에는 그 직권을 중앙집행위원회에서 행사한다고 규정했다. 또한 국민정부에는 주석 1명과 약간의 위원을 두되 국민당 중앙집행위원회에서 이를 선임하도록 했다. 이것은 1928년 10월에 채택된 국민당의 「훈정강령」을 국가의 법률로 명문화한 것이며, 집권 국민당의 독재적 성격을 분명히 드러낸 것이었다. 국민정부는 신문 출판법과 심사 조례를 만들어 신문에 대한 검열 제도를 시행했다. 이것은 이른바 당에 의한 국가 통치[이당치국(以黨治國)]를 위해 반대 여론을 제압하기 위한 조치였다. 출판물은 국민정부 내정부(內政部)와 중국국민당 중앙의 허가를 받아야만 발행할 수 있었고, 많은 좌익 계열의 신문이 거의 모두 폐간되었다. 불확실한 통계이기는 하지만 1927년부터 1936년까지 출판이 금지된 것은 문예창작물 458종, 사회과학 출판물 676종에 이르렀으며, 1936년 11월부터 1937년 6월까지 금지된 잡지가 131종에 달했다.

(3) 근대국가 건설 노력

국민당과 장제스의 독재가 강화되어 갔지만, 난징 국민정부는 군벌 정권과는 다른 정치적 자산이 있었다. 많은 국민들은 국민혁명의 지도자인 장제스와 난징 국민정부가 통일되고 독립된 근대국가를 건설하리라고 기대하고 있었다. '부강'한 중국의 건설이라는 청 말 이래의 오랜 역사적 과제를 실현할 수 있는 주체로서 국민당과 국민정부는 거대한 중국 민족주의 조류의 희망이기도 했다. 국민정부 10년 황금기의 각종 성과는 그런 기대와 희망 위에 가능한 것이었다.

국내적으로, 근대국가 건설을 향한 초기의 열정과 의욕은 매우 컸다. 국민정부는 (이론적이기는 하지만) 권력분립과 상호 견제의 정부체제(5원제)를 채택했으며, 서구식 교육을 받은 유능한 관료들이 등용되었다. 사회에 '근대화' 관념을 도입하는 데 열심이었고, 도로와 철도 등 근대적 교통 체계의 도입, 도량형과 화폐의 통일을 통한 근대 경제 질서와 국가 기간 설비의 건설, 학교교육 제도 정비 등에 나섰다. 국가의 자원 수취 능력은 역대 어느 정부에서보다도 높아졌다. 1928년부터 1937년까지의 국가 예산에서 관세, 염세(鹽稅), 통세(統稅: 특정 화물세), 전부(田賦: 지방세) 등 세제 개혁을 통해 세입 증가율이 168.9%에 이르렀다. 물가상승률 20.4%를 제외하면 148.5%가 증가한 것이다.

1935년 11월에 단행된 화폐 개혁은 정부 주도하의 자본주의 발전에 중요한 계기를 마련했다. 정부는 은화(銀貨), 은궤(銀塊)의 유통을 금지하고, 이를 모두 매입해 국유화한 후 4대 은행(중앙은행, 중국은행, 교통은행, 농민은행)이 발행하는 은행권만 법폐(法幣: 법정 화폐)로 인정했다. 매입한 은화는 미국에 매도해 법폐의 안정 기금으로 삼음으로써, 중국의 위안이 달러와 파운드에 종속되고 인민은 인플레이션으로부터 자신을 지킬 수단, 즉 현은(現銀)을 빼앗기는 부정적 측면이 있었지만, 국민정부의 화폐 개혁은 근대 자본주의 경제발전에 필수불가결한 인프라가 되었다.

대외적으로 국민정부는 중국을 대표하는 유일한 통일 정부로서 열강의 승인을 획득했고, 영사재판권을 포함한 불평등조약의 철폐 교섭, 관세자주권의 회수 등 독립된 주권국으로서의 위상을 확립하고자 노력했다. 특히 관세자주권의 확립에 따라 1929년 2월부터 본래의 5% 관세에 상품별·품질별로 2.5%에서 22.5%의 차등 관세를 부과하는 세칙을 공포해 시행하게 되었다. 관세가 1913년에 재정 총수입 중 21%를 차지했다면, 1928년에는 41%, 1929년에는 51%를 차지해 정부의 재정 안정에 중요한 수단 중 하나가 되었다.

2) 국민당 국가권력의 성격

(1) 국가, 사회 그리고 국가·사회 관계

1923~1924년 소련 고문들에 의해 레닌주의 노선에 따라 재조직된[국민당의 '개조(改組)'] 혁명정당으로서, 1928년에 정권을 장악한 국민당은 분명 국가의 통일, 반제국주의, 경제발전 등의 과제를 요구받고 있었다. 중국이 근대로 진입한 이래 사회에 대한 국가권력의 파급력을 확장하려는 의향과 노력이 이때만큼 강력한 적은 없었다. 국민당 정권은 집권 이전부터 '훈정(訓政)'과 '당치(黨治)'라는 사회에 대한 국가권력의 지도적 역할을 정당화하는 확고한 이념을 보유하고 있었으며, 1928년 이래 그것을 실현하기 위해 강력한 국가 제도를 구축하기도 했다. 그러나 레닌주의의 외양을 띠고 있었다고 해도 사실상 국민당 정권은 다양한 군사 집단들(옛 군벌 세력)과 대립하는 정치 파벌들의 집합체였고, 위와 같은 고귀한 목표를 달성하는 데 많은 어려움이 있었다. 그로부터 약 20년 후 집권하는 중국공산당과는 대조적으로, 국민당은 자신이 원하는 대로 국가를 내부로부터 장악하는 당 조직을 통해 정부를 조종하지 못했다. 정부에 대한 국민당의 영향력은 간접적이었고, 국민당과 국민정부는 집권 기간 내내 서로 분리되어 쉽게 구분될 수 있었다[당정이원제(黨政雙軌制)]. 또 국민당 정권은 농촌의 공산당 정권과 잔존하던 옛 군벌 세력의 도전으로 인해 국내에서 단일한 국가 질서와 권위를 구축하지 못했으며, 일본의 침략 앞에 영토에 대한 배타적 주권을 효과적으로 지켜내지도 못했다. 요컨대 국민당 정권은 통치의 정당성을 확보한 근대 주권국가로서 심각한 한계를 보였다.

난징 국민정부 10년 동안 국가권력의 파급력을 심화·확대하려는 노력이 강했던 만큼 그에 대한 사회의 대응도 어느 때보다 강했다. 국민당은 강력한 국가 건설을 통해서만 중국 네이션(nation)을 구해낼 수 있다는 '구망(救亡)'의 논리에서 통치의 정당성을 찾았지만, 그와 같은 '국가민족주의'에 대항한 민간 사회의 시민권(civic rights) 주장도 만만치 않았다. 사회적 행위자들은 민간 사회의 주도적 역할과 행동주의(activism)야말로 네이션의 힘의 원천이라고 간주했다. 특히 상하이 등 대도시에서 수많은 사회단체가 등장했고, 그 활동은 청 말 이래 '사회적 영역'의 성장이라는 궤도를 따라 최고 수준에 이르렀다. 민간 사회에서는 지방적인 혹은 전국적인 이슈를 둘러싸고 시끄러운 정치적 목소리들이 집단적으로 표출되었다.

(2) 국민당 국가의 성격

1927년에 성립된 국민당 국가는 흔히 특정 사회 집단 또는 어떤 사회 계급에 대해서도 책임을 지거나 그 이해를 대변하지 않았다는 점에서 '사회적 기반이 결여된' 채, 거의 전적으로 군대와 경찰에 의존하는 '자립적 권력(autonomous power)'으로 설명되어왔다. 혹자는 이탈리아의 베니토 무솔리니(Benito Mussolini) 혹은 스페인의 프란시스코 프랑코(Francisco Franco) 정권처럼 국민당 국가를 권위주의적 조합주의(authoritarian-corporatist) 국가로 규정했다. 구체적으로는 파시즘과 내셔널리즘 및 양자의 혼합, 사회주의혁명뿐만 아니라 부르주아 자유주의에 대한 부정, 개인보다는 집단의 우위에 대한 강조, 국가·사회 유기체론 등이 국민당 국가권력을 특정짓고 있었다. 어느 경우이든 국민당 정권하에서는 주요 사회 집단과 부문들은 '단체'로 조직되어 당-국가의 감독과 지도를 받도록 되어 있었다. 사회 내의 혹은 국가·사회 간의 갈등은 당에 의해 조정되어야 했고, 사회 측의 이니셔티브는 당-국가의 목표에 부응하도록 인도되어야 했다.

여기서 이 사회'단체'들을 가리키는 용어상의 변화가 주목된다. 국민당 통치하에서는 그 이전 시대의 사회적 영역의 주도성을 의미하는 '공단(公團: 공적 단체)'이나 '법단(法團: 법정 단체)'은 사라지고, 그 대신 '인민단체', '민중단체'라는 용어가 등장했다. 이것은 권력이 사회단체의 공공성(publicness)을 외면하고, 그 독립적인 공적 역할을 부정하는 의미를 내포한다. 법적 인정을 받은 단체들도 종종 사회적 공공성을 부정당한 채 당국에 의해 '사인단체(私人團體: 사적인 단체)'로 규정되기도 했다. '인민단체'들은 이제 당의 감독과 지도를 받아야 하는 존재로 그 위상이 재정립되었던 것이다.

국민당이 특별히 관용을 베풀었던 것은 협소한 집단 이익의 보호를 주된 목표로 했던 지연망에 기반을 둔 조직, 즉 '동향회(同鄕會)'였다. 국민당은 아이러니하게도 이들을 '공익단체(公益團體)'로 규정하고 이들에 대해 그 조직을 '고무하지도, 금지하지도 않는' 정책을 취했다. 동향회 조직은 국민당 통치 기간 내내 집단의 연대 강화라는 목적으로 매우 성행했지만, 당국의 허가가 없이는 회합할 수 없었다.

(3) 국가권력의 한계

국민당 국가권력의 사회통제는 전대미문의 것이었지만, 국가의 사회에 대한 총체적인 지배에는 많은 한계를 내포하고 있었다. 중국 최대 도시 상하이에서는 국민당의 통제 속에서도 공개적 혹은 비공개적 단체 활동이 꾸준이 이어졌다. 예컨대 상인단체는 1929년 당국의 요구에 따라 재조직되어 단체 수는 261개에서 170개로 줄었지만, 그것은 소규모 단체가 큰 단체로 통합된 결과였을 뿐 그 내부에서 활동하던 상인의 수가 감소한 것은 아니었다. 국민당이 정해놓은 통제의 틀 내에서도 사회단체의 수는 증가해 갔다. 또 정치성이 농후한 '구국단체'들이나 민간의 비밀결사 조직들이 성행했지만, 당국은 이를 제대로 파악하지 못했다.

국민당 국가권력의 확장과 한계는 농촌에서도 마찬가지였다. '근대국가' 건설을 위한 조치는 단순히 자원 수취를 위한 세제 개혁에 머물지 않았고, 지역사회의 사찰 재산에 대한 몰수, 전통 문화유산인 춘절(春節)과 춘련(春聯)의 금지, 미신타파운동(破除迷信運動) 등 사회문화적인 측면에서의 재편까지도 포함하는 것이었다. 그러나 국민당 국가권력의 확장 노력은 대부분의 지방에서 농촌 지역집단(local collectivity)의 강력한 저항에 직면하지 않을 수 없었다. 지역사회는 청 말부터 군벌 통치기를 거치면서 무질서한 외부의 개입에 이미 공동체적 결속력을 강화했고, 촌락에는 지주를 중심으로 한 자율적 지역권력이 자리 잡고 있었다. 근대국가권력의 성공은 이 지역권력들을 제거하지 않고서는 달성될 수 없었다. 1930년대 중반, 지방 수준에서 국민당 국가권력이 상대적으로 안정을 보인 것은 이 지역권력들을 제거했기 때문이라기보다는 국가권력과 지역권력 사이의 불안정한 '타협'의 결과였다. 그 타협 속에서 국가권력과 지역사회(촌락) 사이에 국가권력을 등에 업고 자신의 배를 불리던 중개인(브로커)들이 등장했다. 국민당 시기 국가권력의 사회 침투는 이 지역권력들 혹은 중간 권력의 존재로 인해 완전해질 수 없었다.

결국, 국민당 정권의 근대국가 건설은 "성공과 실패, 성장과 해체의 동시적 과정"이었다. 국민당 국가권력의 사회 침투에서 나타난 한계와 문제들은 다음에 서술하게 될 공산당 권력이 해결해야 할 과제로 남게 되었다. 국민당 국가가 주변적이고 낙후된 지역에 권력의 힘을 파급해 가거나 '근대화'의 이익을 가져다줄 수 없었다면, 공산당은 국민당의 힘이 거의 미치지 못하고 근대화 과정에서 소외되고 방치된 광대한 농촌 배후 지역의 농민들을 동원하고 조직해 가기 시작했다.

02 중국공산당의 동향

1) 중국공산당의 폭동 정책과 농촌 소비에트 정권의 수립

(1) 혁명전략의 전환
국민혁명이 국민당과 부르주아 계급의 배반에 의해 실패했다고 인식한 중국공산당은 1927년 하반기부터 노동자와 농민(工農)을 계급적 기초로 하는 새로운 혁명운동을 모색하기 시작했다. 국민당의 극심한 탄압(백색 테러)으로 생존 위기에 내몰린 중국공산당과 이를 지도하던 코민테른(Comintern: Communist International)의 전략은 노동자와 농민을 조직해 국민당과 군벌 세력에 대한 폭력적 무장봉기를 감행함으로써 독자적으로 혁명을 심화·발전시킨다는 것이었다. 이른바 '무장 폭동' 노선이었다.

그 첫 행동은 1927년 8월 1일에 일어난 난창(南昌)폭동이었다. 국민혁명군 내부의 공산당 지도자인 허룽(賀龍), 예팅(葉挺), 주더(朱德) 등이 이끄는 약 3만 명의 부대가 장시성 난창에서 봉기한 것이었다[중국에서는 이날의 봉기를 '8·1 기의(起義: 의거)'로 부르며, 중공이 독자적인 군대를 가진 첫날로 보아 인민해방군의 건군기념일로 삼고 있다]. 그러나 사전 준비와 향후의 전망이 부족했던 폭동은 노동자와 농민의 호응을 거의 얻지 못한 데다, 압도적인 국민당군의 진압으로 3일 만에 실패로 끝났다.

8월 7일 중공 중앙은 후베이성 한커우(漢口)에서 긴급회의(8·7 회의)를 열어, 이제까지 국민당과의 합작을 통해 국민혁명을 추진해 온 천두슈(陳獨秀)의 지도를 '우경 기회주의' 노선이라고 비판하면서, 다가오는 가을의 추수 기간을 기해 후베이성, 후난성, 장시성, 광둥성 등 4개 성에서 무장 폭동을 실행한다고 결정했다. 취추바이(瞿秋白)가 당의 새로운 지도자로서 무장 폭동 노선을 주도했으나(취추바이 노선), 이 '추수폭동' 또한 모두 실패로 돌아갔다.

(2) 소비에트 수립으로의 길

이후 중공 중앙은 우한 국민정부와 난징 국민정부의 연합(寧漢合流)에 따라, 9월 17일 국민당 좌파에 대한 기대를 접고, 독자적인 정권 즉 "노동자·농민 소비에트(工農蘇維埃) 건설"이라는 구호를 내걸기 시작했다. 다만 이것은 '도시 중심의 무장 폭동과 소비에트의 건설'을 지향한 것이었고, 아직 농촌의 중요성은 고려되지 않았다. 혁명의 주체는 어디까지나 노동자 계급이며, 농민은 다만 보조 세력으로 간주될 뿐이었다.

취추바이의 지도 아래 도시폭동 정책은 계속되었다. 난창폭동의 실패 후 광둥성으로 패주했던 허룽, 예팅의 군대는 9월 광둥성 산터우(汕頭)를 점령했다가 국민당 군대에 의해 궤멸에 가까운 타격을 입었다. 11월에는 역시 광둥성에서 펑파이(彭湃)가 지도하는 중국 최초의 '하이루펑(海陸豊) 소비에트'가 건설되어 5개월간 지탱되다가 해체되었다. 도시 중심의 무장 폭동 노선은 광저우폭동(廣州暴動)에서 가장 심각한 결과를 초래했다. 12월 11일 예젠잉(葉劍英)이 지도하는 부대와 노동자 적위대 수천 명이 광저우에서 폭동을 일으켜 광저우 소비에트(광저우 코뮌) 수립을 선언했으나 국민

당 군대에 의해 3일 만에 무자비하게 진압
되고 말았다.

국민당의 압도적인 군사력 앞에 중공
의 무장 폭동 노선은 더는 유지될 수 없
었다. 결국 국공합작 결렬 후 1927년 말
까지, 추수 폭동의 실패와 도시 무장 폭동
의 좌절로 공산당 세력은 급격히 위축되
었다. 농촌의 산악 지대로 숨어든 마오쩌
둥(毛澤東)과 지방 혁명가들이 이끄는 소규

그림 7-3 | 1930년대 홍군의 군기

모의 분산적인 부대만이 생존을 위해 힘겹게 싸워가고 있었다.

중국혁명을 지도하던 코민테른도 무장 폭동 노선이 실패로 돌아가자 중국혁명이
'퇴조기'로 들어선 것을 인정했다. 1928년 2월 코민테른은 '중국 문제에 관한 결의'를
통해 향후 노동자와 농민의 지지 획득에 노력해야 하고, 이미 노동자와 농민 소비에
트 근거지를 수립한 농촌 지역에서는 홍군(紅軍) 건설과 토지 혁명에 주력해야 한다고
지시했다. 같은 해 6~7월 모스크바에서 열린 중국공산당 제6차 전국대표대회(6전
대회)는 코민테른의 견해를 수용해 당의 기본 방침으로 삼았다. 다만, 6전대회는 농촌
에서의 홍군의 건설과 소비에트혁명의 중요성을 강조하면서도, 농촌혁명은 도시 지
역에서의 프롤레타리아 계급이 영도하는 도시혁명과 결합할 때만 의미가 있다고 인
식함으로써 여전히 농촌혁명을 단지 도시혁명의 보조적 역할로 인식했다.

(3) 농촌혁명 근거지의 건설: 마오쩌둥 노선

한편, 1927년 가을 후난성에서 추수폭동을 지도하고 있던 마오쩌둥은 당 중앙이
내린 창사(長沙) 공격의 지시를 듣지 않고 잔존 부대를 이끌고 후난·장시 경계의 산
악 지대인 징강산(井岡山)으로 진입해 혁명 근거지를 구축함으로써 농촌 중심의 새로운
혁명운동을 시작한다. 이 과정에서 싼완(三灣)에 이른 마오쩌둥의 부대는 스스로를 "공
농혁명군 제1군 제1사 제1단"으로 칭하고, 군대 안에 당 위원회와 당 대표를 두는 부

대 재편[싼완개편(三灣改編)]을 단행함으로써, 군대에 대한 당의 절대적 지도를 관철시키기 위한 조치를 취했다. 1928년 4월에는 주더, 천이(陳毅)의 부대가 징강산에 합류해 '중국공농혁명군 제4군'을 구성했고, 곧 코민테른과 당 중앙의 홍군 건설 지시에 따라 '홍제4군(紅第四軍)'이라 개칭했다. 이 부대는 군장(軍長)에 주더, 당 대표에 마오쩌둥, 정치부 주임에 천이가 취임함으로써 이른바 '주마오군(朱毛軍)'의 모태가 되었다. 마오쩌둥의 홍군은 여러 차례에 걸쳐 지역 군벌군의 공격을 격퇴하고 근거지를 3개 현으로 확대하면서 노동자·농민 소비에트 정권을 수립해 갔다. 근거지 수립과 동시에 단행된 토지혁명은 지주 토지의 몰수와 토지 없는 농민에 대한 재분배를 시행함으로써 토지를 갈망하던 농민의 염원에 부응하고 그들을 혁명투쟁에 끌어들이기 위한 조치였다.

중공 6전대회를 통해 농촌 소비에트 근거지의 수립, 홍군의 건설, 토지혁명이 당의 공식 방침이 되자, 공산당이 장악한 여러 혁명 근거지들은 더욱 확대되고 강화되기 시작했다. 폭동 정책 후 각지에서 게릴라전을 벌이던 부대들이 통일적인 지도가 결여된 속에서도 각기 혁명 근거지를 수립해 나갔다. 국민당 군대로부터 가혹한 탄압을 받으면서도 공산당이 근거지를 확대할 수 있었던 이유는 마오쩌둥의 다음과 같은 분석에 잘 나타나 있다. 즉 그가 작성한 「중국의 붉은 정권은 왜 존재할 수 있는가?(中國的紅色政權爲什麽能够存在?)」(1928.10)라는 글은 지방에 고립·분산된 중국의 농촌 경제, 국민당 정권 내부에서 일어난 군벌들 간의 분열과 대립, 제국주의 국가들 간의 영향권 경쟁 등이 지역적인 공산 정권이 장기간 존속할 수 있는 조건을 제공한다고 주장했다. 국민당 부대와 군벌들의 대립 항쟁이 남긴 취약한 통제를 틈타 공산당이 자립적으로 지역 정권을 수립할 수 있다는 것이다. 1930년까지 장시, 푸젠, 후난, 후베이, 저장, 안후이, 허난, 광둥, 광시, 산시(陝西), 간쑤 등의 각 성 농촌 지역에 수립된 크고 작은 공산당의 혁명 근거지는 약 15개에 이르렀다.

(4) 당 중앙의 지도 문제와 마오쩌둥의 유격 전술
취추바이의 무장 폭동 노선이 실패한 후 리리싼(李立三)이 주도한 중국공산당 중앙은 여전히 도시 중심주의를 버리지 못했다(리리싼 노선). 새로운 지도자는 중국혁명의 성공은 도시 노동자의 무장봉기 없이는 있을 수 없다고 하여 당시 농촌을 중심으로 전개되던 혁명 방식을 중시하지 않았다. 그는 1930년 6월 상하이에서 중앙정치국 회의를 소집하고 「새로운 혁명의 고조와 한 개 성 혹은 몇 개 성에서의 우선적 승리」라는 결의를 통과시켰다. 이 결의는 "혁명을 위한 객관적 조건이 성숙되고, 광범위한 노동자 대중의 혁명 투쟁은 급속히 발전하고 있다"는 정세 평가에 기초해, 농촌에서 성장하고 있던 홍군으로 하여금 우한, 난창(南昌) 등 대도시를 공격하도록 지시했다. 리리싼의 판단은 당시 세계적인 경제 공황의 발발과 '중원대전'으로 절정에 달한 국민당 정권 내부의 심각한 분열과 대립에 근거했다.

당 중앙의 지시에 따라 홍군 제1군단(주더, 마오쩌둥)은 난창을, 제2군단(허룽)은 우한을, 제3군단[펑더화이(彭德懷)]은 창사를 공격했다. 그러나 제1, 2군단은 패퇴하고 제3군단만 7월 27일 창사 점령에 성공해 노농 소비에트 정부를 수립하게 되지만, 창사 소비에트도 제국주의 열강의 함포 공격과 국민당군의 반격을 받아 9일 만에 붕괴되고 말았다. 9월에도 재편된 마오쩌둥과 주더의 홍군 제1방면군(方面軍)이 창사를 공격했으나 성공할 가망은 없었다. 마오쩌둥은 당 중앙의 지시를 무시하고 독단적으로 공격을 중지함으로써 홍군의 궤멸을 막았고, 군대를 돌려 장시 남부와 푸젠 서부에 걸친 최대의 '중앙 소비에트' 근거지를 구축하게 된다.

리리싼의 무모한 정세 판단과 도시 점령 시도가 실패로 돌아가자, 다음 해 1931년 1월 중공 제6기 4중전회에서 리리싼은 '극좌 모험주의'로 비판받고 실각했으며, 당권은 왕밍(王明: 陳紹禹) 등의 소련 유학생파가 장악했다(왕밍 노선). 이후 당의 방침은 농촌 소비에트 근거지의 강화에 중점을 두게 되었고, 화난·화중의 각 농촌 지역에 고립·분산적으로 존재하던 소비에트 근거지를 통합해 공산당 독자의 정권을 공식화하는 일정에 들어갔다.

당시 국민당 군대(국민혁명군)의 총사령 장제스는 1930년 중원대전을 진압하고 곧바로 장시 남부를 중심으로 본격적인 포위토벌전[위초전(圍剿戰)]을 전개하기 시작했다. 하지만 공산당의 홍군은 이른바 '16자 전법(16字訣: 敵進我退, 敵駐我擾, 敵瘦我打, 敵退

我進'으로 알려진 유격전을 통해 무기와 병력 면에서 압도적으로 우세한 토벌군을 격퇴하며 근거지를 더욱 확대·강화해 나갔다. 특히 장시 남부와 푸젠 서부 지역에 걸친 이른바 '중앙 소비에트 구역'은 홍군 30만 명을 확보하는 최대의 근거지로 발전해 갔다. 강화된 근거지와 홍군을 기반으로 중국공산당은 1931년 11월 7일 러시아혁명 기념일에 장시 남부의 루이진(瑞金)에서 '중화 소비에트 제1차 전국대표대회'를 개최하고 '중화소비에트 공화국'(주석 마오쩌둥)을 수립하기에 이른다. 국민당의 중화민국 '난징 정부'에 대항하는 공산당의 '루이진 정부'는 1934년 10월 근거지를 포기하고 '장정'에 나서기까지 3년이라는 짧은 기간 동안 지속되었다. 그러나 최대 전성기에 약 1000만 명의 인구를 확보함으로써 중국공산당 창당 이후 최초로 독자의 영토와 인민에 기초한 정권을 수립해 본격적인 국가 운영의 경험을 쌓기 시작했다는 데 의미가 있다.

공산당의 농촌 소비에트 정권은 마오쩌둥의 지도 아래 인구수에 따른 토지분배 정책과 홍군의 유격 전술로 압박해오는 국민당 토벌군을 효과적으로 막아냈지만, 왕밍 등 소련 유학생파가 장악한 당 중앙은 마오쩌둥의 토지혁명 방식을 '부농 노선'으로 비판하고 유격전보다는 진지전(보루전)과 적극적인 공격전을 선호했다. 1933년 상하이의 지하당 생활을 견디지 못한 당 중앙이 루이진으로 이전하면서 마오쩌둥 노선과 왕밍 노선의 대립은 더욱 심화되었다. 마오쩌둥은 연금 상태에 놓이고 당·정·군의 모든 지도권은 친방셴(秦邦憲, 일명 博古), 장원톈(張聞天, 일명 洛甫)를 중심으로 한 왕밍파가 장악하게 되었다. 우세한 국민당 토벌군과 늘 전쟁 상태에 있던 소비에트 정권과 홍군에게 무엇보다도 중요했던 것은 효과적인 군사 전략과 전술이었지만, 당 중앙은 코민테른 군사고문 오토 브라운(Otto Braun, 중국명 李德)의 지휘에 따라 국민당군에 대한 정면대결 작전을 구사했다. 무모한 전술은 홍군과 소비에트 근거지에 치명적인 타격을 입혔다. 당시 장제스는 몇 차례의 토벌전 실패를 거울삼아 단순한 진공 작전을 버리고 '군사 30%, 정치 70%'이라는 방침 아래 군사적 진압보다는 정치적 선전을 중시했다. 또한 소비에트 구역을 경제적으로 봉쇄하는 전략을 통해 압박을 가해오고 있었다. 공산당의 소비에트 근거지가 갈수록 축소되자, 공산당은 루이진을 버리고 새로운 근거지를 찾아 나설 수밖에 없었다.

2) '장정'과 그 유산

1934년 10월 국민당 군대의 봉쇄선을 돌파해 루이진을 탈출한 공산당 부대는 그 다음 해 10월 산시성(陝西省) 북부의 우치진(吳起鎭: 현재의 우치현)에 도착하기까지 1년 여에 걸쳐 전대미문의 고난에 찬 행군에 나섰다. 후일 '대장정(大長征)'으로 불리게 되 지만, 초기의 그것은 '대도주'와 다름없었다. 홍군 병사, 당정 인원, 민병대, 농민 추종 자를 포함해 약 10만 명에 이르는 무장 혹은 비무장의 거대한 무리가 야밤을 틈타 생 존을 위해 불확실한 도정에 나섰다. 홍군 약 3만 명의 병력은 뒤에 남아 게릴라전을 계속하면서 국민당 추격군을 교란시켰다. 뚜렷한 행군의 방향도 정해지지 않았으며, 서쪽으로 나아가던 도주 행로는 결국 북쪽으로 방향을 틀었다.

끈질긴 국민당 토벌군의 추격 속에 수많은 사상자와 낙오자가 속출했다. 공산당 지도부 및 홍군 내부에 군사전략과 지도권을 둘러싼 대립도 지속되었다. 1년 후 장정 이 끝났을 때 생존자는 기껏해야 4000명에 불과했으나, 혁명의 핵심은 살아남았다. 장정 과정에서 후일 공산당의 성공을 가능케 한 중요한 변화가 일어났다.

그림 7-4 | **장정 직후의 마오쩌둥**
맨 오른쪽, 1936년 당시 43세.

마오쩌둥의 군권과 당권 장악이 시작된 것은 장정 도중에 일어난 특기할 만한 변화였다. 1935년 1월 장정의 주력 부대가 구이저우성 쭌이(遵義)에 이르러 소집한 중앙정치국 확대회의(쭌이회의)에서 마오쩌둥은 국민당 군대의 포위 토벌전에 대한 당 중앙의 무모한 '모험주의적 군사 지도'의 착오를 비판하면서, 소비에트 근거지를 방기한 책임을 당 지도부에 추궁했다. 오토 브라운(Otto Braun)과 친방셴(秦邦憲) 등이 완강히 반발했지만, 이제까지 당 중앙의 노선을 따르던 저우언라이가 비판을 수용하고, 장원톈도 이를 지지함으로써 회의는 결국 마오쩌둥 주장의 정당성을 인정하는 방향으로 결론이 났다. 회의를 통해 마오쩌둥은 정치국 상무위원이 되어 저우언라이(周恩來)와 함께 군사지휘권을 장악하게 되었다. 이후 마오쩌둥은 유연한 전술을 통해 국민당군의 추격을 효과적으로 따돌리고, 또 다른 군사적·정치적 실력자인 장궈타오(張國燾)와의 사이에서 발생한 장정의 방향과 군대 운용 방법을 둘러싼 대립을 극복하면서 점차 당과 군의 지도권을 확립해 갔다. 마오쩌둥의 지도권 장악은 중국혁명이 향후 코민테른과 당내의 코민테른 추종자의 그늘에서 벗어나 중국적 현실에 적합한 이른바 '마르크스·레닌주의의 중국화'를 향한 계기를 마련했다는 점에서 중요한 의미를 지닌다. 코민테른의 지도와 승인을 받지 않고 당의 지도권을 장악한다는 것은 지금까지 없었던 일이다. 물론 쭌이회의를 통해 마오쩌둥이 당권을 완전히 장악한 것은 아니었다. 이후 1942년에 일어난 옌안 정풍운동과 1943년 코민테른 해산에 이르기까지 왕밍 등 코민테른과 스탈린의 권위에 의존하는 세력과의 정치적 대립은 지속되었다.

중공이 처음으로 '장정'이라는 용어를 사용하기 시작한 1935년 12월, 마오쩌둥은 한 보고에서 "장정은 혁명의 선전대이자 선언서이고 파종기였으며……, 우리의 승리와 적의 실패로 끝났다"라고 선언했다. 지난한 역경 속에서도 강고한 혁명적 이상주의와 신념을 지켜낸 홍군 장정의 역사는 혁명을 향한 각고의 분투와 헌신의 상징으로, 이후 공산당 통치의 정당성을 강화하는 데 기여했다. 1934년 10월 장정 도중 홍군에 의해 볼모로 체포되어 장정 부대와 함께 전전하다가 석방된 후 1936년 11월 런던에서 회고록을 출간한 기독교 선교사 루돌프 보샤트(Rudolf Bosshardt)의 다음과 같은 언급은 장정이 단순히 미화된 신화나 전설이 아님을 증언해 준다.

중국 홍군의 놀라운 열정, 새로운 세상에 대한 추구와 희망, 자신의 신념에 대한 집착은 전대미문의 것이었다. 그들의 열정은 진실하고도 경이로웠다. 그들은 자신이 종사하는 혁명이 세계혁명의 일부분임을 믿었다. 그들은 젊었고 자신들의 사업을 위해 용감히 분투했으며 청춘의 활력과 혁명의 격정으로 충만했다.

장정은 오늘날까지도 중국공산당 통치의 정당성을 지탱해 주는 중요한 정치적 자산으로 남아 있다.

03 일본의 침략과 제2차 국공합작

1) 일제의 만주 점령과 화베이 분리 공작

(1) 만주사변

공산당의 농촌혁명이 난징 정부에 대한 국내적인 도전이었다면, 밖으로부터 위협을 가해온 것은 일본의 대륙 침략이었다. 1930년대 초부터 세계경제공황의 영향으로 일본에서도 수백만 명의 실업자가 발생하고, 노동쟁의가 빈번히 일어났으며, 농민의 생활이 빈궁해지기 시작했다. 불황에 빠진 경제와 불안한 사회 상황을 반영해 다양한 우익 운동의 발흥과 함께 군부로부터 '만주·몽골 문제의 무력 해결'이라는 요구가 비등했다. 이는 제1차 세계대전 이래의 세계 질서, 즉 일본의 대륙 진출을 제한해 온 '베르사유·워싱턴 체제'에 대한 도전이었다. 일본은 과거 서양 제국주의 국가들과 함께 추진해 온 중국의 각종 이권 침탈과 영토 잠식을 넘어 일거에 만주와 내몽골을 영유해 국내 모순을 전가하고자 했다.

특히 중국의 둥베이 3성, 즉 만주 지역에서는 1928년 12월 장쉐량의 '역치(易幟)'이래 일본의 영향력이 급격히 퇴조하고 있었다. 이에 1931년 6~7월 일본 관동군(關東軍)은 나카무라 신타로(中村震太郎) 대위 살해 사건과 만보산(萬寶山) 사건을 일으켜 출병을 위한 분위기를 조성했고, 군부와 우익은 "만몽은 군사적·경제적으로 일본의 생명선(生命線)"이라고 주장하면서 무력 점령을 획책했다. 마침내 1931년 9월 18일 밤 펑톈 북부의 류탸오호[柳條湖(溝)] 부근에서 일본이 소유한 만주 철도의 일부가 폭파되자 관동군은 이를 중국 군대의 도발이라고 주장하며 즉각 군사행동을 개시했다(9·18 만주사변). 관동군은 신속히 펑톈, 장춘, 잉커우(營口)를 점령했고, 21일에는 지린성에까지 진출했다. 1932년에 들어서는 군사행동의 범위를 넓혀 헤이룽장성의 하얼빈을 장악함으로써 불과 5개월 만에 만주 전역을 점령하게 된다. 1945년 일제가 패전할 때까지 이어진 기나긴 '14년 전쟁'의 시작이었다.

　당시 국민당 군대는 중국 남부 농촌의 홍군을 포위해 토벌하기 위해 동원되어 있었고, 장제스는 일본과의 전쟁이 확대되는 것을 회피해 이렇다 할 군사적 반격을 하지 않고 '부저항주의'로 대응했다. 일본은 만주로부터 세계의 시선을 돌려놓기 위해 1932년 상하이에서 일본인 승려에 대한 테러 사건을 빌미로 그에 대한 사과와 배상, 당시 일고 있던 항일운동의 진압을 요구하며 해군 육전대(陸戰隊)를 동원해 1월 28일 중국군과 교전을 벌였다(1·28 상하이 사변). 5월에 정전협정을 통해 상하이 사변은 해결되었지만, 일본은 이미 3월에 청조의 마지막 황제 푸이(溥儀)를 '집정(執政)'으로(후에는 '황제'로) 내세워 '만주국(滿洲國)'을 수립했다. 이는 일본으로의 영토 병합이 아닌 독립국의 외형을 띠고 있었지만, 일본인 관리와 고문들에 의해 조종되는 괴뢰국가이자 일본 본국으로의 자원 공급과 일본 농촌의 과잉인구를 배출하기 위한 실질적인 식민지였다. 일본은 1933년 2월 인접한 러허성(熱河省)을 만주국에 편입시켜, 장성을 넘어 베이징까지도 위협했다. 1933년 5월 일본은 국민정부와 '탕구협정(塘沽協定)'을 맺어 군대를 만주국으로 철퇴시켰지만, 장성 이남 일대에 광범위한 비무장지대를 설치하는 데 합의함으로써 실질적으로 중국으로부터 만주를 분리시키는 결과를 얻어냈다.

그림 7-5 | **푸이(溥儀)의 만주국 황제 취임 후 제천 행사 모습** 1934년 3월 1일.

(2) 화베이로의 침략 확대

일본은 만주 장악에 만족하지 않고 국민정부의 권위와 통제력이 미약했던 화베이 지역마저 국민정부로부터 떼어내려는 '화베이 분리 공작'을 통해 일본 세력을 확대하고자 했다. 구실을 찾고 있던 일본은 1935년 5월 장성 남쪽 비무장지대에서 일본인을 겨냥한 일련의 폭력 사건이 발생하자, 그 배후에 국민당의 사주가 있다고 주장하며, 허베이성의 국민당 기관과 중앙군의 철퇴, 허베이성 주석의 파면을 요구했고, 6월에 '허잉친·우메즈(何應欽·梅津) 협정'을 통해 이를 관철시켰다. 같은 달에는 차하르성 주석 천더춘(陳德純)과 '천더춘·도히하라(土肥) 협정'을 맺어 차하르 성내에 주둔하는 국민당 군대의 철수를 강요했다.

이후 군부가 주도한 일본의 대중국 정책은 화베이 5개 성[차하르, 수이위안(綏遠), 허베이, 산둥, 산시]의 국민정부로부터의 '자치'와 이 지역의 경제권 독립을 통해 화베이의 만주국화를 기도하는 방향으로 나아갔다. 관동군 조종하에 1935년 11월 허베이성 동북부의 비무장지대에 기동방공자치위원회[冀東防共自治委員會: 수반 인루겅(殷汝耕), 그다음 달에 '자치정부'로 개편]가 수립되었고, 12월에는 허베이성과 차하르성을 관할하는 기찰정무위원회(冀察政務委員會: 위원장 宋哲元)가 성립했다. 내몽골에는 1936년 5월 관동군에 의해 내몽군정부(內蒙軍政府: 德王 정권)가 수립되었다. 화베이의 일련의 '자치운동'들은 모두 관동군의 특무기관으로부터 자금과 무기, 정치적 지도를 제공받았다는 점에서 일본의 대륙 침략 행보를 잘 보여준다.

구미 열강은 일본의 만주 장악과 화베이로의 군사행동에 대해 유효한 제재 조치를 취하지 못했다. 일본의 만주 점령 직후 세계 여러 언론은 제1차 세계대전 후에 구축된 세계질서를 부정하는 군사행동에 대해 강력히 비난했으나, 각국 정부는 유감이나 우려를 표명할 뿐 구체적인 조치를 취할 수 없었다. 당시 세계적 조류는 세계대전의 극심한 파괴를 경험한 후 무력 사용을 꺼리는 유화 정책(appeasement policy)이 대세였다. 국제연맹도 국민정부의 요구를 받아들여 일본의 철병을 촉구하는 결의를 내고 현지에 조사단을 파견해 결국 만주국의 승인을 거부했지만, 일본의 침략 행동을 막을 수는 없었다. 일본은 국제연맹을 탈퇴해 버리고 '중국에 대한 일본의 특수 이익'을 주장하면서 기존의 세계질서에 정면으로 도전하는 방향으로 질주해 나갔다.

2) 민중의 항일운동

일본의 영토 침략에 대대적으로 저항한 것은 민중이었다. 민간의 항일운동은 홍군 토벌에 여념이 없던 국민정부의 '부저항주의', 생존을 위해 도피에 골몰하던 공산당의 반장제스 정책, 무력한 국제연맹 등의 행보와 선명히 대비되는 강렬한 민간 민족주의(popular nationalism)의 힘을 잘 보여준다. 만주사변 발발 직후 상하이에서는 정부의 미온적인 대처에 항의하면서 노동자 파업과 시민·학생의 항의 시위 등이 일어났고, 즉각적인 대일 경제 단교를 외쳤다. 베이핑(北平: 난징 국민정부 시기 베이징을 부르던 이름)에서는 만주사변 직후 둥베이 출신 인사 500여 명이 펑톈 회관에 모여 동북민중항일구국회(東北民衆抗日救國會)를 조직하고 동북학원(東北學院)을 설립해 둥베이 출신 학생들을 수용했으며, 비밀리에 군사훈련반을 조직했다.

상하이 사변이 일어나자 항일운동은 더욱 확산되었다. 1932년 2월 상하이의 문인들은 저작자항일회(著作者抗日會)를 조직해 전국적인 항일운동의 전개를 촉구했다. 5월에는 상하이의 구국 단체 대표들이 일본과 정전 담판을 하던 궈타이치(郭泰祺)를 구타했고, 내전폐지대동맹(內戰廢止大同盟)을 발기해 "내전 정지, 일치 항일(停止內爭 一致抗日)"을 요구하면서 정부의 항일 언론 봉쇄에 항의했다. 12월에는 쑹칭링(宋慶齡), 차이위안페이(蔡元培), 루쉰(魯迅) 등 저명한 사회 지도층들이 중심이 되어 중국민권보장동맹(中國民權保障同盟)을 조직하고 언론, 결사, 출판 등의 자유를 주장하면서 장제스의 정치적 탄압과 항일운동 진압에 저항했다.

1933년 들어 일본의 침략이 화베이로 확대되자, 3월 8일에 중국민권보장동맹과 반일·반전 대동맹, 전국구국연합회, 동북의용군후원회 등 30여 개 단체가 참가해 국민어모자구회(國民禦侮自救會)가 성립되었다. 이들은 정부에 대해 대일 항전, 인권 보장, 언론 자유 등을 요구하면서 단순한 항일운동을 넘어 정치적 민주화까지도 요구했다. 결국 자구회는 5월에 난징 정부에 의해 해산되었고, 중국민권보장동맹도 6월에

그림 7-6 | 1936년 상하이 난징로에서 상하이부녀계 구국회가 조직한 항일 시위

총간사인 양싱포(楊杏佛)가 암살당해 그 활동이 중단되고 말았다.

민간의 항일운동은 계속되어 1934년 5월에 무장 자위 운동으로 확대되었다. 중국민족무장자위위원회의 이름 아래 「중국인민대일작전기본강령」과 「대일작전선언」이 발표되자 민간은 무장 저항에 나섰다. 자위위원회는 항일 시위의 조직, 강연의 개최, 항일 기부금 모금 등 항일을 위해 광범위한 활동을 전개했다. 이 운동은 중국공산당과 연계된 것이었으나, 중국공산당이 의도한 반장(反蔣)을 넘어 내전의 정지와 단결된 항일에 중점을 두었다. 기본 강령에는 쑹칭링·허샹닝(何香凝)·장나이치(章乃器) 등 저명 인사 2000여 명이 서명해 폭넓은 지지를 얻었다.

1935년 들어 일본의 '화베이 분리 공작'이 본격화되자 베이핑에서는 베이핑 학생연합회가 성립되어 국민정부에 항일을 요구하는 등 조직적인 항일 구국 운동에 나섰다. 기찰정무위원회 수립에 반대하는 베이핑의 5000~6000명의 대학생과 고등학생들은 12월 9일 정부의 봉쇄에도 신화먼(新華門) 앞에 집결해 "일본 제국주의 타도", "화베이 자치 반대", "전국이 무장하여 화베이를 지켜내자" 등 구호를 외치면서 국민당 화베이 지부에 일치 항일의 요구를 들이밀었다. 당국이 이를 거부하자 학생들은 시위에 들어가 경찰과 충돌했고, 그 과정에서 100여 명이 부상당하고 30여 명이 체포되었다(12·9 운동). 기찰정무위원회 수립일로 예정된 12월 16일에는 베이핑학생연합회의 호소 아래 학생 1만여 명이 톈차오(天橋)에 집결해 그곳에 운집해 있던 2만여 명의 군중과 함께 시민대회를 개최해 기찰정무위원회를 승인하지 말 것, 화베이 괴뢰 조직 반대, 둥베이 실지의 회복 등을 내용으로 하는 결의안을 통과시켰다. 이날 시위에서 400여 명이 부상당하고 20~30여 명이 체포되었다.

후일 '12·9 운동'으로 불리는 베이핑 학생들의 애국적 시위의 영향은 매우 컸다. 전국 학생들의 광범위한 호응과 지지를 받았으며, 이를 계기로 항일 구국 운동이 신속히 사회 각 계층으로 확산되어 갔다. 광저우, 우한, 난징, 톈진, 상하이, 창사, 타이위안(太原), 바오딩(保定), 구이린, 충칭, 시안, 카이펑 등지에서도 학생들이 집회와 시위에 나서 항일 구국 운동을 전개했다. 특히 상하이에서는 12월 12일 「상하이 문화계 구국운동선언」에 이어 학생계, 부녀계, 영화계, 교육계 등 각 분야에서도 구국회가 조직되어 각 계층을 항일운동으로 결집시켰고, 전국 각 지역으로 확산되어 갔다. 마침내 1936년 5월 31일에 항일 단체 60여 개를 결집한 전국각계구국연합회(全國各界救國聯合會, 전구련)가 조직되어 "내전 정지, 일치 항일"이라는 여론을 이끌었다.

3) '시안 사변'의 평화적 해결과 항일 국공합작

(1) 시안 사변

민간의 항일 요구가 비등했지만, 장제스는 부저항주의를 버리지 않았고, 오히려 정치적 민주화 요구와 결합된 항일운동과 구국 단체들을 탄압했다. 일본을 자극한다는 이유로 1935년 6월에는 방교돈목령(邦交敦睦令)을 발표해 일본 배척 운동을 단속했으며, 1936년 1월에는 전국적인 항일 시위에 대해 '학생운동금지령'을 발포했다. 전국 각계 구국 연합회의 "내전 정지, 일치 항일" 요구에 대해서도 국민정부는 '치안유지긴급치죄법' 등을 적용해 억압했다. 1936년 11월에는 전구련의 지도자 7명을 체포한 이른바 '항일 7군자 사건'이 일어나 민중의 공분을 샀다. 그러나 앞서 서술한 바와 같이 정부의 탄압은 오히려 민간의 항일운동을 더욱 촉진하는 결과를 빚었고, 전국 각지에는 '항일 구국'의 외침이 비등했다.

사태의 변화는 국민당 정권 내부에서 일어났다. 장제스는 외부의 적을 물리치기 위해서는 먼저 내부를 안정시켜야 한다(攘外必先安內)는 방침을 고수하면서 "일치 항일" 주장을 묵살하고 공산당 토벌전을 계속해 왔지만, 결국 목표에 이르지 못했다. '장정'에서 살아남은 홍군은 1935년 말 이래 산시성(陝西省) 북부를 근거지로 삼아 다시 세력을 확대하기 시작했다. 홍군 토벌을 위해 동원된 장쉐량의 동북군과 양후청(楊虎城)의 서북군(17로군)은 장제스의 대일 부저항주의에 불만을 품고, 독자적으로 공산당과 휴전 상태에 들어갔다. 그들은 1936년 12월 4일 홍군 토벌 작전을 독려하기 위해 시안(西安)으로 와서 린퉁(臨潼)의 화칭츠(華清池)에 머물던 장제스를 12일 새벽에 군사를 동원해 감금하고, 연명으로 전국에 시국선언을 발표해 8개 항을 요구했다. 요점은 ① 난징 정부를 개편하고 각 정파를 수용할 것, ② 일체의 내전 중지, ③ 애국 지도자들의 석방, ④ 정치범 석방, ⑤ 민중운동의 허용, ⑥ 언론·집회·결사의 자유 보장, ⑦ 쑨원의 유촉 준수·이행, ⑧ 즉각적인 구국회의 소집 등이었다.

시안 사변은 중국을 진동시켰을 뿐만 아니라 국제사회의 이목을 집중시켰다. 국민당은 즉시 중앙상임위원회 임시 회의를 소집해 내전을 중지하고 우선 장제스를 구출하기로 결정해, 쑹쯔원(宋子文)과 쑹메이링(宋美齡)이 함께 시안으로 가 장쉐량과 접촉했다. 중국공산당은 장쉐량의 전보를 받고 우선 저우언라이를 시안으로 보내 의논하게 하고 모스크바에도 의견을 구했다. 스탈린은 장제스의 존재가 항일에 필요하다는 점을 인정하면서, 평화적인 해결을 통해 그를 석방해야 한다는 의견을 중국공산당에 피력했다. 중공의 중재로 장제스는 결국 ① 국민정부를 개편하고 항일 인사들을 수용한다, ② 상하이의 애국 지도자들과 정치범을 석방한다, ③ 공산당 토벌전을 중지하고 홍군과 연합해 항일한다, ④ 각계를 망라한 구국회의를 소집해 항일 구국의 방침을 결정한다, ⑤ 중국의 항일을 동정하는 국가와 협력한다, ⑥ 산시(陝西)로 진입한 중앙군은 퉁관(潼關) 밖으로 철수하며 서북 각 성의 군정은 장쉐량과 양후청이 책임진다는 등의 6개 항에 동의하고서야 석방되어 난징으로 돌아갔다.

(2) 국공합작의 성립

평화적으로 해결된 시안 사변은 공동 항일을 위한 국공합작의 길을 열었다. 1937년 2월 10일 중공 중앙은 국민당에 전보를 보내 국공합작을 위한 '요구'와 '보증'을 제시했다. 즉 국민당이 일체의 내전 중지, 언론·집회·결사의 자유 보장, 정치범 석방, 각 정당·정파의 대표 회의 소집, 일본에 대한 신속한 항전 준비, 국민 생활의 개선 등을 국책으로 정한다면, 공산당은 국민정부 전복을 위한 무장 폭동을 전국적으로 중지, 소비에트 노농정부를 중화민국 특구정부로 개칭, 홍군을 국민혁명군으로 재편, 특구정부 관할 구역 내에서 보통선거를 통한 철저한 민주제도의 실시, 지주 토지의 몰수 정책 중지, 항일 민족통일전선의 공동강령을 준수할 것이라고 보증했다. 이에 2월 15일 소집된 중국국민당 제5기 3중전회는 민족 전체의 이해가 한 단체나 개인의 이익보다 앞서며 평화통일을 추진해 나가겠다는 방침 아래, 내전 중지와 국공합작 원칙을 확정했다. 회의는 일본에 대해서도 양보에는 한도가 있음을 밝히고, 그 한도를 넘어설 경우 오로지 항전의 길밖에 없음을 분명히 했다. 이후 국민정부는 공산당을 멸시하는 붉은 비적(赤匪), 공산 비적(共匪)과 같은 용어를 사용하지 말라는 지시를 내렸다.

국공 양당은 합작을 통한 공동 항일의 길을 모색하기 위해 본격적인 협상과 담판에 들어갔다. 전국적으로 일치 항일의 기운이 높아지는 가운데 7월 7일 폭발한 루거우차오 사변(蘆溝橋事變, 7·7사변)과 함께 중일전쟁이 전면화하자, 양당의 합작은 급속도로 진전되었다. 8월 22일 산시(陝西) 북부의 홍군 3만여 명은 국민혁명군 제8로군 3개 사단으로 편성되었고(八路軍), 장정의 개시 때 현지에 남아 게릴라전을 벌이며 생존한 화중, 화난의 홍군 1만여 명도 10월에 '신사군'(新編第四軍의 약칭)으로 개편되었다. 공산당이 수립한 산시-간쑤-닝샤(寧夏) 경계 지대의 소비에트 정부는 국민정부 휘하의 '산간닝변구정부(陝甘寧邊區政府)'로 개칭되고 산베이(陝北)의 옌안(延安)은 공식적으로 변구정부의 수도가 되었다. 9월 22일 중국공산당이 「국공합작선언」을 발표하고 국민당이 이를 받아들이는 형식으로, 제2차 국공합작이 정식으로 성립했다. 이제 중국은 국공 양당을 중심으로 하고 각계각층이 참여하는 광범위한 '항일 민족통일전선(연합전선)'이 결성되어 일치 항일의 길로 나아갔다.

더 읽을거리

가토 요코(加藤陽子). 2012. 『만주사변에서 중일전쟁으로』. 김영숙 옮김. 어문학사.

강명희. 2006. 「남경정부 시기 국가주도하 국민경제 건설」. ≪중국근현대사연구≫, 31집, 97~128쪽.

강진아. 2005. 『1930년대 중국의 중앙·지방·상인』. 서울대학교출판부.

뢰트바이트, 트리그베(Trygve Lötveit). 1994. 『중국 소비에트운동사』. 박상수 옮김. 고려원.

박상수. 2006. 『중국혁명과 비밀결사』. 심산출판사.

배경한. 1995. 『장제스연구』. 일조각.

비앙코, 루시앵(Lucien Bianco). 2004. 『중국혁명의 기원: 1915~1949』. 이양자 옮김. 신지서원.

서울대학교 동양사학연구실 엮음. 1989. 『강좌 중국사』 Ⅶ. 지식산업사.

서진영. 2002. 『중국혁명사』. 한울엠플러스.

솔즈베리, 해리슨 E.(Harrison E. Salisbury). 1999. 『대장정』. 정성호 옮김. 범우사.

쉬, 이매뉴얼 C.Y.(Immanuel Chung Yue Hsu). 2013. 『근현대 중국사』 하권. 조윤수·서정희 옮김. 까치

스노, 에드거(Edgar Snow). 2013. 『중국의 붉은 별』. 신홍범 외 옮김. 두레.

스펜스, 조너선(Jonathan Spence). 1999. 『톈안먼 근대중국을 만든 사람들』. 정영무 옮김. 이산

신승하. 2001. 『중화민국과 공산혁명』. 대명출판사.

웨일스, 님(Nym Wales)·김산. 2005. 『아리랑』. 송영인 옮김. 동녘.

이병인. 2006. 『근대 상해의 민간단체와 국가』. 창비.

이스트만, 로이드 E.(Lloyd E. Eastman). 1990. 『장개석은 왜 패했는가』. 민두기 옮김. 지식산업사.

정두음. 2013. 『장제스와 국민당 엘리티스트: 1930년대 남의사』. 선인.

판초프, 알렉산더(Alexander V. Pantsov)·스티븐 레빈(Stephen Levine). 2017. 『마오쩌둥 평전』. 심규호 옮
        김. 민음사.

펜비, 조너선(Jonathan Fenby). 2014. 『장제스 평전: 현대 중국의 개척자』. 노만수 옮김. 민음사.

황, 레이(Ray Huang). 2009. 『장제스 일기를 읽다』. 구범진 옮김. 푸른역사.

8장 중일전쟁과 동아시아 국제질서의 변동

손준식(중앙대학교 인문대학 역사학과 교수)

1937년 7월 발발한 중일전쟁은 1945년 8월 일본이 무조건 항복을 선언할 때까지 8년 이상 계속되었다. 전쟁 초기 거의 혼자 힘으로 일본의 침공을 막아냈던 중국은 1941년 태평양전쟁이 발발하자 연합군의 일원으로 세계 4강의 지위에 오르며 승전국이 되었다. 하지만 오랜 전쟁 기간 동안 국민당 내부의 분열과 국공 간의 충돌을 겪으며, 엄청난 인적·물적·정신적 피해를 입고서 거둔 참승(慘勝)이었다. 중일전쟁 후 평화를 갈망하는 대내외적인 노력에도 불구하고 항전 기간에 억제되었던 국공 간의 갈등이 마침내 내전으로 비화했고, 결국 민심을 잃은 국민당을 대신해 공산당이 영도하는 중화인민공화국이 1949년에 성립되었다. 한편 전후 동아시아에서 구제국주의 세력을 배제하고 경제적 패권을 확립하고자 했던 미국은 각지의 민중운동과 소련의 팽창을 저지하기 위해 이 지역을 냉전 상태로 만들었다. 이후 중국의 공산혁명 성공과 연이은 한국전쟁에서의 군사적 충돌로 동아시아 국제질서는 미국과 소련의 대결 아래 일본을 중심으로 하는 자본주의 진영과 중국을 중심으로 하는 사회주의 진영으로 재편된다.

1) 루거우차오 사건과 난징 대학살

1937년 7월 7일 베이핑(北平) 교외 루거우차오(蘆溝橋) 부근에서 야간 훈련 중이던 일본의 지나주둔군(支那駐屯軍)이 누군가로부터 총격을 받았다는 이유로 다음 날 아침 주변에 있던 중국군을 공격했다. 이에 쑹저위안(宋哲元)의 제29군이 응전함으로써 이후 8년에 걸친 중일전쟁이 시작되었다. 며칠간의 국지적인 전투가 있은 뒤 일단 정전협정을 맺었으나, 7월 11일 일본 고노에(近衛) 내각이 이를 기회 삼아 양국의 '현안'을 일시에 해결하고자 중국에 3개 사단을 파병하기로 결정하면서 사태는 더욱 악화되었다. 7월 8일 중국공산당은 곧바로 "국공합작을 통한 항일 자위전쟁을 발동하자"고 전국에 통전(通電)했고, 17일 장제스(蔣介石)도 루산(廬山)에서 열린 국방회의에서 항전의 의지를 분명히 하는 담화를 발표했다.

증원 부대가 도착하자 일본 지나주둔군은 7월 28일부터 총공격을 개시해 30일 베이핑(北平)과 톈진(天津)을 점령한 다음, 차하르성(察哈爾省)에 진입해 8월 2일 장자커우(張家口)를 함락시키고 10월에는 바오터우(包頭)에까지 침입해 내몽골(內蒙古) 일대를 점령했다. 화베이 방면에서도 일본은 8월 31일 북지나방면군을 편성해 허베이(河北)의

그림 8-1 | **루거우차오를 접수한 일본군**

바오딩(保定), 산시(山西)의 타이위안(太原), 산둥(山東)의 지난(濟南) 등 각 성도(省都)와 평한선(平漢線), 진포선(津浦線), 평수선(平綏線) 등 주요 철도 연변을 점령했다. 이리하여 1937년 말까지 산시, 산둥, 허베이, 차하르, 쑤이위안(綏遠) 등 성에 이르는 광대한 지역으로 전선이 확대되었다.

한편 일본은 일본군 장교 살해 사건을 빌미로 8월 13일부터 상하이(上海)를 공격하기 시작했다. 전쟁이 화베이(華北)에서 화중(華中)으로 확산됨으로써 마침내 선전포고 없이 전면전쟁으로 치닫게 되었다. 이와 같은 일본군의 총공세에 직면해 8월 14일 국민정부는 '자위항전(自衛抗戰)'을 선포하고 장제스가 군사위원회 위원장이자 육해공군 총사령으로서 전군의 지휘를 맡았다. 이 전쟁은 국민정부 정규군이 5개의 전구(戰區)로 나누어 치른 정면전장(正面戰場)과 공산군이 화베이 및 화중 지방에서 유격전을 벌인 적후(敵後)전장으로 나뉘어 진행되었다.

3개월 내에 중국군을 격파한다는 속전속결 전략으로 화베이를 전면 침공한 일본군에 대해 국민정부는 화베이를 포기하는 대신 주력군을 양쯔강 하류에 집중시키고 일부를 산시성 등지로 보냈다. 이는 일본군을 동쪽으로부터 서쪽으로 진출하게 만들어 시간을 벌고, 그사이에 자원, 설비, 인원을 양쯔강 상류의 오지로 소개(疏開)시켜 장기적인 항전 체제를 구축하려 한 것이다. 전선을 확대한 일본군은 9월과 10월 바오딩과 스자좡(石家莊)을 차례로 함락시켰으나 산시성에서 중국군의 강한 저항에 부딪혔다. 9월 린뱌오(林彪) 휘하의 팔로군이 핑싱관(平型關)에서 일본군 1개 여단을 섬멸하는 전과를 올렸고, 10월에는 국민정부 중앙군(中央軍)과 산시군(山西軍)이 팔로군 유격부대의 협조를 받아 일본군과 격렬히 전투를 벌여 진격을 1개월 가까이 지연시키기도 했다.

전장이 화베이에서 화중으로 넘어온 후 국민정부가 가장 심혈을 기울여 방어한 곳은 상하이였다. 상하이 전투에는 항전 초기 최대 병력이 투입되었고 장제스가 친히 양쯔강 유역의 제3전구 사령관직을 맡아 직계 최정에 사단을 투입해 군과 민이 일체가 되어 완강히 저항했다. 일본은 잇따라 증원 부대를 투입해 많은 사상자(전사 9000여 명, 부상 3만여 명)를 낸 끝에 11월 마침내 상하이를 점령했다. 물론 국민정부군의 피해(전사만 약 19만 명)도 엄청나서 이후 항일 전력에 큰 영향을 미쳤다. 상하이 전선이 와해된 후 국민정부군은 패주를 거듭했고, 이를 추격하는 과정에서 12월 일본군은 당초 의도하지 않았던 난징(南京)을 공략하게 된다. 상하이 전선에 파견된 일본군은 현역병 대신 긴급 소집된 예비역, 후비역(後備役), 보충역의 비율이 높았으므로, 병사들의 훈련도가 낮고 군기가 문란해서 범죄율도 매우 높았다. 게다가 서로 경쟁적으로 진군한 까닭에 식량과 군수품 보급이 뒤따르지 못하여 결국 현지를 약탈해 물자를 충당해야만 했다.

전쟁 초기에 중국의 항일 의지를 꺾는다는 방침을 세운 일본군은 화베이 점령 과정에서 도시의 교육 시설과 민간인에 대한 폭격, 살상, 강간, 약탈 등을 일삼았으며, 난징 점령 후 그 만행은 절정에 달했다. 난징은 국민정부의 수도이기는 했으나 국민정부가 우한(武漢)과 충칭(重慶)으로 이미 분산 철수한 상태에서 전란을 피해 각지에서 유입된 난민과 패잔병들이 모여들고 있었다. 이처럼 거의 무정부상태의 난징에 진입한 일본군은 상하이 전선에서 중국군의 격렬한 저항으로 많은 전우를 잃고 귀향의 기대마저 꺾여버린 자국 병사들의 불만을 해소하고, 중국 군·민의 저항에 대한 공포심을 없애기 위해 사령관의 지휘 아래 '대학살'을 자행했다. 1938년 2월까지 계속된 학살에서 일본군은 투항한 중국군을 포로로 삼지 않고 즉결 처분했을 뿐만 아니라, 패잔병 소탕이라는 명목으로 무고한 민간인까지 닥치는 대로 살해했다. 부녀자는 물론

그림 8-2 | 난징 대학살 장면과 관련 보도

이고 어린애부터 칠십 노인에 이르기까지 강간·폭행 후 살해했다. 살인 경쟁으로까지 발전한 대규모 학살로 약 30만 명이 희생당했다고 중국 측에서는 주장하고 있으나, 전후 극동국제군사재판에서는 비전투원과 포로로 희생된 수가 약 12만 명이라고 판결을 내린 바 있다. 난징대학살이 전 세계에 알려짐으로써 일본은 각국의 비난을 받았고, 일본군의 의도와는 반대로 중국인의 항전 의지는 더 굳건해졌다.

2) 국민정부의 항전 체제 구축과 전선의 교착

상하이 방어에 실패한 국민정부는 공간을 내주고 시간을 버는 '지구(持久) 전략'에 따라 1937년 11월 수도를 쓰촨(四川)성 충칭(重慶)으로 이전할 것을 결정하는 한편, 항전 체제를 강화하고 항전 자위를 재확인했다. 1938년 3월에는 실질적인 수도 우한(武漢)에서 국민당 임시 전국대표대회를 열어 「항전건국강령(抗戰建國綱領)」을 채택해 외교로부터 교육에 이르기까지 각 분야에서 총동원 체제를 확립하고자 했다. 정치적으로는 민의를 반영할 국민참정회(國民參政會)를 소집하기로 하고, 경제적으로는 농촌 경제를 개발하고 공업을 장려하기로 했다. 사회적으로는 제한된 범위이기는 하지만, 언론·출판·집회·결사의 자유를 보장하는 등 일련의 민주화 조치를 취해 일치항전 체제를 구축하고자 했다. 국민당의 이런 결정은 각계의 열렬한 지지를 이끌어낼 수 있었다. 이리하여 장제스를 정점으로 하여 우한을 보위하겠다는 전민(全民) 항전의 결집이 이루어졌다.

이와 같은 분위기 속에 1938년 3월 중국군은 타이얼좡(臺兒莊)과 쉬저우(徐州)에서 일본군과 맞닥뜨렸다. 중국군은 2주간의 격전 끝에 타이얼좡에서 일본군에게 막대한 피해를 입힌 끝에 격퇴시킴으로써 항전 초기 정면전장에서 최초의 대승리를 거두었다. 타이얼좡에서 패배를 한 일본군은 6개 사단을 동원해 진포선과 농해선(隴海線)이 교차하는 요충 도시 쉬저우를 공격했다. 삼면이 포위되어 불리한 형세에 처한 중국군은 쉬저우 방어를 포기하고 서남쪽으로 퇴각했다. 중국군은 추격하는 일본군을 저지하기 위해 정저우(鄭州) 북쪽의 황허(黃河) 제방을 폭파해 일본군의 진격을 늦췄다. 타이얼좡과 쉬저우 전투로 중국군의 사기는 크게 높아진 반면, 큰 피해를 입은 일본군의 속전속결 작전은 분쇄되었다. 그러나 제방의 파괴로 황허가 범람해 수십만 명이 집을 잃을 수밖에 없었다.

1938년 5월 쉬저우를 점령한 일본군은 전쟁을 종결시키기 위해 우한과 광저우(廣州) 작전을 실시해 10월 21일 광저우를 함락시켰고, 국민정부군의 끈질긴 저항을 받기는 했지만 10월 27일 우한을 점령했다. 이리하여 일본군은 북으로 쑤이위안성에서 남으로 광둥성에 이르기까지 중국의 주요 지역 대부분을 차지하기는 했으나, 사실 그들이 점령하고 있던 것은 대도시를 연결하는 주요 철도 연변의 '점과 선'에 불과했다. 게다가 일본 국내에 근위사단만 남겨둘 만큼 군사 동원에 한계가 드러나자, 일본은 모략과 정략에 의한 전쟁 해결에 중점을 두면서, 전선 확대를 최소화하고 점령 지역에 대한 '치안숙정'과 정치·경제 기구 정비에 진력했다.

한편 장제스는 우한에서의 철수를 발표하고 내지에서의 항전 체제 건설과 장기 항전을 선언하면서 기필코 승리를 거두겠다고 강조했다. 일본은 우한 점령에 성공했으나 그 과정에서 많은 피해를 입은 데다 무엇보다도 애초의 속전속결 방침과는 달리 중국의 항복을 받아내기는커녕 100만에 가까운 병력을 중국 전선에 묶어둔 채 넓은 전선에서 장기전에 돌입해야 했다. 중국군은 일본군 포병이나 기계화 부대가 힘을 쓸 수 없는 내지의 언덕이나 산에 진을 치고 방어에 임했으므로, 일본군은 더는 진격하지 못한 채 교착상태로 들어갔고 이러한 상황은 1944년까지 기본적으로 변함이 없었다.

3) 일본의 괴뢰정권 공작과 경제봉쇄

일본군은 일찍이 전쟁 초기부터 '몽강연합위원회(蒙疆聯合委員會)'(1937.11), '중화민국임시정부'(1937.12) 등의 괴뢰 기구를 통해 점령행정을 실시했다. 더 나아가 일본 정부는 1938년 1월 "이후 국민정부를 상대하지 않겠다"는 제1차 고노에 성명을 발표하고 곧이어 중앙 차원의 신흥 괴뢰정권인 '중화민국유신정부'를 1938년 3월 난징에 수립했다. 하지만 전선이 교착되고 전쟁이 장기화되자 일본은 국민정부의 내부 붕괴를 도모하는 한편, 국민정부 지배 지역에 대한 경제봉쇄를 강화해 갔다.

1938년 11월 일본 정부는 제2차 고노에 성명을 발표해 '일본·만주·지나(日滿支) 3국'이 정치, 경제, 문화의 제휴 관계를 수립하는 '동아신질서 건설'을 제안했다. 이는 제1차 고노에 성명을 수정해 일본이 그때까지 점령한 지역을 확보한 채로, 국민정부를 상대로 정전과 화해를 기도한 것이었다. 국민정부 내부에서는 중국군의 계속되는 패퇴와, 영국과 미국의 대일 유화정책 등 현실에 직면해 동요하는 움직임이 나타났고, '반공화평'을 주창하는 세력이 등장했다. 중국국민당 부총재 왕징웨이(汪精衛)는 '동아신질서' 성명에 호응해 1938년 12월 충칭을 탈출하여 하노이로 가서 일본과 화평교섭을 개시했다. 이에 국민정부는 왕징웨이를 공직에서 추방하고 국민당 당적을 박탈했으며, 체포령을 공표했다. 그리하여 일본의 화평 공작은 실패하고, 전쟁 조기 종결의 길도 막혀버렸다. 그럼에도 일본 정부는 1939년 독일의 폴란드 침공으로 유럽에서 제2차 세계대전이 발발하자 이런 국제 정세를 틈타 1940년 3월 그동안 점령지에 세운 여러 괴뢰정권을 휘하에 합류시켜 난징에 왕징웨이를 수반으로 하는 '국민정부'를 수립한 다음 이를 정식 승인했다. 하지만 왕징웨이 정권은 대다수 중국 민중의 지지를 얻지 못했고 중일전쟁의 해결에도 아무런 역할을 할 수 없었을 뿐 아니라, 도리어 장제스 정부에 대한 영·미 양국의 지지를 강화시키는 결과를 불러왔다.

이처럼 전쟁 해결이 묘연한 가운데 점령 지역 도시의 일부 전직 관료와 사업가 집단 및 농촌의 지주 대부분은 일본에 적극적으로 협력했다. 또 사회 하층부에서는 빈곤과 실업 때문에 특히 도시의 극빈자들이 난징 괴뢰정권의 군대에 투신했으니, 그 숫자가 1944년 90만 명에 달했다. 그 외 홍방(紅幇)과 일관도(一貫道) 같은 비밀결사 단체도 일본 측에 가담했고, 이슬람교도들과 일부 노동자 조직도 협력에 동참했다. 한편 일본은 북지나개발회사, 중지나진흥회사 등을 창립해 점령 지역의 광산, 운송, 전기, 도시의 공공시설을 독점했고, 소규모 투기꾼들도 대거 몰려들어 중국 내 일본 민간인 숫자는 1937년부터 1944년 사이에 10배로 증가했다. 이들은 영화 사업과 건설업뿐 아니라 일본 당국의 묵인과 난징 괴뢰정부의 조장하에 아편 등 마약 거래와 같은 업종에 침투해 들어갔다.

광저우와 우한이 함락되면서 전국 토지의 3분의 1과 주요 재원 대부분을 상실한 국민정부는 간접세의 직접세 전환과 공채 발행 및 후방의 자원 개발과 경제 건설 등을 통해 겨우 항전 체제를 유지해 가고 있었다. 하지만 1939년 5월부터 일본이 충칭 등 도시에 무차별 폭격을 개시하고 1940년 6월과 7월 프랑스와 영국에 압력을 가해 전월철도(滇越鐵道)와 전면공로(滇緬公路)를 폐쇄함과 동시에 저장성·푸젠성 연안에 대한 봉쇄를 강화함으로써 충칭 정부는 외부로부터 물자 조달이 어려워 큰 타격을 입었다. 이에 1941년 3월 국민당은 재원 보충을 위해 세금을 실물로 징수하고 전부(田賦) 수입을 중앙으로 이관하며 보갑제와 호적 조사를 실시하는 등 중앙 권력의 지방 침투를 시도했다.

02 공산군의 항전과 국·공 충돌

1) 공산군의 항전과 항일 근거지 확대

장정(長征) 이후 군사력과 경제력이 크게 위축된 중국공산당은 일본과 전쟁이 벌어지자 정치력을 발휘해 군사·경제적 측면에서의 낙후성을 극복하려는 '전면(全面)항전' 전략을 결의하고, 지구전과 유격전을 항일 전술로 채택했다. 공산군은 유격전을 전개함과 동시에 일본군 점령지 후방으로 들어가 항일 근거지를 수립하고 이들 몇 개의 근거지를 합쳐 변구(邊區: 중국공산당이 몇 개 성의 접경지대에 세운 근거지)를 형성하기 시작했다. 항일 전쟁 초기 일본군이 국민정부군과의 정면전장을 우선으로 여겨 주요 도시를 함락하느라 보급선이 늘어났기 때문에 공산군은 그 틈을 타서 유격전을 벌이고 근거지를 확대시켜 갈 수 있었다. 즉 공산당은 일본군의 침공으로 국민정부군이 퇴각한 후 무정부상태에 빠진 촌락에 들어가 구국을 기치로 내세워 민심을 장악했던 것이다. 그리하여 팔로군은 화베이 지역 곳곳에 항일 근거지를 세웠고, 새로 조직된 신사군(新四軍)은 화중 지역에서 근거지를 세웠으며, 화난(華南) 지역에서도 광저우가 함락된 뒤부터 근거지를 형성하기 시작했다. 공산군의 이와 같은 발전 추세는 1940년 말까지 계속되었다. 전쟁 초에 4만 명이던 당원이 80만 명으로 늘어났고, 군대는 4만 5000명에서 50만 명으로 늘어, 공산당 지배하의 인구가 1억 명에 달했다. 결국 국민정부군의 항일전 패배가 공산당의 지배 지역을 확대시킨 셈이었다.

이렇게 공산당의 근거지가 늘어나자 일본은 1938년 말부터 공산군에 대한 인식을 전환했고, 근거지 소탕작전에 돌입해 포위망을 견고히 하고 경제봉쇄를 시행했다. 한편 충칭 국민정부 내에서는 유럽 전선에서 독일과 이탈리아의 군사적 우세와 왕징웨이 정권의 수립, '원장(援蔣) 루트'의 폐쇄 등으로 패배주의와 투항주의적 풍조가 확산되고, 공산당의 세력 확장에 대한 불안으로 반공 선전이 고조되고 있었다. 이런 상황을 타파하기 위해 팔로군은 1940년 8월부터 약 5개월간 민중을 동원해 화베이의 일본군을 대규모로 공격했다. 이것이 곧 백단대전(百團大戰)인데, 스좌장(石家莊)에서 타이위엔(太原)에 이르는 정태철로(正太線)를 중심으로 하는 주요 철도를 기습 공격하면서 시작된 이 전투에서 일본 경비대를 습격하는 등 일본군에 큰 피해를 입혔으나, 팔로군의 희생도 마찬가지로 컸다. 일본군은 백단대전을 계기로 화베이의 공산당 지배 지역에 대해 치안작전과 소탕작전을 강화해 1941년 여름부터 "모조리 불태우고, 모조리 죽이며, 모조리 빼앗아버리는" 이른바 삼광(三光)작전을 벌였다.

2) 국민당의 독재체제 강화와 국공 충돌

이와 같이 공산당이 항일 전쟁의 와중에 지배 지역을 확대하고 있었던 데 반해, 국민당은 지도부의 내부 분열과 일본의 경제봉쇄로 최대 위기에 봉착했다. 1939년 1월에 개최된 국민당 제5기 5중 전회(五中全會)에서 장제스는 당·군·정을 일원화한 국방최고위원회를 설치하고 그 위원장에 올랐다. 또 정보기관을 통한 국내 통제와 반공 방침을 세우고, 국민당 지상주의에 의한 사상 통제를 실시하는 등 독재체제를 강화했다. 거기에는 일본의 중국 독점이 미국과 영국 등 열강의 반발을 불러일으킬 수밖에 없기 때문에, 중국공산당이 이끄는 민중 조직을 동원하지 않고도 일본에 승리할 수 있다는 장제스 나름의 계산이 있었다. 이러한 독재체제와 지방에 대한 경제적 통제 강화는 지식인과 언론의 반독재 저항과 윈난(雲南) 군벌을 비롯한 지방 군벌의 반발을 초래함으로써 중앙 권력을 동요시키기 시작했다. 한편 장제스의 통제 강화, 소극적 항일, 반공 조치 등으로 항일과 통일전선에 불안을 느낀 민주 인사들은 국민참정회를 무대로 한 제헌(制憲)운동과 중국민주정단동맹(中國民主政團同盟) 등을 통해 국민당 일당독재에 반대하고 '반장항일(反蔣抗日)'을 주장했다. 하지만 이들 민주운동은 스스로 독자적인 세력을 갖추지 못했고, 그들이 연대하고자 한 군벌과는 서로 매우 이질적이었기 때문에 목표를 달성할 수 없었다.

전쟁의 전체 국면에서 국민정부가 수세에 몰리고 지배 지역 내 반장제스의 움직임이 불거지고 있는 상황에서, 밖에서는 공산당의 지배 지역이 확장되어가자 양당이 충돌하기 시작했다. 전후 주도권을 누가 장악할 것인지를 고려할 때 양당의 충돌은 충분히 있을 수 있는 일이었다. 국민당이 반공 조치를 결정한 후 1939년 4월 보산 사건(博山事件), 6월 핑장 사건(平江事件)으로 양당이 충돌했고, 12월과 1940년 3월에는 옌시산(閻錫山)이 공산군을 공격했다. 특히 1941년 1월 국민정부의 명령으로 안후이(安徽)성 남부에서 양쯔강 이북으로 이동 중이던 신사군을 국민정부군이 습격하는 환난 사변(皖南事變)이 발생했다. 신사군 약 9000명 중 겨우 2000명만이 살아남은 이 사건으로 국공 간의 합작이 깨질 수도 있었으나, 공산당 측이 무력 대결을 피해 양당의 충돌은 더는 확대되지 않았다. 공산당의 냉정한 대처와 항일 통일전선을 유지하려는 노력은 많은 중국인의 동정과 지지를 받아, 공산당의 정치적 위상을 높여주었다.

한편 공산당은 국민당 지배 지역에서 반독재와 민주화를 요구하는 '중간파' 민주세력을 적극 유인하고자 했다. 1940년 1월 마오쩌둥(毛澤東)은 '신민주주의론'을 발표하면서, 지금의 중국혁명은 자본주의나 사회주의를 추구하는 혁명이 아니라 혁명적 여러 계급(노동자, 빈농 및 중농, 소부르주아 및 지식인, 민족자본가)의 연합 독재에 의해 민족해방과 정치 민주화를 추구하는 "신민주주의 혁명"이라고 말했다. 항일과 결부된 공산당의 여러 가지 대민 정책도 이들을 유인하는 중요한 요인이 되었다. 즉 2차 국공합작 이후 공산당은 과거 소비에트 지역 내의 지주 토지 몰수와 재분배 같은 급진적인 토지혁명 정책을 중지하고, 친일적인 지주가 아니면 지주의 존재를 인정하면서 기존의 소작료와 고리대 이율을 낮추는 감조감식(減租減息) 정책을 채택했다. 또 변구에서의 행정부와 의회 구성을 공산당 외의 당파나 무당파의 민주 인사가 각각 3분의 1씩 참여하는 3·3제를 도입하고 각종 민중 단체의 활동을 보장했다. 비록 여러 사정으로 모든 변구에서 이러한 이론과 정책이 통일적으로 실시되지는 못했지만, 감조감식 정책은 농민 대중을 광범위하게 항일 전쟁에 동원할 수 있게 해주었고, 3·3제 등은 민주화를 요구하는 도시 지식인층과 중·소 부르주아를 끌어들이는 데 도움이 되었다.

03 제2차 세계대전으로의 확대

1) 중일전쟁 초기 국제관계

중일전쟁이 발발하자 국민정부는 1937년 8월 30일 분쟁 해결을 위해 일본을 국제연맹에 제소했지만 미국은 전통적 고립주의와 일본과의 경제 관계 때문에 추상적 원칙론으로 일관했고, 영국도 나치 독일에 의한 유럽의 위기 때문에 대일 유화정책을 취했다. 중·일 양국 모두와 관계가 깊었던 독일은 주중 대사 오스카어 트라우트만(Oskar Trautmann)을 통해 화평교섭에 나섰으나 중국 전체를 반(半)식민지화하려는 일본 측의 무리한 요구 때문에 실패로 끝나고 말았다. 전선이 화중과 화난으로 확대되자 이 지역에 이권을 가지고 있던 영국과 미국 등은 자국의 권익을 옹호하며 항의했지만 구체적인 실력 행사는 유보하고 있었다. 1938년에 들어서는 독일마저 '만주국'을 승인하고 군사고문단을 철수시키는 등 이탈리아와 함께 일본과 급속도로 가까워지면서 중국은 거의 혼자 힘으로 대일 전쟁을 치러야만 했다. 오직 1936년 11월 체결된 '일·독방공협정'의 표적이 된 소련만이 1937년 8월 체결한 '중·소불가침조약'에 의거해 1939년까지 총 2억 5000만 달러의 저리 차관, 1000대의 항공기와 2000명의 비행사, 500명의 군사고문을 지원했다. 하지만 소련으로부터의 지원도 1941년 4월 '일·소

중립조약' 체결로 완전히 중단되고 만다.

그러나 전쟁이 장기화되면서 일본이 왕징웨이를 탈출시켜 국민정부의 내부 분열을 기도하자, 미국이 상업 차관을 제공하고 영국이 법폐(法幣) 안정기금을 마련하는 등 중국을 원조하기 시작했다. 1939년 일본은 남진 거점을 확보하고 중국에 대한 외부 원조를 차단하기 위해 하이난(海南)섬과 신남양군도(新南洋群島)를 점령하는 한편, 톈진의 영국·프랑스 조계에 압력을 가했다. 이에 미국은 7월 '미·일통상항해조약'을 파기해 미국의 군수물자에 의존하던 일본에 타격을 입혔다. 또 일본이 왕징웨이를 내세워 괴뢰정권을 세우자 미국은 국민정부를 정통 정부로 인정하고 2000만 달러의 차관을 제공했다. 미국과 관계가 악화된 일본은 필요한 군수물자를 얻기 위해 '대동아공영권'을 건설한다는 명분을 내세워 남방 정책을 추진했다. 1940년 9월 일본이 프랑스령 인도차이나 북부를 점령하고 독일·이탈리아와 삼국동맹을 맺자 미국은 대일 금수를 더욱 확대했고, 11월 일본이 난징 괴뢰정권을 승인하자 영국과 함께 중국에 대규모 차관 제공을 결정했으며, 12월에는 중국에 대한 군사원조를 정식으로 승인했다. 그러던 중 환난 사변이 발생하자 미국은 원조 중단을 수단으로 장제스에게 압력을 넣어 사태를 수습하게 했고, 이어 '무기대여법'도 중국에 적용하기로 했다. 유럽에서 제2차 세계대전이 확대되면서 1941년 6월 독일이 소련을 침공하고 난징 괴뢰정권을 승인하자 국민정부는 독일, 이탈리아와 국교를 단절했다. 이로써 중국의 항일 전쟁은 반파시즘 세계대전의 일익을 담당하게 되었다.

2) 태평양전쟁의 발발과 충칭 정부 항전 체제의 이완

일본은 1941년 7월 '제국국책요강(帝國國策要綱)'의 결정에 따라 소련과의 전쟁 준비를 위해 만주에 병력 집결을 서두르고 있었다. 하지만 일본의 프랑스령 인도차이나 남부 진주를 계기로 미국, 영국, 네덜란드가 자국 내 일본 자산 동결과 대일 석유 수출 전면 금지 등 경제 제재를 실시하자, 일본 정부는 이들 국가에 의해 포위당하고 있다며 국민을 선동하고 동남아시아 침략을 제국주의의 지배로부터 여러 민족을 해방시키는 '성전'이라며 합리화했다. 이어 같은 해 10월 새로 구성된 도조(東條) 내각은 천황의 재가로 영·미 등에 선전포고를 하고 12월 8일 말레이반도와 진주만을 공격함으로써 태평양전쟁이 발발했다. 같은 날 미국과 영국도 대일 선전포고를 했고, 다음 날 국민정부도 미루어왔던 대일 선전포고와 함께 독일, 이탈리아에 대한 선전포고도 발표했다. 11일에는 독일과 이탈리아가 미국에 선전포고를 했다.

이와 같이 전쟁이 세계대전으로 확대되면서 중국은 고립 상태에서 벗어났지만, 전쟁 초반 일본이 승승장구해 동남아시아 일대를 석권함으로써 버마(현재 미얀마) 루트가 봉쇄되어 물자 수송이 두절되고, 화교들의 지원도 끊어졌을 뿐 아니라 홍콩이나 미국·영국 조계를 통한 원조마저 불가능해지면서 경제 상황이 악화되었다. 이런 위기를 극복하기 위해 국민정부는 1942년 3월 '국가총동원법'을 공포해 언론과 출판에 대한 검열 제도를 강화하고, 생필품의 전매를 확대하는 등 국민당 일당독재를 한층 노골화했다. 그러나 지방행정에 대한 중앙정부의 통제 기능이 제대로 발휘되지 못하는 상황에서 급격한 물가 상승(특히 농산물), 가중되는 세금, 강제 공출, 징병과 징용 등은 일반 민중과 농민들에게 가혹한 부담이 되었다. 그런데도 국민당 내의 부패는 도를 넘고 있었다. 관리와 장교들은 횡령과 뇌물 수수, 전략물자 밀수로 돈벌이에 열중했고, 이른바 '4대가족'은 지폐 남발, 환투기, 공채 인수, 물자 투기, 전매 독점 등을 통해 막대한 이윤을 남겼다. 그 결과 민족상공업은 어려운 지경에 빠지고 생산은 정체되었으며, 이로 인해 국민정부 통치 지역의 항전 의욕은 급속히 저하되어 갔다.

미국과 영국의 원조를 받게 되면서, 장제스 휘하의 중앙군이 전쟁 종결 이후 주도권을 장악하기 위해 항일 전쟁에는 소극적인 채 공산당 지역 봉쇄에 전념하고 항일전을 다른 군벌 부대에 맡기자 이에 대한 반발이 생겨났다. 또 경제적 곤란과 부패로 인해 정부군의 자질과 사기가 저하되어 일부의 분투에도 불구하고 국민정부군은 전체적으로 패퇴를 거듭했고, 일본에 투항하는 이들도 늘어났다. 1943년 8월까지 투항한 군인은 80만 명에 달했다. 국민정부군 지방 유격대는 비적이나 마찬가지여서 지방민에게 엄청난 폐해를 끼쳤다. 소극적인 항전과 통제 강화에 반발하는 '중간파'에 대한 탄압도 갈수록 심해져서 이들도 정부에서 점차 떨어져 나갔다. 이와 같은 민심의 이

반으로 전쟁 말기로 가면 국민정부는 미국의 원조 외에는 사실상 고립 상태에 빠지게 된다. 심지어 장제스의 독재를 지탱해 주던 남의사(藍衣社)와 CC단(CC團)의 파벌 싸움, 삼민주의청년단과 국민당의 갈등 등 권력 내부의 분열도 나타났다.

3) 해방구의 생산운동과 정풍운동

공산당 지배 지역도 백단대전 후 삼광작전으로 불리는 일본군의 강력한 소탕작전으로 1941년부터 위험에 처했을 뿐 아니라 국민정부군의 군사적·경제적 봉쇄가 겹쳐 근거지는 이중으로 고통받았다. 그 결과 공산당의 근거지는 수많은 소지역으로 나뉘고, 팔로군의 활동도 극히 곤란한 상태에 빠졌다. 1942년 말 공산당 지배 지역의 인구는 2500만 명, 팔로군 병력도 30만 명으로 감소해 항전 체제는 심각한 위기를 맞게 되었고, 물자 부족과 물가 상승 등 경제 위기도 닥쳤다. 이에 공산당은 감조감식 정책을 근거지 전역으로 확대하고 경제적 자급자족을 이루기 위해 "자력갱생(自力更生)"이라는 구호 아래 병사나 간부, 학생, 모든 사람이 생산에 매달려 어떤 물건이든지 자기 손으로 만드는 대(大)생산운동을 벌였다. 그 결과 산간닝(陝甘寧) 변구의 경작지 면적은 1936년 900만 무(畝)에서 1942년 1250만 무로 늘어났고, 면화 생산은 1938년 7370포에서 1943년 10만 4302포로 늘어났다.

한편 공산당 내의 사상과 조직을 통일하고 단결시키기 위해 1942년부터 1943년에 걸쳐 정풍운동(整風運動)이 전개되었다. 그 목표는 철저한 대중노선의 확립, 교조주의적·엘리트주의적 경향의 제거, 전쟁 승리를 위한 당과 농민 대중의 통합 등이었다. 정풍운동은 당내의 주관주의, 파벌주의, 당팔고(黨八股)를 일소하기 위한 학습운동에서 시작해 마오쩌둥의 유명한 「문예강화(文藝講話)」가 발표되면서 문화계로 파급되었다. 이를 통해 왕밍(王明) 등 소련 유학파와 코민테른의 영향력을 배제시키고 마오쩌둥의 절대적인 권위가 확립되었다. 또 각 해방구에 분산되어 집중성이 결여된 공산당이 '마오쩌둥 사상'이라는 통일된 지도 이론 아래 집결하는 여건을 조성했다. 아울러 신민주주의 사회를 지향하는 '연합정부론'(1945.4) 같은, 항일 전쟁 승리 이후의 신중국 구상도 제시할 수 있게 되었다. 다만 당내의 소부르조아적 경향과 대중의 민족주의적 경향이 확산되는 현상을 경시하고 의식 개조나 교육 등 주체적 노력으로 해결될 수 있다고 낙관했던 것이, 후일 마오쩌둥 신격화, '마오쩌둥 사상'의 절대화 문제를 야기하는 한 원인이 되었다.

해방구는 전쟁 말기로 갈수록 농민들의 폭동이 끊임없이 발생한 국민당 지배 지역과는 대조적이었다. 해방구에서는 공산당의 선전·지도·교육 아래 일본군의 소탕 작전으로 입은 대규모 피해를 극복하고, 대중적인 항일 감정이 조성되어 항전 체제가 다시 강화되었다. 옌안(延安)은 서구에서 온 많은 공산주의자를 비롯해 한국, 일본, 베트남의 공산주의자들이 모여들어 국제 공산주의의 새로운 중심이 되어갔다. 정풍운동과 대중노선에 입각한 생산운동으로 근거지는 서서히 회복되어 1945년 봄 공산당 지배 지역의 인구는 약 9000만 명으로 늘어났다. 이에 따라 공산당은 120만 명의 당원, 90만 명의 군, 200만 명의 민병을 지휘하는 강대한 세력이 되었다.

4) 한국인과 타이완인의 항일 투쟁

일제에 의해 국권이 침탈된 후 만주 등지에서 항일 무장투쟁을 펼쳐왔던 한국의 독립운동 단체 중 일부는 중일전쟁이 발발하자 김원봉의 주도로 중국 정부의 협조를 얻어 1938년 조선의용대를 편성하여 국민정부군과 연합해 양쯔강 중류 일대에서 일본군의 진격을 저지했고, 대일 심리전과 후방 공작 활동을 펼쳤다. 대한민국임시정부도 중일전쟁이 확대되자 중국 정부와 교섭해 군대 조직 결성에 대해 양해를 얻고, 재정 지원을 약속받아 1940년 9월 충칭에서 한국광복군을 창설했다. 그 후 조선의용대의 일부 병력을 흡수한 한국광복군은 일본군 소속의 한인 병사와 후방의 한인 청년을 포섭하는 초모공작(招募工作), 이들에 대한 교육과 훈련, 일본군 관련 정보 수집과 교란 및 기습 공격 등을 전개했다. 태평양전쟁이 일어난 후에는 대일 선전포고를 하고 연합군의 일원으로 인도·미얀마 전선에 참전하기도 했다. 다만 이 과정에서 국민정부는 한국광복군을 군사위원회에 예속시키고, 실제적인 군 운영도 중국 장교들이 장악하도록 하는(1944년 8월 말 이후부터 대한민국임시정부의 직속 부대가 되었다) 등 약소민족을 통제하고 이용하는 모습을 보여주었다. 또 장제스와 국민정부는 대한민국임시정부를 독자적으로 승인해 전후 한반도에서 영향력을 확보하려고 의도했지만, 항일 전쟁을 수행하기 위해 미국에 크게 의존할 수밖에 없었기 때문에 카이로회담에서 신탁통치에 의한 전후 한반도 문제 해결이라는 미국 주도의 방안에 동조하지 않을 수 없었다.

중일전쟁이 발발하자 일부 타이완인들도 중국 대륙으로 건너와 기존에 활동하고 있던 타이완인과 함께 각종 항일 단체를 조직해 대일 항전에 나섰다. 그중 황포군관학교 출신 리유방(李友邦)이 1939년 1월 조선의용대를 모방해 조직한 타이완의용대는 1940년 군사위원회의 정식 비준을 받고 저장성 연해 지역에서 활동하다가 1942년 여름 푸젠성으로 진입해 군사작전을 비롯한 각종 항일공작을 전개했다. 한편 타이완 민족운동의 역량을 결집하기 위해 1940년 3월 성립된 타이완혁명단체연합회는 국민정부의 중재하에 여러 항일단체를 합류시킨 끝에 1941년 2월 대회를 열어 타이완혁명동맹회로 개조하고 충칭에 총회를, 화난 각지에 분회를 설치했다. 그 후 국민정부의 대일 선전포고로 시모노세키조약을 비롯한 일체의 중·일 간 조약과 협정이 폐지되자 타이완혁명동맹회는 타이완의 조국 회귀(回歸)를 위한 광복운동을 전개했다. 또 타이완의 중국 반환이 결정된 카이로선언 이후에는 타이완 광복 작전에 협력할 수 있도록 무장시켜 줄 것을 요구했으나, 실제 타이완 접수에는 직접 참가하지 못한 채 1945년 9월 해산되고 말았다. 대일 항전을 함께 한 이들에 대한 국민정부의 홀대는 이후 타이완에서 발생한 외성인(外省人)과 본성인(本省人) 사이의 갈등과 차별이 그 전부터 이미 잠복되어 있었음을 보여준다.

1) 연합군의 반격과 일본의 항복

태평양전쟁이 발발하자 연합군은 1942년 3월 중국, 버마, 인도를 하나의 전구(戰區)로 설정해 장제스를 중국 전구 최고지휘관으로 삼고, 조지프 스틸웰(Joseph W. Stilwell) 장군을 그의 참모장으로 임명했다. 또한 미국은 제14비행단을 중국에 파견해 클레어 리 셔놀트(Claire Lee Chennault) 장군의 지휘하에 작전하도록 하는 등, 실질적인 원조와 차관을 대규모로 제공하기 시작했다. 중국은 무기대여협정에 의거해 8억 달러에 상당하는 물자를 주로 히말라야산맥을 가로지르는 공로(空路)를 통해 지원받았다. 게다가 미국은 영국을 설득해 1943년 11월 "과거 중국과 맺은 불평등조약을 폐기한다"는 공동성명을 발표했고, 소련과 영국의 반대에도 중국을 연합국 4대 강국 중 하나로 인정해 12월에 발표된 카이로선언에 참가시켰다. 이는 전후 아시아 질서 재건에 중국이 중요한 역할을 담당할 수 있도록 기회를 부여함으로써 이 지역에서 미국의 이익을 확보하기 위한 것이었다. 그러나 중·미 사이에 문제가 없었던 것은 아니다. 1943년부터 중국군의 개혁과 일본군에 대한 공격 및 당시 국민정부군에 포위당한 공산군의 지휘 문제 등을 둘러싸고 장제스와 스틸웰 사이에 의견 충돌이 번번이 발생하고 있었다.

1944년 4월 태평양 전선에서의 연패로 병력과 전쟁 물자 공급이 어려워진 일본은 육로를 통해 동남아시아 지역의 물자를 획득하고, 일본 본토를 공습하던 B29 장거리 폭격기의 발진 기지인 중국 서남 지구를 점령하기 위해 마지막 총공세인 '1호 작전'(일명 대륙관통작전)을 개시했다. 일본군은 약 6개월 만에 베이핑(北平)에서 광저우까지 대륙을 종단하는 평한선과 월한선(粵漢線) 전부를 장악하고, 서남의 구이린(桂林), 류저우(柳州), 난닝(南寧)에까지 도달했다. 이미 전투력을 거의 다 소모하고 장비도 부실한 일본군이 작전에 성공한 것은 전의를 잃은 국민정부군의 후퇴 방침과 국민정부 치하의 일부 주민들이 폭동을 일으켰기 때문이다. 이 전투로 중국 내에서 공군기지를 잃은 미국은 중국 전선의 재점검에 나서 효과적인 대일전쟁 수행을 위해 모든 중국 부대의 지휘권을 스틸웰에게 넘길 것을 제안했으나 장제스는 이를 거절하고 스틸웰의 소환을 요구했다. 프랭클린 루스벨트(Franklin Roosevelt)는 중국 전선의 역할이 축소되고 있는 상황에서 장제스를 회유하기 위해 앨버트 웨드마이어(Albert Wedemeyer) 장군을 파견해 스틸웰을 대체함으로써 중·미 관계는 다시 호전되었다. 하지만 중국인의 민족의식을 '간과'한 미국의 이러한 대국주의(大國主義)적 발상은 얄타 회담에서 소련의 대일 참전에 대한 대가로 뤼순(旅順)항 조차와 만주철도 운영 우선권과 같은 중국의 권익을 당사자의 양해도 없이 승인하는 배경이 되었다.

전쟁이 막바지에 접어들면서 중국군은 일부 지역에서 승리를 거두기 시작했다. 1945년 3월 미국식으로 편성된 쑨리런(孫立仁)의 원정 부대가 연합군의 버마 탈환 작전에 가담해 승리했고, 5월에는 후난성 서부의 즈장(芷江)전투에서도 일본군을 패배시켰다. 한편 연합군의 일본 본토 상륙작전에 맞춰 중국 전선에서도 총반격의 준비가 갖춰졌고, 위기에 몰렸던 공산군도 세력을 회복해 공세에 나서 1945년 봄에는 내몽골로부터 하이난섬에 이르기까지 전국에 19개의 변구가 성립되었다. 한편 얄타협정의 내용을 안 국민정부는 쑹쯔원(宋子文)을 모스크바에 파견해 만주에 관한 부당한

그림 8-3 | 카이로회담(왼쪽), 장제스 부부와 스틸웰 장군(오른쪽)

그림 8-4 | 한국광복군 총사령부 성립 의식

그림 8-5 | 중국 전구 일본군 항복 의식

합의에 대해 외교 교섭을 시도했으나, 스탈린의 강경한 태도로 거절당했다. 원자폭탄 실험의 성공을 알고 대일 참전을 서둘렀던 소련은 8월 7일부터 교섭을 재개해 일본이 항복하기 전날인 14일 '중·소우호동맹조약'을 체결했고, 중국 측은 결국 얄타밀약 조항에 대부분 동의했다.

1942년 6월 미드웨이 해전 패배 이후 수세에 몰리기 시작한 일본은 절대국방권(絶對國防圈)으로 설정한 마리아나제도를 1944년 6월 미국에 빼앗기면서부터 패색이 짙어졌다. 이에 일본 내부에서 전쟁 조기 종결을 주장하는 목소리도 있었지만, 천황제 존속[國體護持]만이 절대적이고 유일한 기준이었던 쇼와(昭和) 천황은 즉각적인 화평을 거절했고, 그 결과 수많은 민중이 무의미하게 희생되었다. 1945년 3월 필리핀을 탈환한 미군은 일본 본토에 계속해서 폭격을 가했다. 미국이 일본의 '포츠담선언' 거부를 이유로, 8월 히로시마와 나가사키에 원자폭탄을 투하하고 소련군이 만주로 진격하자 일본은 무조건 항복을 선언했다. 제2차 세계대전 종전과 함께 중국은 8년여에 걸친 항일 전쟁에서 마침내 승리를 거두었지만, 중국이 입은 인적·물적·정신적 피해는 이루 말할 수 없었다. 말 그대로 참담한 승리였다. 사상자와 행방불명자 수만 군인 300만 명, 민간인 900만 명 이상이었다. 그럼에도 이 전쟁에서의 승리는 아편전쟁 이래 100여 년에 걸친 제국주의의 침략에 맞서 거둔 최초의 승리였고, 이로써 중국은 반제국주의 과제를 스스로의 힘으로 달성하게 된 셈이다. 또한 중국의 승리는 아시아 여러 민족의 해방에 지대한 영향을 미쳤을 뿐 아니라 100만 명에 가까운 일본군을 중국 전선에 묶어둠으로써 세계의 반파시즘 전쟁에서 큰 역할을 담당했던 것이다.

2) 전후 처리를 둘러싼 국공 대립

종전이 가까워지면서 국민당과 공산당은 각각 전후 정권에 대해 구상했다. 국민당은 약속대로 훈정을 끝내고 헌정을 실시해야 했지만, 그럴 경우 일당독재를 더는 유지할 수 없었기 때문에 국민대회 소집을 주도해 헌정 실시의 구체적인 방안을 마련함으로써 헌정 이후에도 정권을 장악하고자 했다. 반면 공산당은 각 당, 각 정파가 참여하는 연합정부를 구상했다. 양당은 전후 구상에서도 이처럼 이견을 드러냈지만, 충돌은 일본군의 무장해제 과정에서부터 시작되었다.

소련이 전쟁 막바지인 8월 9일 참전하자, 일본은 다음 날 '포츠담선언' 수락을 연합국에 통고했다. 이렇게 일본의 항복이 눈앞에 다가오자 양당은 일본군의 무장해제를 놓고 경쟁을 벌였다. 먼저 공산군 총사령관 주더(朱德)가 10일 일본군과 괴뢰정부군에 대해 무장해제를 지시하자, 장제스는 다음 날인 11일 중국 주둔 일본군 최고사령관과 괴뢰정부군에 국민정부군에만 항복을 하고 그 전까지는 현상을 유지할 것을 요구했다. 하지만 공산군은 장제스의 명령을 거부하고 일본군 점령지 접수를 강행했다. 국민정부군이 항전 말기에 남서부로 퇴각해 있던 반면 공산군은 일본군 바로 배후에서 유격전을 계속했기 때문에 유리한 위치에 있었다.

공산군은 일본군과 싸워가면서 중소 도시를 접수했고, 국민정부군은 미군의 수송 지원에 힘입어 주요 도시와 철도 연변을 접수했다. 그리하여 국민당은 점과 선을 차지하고 공산당은 면을 차지한 채 대치했다. 특히 화베이와 만주에서는 국공 간의 충돌이 크게 일어나 국민정부군이 일본군으로부터 수복한 지역을 며칠 만에 공산군에게 빼앗기는 일도 일어났다. 이처럼 양당의 대결로 내전이 예상되자 중국 내에서는 오랜 외환 끝에 내전이 재발하는 것을 피하기 위해 평화를 외치는 여론이 강하게 대두했다. 미·영 등 열강도 중국에 국민정부를 중심으로 하는 통일국가가 들어서기

그림 8-6 | **충칭담판**
담판을 위해 헐리(앞줄 왼쪽)와 함께 연안에서 충칭으로 온
마오쩌둥(앞줄 오른쪽)과 장제스(앞줄 중앙). 뒷줄 맨 왼쪽이
장제스의 아들 장징궈이다.

를 기대했고, 소련 역시 국민정부에 대한 원조를 약속하면서 내전에 부정적인 입장
을 확실히 했다. 그러나 중국 내전을 가장 우려한 것은 미국이었다. 미국은 일찍이
1944년 9월 패트릭 헐리(Patrick J. Hurley)를 중국에 보내 점점 위험한 관계로 치닫고
있던 국공 관계를 조정하려 했다. 당시 조정은 성과를 거두지 못했지만, 전후 냉전체
제가 형성되면서 중국이 공산화되는 것을 막기 위해, 미국은 국공 간의 조정 역할을
계속해야 했다.

국내에서 평화 여론이 끓어오르고 미·소 등의 내전 반대 입장이 분명한 가운데 장
제스와 마오쩌둥이 1945년 8월 28일부터 충칭에서 회담을 연 끝에 10월 10일 '쌍십협
정'이 발표되었다. 양측이 합의한 내용은 정치협상회의를 열어 평화 건국 방안과 국
민대회 소집 문제를 토의하기로 하는 등 원칙적인 것에 한정되었다. 국민당의 지도
적 위치를 인정하고 공산당의 독자적인 무장을 부정하는 등 국민당의 우위를 인정했
지만, 일단 각 당파의 존재를 인정하고 정치협상회의를 통해 새로운 정권 구상을 하

기로 한 점에서는 국민당이 양보한 측면도 있었다. 그러나 해방구의 군대와 공산정권의 지위 및 헌법 제정 등 구체적이고도 중요한 문제에 대해서는 의견이 일치하기 어려웠다. 어쨌든 국공 간에 협정이 맺어지자 여론은 "내전을 피할 수 있게 되었다"고 보아 이를 환영했다.

오랜 전쟁의 결과 중국 국토는 황폐해졌다. 농업과 경공업 생산력은 전쟁 전보다 훨씬 떨어졌고, 교통통신망도 군데군데 끊어졌다. 국민정부는 외환시장 개방과 무역 자유화 정책을 실시해 경제 재건을 도모했으나 실패로 돌아갔다. 외국 상품의 대량 수입으로 국내의 생산력 회복이 더뎌지고 수출도 떨어졌기 때문이다. 국민정부는 일본군 점령지를 접수하면서 괴뢰정권의 화폐를 대폭 평가절하 해 회수함으로써 상하이 등 과거 점령 지역에는 물자가 대량으로 유입되어 인플레이션이 심화된 반면, 충칭 같은 비점령 지역은 물자 부족과 금융난에 시달렸다. 게다가 내전에 대비해 전비를 확보하기 위하여 적자예산을 편성하고 통화를 남발했으므로, 인플레이션이 걷잡을 수 없이 진행되어 1947년 말 물가는 전쟁 전에 비해 14만 5000배나 올랐다. 그 외에도 일본의 자본으로 경영되던 생산설비를 정부가 접수해 국영화하면서 민간 기업의 불만을 샀다. 국민정부의 가장 큰 실책은 부패 관리의 축재를 방임한 것이었다. 관리들은 점령지에서 접수한 산업시설 등을 제대로 경영하려 시도하지 않으면서 축재 대상으로만 여겼다. 그들은 또 점령지의 화폐를 헐값에 사서 크게 이윤을 남겼다. 원료와 자금 부족으로 중국인이 운영하는 상공업은 도산하고 실업자가 넘쳐났다. 부패한 관리들은 내버려 두고 일반인에게만 세금을 거두는 정책은 도시의 민심을 잃기에 충분했다.

기근과 고리대가 기승을 부리던 농촌 지역으로 들어간 국민정부는 그곳 농민들의 세금과 징발 부담을 더욱 가중시켰다. 생산은 급격히 저하되고 굶어죽는 사람이 크게 늘어나 1946년 한 해에만 1000만 명을 헤아렸다. 결국 국민당은 항일 전쟁의 승리로 기대에 부풀어 있던 중국인들에게 희망을 줄 만한 정책을 보여주지 못했다. 굶주림에 지친 도시 빈민이 일으킨 쌀 약탈 소동은 전국 38개 도시로 확산되었고, 베이핑에서는 미군 병사의 여학생 성폭행 사건을 계기로 1946년 12월에 일어난 반미 시위가 1947년 5월에 반기아·반내전·반박해 시위운동으로 발전했으나 정부는 이를 폭력적으로 탄압해 학생들이 등을 돌리게 만들었다. 경제 실책과 부패, 억압으로 국민정부는 민심을 잃었고, 국민들은 국민당에 대한 희망을 거둬들였다. 이제 남은 대안은 공산당뿐이었다.

종전 후 공산당의 지배를 받는 농촌 역시 상황이 어렵기는 마찬가지였으나 다른 양상을 보였다. 공산당은 새로 얻게 된 농촌 지역의 해방구에서도 감조감식 정책을 채택하는 한편, 친일 지주, 악질 지주의 토지를 몰수하고 처형하는 청산운동을 전개했다. 한편 내전에 대비한 생산운동을 전개해 농업 발전, 농민 생활 개선, 군대의 보급품 확보 등을 도모했다. 전면적으로 내전이 벌어지자 공산당은 "경작자가 토지를 소유한다(耕者有其田)"는 원칙에 입각해 토지혁명을 강력히 시행했고, 농민들은 새로 얻은 자신의 땅을 지키기 위해서 공산당을 지지해 내전에 적극 참여했다. 결국 국민당의 실정과 대조적으로 농민 동원에 성공한 것이 내전에서 공산당의 승리를 가능케 했다.

3) 연합국의 전후 구상과 동아시아 국제질서의 재편

1943년 7월 이탈리아가 무조건 항복하자, 연합국 측은 이후 군사전략과 함께 전후 처리 문제를 검토·토의하기 시작했다. 같은 해 10월 미국, 영국, 소련 3국은 외상회의를 열어 유엔(UN)의 창설을 원칙적으로 결정했고, 11월 미국, 영국, 중국 3국 수뇌는 카이로에서 회의를 개최해 일본이 제1차 세계대전 시작 후 탈취 또는 점령한 태평양 제도를 포기하고, 만주·타이완·펑후 제도를 중화민국에 반환하며, 한국을 "적절한 때에(in due course)" 독립시킬 것을 포함한 카이로선언을 발표했다. 이어 독일과 일본의 패배가 확실해지자, 연합국은 전후 구상을 구체화하기 시작했다. 1944년 7월 브레튼우즈(Bretton Woods)회의에서 IMF(국제통화기금)와 IBRD(국제부흥개발은행 즉 세계은행)의 설립을 결정했다. 이는 전후 국제통화제도에서 달러를 기축통화로 삼아 미국의 주도권 장악을 승인한 것이었다. 또 덤바턴오크스(Dumbarton Oaks)회의(1944.8~10)

에서는 강대국의 협력을 중심으로 한 국제평화기구, 즉 유엔의 창설을 구체적으로 논의했다.

미국에 우호적인 중국을 만드는 데 장제스 정권이 필요하다고 판단한 루스벨트는 전후 중국과 한국, 가능하다면 인도차이나와 홍콩으로부터 구 제국주의 세력을 배제하고, 미국의 경제적 패권을 확립하고자 했다. 그리고 일본의 패배와 영국, 프랑스의 약체화에서 비롯된 아시아 지역의 힘의 공백을 '주니어 파트너'인 소련을 이용해 메우고자 했다. 이에 1945년 2월 미국, 영국, 소련 3국이 참가한 얄타 회담에서는 전후 독일과 여러 동유럽 국가의 문제 등과 함께 소련의 대일 참전과 전후 아시아 구상이 구체화되었다. 한편 중국과 한국의 전후 관리에서 영국을 완전히 배제한다는 밀약이 미·소 간에 이루어졌다. 그 대신 영국은 인도와 동남아시아 지역에서 기득권을 유지하고, 프랑스령 인도차이나에서는 프랑스의 세력 회복을 위해 노력하는 것으로 정리되었다. 하지만 루스벨트가 갑자기 사망한 후 대통령으로 취임한 해리 트루먼은 원자폭탄 실험이 성공하자 소련의 대일 참전이 군사상으로 결정적인 요인은 아니라고 판단했다. 이에 미·소 관계는 협조에서 대립으로 바뀌기 시작했다.

이와 같은 미·소 대립을 배경으로 동아시아에 대한 미국의 전후 처리 구상은 가능한 한 소련의 영향력을 배제하는 방향으로 세워졌다. 일본과 관련해서는 소련의 홋카이도(北海島) 북부 점령 요구를 거절하고, 중국과 관련해서는 친미적인 국민정부를 중국을 대표하는 정부로 인정하며 내정에 간섭하지 않겠다는 내용의 '중·소우호동맹조약' 체결을 소련에 요구했다. 한국과 관련해서는 삼십팔도선을 경계로 미·소 양국이 분담해 일본군을 무장해제 시키기로 합의함으로써 이를 관철시켰다. 이는 당시 소련이 대외정책의 중심을 동유럽에 두었고, 우선 자국의 전후 경제 부흥과 안전보장 확보를 위해 미국과의 충돌을 최대한 피하고자 했기 때문에 가능했다. 그러나 항일 투쟁을 전개하며 성장한 동아시아 각지의 자주적·자립적 민중운동은 이와 같은 강대국의 전후 구상을 동요시키고 파탄에 이르게 했다. 미국은 이를 소련의 세력 팽창으로 간주해 적대시함으로써 동아시아를 냉전 상태로 만들었다.

9장에서 자세히 다룰 중화인민공화국의 성립은 그동안 경시해 온 아시아 민중의

그림 8-7 | 한국전쟁 당시 중공군

활력을 중국공산당이 한데 모으고, 그 힘을 배경으로 국제정치에 주체적으로 참가하게 되었음을 여실히 보여주었다. 또한 그 자체가 종래 강대국 중심의 권력주의적인 국제관계에 근본적인 비판을 가한 것으로, 강대국 특히 미국의 전후 동아시아 구상이 실패했음을 의미했다. 더불어 1949년 2월까지 국민정부를 실질적인 교섭 상대로 대우했던 소련의 동아시아 정책의 실패이기도 했다. 그러나 7월 마오쩌둥은 소련 일변도 방침을 선언하고 1950년 2월 '중·소우호동맹상호원조조약'을 체결했다. 한편 미국은 국공내전 발발 이후 냉전의 방벽으로 중국을 대신해 일본을 아시아의 거점으로 재건할 구상을 세웠다. 중국 공산혁명의 성공은 일본의 전략적 중요성을 한층 더 높여주었다. 미국은 1949년 8월 『중국백서(The China White Paper)』를 발간해 '중국 상실'에 대한 비판을 모면하고자 했고, 12월에는 공산주의 확산 저지를 기저로 인도차이나 개입, 중국 승인 반대, 동남아시아에서의 반공연합 체제의 형성, 비공산주의 국가의 경제발전 등 새로운 아시아 정책을 표명했다. 게다가 곧이어 발발한 한국전쟁에서의 군사적 충돌로 중국과의 관계 개선에 대한 일말의 희망이 사라져버리자, 미국은 샌프란시스코 강화조약, 미·일 안보조약을 체결해 지역통합 전략을 구체화하게 된다. 그 결과 동아시아의 국제질서는 미·소 냉전체제하에서 일본을 중심으로 하는 자본주의 진영과 중국을 중심으로 하는 사회주의 진영으로 재편된다.

가토 요코(加藤陽子). 2012.『만주사변에서 중일전쟁으로』. 김영숙 옮김. 어문학사.

기세찬. 2013.『중일전쟁과 중국의 대일군사전략(1937~1945)』. 경인문화사.

마이스너, 모리스(Maurice Meisner). 2004.『마오의 중국과 그 이후』 1. 김수영 옮김. 이산.

민두기. 2001.『시간과의 경쟁: 동아시아근현대사론집』. 연대출판부.

반하트, 마이클 A.(Michael A. Barnhart). 2016.『일본의 총력전』. 박성진·이완범 옮김. 한국학중앙연구원출판부.

배경한. 2012.『왕징웨이 연구』. 일조각.

_____. 2016.『중국과 아시아』. 한울엠플러스.

번스타인, 리처드(Richard Bernstein). 2016.『1945 중국, 미국의 치명적 선택』. 이재황 옮김. 책과함께.

베르제르, 마리 끌레르(Marie Claire Bergere). 2009.『중국현대사: 공산당, 국가, 사회의 갈등』. 박상수 옮김. 심산.

사카이 노오키(酒井直樹). 2014.『총력전하의 앎과 제도(1933~1955)』. 이종호 외 옮김. 소명출판.

서울대학교동양사학연구실 엮음. 1989.『강좌 중국사』 Ⅶ. 지식산업사.

쉬, 이매뉴얼 C.Y.(Immanuel Chung Yue Hsu). 2013.『근현대 중국사』 하권. 조윤수·서정희 옮김. 까치.

신승하. 1992.『중국현대사』. 대명출판사.

요시다 유타카(吉田裕). 2012.『아시아·태평양전쟁』. 최혜주 옮김. 어문학사.

우스이 가쓰미(臼井勝美). 2004.『중일외교사연구: 중일전쟁시대』. 송한용 옮김. 선인.

우에하라 카즈요시(上原 一慶) 외. 2000.『동아시아 근현대사』. 한철호·이규수 옮김. 옛오늘.

윤휘탁. 2003.『중일전쟁과 중국혁명』. 일조각.

이스트만, 로이드 E.(Lloyd E. Eastman). 1986.『장제스은 왜 패했는가』. 민두기 옮김. 지식산업사.

장, 아이리스(Iris Chang). 2014.『역사는 누구의 편에 서는가』. 윤지환 옮김. 미다스북스.

최문형. 2013.『일본의 만주침략과 태평양전쟁으로 가는 길』. 지식산업사.

3부

중화인민공화국의
성립과 전개

9장 인민공화국의 성립과 사회주의 체제의 모색

유용태(서울대학교 사범대학 역사교육과 교수)

1945년 8월 항일 전쟁이 끝났을 때 중국의 민의는, 통일되고 독립된 '민주공화국'을 평화적인 수단으로 건설하자는 데로 모아졌다. 이를 실현할 수 있는 길은 둘이었다. 하나는 당시 집권 세력인 국민당이 일당 정부의 연장선에서 극히 보수적으로 '중화민국' 헌정 체제를 수립하는 것이다. 다른 하나는 국민당이 공산당과 중간파를 포함한 당 외 인사를 폭넓게 받아들이는 연합 정부 형태의 중화민국 헌정 체제를 수립하는 것이다. 그 당시에는 공산당이 국민당을 패퇴시키고 자기 주도하에 연합정부 형태의 '인민공화국'을 수립할 가능성은 거의 없었으며 소련 모델에 따라 공산당 중심의 사회주의 국가를 수립할 가능성은 더더욱 없었다. 그런데 1949년 10월 1일 수립된 국가는 인민공화국이다. 왜, 어떻게 이런 변화가 나타났으며, 그 의미는 무엇일까?

1) 국민정부의 '3민' 과제

항일 전쟁이 1945년 8월 15일 끝났을 때 중화민국 국민정부와 국민들 사이에 그 승리는 '참승(慘勝)'으로 일컬어졌다. 지칠 대로 지쳐 참담한 몰골로 마주한 승리라는 뜻이다. 정부 차원의 공식 항전 기간만 8년이었고, 일반 국민들이 겪어야 했던 전쟁의 참화는 만주사변 이래 14년이나 되었다. 전쟁의 참화는 인명 피해 방면에서 극적으로 나타났다. 8년간 군인 1400만 명이 징집되어 그 4분의 1인 321만 명이 죽거나 부상당했고, 민간인 900여만 명이 죽거나 부상당했다. 이런 상태에서 국민정부가 당면한 과제는 세 가지로 요약될 수 있다.

첫째, 국민의 생계를 회복하고 안정시키는 민생 과제이다. 국민정부가 집계한 재산 피해와 군비는 559억 4000만 달러에 달했다. 8년간 매년 평균 국가예산의 61.8%를 군사비로 써야 했으니 경제 건설과 사회 문화 부문에 투입할 재원은 크게 제한되었다. 그 속에서 국민의 경제생활은 극도의 전시 통제하에 놓일 수밖에 없었는데, 무엇보다도 극심한 인플레이션으로 인한 생활난이 시급히 해결되어야 했다. 소비자 물가지수는 항전이 개시되기 직전인 1937년 100에서 1945년 24만 9100으로 뛰었다. 항일 전쟁을 위해 국민정부와 함께 서부 오지로 옮겨갔던 동남 연안 대도시의 주요 상공업을 원위치로 되돌리고 전쟁으로 파괴된 농경지와 산업시설을 복구해야 했으며, 여기에는 많은 시간과 비용이 필요했다.

둘째, 내셔널리즘을 동력으로 항전을 떠받쳐온 만큼 대내외적으로 해결해야 할 민족주의 과제가 크고도 중요했다. 만주와 중국 동남 지역의 점령 구역에 남아 있던 일본군과 왕징웨이(汪精衛)의 친일 정부 군대의 투항을 받고 그 무기와 행정기관을 접수해야 비로소 일본군의 점령으로부터 중국인이 해방되는 것이었으므로, 이 또한 민생 과제 못지않게 시급한 일이었다. 그리고 친일파를 처벌하고 그 재산을 공정하게 관리하는 일, 미국·소련·일본 등 열강과의 관계에서 대외적으로 주권을 완전히 회복하는 일 등이 그 뒤를 이었다.

셋째, 국민 대표 기관과 헌법을 만들어 헌정 국가를 완성해야 한다는 민주주의 과제 역시 중요했다. 중화민국은 1928년 이래 당시까지 국민당이 유일의 집권당으로서 국회를 대신해 정부를 감시·감독하는 일당제 국가여서 국회도, 헌법도 갖추지 못한 상태였다. 훈정(訓政)이라는 이름의 독재체제 속에서 정당 결성의 자유는 금지되었다. 다만 몇몇 법외 정당들이 항일 전쟁의 긴급한 필요에 따라 편의적·일시적으로 인정받아 1938년부터 전쟁 시기 민의 기관인 국민참정회에 참여하고 있을 뿐이었다.

이상의 3대 과제는 상호 긴밀히 연관되어 있으며, 국민정부의 통치 이념인 삼민주의에 빗대어 '3민' 과제로 불러도 좋을 것이다.

2) 민주공화국 건국 구상

'3민' 과제를 해결하되 장기 항전의 여파로 전쟁혐오증이 극심했던 만큼, 내전을 피하고 평화적인 수단으로 건국 과업을 완수해야 한다는 '평화건국론'이 대세였다. 건국 목표는 '민주공화국' 건설로 집약되었다.

국민당은 물론이고 공산당도 2차 국공합작으로 항일통일전선을 형성한 이래, 이전의 소비에트 공화국을 포기하고 민주공화국 수립을 건국 목표로 내세웠다. 소비에트 공화국의 주권자는 노동자와 농민(빈농과 중농에 한정)일 뿐이나 민주공화국의 주권자에는 항일 전쟁을 지지하는 지주·부농과 자본가·지식인 등이 포함된다. 이에 상응해 경제체제도 달라지게 마련이다. 전자는 토지의 무상 몰수와 무상 분배(토지혁명), 모든 상공업 자본의 무상 몰수와 국유화를 추진한다. 반면 후자는 토지의 유상매수와 유상분배(토지개혁), 사영경제 우위의 혼합경제(국영·사영·합작사 경제의 병행)를 근간으로 한다. 이것이 1940~1946년 공산당의 신민주주의 건국 구상이다.

공산당의 이와 같은 민주공화국 구상은 쑨원의 삼민주의 건국 구상과 흡사해서 마오쩌둥 스스로 자신이 추구하는 '신민주주의공화국'을 "삼민주의공화국"이라 부를 정도였다. 이는 단순한 수사가 아니라 실제로도 그러해 국민당 온건파 중에도 신민주주의를 삼민주의와 대동소이한 것으로 인식한 예가 있다. 다만 그 주도권을 국민당과 공산당이 각기 자기가 쥐려고 경쟁하는 차이가 있을 뿐이다. 두 당과 일정한 거리를 두고 있던 민주동맹과 그 밖의 중간파 지식인들은 의회민주정치와 계획경제를 병행하되 평화적 수단에 의해 장기적으로 사회주의경제를 실현하는 민주공화국 건국을 목표로 삼고 있었다.

그러나 건국 목표가 이렇게 공유되었다 하더라도 그 목표를 실현하는 절차와 방법은 하나가 아니었다. 1945년 전후 국민정부의 일당 지배 체제를 극복하고 민주공화를 법제화하는 길은 크게 두 가지가 있었다.

하나는 1928년 이래 국민정부 일당 지배 체제의 연장선에서 국민당 강경파(CC계 중심)가 주도하여 국민대회를 소집해 헌법을 제정함으로써 중화민국 헌정 체제를 수립하는 것이다. 이는 국민당이 여전히 집권당 지위를 유지한 채 여타 당파를 부분적으로 받아들이는 형태여서 '가짜 헌정'으로 비판받았다.

다른 하나는 국민당 온건파(政學系 중심)가 주도해 공산당과 중간파 지식인들을 폭넓게 받아들이는 연합정부 형태로 중화민국 헌정 체제를 수립하는 것이다. 이를 위해서는 먼저 국민당 일당 정부를 개조해 각 정파가 참여하는 임시 연합정부를 구성하고, 임시 연합정부 주도로 국민 대표 기관과 헌법을 만들며, 그에 의거해 정식 연합정부를 구성하는 상향식 절차가 중시되어야 했다. 중국인의 다수는 이 방안을 지지했다.

미국과 소련은 중국의 내전과 분열이 자국의 이익에 도움이 되지 않는다고 보아 연합정부안을 지지했다. 이런 견해는 1945년 12월 모스크바 3국 외무장관 회의 공동 성명에도 반영되어 공표되었다. 특히 소련은 '중·소우호동맹조약'(1945.8.14)을 통해 국민정부로부터 만주와 신장성의 각종 이권과 외몽골 독립을 확보해 둔 상태였고, 공산당이 자력으로 국민당에 맞서 내전을 감당할 역량을 갖고 있지 못하다고 보았다. 미국은 장제스를 중심으로 중화민국을 민주적인 통일정부로 재건하여 '미·중 동맹' 중심으로 동아시아 질서를 형성해 소련의 세력 확장을 차단하고자 했다. 미국은 중국에 내전이 일어날 경우 소련이 공산당을 지원해 개입할 것으로 우려했고, 스스로 유럽을 중시한 나머지 이에 직접 개입할 생각이 없었다.

3) 평화 건국을 위한 정치협상회의

민주공화국을 평화 수단으로 건국하기 위해 각 당파의 정치협상회의(이하 정협)가 1946년 1월 국민정부에 의해 소집되었다. 각계의 건국 민의를 수렴하는 이와 같은 정치 협상을 통해 건국의 방법과 절차를 결정하고, 이를 실행하자는 여론이 비등했기 때문이다. 당시 이런 민의 수렴 구실을 담당할 기관은 국민참정회였으나 효과적인 논의를 위해 그것의 축소판으로 구상된 것이 정협이다.

이와 같은 여론의 형성 과정에서, 국민당 일당의 훈정을 비판하고 있던 민주동맹을 비롯한 중간파 지식인들의 역할이 특히 컸다. 그들에 의해 1944년 9월 청두(成都)에서 결성된 민주헌정촉진회는 각계 대표로 구성된 국민회의를 소집하자고 제안했다. 바로 그때 민주동맹은 각 당파의 국사(國事) 협의 기관을 구성하자고 제안했고, 공산당이 국사 회의 소집과 연합정부 구성을 제안한 것은 이와 같은 여론의 일부에 속한다.

여론의 요구가 실제 정치 일정으로 구체화된 것은 미국의 중재에 의한 국공 담판을 통해서이다. 미국과 소련은 앞에서 말했듯이 각기 자신의 이해 판단에 따라 장제스와 마오쩌둥이 담판에 나서도록 종용했다. 이렇게 하여 1945년 8월 25일부터 충칭에서 장제스와 마오쩌둥 사이에 시작된 국공 담판 결과가 10월 10일 발표되었다. 양당은 이 '쌍십협정'으로 '정치의 민주화'와 '군대의 국가화'를 조기에 실현해 평화 수단으로 헌정 국가를 수립한다는 큰 원칙에 합의했다. 그러나 구체적 절차에 대해서는 양측 주장을 병기하는 한편, 국민당이 정협을 소집해 토론하기로 했다.

이런 요지의 '쌍십협정'에 대해 당시 중간파 여론의 동향을 보여주는 서남연합대학(일본의 침략전쟁을 피해 서남으로 이전한 베이징 대학, 칭화 대학, 난카이 대학의 연합)의 교수들과 중국공업협회의 반응이 눈길을 끈다. 그들은, 이 협정에서 양당 모두가 자신의 지배 구역과 군대를 지키려는 당파적 이해타산을 넘지 못했으므로, 사회 각계 대표가 결집해 곧 소집될 정협의 결의를 양당이 준수하지 않을 수 없도록 적절히 견제하고 감시해야 한다고 주장했다. 군대를 보유한 두 정치 세력을 사회 세력이 결집된 여론의 힘으로 견인하자는 것이다.

이와 같은 기대와 우려 속에 1946년 1월 10일 정협이 개최되었다. 그사이 국공 양당은 이미 일본군의 투항 접수를 둘러싸고 무력 대결을 불사하는 경쟁, 사실상의 국지적 내전을 벌이고 있었는데, 미국의 중재로 정협을 위해 한 달간 정전에 들어갔다. 참가 대표는 국민참정회(당시 참정원 290명)와 똑같이 각 단체의 지명이나 협상 방식으로 선정했으며 다만 그 인수를 줄여 38명(국민당 8명, 공산당 7명, 청년당 5명, 민주동맹 9명, 무당파 9명)으로 했다. 그중 22명이 국민참정회 참정원이었다.

정협의 관건은 정치의 민주화와 군대의 국가화를 누가 어떤 절차에 따라 주도할 것인지에 있었다. 국민당 강경파는 군대의 국가화가 먼저이며 이를 기존의 일당 정부가 주도해야 한다고 본 반면, 여타의 세력은 일당 정부의 개조를 포함하는 정치의 민주화가 선행돼야 한다고 보았다. 국민당 내 온건파인 정학계(政學係)가 나서 협상에 임한 결과, 1월 31일 발표된 정협 결의안의 요점은 다음과 같다.

① 국민정부를 개조한 후 국민당 내외 인사로 구성된 개조된 정부가 국민대회를 소집해 헌정 이행을 완수한다.
② 국민대회는 1937년 선출된 대표 1200명을 인정하는 대신 새로 750명을 추가해 소집한다.
③ 곧 제정될 헌법의 기본 대강과 최고 국무기관인 국민정부위원회의 구성 및 운영은 모두 정협의 결의(제1당에 대한 견제 장치 포함)에 따른다.
④ 군사 3인 소조(양당 각 1인과 중재자 미국 1인)를 설치해 공산당 군대의 통일 편제 방법을 정한다.

이상이 후일 '정협 노선'으로 알려진 핵심 내용인데, 정부 개조를 국민대회 이전에 실행해야 한다고 그 시점을 명시한 것과 달리 군대의 국가화 시점을 지정하지 않은 점이 주목된다. 이는 군대의 통일을 이루어낼 주체는 민주화된 정부여야 한다는 당시의 여론이 반영된 것일 터이다.

02 국공내전과 토지혁명

1) 내전 반대 여론

정협의 결의안이 발표되자 전국 각지의 언론과 학생·시민들은 환영 대회를 열어 이를 반기면서 군대를 보유한 국공 양당을 비롯한 모든 정치 세력이 이를 평화 건국의 절차로 준수할 것을 고대했다. 공산당도 이를 환영하면서 변화된 정세에 부응하라는 지시를 당원들에게 내렸으나, 국민당 강경파는 이를 잘못된 협상으로 간주해 반대하고 나섰다. 양당 모두 정말 정협 결의를 실행할 의사가 있었는지 의문이지만, 그와 상관없이 공산당은 여론에 부응하고 국민당은 여론을 거스르는 모습을 보인 것이다.

국민당은 CC계 중심의 강경파의 주도로 1946년 3월 6기 2차 중앙위원회 회의에서 '정협 노선'을 임의로 수정해 사실상 거부하고 기존의 일당 정부가 국민대회를 소집해 헌정을 실시하는 것으로 결정했다. 민주동맹과 무당파 인사들을 주축으로 하는 사회 여론은 이를 무늬만의 헌정에 불과한 것으로 보아, 저항하면서 정협 노선의 견지와 내전 반대를 요구했다. 국민당 강경파는 그런 요구를 공산당의 사주에 의한 것으로 간주해 무력으로 탄압했는데, 이는 결국 내전을 수반할 수밖에 없었다. 바로 그때 국민당의 분화가 시작되어 국민당민주촉진회가 성립한 것은 시사하는 바가 크다.

국민당 강경파의 독주에 맞서 민주동맹을 비롯한 전국의 각계는 정협 노선의 견지와 내전 반대를 외치는 집회와 시위를 이어갔다. 그해 6월, 그들이 상하이의 각계 단체와 공동으로 결성한 상하이 인민단체연합회는 10만 명의 참가 속에 내전 반대 집회를 열고 평화청원단을 조직해 난징 국민정부로 파견했다. 수도 난징의 기차역에 도착한 청원단장 마쉬룬(馬敍倫) 등은 국민당 특무대의 지시를 받은 난민들에게 곧바로 구타당해 부상을 입는 사건이 일어나 여론을 들끓게 했다. 그 사건 전후인 4월과 5월에는 민주동맹 서북 총지부 회원 2명이, 7월에는 민주동맹 중앙위원 리궁푸(李公樸)와 원이둬(聞一多)가 4일 간격으로 잇달아 암살되었다. 국공 담판의 중재자인 미국 특사 조지 마셜(George C. Marshall)은 충격 속에 "국민당 특무대는 지금 각지에서 민주동맹의 주요 인사와 자유주의자를 위협하고 있다"고 본국 정부에 보고했다.

국민정부는 민주동맹과 여론의 반대에도 불구하고 1946년 11월 국민대회를 소집해 '중화민국헌법'을 제정하고 1947년 1월 공포했다. 이로써 국공 협상을 통해 연합정부 구성을 핵심으로 하는 정협 노선을 추구하던 마셜의 노력이 최종적으로 결렬되고 내전은 갈수록 격화되었다.

학생들은 내전 반대를 위해 수업 거부와 시위에 나섰다. 1946년 12월 1일 쿤밍(昆明)의 서남연합대학 학생들이 수업 거부를 단행하고 내전 반대 선언이 적힌 전단을 뿌렸다. 현지의 군정 당국은 "내전을 반대하는 자는 모두 빨갱이[赤匪]다!"라는 표어를 내세우고 친국민당 학생을 동원해 반대 시위를 일으켰다. 그러나 여의치 않자 교내에 수류탄을 던져 4명이 죽고 21명이 부상당하는 참사가 일어났다. 이른바 '12·1 참사'다. 한 달 뒤 쓰촨의 국립 쯔퉁(梓潼)사범학교에 "징병에 또 징병, 누구를 치려고? 자기가 자기를 치려고!"라는 벽보가 나붙었다. 학생들의 내전 반대는 이렇게 징병 거부 운동으로 이어졌다.

내전이 격화되면서, 항일 전쟁 종결 당시 이미 인내의 한계를 넘어선 인플레이션은 끝없이 상승했고 그 결과 경제는 총체적 붕괴로 치달았다. 1947년 2월 정부의 경제 긴급 조치 방안이 발표되자, 상하이의 상공업계 인사들은 "정부의 어떤 경제정책도 내전 정지 없이는 효과를 거둘 수 없다"면서 "내전 정지와 정협 노선의 회복"만이 해결책이라고 비판했다. 미국 대사 존 L. 스튜어트(John L. Stuart)도 "내전의 장기화가 국민경제를 빈혈 상태로 악화시켰"으니 "긴급한 정치적 조절이 불가피하다"라고 본국 정부에 보고했다. 국민정부가 내전을 일으킨 후 전비 마련을 위해 지폐를 남발한 결과로 일어난 사태의 정곡을 꿰뚫은 진단이었다.

그 후 내전 반대 운동은 기아 반대, 박해 반대 구호와 결합되어 전개되었고, 그해 5~6월 절정에 달했다. 5·4운동 28주년을 맞아 상하이 학생들은 "밥을 달라!", "평화와 자유를 달라!"라고 외치며 대규모 시위를 전개했다. 이 운동은 신속하게 전국의 주요 도시로 확산되었다. 5월 18일 정부는 '사회질서임시유지법'을 만들어 10명 이상의 동맹휴학과 파업·시위는 물론이고, 청원조차 금지하는 조치를 내렸다. 이에 항의하는

그림 9-1 | 상하이 각계인민의 내전 반대 집회 1946년 6월.

학생과 이를 저지하는 경찰이 5월 20일 베이핑(난징 국민정부 시기 베이징의 공식 명칭)과 상하이에서 충돌해 수십 명이 부상당하는 이른바 '5·20 참사'가 발생했다.

그해 10월 여론 형성의 중요한 주체였던 민주동맹이 정부로부터 불법 단체로 규정되어 해산의 길로 접어든 것은, 민의를 적대하던 국민정부의 자세를 최종적으로 확인시켜 준 조치라 할 수 있다. 그 무렵부터 내전의 형세가 급속히 역전된 것은 우연이 아니다.

2) 국공내전의 전개

패전 당시 중국 주둔 일본군과 그에 협조하던 왕징웨이(汪精衛) 친일 정부의 군대는 수백만 명이었다. 따라서 이 군대들의 투항을 접수하는 것은 그들의 무기와 지배 구역을 차지하는 것이기 때문에 국공 양당 모두 양보할 수 없는 싸움이었다. 그런데도 내전 발동의 책임은 국민당에 있다는 것이 당시의 민심이었다.

이때 국민정부는 접수 권한이 자신들에게만 있다고 보아 독점하려고 했으나 사정은 그리 단순하지 않았다. 장제스는 연합국 중국전구사령관으로서 국민정부에 접수 권한을 부여한 '포츠담선언'을 내세우면서 만주를 제외한 접수 구역을 15개로 나누어 사령관을 임명했는데 모두 국민당 소속 인물이었다. 이에 맞서 마오쩌둥은 공산당군이 미·소와 함께 연합국을 구성한 중국의 항일 군대임을 내세워 자신이 포위하고 있는 지역을 스스로 접수할 권한이 있다고 주장하며 곧바로 실행에 들어갔다. 근거지 주변의 허베이 지역과 소련군이 접수할 만주가 그 일차적인 대상이 되었다.

접수 문제를 둘러싸고 양당이 처한 조건과 선택은 매우 달랐다. 국민당군은 지리적 위치 면에서 충칭을 중심으로 하는 서남 오지에 있어 일본군이 집중된 동남 연안 도시나 만주로부터 너무 멀리 떨어져 있었으나, 허베이와 화중 각지에 근거지가 있던 공산당군은 일본군과 근거리에 있었다. 민심도 항일 전쟁을 함께한 공산당군의 접수 권한을 인정해야 한다는 쪽으로 기울었다. 그런데도 국민당군이 미국 해군과 공군의 수송 지원을 받아 동남 연안 도시를 선점했기에 일본군 128만 명과 친일 정부군 60만 명으로부터 투항을 접수할 수 있었으며, 그렇게 접수한 소총, 기관총, 화포, 전차, 비행기, 군함 등 무기의 규모가 엄청났다. 공산당에 투항한 군대는 35만 명이고, 만주에서 소련에 투항한 군대는 66만 명이었다.

비교적 큰 규모의 내전은 만주에서 먼저 일어났다. 만주는 공업 시설이 집중된 곳일 뿐 아니라 양당 모두에게 전략적 중요성이 매우 컸기 때문에, 서로 장악하려 경쟁하는 핵심 지역이었다. 지리적 이점을 살려 공산당군이 1945년 8월에 도착해 접수하기 시작했고, 소련의 은밀한 지원을 받아 중소 도시와 농촌에서 신속히 무장을 강화했다. 국민당군의 진주는 소련의 방해로 지체되다가 미군의 수송 지원을 받고서야 비로소 가능해져 1946년 3월에 선양(瀋陽)·랴오양(遼陽)·장춘(長春) 등 만주의 주요 도시를 접수할 수 있었다. 4월 초 소련군이 철수하자 양측은 내전을 피할 수 없었고, 초전에 잠시 승리를 거둔 국민당군은 1947년 후반부터 린뱌오(林彪)가 이끄는 공산당군의 포위 공격에 맥없이 무너졌다. 그 주요 원인은 다음과 같다.

우선 국민당군은 파벌 투쟁으로 상호 협조가 되지 않아 전투력을 스스로 갉아먹었다. 가령 장제스는 반대파를 견제하려고 중국의 남단 윈난성에 근거를 둔 부대를 기후 조건이 판이한 만주에 투입했는데, 그렇게 파견된 부대는 불만에 찬 나머지 부대 단위로 집단 투항했으며 현지 주민에게는 점령군처럼 군림했다. 병사들은 강제로 징병된 데다가 식사 보급이 항일 전쟁 시기만도 못했기 때문에 끊임없이 투항했다. 반면 공산당군은 서북 산악 지대에서 항일 전쟁을 수행해 온 덕분에 추운 만주 전장에서 잘 견딜 수 있었고, 사전에 지하공작을 통해 각지의 민중을 조직하고 토지 분배와 같은 민생의 요구를 수용해 정치사회적 기반을 다졌다. 이 과정에서 현지인 병사를 모집해 대규모 군대를 조직했으니 토지 분배의 영향으로 만주에서 자원입대한 병사가 160만 명이다. 이때 만주로 이동해 세력을 키운 조선의용군 6만 명이 참전해 남만주 일대와 북·중 변경의 전투에서 중요한 역할을 담당했다.

만리장성 이남에서의 내전은 1946년 6월 26일 국민당군이 허베이와 화중의 공산당 근거지로 진격함으로써 본격화되었다. 당시 국민당군의 수는 430만 명으로 120만 명의 공산당군보다 크게 우세했는데도 그 후의 군사 형세는 대체로 만주에서의 상황을 똑같이 반복하고 있었다. 허베이에서의 토지 분배로 자원입대한 병사 100만 명이 전세를 뒤집는 발판이 되었다. 반면 국민당군은 공산당군을 공격하기 위해 투항한 일본군을 동원하는 자충수를 두기도 했다. 그래서 국공내전의 향배는 1947년 후반에 이미 정해졌다고 보는 견해가 유력하다. 미국은 각종 물자와 무기를 국민정부에 지원하면서도 내전에 직접 개입하지 않은 채 정치사회 개혁을 통해 국민정부를 강화하라고 요구했으나 여의치 않게 되자, 반소 동맹의 파트너를 중국에서 일본으로 바꾸어 일본 부흥 정책을 펼치기 시작했다. 국민당 수뇌부는 설마 미국이 중국을 버리겠느냐 하는 심산으로 반공·반소 이념의 대결 구도에 기대를 걸었지만, 미국의 속셈은 이처럼 달랐던 것이다. 미국의 이와 같은 정책 전환은 중국인의 광범위한 반미 운동을 촉발시켰다.

1949년 4월 공산당군이 양쯔강을 건너기 직전 스탈린은 미국의 직접 개입을 우려해 마오쩌둥에게 양쯔강 이북을 통치하는 데 만족하라고 권유했다. 그에 앞서 1946~1947년 일부 중국 지식인들 사이에도 국공 양당이 남북을 분할 통치하는 방안에 대한 논의(이른바 '남북조' 논의)가 있었다. 마오쩌둥의 군대는 이를 무시하고 도강을 결행해 단숨에 수도 난징과 최대 도시 상하이를 점령했다. 이 과정에서도 싸우지 않고 집단 투항한 국민당 군대가 수없이 많았으며, 이들이 재편성되어 공산당군을 증대시켰다. 이 같은 국공내전의 형세는 한반도의 분단과 전쟁에도 큰 영향을 미쳤다.

3) 토지 분배와 상공업 정책

국민정부는 쑨원(孫文)의 지권평균(地權平均)과 경자유전(耕者有田) 사상에 의거해 장기적으로 지주제를 폐지하고 토지 국유를 실현함으로써, 경작권을 가진 자영농을 육성하려는 구상을 하고 있었다. 이는 1930년 '토지법'으로 구체화되었으나 시행하지 못한 채 국공내전을 맞이했다. 1946년 5월 공산당이 토지 분배를 단행하자 국민당은 1947년 1월 공포한 '중화민국헌법'에 '토지법'의 핵심 내용을 명시했으나 국민당 내부의 파벌 다툼 때문에 시행하지 못했다. 심지어 미국의 지원이 절실한 상황에서, 공산혁명을 예방하기 위해 토지개혁을 단행하지 않으면 지원을 중단하겠다는 미국의 압박에도 달라지지 않았다.

그러는 사이 공산당은 크게 보아 두 단계를 거쳐 경자유전을 완료했다. 1단계(1946.5~1947.3)는 청산분배와 유상매수 방법에 의거했다. 청산분배란 각종 부당한 수단으로 농민을 압박하고 수탈한 향촌권세가(토호·악패)를 대상으로 그 내역을 조사해 청산하도록 하되 토지로 상환하게 하는 것이다. 그리고 지주 토지의 유상매수와 유상분배 방안을 마련하고 일부 지역에서 시범적으로 실시했다. 이처럼 온건한 개혁적 방법을 취한 것은 정협 노선에 의거한 연합정부 건립 여론과 미국의 중재 노력을 고려한 결과다.

2단계(1947.4~1952.12)는 무상몰수, 무상분배의 혁명적 방법에 의거했다. 정협 노선을 살리기 위한 협상이 최종 결렬된 이후의 정국 변화를 반영한 결과다. 지주 토지는 물론이고 부농 토지까지 몰수해 빈농에게 평균 분배한 「토지법대강」(1947.10)과

그림 9-2 | **중국토지법대강 공포** 1947년 10월.

부농 토지 중 소작용 토지만 몰수하고 나머지는 보호하도록 한 '토지개혁법'(1950.6) 사이에는 일부 차이가 있지만, 양쪽 모두 몰수분배의 폭력적인 방법에 의거했다. 이는 지주계급의 물적 토대가 박탈된 점에서 1928년부터 1937년에 걸쳐 일어난 토지혁명과 본질적으로 차이가 없다. 그런데도 공산당은 이를 일부 내부 문건에서 "토지혁명"이라 하면서도 공식적으로는 '토지개혁'으로 부르도록 강요했다. 사실대로 말하면, 이는 1927년부터 1937년에 걸쳐 일어난 '국지적 토지혁명'에 이은 '전국적 토지혁명'이라 할 수 있다.

전국적 토지혁명을 통해 전경지의 44%에 해당하는 7억 무(畝)가 몰수되어 3억 명의 농민에게 분배되었으니, 1인당 평균 2.33무가 분배된 셈이다. 이 과정에서 혁명 세력은 분배할 더 많은 토지를 확보하기 위해 자의적으로 계급을 분류했고, 지주로 잘못 분류된 부농의 토지와 재산도 몰수했다. 저항하는 지주와 부농에게는 대중운동 형태의 폭력이 가해졌고 이는 내전이 격화됨에 따라 더욱 심해져서 최소 80만 명, 최다 200만 명이 사망한 것으로 추산된다. 이런 희생을 치르고도 분배 후 농가 호당 평균 경지는 15.3무로 이전보다 겨우 1.18무 증가했으니, 영세한 소농 경영의 구조적 한계는 거의 해결되지 않은 것이다.

토지혁명 과정에서 지주와 토호·악패를 타도하는 정치적 대중운동이 중시된 것은 향촌 정권을 개조하고 공산당의 지배력을 하향 침투시키며, 이 과정에서 농민 당원을 확충하기 위함이었다. 이를 통해 이제 공산당은 중농과 빈농 위주의 새로운 향촌 정권을 수립했다. 공산당은 농민에게 토지를 분배하고 향촌권세가의 자의적 폭력을 종식시킨 점에서 역대 어느 정치 세력도 갖지 못한 권위를 농민 대중으로부터 인정받게 되었다. 이는 중앙집권의 효과를 극대화했다.

이와 대조적으로 국민당은 토지 정책에서는 물론이고, 상공업 정책에서도 실정을 거듭했다. 특히 대도시 접수 과정에서 집행 계통의 문란과 부정·부패로 인해 민심의 이반을 자초했다. 사태를 악화시킨 접수 기관의 난립은 극심해 수십 개(상하이의 경우 60개!)의 각 기관이 서로 다투면서 사적 이득을 챙겼다. 접수가 실제로는 '겁수(劫收: 빼앗음)'였다는 당시 접수위원 샤오위린(邵毓麟) 등의 증언과 "중앙이 보고 싶어 중앙을 기다렸으나, 중앙이 오고 나니 재앙만 늘었네!"라는 당시의 민요가 민심을 말해준다. 게다가 1948년 8월 단행된 화폐개혁은 교환 비율을 200 대 1로 설정함으로써(100 대 1이 적절) 국민정부에 대한 도시 주민의 마지막 기대마저 날려버렸다.

반면 대규모의 상공업 운영 경험이 없던 공산당은 '이자성(李自成)의 함정'(명 말 이자성 농민군이 도시를 장악한 후 부패에 물들어 자멸한 것을 말한다)을 의식해 내전 과정 내내 토지혁명을 우선한 채 대도시 장악을 최대한 늦추었다. 그 결과 자신들을 대신해 이 함정에 먼저 빠진 국민당을 포위·격파하면서 내전 종반에 가서야 대도시에 진입했다. 공산당에게는 대도시의 상공업보다 농촌의 토지혁명이 먼저였던 것이다.

1) 민주공화국에서 인민공화국으로

1949년 10월 1일 중화인민공화국이 수립되었다. 공산당은 1948년 9월부터 건국 목표를 민주공화국에서 인민공화국으로 바꿨는데, 이는 내전과 토지혁명을 거치면서 일어난 변화를 반영한 결과다. 그 과정에서 상공업자는 자산을 보호받고 공민권을 인정받았으나, 지주는 봉건 세력의 화신이자 사회적 기생충으로 간주되어 토지와 함께 공민권을 박탈당했다. 정협 노선을 파기하고 내전의 길을 택한 국민당 강경파(관료자본)에 대해서도 동일한 조치가 내려졌다. 그 결과 민주공화국에서라면 공민권을 향유할 지주와 관료자본가는 배제하고, 노동자, 농민, 소자산 계급, 민족자산 계급 등 네 계급의 '인민'에게만 공민권을 허용하는 '인민공화국'으로 바뀌게 되었다. 국기인 오성홍기의 작은 별 네 개는 네 계급 인민을, 큰 별은 그들을 지도하는 공산당을 상징한다.

인민공화국 건국의 민의는 인민정치협상회의(인민정협, 중앙)와 각계인민대표회의(각계인대, 지방)를 통해 결집되었다. 1949년 9월 성립된 이 민의 기관들의 구성 원리와 방식은 1946년 1월의 정협과 거의 동일한데, 부녀·청년·군인·소수민족·화교 등이 추가되어 참가 단위의 폭이 넓어졌다. 민주동맹이 참여한 것은 물론이고, 국민당 강경파의 독주에 맞서온 국민당 온건파는 국민당민주촉진회와 국민당혁명위원회를 결성해, 그리고 민족자산 계급은 민주건국회를 건립해 참가했다. 각계인대는 성·시―현―구―향의 각급 행정 위계에 설립되었다. 현급·구급·향급 대표의 절반 이상이 농민(중농, 빈농)이었다. 각 대표를 처음에는 각 단체가 지명이나 협상 방식으로 정했으나, 정국이 안정되면서 점차 선거로 뽑게 되었다. 이 두 기관은 1954년 정식 민의 기관 전국인민대표대회(전인대)가 소집되기까지 중앙과 지방의 임시 민의 기관 구실을 담당했다.

인민정협의 소집 과정에 보이는 특징은 구 정협과 달리 새로운 정협 소집에 찬동

그림 9-3 | **중국인민정치협상회의 준비회 상무위원회**
1949년 9월, 앞줄 왼쪽부터 탄핑산(譚平山), 장보쥔(張伯鈞), 마인추(馬寅初), 마오쩌둥(毛澤東),
선쥔루(沈鈞儒), 리지선(李濟深), 천자겅(陳嘉庚), 천옌빙(沈雁冰).

하는 단체와 정당 및 무당파 대표로 준비회의를 구성해 그 주관 아래 본회의를 소집
한 것이다. '새로움'이라는 의미가 여기에 있다. 1949년 6월 구성된 준비회(23개 단위
134명)가 6개 소조로 나뉘어 사실상 본회의의 핵심 의제(참여 단위와 대표 수 확정, '회의조
직법', 공동강령, '인민정부조직법', 국기 및 국가 등의 초안 작성)를 정했는데, 네 계급의 대표
는 각 단위(직업·직능)에 4~7명씩 분배되었다. 본회의 대표는 45개 단위 510명과 특별
초청 대표 75명(내전 종반에 잔류한 국민당계 인사)으로 구성되었다.

임시헌법 역할을 한 「인민정협공동강령」에는 인민공화국 정치·경제 체제의 골자
가 다음과 같이 명시되었다.

① 인민공화국은 노동자계급의 영도 아래 노농연맹을 기초로 하는 신민주주의(인민민
주주의) 국가이며, 이를 위해 인민정부와 인민경제를 건설한다.
② 인민정부는 민의 기관 구성 방법과 똑같이 네 계급 인민의 대표로 구성하며, 인민경
제는 네 계급 인민의 재산을 보호하고 국유·사유·합작사 소유를 병행한다.

③ 군대와 경찰은 관병 일치, 군민 일치의 원칙에 따라 정치 공작 제도를 운용한다.

④ 소수민족은 모두 평등한 권리를 가지며 구역별 자치 아래 풍속·종교·신앙의 자유
   를 누린다.

주목되는 점은 권력의 견제와 균형을 추구할 장치가, 가령 '정협 노선'의 원칙에 있
던 제1당 견제 장치(군민 분치와 군대의 국가화, 정부위원 중 특정 정당원을 1/2 이내로 제한하고,
주요 의안은 2/3의 찬성으로 의결)가 빠져버린 것이다. 이 공동강령은 1954년 제정된 '인민
공화국헌법'에 의해 대체되었는데 거기에도 이런 편향은 이어졌다. 헌법은 전국적인
보통선거를 거쳐 성립된 전국인민대표대회에서 제정되었으며, 이로써 건국 과업이
일단락되었다. 인민정협(지방의 각계인대 포함)은 자문기구로 성격이 바뀐 채 존치되어
각계 여론을 수렴하는 구실을 담당했다. 오늘날의 '양회(兩會: 직업 대표로 구성된 인민정
협과 구역 대표로 구성된 전국인민대표대회)'는 이렇게 하여 탄생했다.

2) 인민정부와 인민경제

중앙인민정부는 인민정협 전체 회의에서 위원을 선출해 구성된다. 중앙인민정부
위원회(56명)는 사실상 국가권력의 최고 중추로서 그 산하에 정무원, 군사위원회, 최
고법원, 검찰서를 둔다. 그리고 국가 법률을 제정·해석하고 그 집행을 감독하며, 외
국과의 조약 및 협정을 비준·폐지·수정하며, 국가 예산·결산을 비준·수정하는 권한
을 행사한다. 위원회 회의의 안건은 위원 과반수의 출석과 출석 위원 과반수의 찬성
으로 의결된다. 이처럼 행정·사법·입법 기능이 합일된 권력구조는 1954년 헌법에 의
거해 국무원이 설치되면서 분리되었다.

1949년 10월 구성된 첫 중앙인민정부위원회 위원 56명 중 공산당원은 27명(48.2%)
으로 과반이 채 안 되었다. 나머지 위원 29명, 부주석 6명 중 3명, 정무원의 부총리
4명 중 2명, 장관에 해당하는 각 부 부장과 위원회 주임 33명 중 15명이 민주동맹, 국
민당계, 무당파 인사들로 채워졌다. 지방인민정부의 주석(성장, 시장, 현장) 자리도 마찬

그림 9-4 |
우한시 장안구(江岸區) 공급판매합작사

가지였다. 이로써 신민주주의 원리에 의거한 연합정부 구성의 정신이 어느 정도 살려졌다고 할 수 있다. 그리고 이는 당시 공산당 역량의 한계로 인해 그럴 수밖에 없던 사정이 반영된 결과이기도 했다. 당원 450만 명 중 대부분이 문맹이고 최소한의 자질을 갖춘 사람은 정부 각급 기관을 담당할 인원의 3분의 1에 불과했다.

한편 이때 마오쩌둥은 중앙인민정부위원회 주석인 동시에 공산당 주석과 군사위원회 주석을 겸하고 있어 당·정·군을 일원적으로 장악하는 위치에 있었다. 이와 같은 권력구조 속에서는 군대를 거느린 당의 최고지도자가 민주 원칙을 존중할 경우 인민정부가 연합정부로서 기능할 수 있지만, 그렇지 않을 경우에는 무늬만 연합정부인 상태가 될 수 있다. 인민정협에 참여한 민주동맹을 비롯한 비공산당계 인사들은 구 정협 결의에서와 같은 견제 장치조차 공동강령에 넣지 않았다. 이는 인민공화국 연합정부의 특징으로, 민주공화국의 연합정부와 다른 면이다.

인민경제는 네 계급의 재산 소유와 경제활동을 보장해 혼합경제를 시행한 점에서 민주공화국 구상의 혼합경제 틀을 유지했으나, 국영경제 우위를 명확히 하고 국영경제를 곧 사회주의경제로 간주한 점에서 달랐다. 시장경제 우위의 혼합경제에서는 국영경제가 자본주의 원리에 따라 운영된다고 파악된 것과 비교된다. 그렇더라도 인민경제는 장기간 자본주의 경제를 허용함으로써 공업을 발전시키고 생산력을 높이는 것으로 공언되었기 때문에 농촌의 부농과 도시의 사영 상공업은 보호되고 노동자와 자본가, 국영경제와 사영경제의 어느 한쪽이 아닌 쌍방의 이익을 동시에 추구하는 원칙 속에 발전될 것이었다. 이와 동시에 자유로운 개인들의 연합에 의한 합작사(협동조합) 경제가 양자 사이의 균형을 잡아줄 것이라는 기대 속에 중시되었다.

이처럼 인민정부와 인민경제는 민주공화국의 연합정부와 혼합경제에 비해 좌경화된 모습을 보였지만, 그 기본 틀을 유지했다. 인민공화국의 성립은 1912년 성립한 중화민국에 이은 중국의 두 번째 공화국으로서 다음과 같은 역사적 의미가 있다. ① 전례 없는 강력한 집권적 통일정부 수립, ② 반제 자주(반미뿐만 아니라 결국에는 반소까지)의 대국화, ③ 토지 문제와 아편 문제의 해결, ④ 직업대표제 원리를 살려 노동자와 농민의 참정을 제도화한 것 등은 전에 없던 일이다.

3) 인민공화국의 대외 관계와 변경, 소수민족

인민공화국은 1950년 2월 '중·소우호동맹조약'을 체결하여, '얄타밀약'에 따라 장제스 정부가 소련에 내주었던 만주의 이권을 회복하고 명실상부하게 국가주권을 회복했다. 미국과 영국 등 서방 국가들과의 불평등조약은 이미 무효화되었으나 대등한 입장에서 외교 관계를 맺으려는 노력은 여의치 않았다. 서방 국가들은 인민공화국을 처음부터 공산당 일당 정부이자 소련의 앞잡이로 간주했고, 인민공화국이 1950년 1월부터 베트남의 독립전쟁을 지원하자 식민지 종주국의 이해관계도 있어 수교를 피했기 때문이다. 따라서 수교국은 거의 대부분 동유럽 국가들이었고, 북한과 베트남 민주공화국 등 나중에 이른바 '제3세계'로 불리게 될 아시아·아프리카 신생국들이었다. 그런 관계를 바탕으로 저우언라이(周恩來) 총리는 1955년 반둥회의에서 인도의 자와할랄 네루(Jawaharlal Nehru) 총리와 함께 '평화10원칙'을 새로운 국제질서의 원리로 제시했다.

　인민공화국의 대외 관계를 소련 일변도로 한정시킨 결정적 계기는 한국전쟁의 발발과 중국의 참전이다. 이제 막 수립된 인민공화국은 세계 최강의 미국을 상대로 한 전쟁에 뛰어들 의지도 역량도 없었으나, 다음과 같은 세 가지 이유 때문에 참전하게 되었다. 건국 사업을 위해 소련의 지원을 받아야 하는 상황에서 스탈린의 참전 요구를 거부할 수 없었고, 미군이 삼십팔도선을 넘어 압록강 변에 이르게 되자 위태로워진 둥베이 국경의 완충 지대를 확보하기 위해서였다. 그리고 공산당군이 국민당과의 만주쟁탈전에서 곤란에 처했을 때, 조선의용군과 북한 정권으로부터 지원을 받은 데 대한 보답으로 패퇴하는 북한군을 돕기 위해서였다.

　그 결과 인민공화국은 북한과 접한 둥베이 국경의 완충 지대를 확보했으나 그 대신 서방 국가들로부터 경제봉쇄를 당하는 동시에 타이완 점령을 미룰 수밖에 없었다. 인민해방군이 타이완 점령을 눈앞에 두었을 때 한국전쟁이 일어나자 미국이 곧바로 제7함대를 타이완해협에 파견해 그 공격을 차단하고 타이완의 국민정부를 지원해 안정시켰기 때문이다. 타이완에서 일본군이 투항한 뒤, 국민당 정부는 자신들의 지배 체제를 수립하는 과정에서 횡포한 점령군 행세를 하다가 민중의 저항에 부딪히자 3만여 명의 민간인을 살해했다(1947년에 발생한 2·28 사건). 국민당은 대륙에서 패퇴한 이후 그 패배를 거울로 삼는 한편, 미국의 지원을 받아 토지개혁을 단행하고 국민당 지배 체제를 공고히 함으로써 타이완을 대륙 수복의 기지로 삼으려 했다. 그러나 소수의 국민당이 일당 체제를 지속했다는 점에서 현지인(타이완 인구의 85%) 대다수의 지지를 받기는 어려웠다.

　타이완에도 소수민족이 거주하지만, 중국의 북·서·남 변경에는 더 많은 소수민족이 집단적으로 거주한다. 이들에 대해 공산당은 1920년대와 1945년 전후 소련식 연방제를 모색한 적이 있지만, 결국 이를 포기하고 집권적 통일국가인 '다민족 통일국가' 체제를 채택했다. 그에 따라 중국 내 소수민족은 분리·독립권도 연방구성권도 없이 자치권만 보장받는 '민족구역자치제' 안에 강제로 편입되었다. 그것은 성급에 해당하는 자치구 네 개(네이멍구, 신장웨이우얼, 티베트의 장족, 광시의 좡족), 그 아래 성과

그림 9-5 | **마오쩌둥의 소련 방문**
1949년 12월, 시베리아 횡단철도를 타고 모스크바역에 내린 마오쩌둥과 환영을 나온 소련 지도자들.

현의 중간에 해당하는 몇 개 자치주, 그리고 자치현의 세 위계로 이루어졌다. 아울러 1952년 전국의 소수민족 조사를 시행해 앞의 네 민족을 포함하는 55개 소수민족과 한족을 국정민족으로 확정했다. 만주 거주 조선인은 그중 하나인 '조선족'으로 편입되었다. 그리고 정무원(1954년 이후 국무원) 산하에 민족사무위원회를 두어 소수민족에 대한 관리를 전담하도록 했다.

인민공화국의 이 같은 민족 정책은 중앙정부가 자신의 기준에 따라 일방적으로 민족을 분류한 후에 취해진 것이어서 소수민족의 불만과 저항이 뒤를 이었다. 특히 신장의 위구르족, 티베트의 장족, 내몽골의 몽골족이 그러했다. 중국은 이 지역들과 이해관계가 있는 소련, 인도, 영국 등과 적절히 타협하는 대가로 그들에 대한 중국의 주권을 확보했다. 가령 중국은 티베트에 대한 주권을 인도로부터 인정받는 대신 인도와 특수 관계에 있는 영국의 홍콩 영유권을 묵인했다. 소수민족의 인구는 전체의 10% 미만이었지만, 그들의 거주지 면적은 전체의 60%나 되었고, 엄청난 지하자원이 있기 때문에 영토를 확정하는 데 극히 중시되었다.

1) 연합정부와 혼합경제에서 일당정부와 국영경제로

인민공화국 초기(1949~1956)의 권력구조와 경제체제를 처음부터 공산당 일당 정부의 사회주의 체제로 간주하는 견해도 있지만, 앞서 본 대로 그것은 기본적으로 연합정부와 혼합경제였다. 근래에는 그것이 수년간의 개조 과정을 거쳐 1957년부터 비로소 일당 정부와 국영경제의 사회주의국가로 바뀐 것으로 보는 견해가 많아졌다. 이런 변화의 의미와 그 한계를 직시해야 비로소 후일 덩샤오핑의 개혁·개방 정책이 나온 연유를 이해할 수 있다.

공산당이 노동자 계급을 대신해 국정을 지도하는 것으로 돼 있었지만, 그 지배력은 한계가 있을 수밖에 없었다. 1949년 당시 공산당원 중 산업노동자는 5% 미만이었고, 근대 공업 생산은 전체 산업 생산의 10% 남짓에 불과했다. 국영경제와 국가계획 외에 사영경제와 시장을 허용하고, 국민당 치하에서 상공업 경영과 도시행정의 경험을 가진 당 외 인사를 대거 등용한 것도 이 때문이었다. 마오쩌둥은 이렇게 하여 중국을 농업국에서 공업국으로 전환하는 과도기를 거친 후에 사회주의로 넘어간다는 신민주주의 프로젝트를 천명했다. 연합정부도 그에 따라 점차 일당정부로 바뀔 것이었는데, 마오쩌둥은 그 과도 기간을 빠르면 15년 늦으면 30년으로 잡고 있었다.

물론 공산당은 그런 과도기에도 끊임없이 자신의 조직을 확대해 지배력을 확장하고 공고히 하려는 노력을 계속했다. 1949년 말부터 정부와 사법기관 및 대중 단체에 공산당의 세포인 당단(黨團)을 조직하도록 하더니, 1953년 3월에는 중앙정부의 모든 활동을 공산당 중앙의 비준을 받도록 의무화한 것이 그 예이다.

1953년 6~12월 공산당중앙위원회는 종래의 계획을 바꾸어 신민주주의 단계를 조기에 종결하고 국유화와 집단화를 핵심으로 하는 사회주의 단계로 넘어가는 '과도시기 총노선'을 결정해 공포했다. 이 개조 작업은 1956년 말 거의 완료되었고, 이듬해 사회주의국가체제를 수립한 것으로 선포되었다.

그림 9-6 | 다롄조선소의 중국인 기술자와 이들을 지도하는 소련 전문가

　　먼저 연합정부가 일당정부로 바뀌는 과정을 보자. 연합정부에 참여해 민족자산 계급과 소자산 계급의 이해를 대변하던 당 외 인사의 절반가량이 1954년 쫓겨났고 1957년 반우파투쟁을 계기로 나머지도 모두 쫓겨나 공산당 일당 정부로 바뀌었다. 그리하여 군대를 보유한 하나의 혁명당이 노동자 계급을 대신해 국가의 각 부문(정부, 군대, 학교, 기업, 대중조직 모두)을 '지도하는' 레닌식 당국가체제(party state system, 당치체제)가 성립되었다. 중간파 지식인 추안핑(儲安平)은 이를 "당천하(黨天下)"라고 비판했다.

　　그와 상응해 혼합경제도 국영경제로 전환되었다. 사영기업은 공사 합영기업을 거쳐, 혹은 곧장 국영기업으로 전환되었고, 소련식 5개년경제계획이 실행되어 국영 중공업 위주의 공업화가 급속히 추진되었으며, 소련의 각 분야 전문가들이 파견되어 기술을 지도했다. 소련식 국가계획위원회가 조직되었으며 이 업무를 전담하도록 했는데, 연합정부의 원리에 따라 당 외 인사가 참여해 시장경제까지 고려하던 재정경제위원회를 이 위원회가 대신했다. 그리하여 1956년 말까지는 증권과 부동산 임대소득세를 비롯한 시장경제 요소가 점차 축소되다가 사라졌다.

　　그러나 당시 중국의 상공업경제는 이처럼 조기에 사회주의경제로 이행할 만한 물질적 기초를 결여한 상태였다. 국가통계국이 펴낸 『중국통계연감』(1983)에 따르면, 공업 생산 중 근대 공업의 국영 대 사영 비중은 1949년 26.2% 대 48.7%에서 1952년 41.5% 대 30.6%로 바뀌었다. 국영기업은 대부분 국민당의 관료자본과 일본인 소유의 재산을 몰수해 국유화한 뒤 정부가 의도적으로 국영기업을 육성한 결과 점차 증가한 것이다. 같은 기간 수공업(대부분 사영)의 비중은 23%에서 20.6%로 소폭 감소했다. 그러니까 1952년에도 공업 생산 중 근대 공업과 수공업을 포함한 사영경제의 비중은 51.2%나 되었다. 더구나 그해 농업을 포함한 농공업 생산 전체(농업 56.9%, 공업 43.1%)에서 국영 근대 공업의 비중은 26.7%에 그쳤다. 이런 조건에서 서둘러 단행된 사회주의경제로의 개조는 태생적으로 한계를 갖고 있었다.

국민경제의 가장 큰 비중을 차지한 농업의 집단화와 국유화는 1954년부터 1956년까지 단계적으로 이루어졌다. ① 토지를 분배받은 농민들이 품앗이 방식처럼 노동력을 서로 교환해 돕는 호조조(互助組) 단계, ② 농민이 자기 토지와 농기구·농우의 소유권을 유지한 채 합작사에 출자해 노동과 투자분에 따라 분배받는 초급 합작사 단계, ③ 토지와 농기구 등의 소유권을 합작사에 넘기고 노동에 따라서만 분배받는 고급 합작사 단계를 거쳤다. 대다수 농민은 2단계까지는 자발적으로 참여했으나 사회주의경제에 해당하는 3단계에서는 소수의 극빈농 말고는 각종 방식으로 저항하면서 탈퇴하기도 했다. 그러나 정부와 당의 행정적 제재(농기구, 종자, 비료 등의 공급 제한)를 받게 되자 대다수 농민은 어쩔 수 없이 고급 합작사에 가입했다. 그리하여 1956년 12월 상공업과 농업을 포함한 국민경제 전체에서 사회주의경제가 차지하는 비중은 90%를 넘어섰다.

이와 같은 개조 과정에서 공산당 내에는 중대한 이견이 발생했다. 1952년까지는 공산당 중앙정치국원 모두 생산력을 중시해 사영경제(부농, 사영 상공업)를 허용하는 신민주주의 경제정책을 견지해야 한다는 입장을 취했다. 그러나 마오쩌둥은 그해 6월 갑자기 태도를 바꿔 이를 비판하면서 조기에 사회주의로 이행해야 한다는 의견을 제출해 강경파를 결집시켰다. 둥베이과 산시성(山西省)의 당 간부들이 부농의 발전을 저지해야 한다면서 이에 앞장섰다. 류사오치(劉少奇)와 덩샤오핑 등의 온건파는 당초의 정책을 지속하려 했으나 강경파의 비판 대상이 되었다. 이윽고 마오쩌둥의 권위와 변화된 조건 탓에 온건파의 견해는 억압되고 최소한의 타협책으로 미봉된 채 개조 작업이 단행되었다. 상공업과 토지를 국유화할 때 사영 기업주가 투자한 금액에 대해 연 5%의 이자를 지급하고, 소유지의 5%를 농민에게 텃밭으로 남겨준 것이 그 타협책이다. 국유화와 집단화로 중국에서도 계획경제체제가 수립되었지만, 이와 같은 미미한 보상 초치가 소련에서는 볼 수 없던 신민주주의의 꼬리를 보여주는 '인민'공화국 중국의 특징이다.

마오쩌둥을 비롯한 공산당 강경파를 조급하게 만든 조건의 변화란 다음 세 가지이다. 첫째는 대부분이 농촌 출신인 중국공산당 간부들의 인민주의적 성향이다. 그들은 발달된 산업사회를 거치지 않고 곧장 사회주의 체제로 직행하려는 경향을 보였는데, 부농의 발전을 타도된 지주계급의 부활 조짐으로 여겨 두려워하면서 강경파의 결집을 촉진했다. 둘째, 스탈린의 요구와 소련 모델의 힘이다. 동유럽 인민민주국가들이 소련 모델에 따라 사회주의 개조를 앞당겨 단행했고, 그러지 않은 유고슬라비아의 요시프 티토(Josip B. Tito)를 스탈린이 코민포름에서 제명함으로써 마오쩌둥에게 압력을 가했다. 셋째, 한국전쟁의 영향이다. 내전에서 패퇴해 타이완으로 옮겨간 국민당 세력이 이때 미국의 지원으로 부활해 반격해 올 가능성이 커졌으므로, 그에 대비해 중공업을 신속히 발전시킬 필요가 있었다.

이처럼 국내외 조건의 변화 속에 마오쩌둥과 공산당의 정책이 바뀐 것으로 인식하지 않고, 그의 신민주주의론과 연합정부론이 원래 권력 장악을 위한 일시적 책략에 불과했다고 보는 견해가 있다. 그렇다면 연합정부를 지지한 중국인 대다수가 마오쩌둥의 책략에 놀아난 꼴이 된다. 이는 신해혁명 전후부터 정착되어 민국 시기 내내 지속된 '각계연합'의 민의 결집 관행과 쑨원의 민생주의에서 연원하는 혼합경제 구상의 역사적 맥락을 간과한 단견이라 하겠다.

근대 공업의 기반이 극히 취약한 상태에서 급조된 중국의 사회주의 체제는 지속될 수 없었으므로, 얼마 지나지 않아 덩샤오핑의 개혁·개방이 나올 수밖에 없었다. 개혁·개방은 개인소유와 시장경제를 허용하고 외국의 자본과 기술을 도입해 생산력을 발전시키기 위한 정책으로, 장기간 지속되었어야 마땅하지만 조기에 종결된 신민주주의 혼합경제가 탈냉전이라는 조건에서 회복된 것을 의미한다. 이때 앞에 말한 5%의 '꼬리'가 의미 있는 매개 역할을 담당한다.

2) 인민의 생활과 여성 노동의 사회화

인민의 생활 정도는 조세 부담과 1인당 국민소득으로 짐작해 볼 수 있다. 우선 농민이 내는 토지세는 1952년부터 1957년까지 소량의 부가세를 합쳐 13%였다. 1950년부터 1951년에는 한국전쟁으로 인한 전비 부담이 늘어났다(20~30%). 국민정부 시기의 과중한 부가세와 소작료에 비하면 인민공화국 초기 농민은 지주계급이 소멸된 조건에서 국가에 정규의 세금만 납부하면 나머지는 자기 몫이 되었다. 그에 따라 이전에는 생각도 못했던 보온병과 법랑, 세숫대야가 농민 가정에도 널리 보급되었다.

그러나 이 '자기 몫'은 1953년부터 정부의 주요 농산물(양곡·면화·식용유) 염가 매수 정책(統購統銷: 싸게 사서 필요할 때 판매하는 정책)에 따라 줄어들었다. 농민은 이에 대해 반발했고 지방에 따라 집단적 항의 시위를 벌이기도 했으나, 농업잉여가 국가에 의해 공업부문으로 전이되는 것을 막지 못했다. 반면 농촌거주자의 도시 진입을 금지한 호구제도(戶口制度)가 시행되어 농민은 도시로 이주할 수 없게 되었다.

상공업자들은 상업세, 증권 및 이자소득세, 화물세, 부동산 임대세 등을 사회주의 개조가 완료될 때까지 납부했다. 당초 소득세는 국영과 사영기업에 똑같이 부과했으나 1953년 이후 사영기업에 더 무겁게 부과해 사영기업은 공사 합영기업으로 점차 바뀌었다. 합영기업의 이득은 1953년부터 소득세 34.5%, 복지비 15%, 공적 적립금 30%, 기업주 이윤 20.5%로 분배하도록 규정되었다. 소득세만 납부하던 1950~1952년에 비해 자기 몫이 크게 줄었고, 국유화 이후 기업주는 소유권과 경영권을 모두 내놓고 경영관리직 직원이 되었는데 일반 노동자에 비해 높은 보수를 받았다. 이와 별도로 투자액에 대한 연이자 5%는 문화대혁명 직전인 1966년까지 받았으며, 그 수혜자가 114만 명이었다.

노동자와 국영기업 및 각급 기관의 직원은 각기 정해진 보수체계에 따라 봉급을 받았다. 기술과 경영 관리 능력을 가진 사람은 우대되어서 국민정부에 복무한 자는 물론이고 만주에서는 일본인 기술자들도 중용되었다. 그들은 국가와 소속 단위로부터 노동보험금·의약비·복지비의 혜택을 받았는데, 국영기업의 직원이 특별히 우대

그림 9-7 |
1950년대 초 탁아소

받아 신흥 자산계급에 비유되곤 했다.

국민경제가 회복·발전하면서 각급 학교가 증설되어 학생과 교원이 급증했다. 병의원, 공공 도서관과 박물관도 크게 증가했다. 이 기간에 국민소득이 연평균 8.9% 늘어나 이를 뒷받침했다. 1953년 이후 교육제도는 소련 모델에 따라 편제되고 교육 방법과 교과서도 그 영향을 크게 받기 시작했다. 유물사관에 의거한 소련판 역사 인식 체계가 중국사와 세계사 교과서에 전면 도입되었다. 대학은 이공계 중심으로 재편되었고, 영·미식 사회과학은 자산계급의 이해를 대변하는 것으로 간주되어 퇴출되었다. 그와 짝을 이루어 자유주의 성향의 지식인에 대한 박해가 '사상개조'라는 이름으로 진행되었다.

여성의 취학·취업과 사회활동이 증가한 것도 눈에 띄는 변화이다. 「인민정협공동강령」과 '인민공화국헌법'은 여성이 정치·경제·문화·사회 생활 각 방면에서 남성과 평등한 권리를 가지며 결혼의 자유를 누린다고 규정했다. 여성은 전국 인민대표의 12%, 지방 인민대표의 20% 내외를 차지했으며, 중앙정부 부주석과 부장·차장을 포함한 각급 공무원의 20%를 차지했고, 지방정부에서는 더 많은 비중을 차지했다. 남성 노동자가 55.1% 증가하는 동안 여성 노동자는 77.8% 늘었다. 각 기관, 기업과 농촌에 탁아소가 만들어져 여성의 노동과 사회활동을 뒷받침했다.

'혼인법'(1950)의 공포와 시행은 여성의 지위를 획기적으로 개선하는 효과를 거두었다. 부녀 단체와 정부가 머리를 맞대고 마련한 이 법은 결혼의 자유와 이혼의 자유를 보장하며, 아내는 남편과 동등하게 자신의 능력을 개발하고 각종 사회·정치 활동에 참여할 권리와 자유를 누린다고 규정했다. 가부장적 전통이 강한 중국에서 이 법이 시행되는 데는 여러 가지 저항과 혼란이 뒤따랐고, 특히 이혼을 둘러싼 갈등으로 다수의 아내가 자살하거나 남편에 의해 살해되기도 했다. 부녀 단체는 대다수의 남성들, 특히 보수적인 당 간부들을 설득해 이 법이 온전히 시행될 수 있도록 하는 데 힘을 쏟았다.

더 읽을거리

강명희. 2003.『근현대 중국의 국가건설과 제3의 길: 비자본주의의 이론과 실천』. 서울대학교출판부.

김지환. 2009.『전후 중국경제사, 1945~1949』. 고려대학교출판부.

니시무라 시게오(西村成雄) 외. 2012.『중국의 당과 국가: 정치제제의 궤적』. 이용빈 옮김. 한울엠플러스.

마이스너, 모리스(Maurice Meisner). 2004.『마오의 중국과 그 이후』 1. 김수영 옮김. 이산.

미 국무성. 1982.『중국백서』. 이영희 편역. 전예원.

민두기. 2001.『시간과의 경쟁: 동아시아근현대사론집』. 연세대학교 출판부.

베르제르, 마리 끌레르 (Marie-Claire Bergere). 2009.『중국현대사: 공산당, 국가, 사회의 갈등』. 박상수 옮김. 심산.

쉬, 이매뉴얼 C. Y(Immanuel Chung Yue Hsu). 2013.『근현대 중국사』하권. 조윤수·서정희 옮김. 까치.

신승하. 1992.『중국현대사』. 대명출판사.

아마코 사토시(天兒慧). 2003.『중화인민공화국 50년사』. 임상범 옮김. 일조각.

오쿠무라 사토시(奧村哲). 2001.『새롭게 쓴 중국현대사: 전쟁과 사회주의의 변주곡』. 박선영 옮김. 소나무.

유용태. 2006.『환호속의 경종』. 휴머니스트.

_____. 2011.『직업대표제: 근대중국의 민주유산』. 서울대학교 출판문화원.

유용태 엮음. 2014.『동아시아의 농지개혁과 토지혁명』. 서울대학교 출판문화원.

윤혜영·천성림. 2016.『중국 근현대 여성사』. 서해문집.

이스트만, 로이드 E.(Lloyd E. Eastman). 1986.『장개석은 왜 패하였는가』. 민두기 옮김. 지식산업사.

크롤, 엘리자베스(Elisabeth Croll). 1985.『중국여성해방운동』. 김미경·이연주 옮김. 사계절.

10장 냉전과 중국

정문상(가천대학교 가천리버럴아츠칼리지 교수)

중국공산당(이하 공산당)은 중국국민당(이하 국민당)과의 새로운 국가 수립을 둘러싼 경쟁에서 승리하고, 마침내 1949년 10월 1일 중화인민공화국(이하 중국)의 수립을 대내외에 선언했다. 그러나 신중국의 국가 건설 과정은 순탄하지 못했다. 중국 수립 직전 인민정치협상회의에서 표명된 신민주주의국가 건설 비전은, 1953년 중국 지도부가 '사회주의사회로의 길'로 나아갈 것을 천명함으로써 건국 후 불과 4년 만에 폐기되었다. 1953년부터 추진된, 소련 모델에 입각한 사회주의로의 길 또한 1957년 말부터 변화되기 시작해 마침내 이른바 '중국적 사회주의로의 길', 즉 대약진운동과 문화대혁명으로 대체되고 말았다. 이상과 같은 극적인 국가 건설의 추이만큼이나 중국의 대외정책 내지 노선의 변화도 극적이었다. 신중국 수립 직전, 냉전 진영 중 소련이 주도하는 쪽에 가담할 것을 천명한 이후 친소·반미 외교 노선을 견지했으며, 중국적 사회주의로의 길로 접어들어서는 소련과의 대립과 갈등 끝에 외교 방향을 반소로 전환했던 것이다. 소련과의 관계 변화는 이웃 동맹국과의 관계에도 영향을 미쳤다. 대표적으로 북한과 베트남과의 관계는 중·소 관계의 변화에 따라 부침을 보였다. 중·소 갈등의 심화는 미·중 화해라는 극적인 반전으로 나타났고, 중국의 이와 같은 외교 노선 또는 대외 관계의 변화는 중국 국가 건설의 배경이자 동아시아 냉전 구도의 변동, 즉 냉전에서 탈냉전으로의 역사적 전환을 의미하는 것이었다.

　　공산당은 언제, 어떤 계기로 소련이 주도한 냉전 진영에 가담했을까? 국민당과의 내전에 돌입한 공산당이 미·소 간의 모순을 주요 모순으로 간주하는 국제 인식을 내비친 적이 있지만, 냉전 진영의 논리를 가장 명료하게 천명한 것은 마오쩌둥(毛澤東)의 「인민민주독재를 논함(論人民民主專政)」(1949.6.30)을 통해서였다. 공산당 창당 28주년을 기념해 발표한 이 글에서 마오쩌둥은 제국주의와 사회주의의 갈림길에서 중국은 소련과의 연합을 통해 사회주의 길을 가야 하며, 이는 "쑨원(孫文)의 40년 혁명과 공산당의 28년 혁명 경험의 결산"이라고 주장했다. 이는 소련 일변도(一邊倒)의 외교 방침을 공식적으로 천명한 것으로, 중국 수립을 앞둔 시점에 사회주의 진영의 일원으로 미·소 냉전 구도에 참여하겠다는 의지를 표명한 것이었다.

　　국민당과의 전쟁에서 마침내 승리한 마오쩌둥은 중국을 수립한 후 소련행 열차에 몸을 실었다. 1949년 12월 16일 모스크바에 도착한 그는, 소련과의 동맹조약 체결을 위해 이오시프 스탈린(Iosif Stalin)과 긴 협상에 돌입했다. 양국 지도자는 같은 사회주의 진영으로 동맹의 필요성에는 동감했지만, 동맹 방식과 그에 대한 태도는 달랐다. 스탈린은 1945년 얄타협정과 이를 근거로 체결한 장제스(蔣介石) 휘하 국민정부와의 조약, 즉 '중·소우호동맹조약'을 통해 확보한 둥베이(東北) 지역에 대한 이권을 유지하는 선에서 중국과 새로운 동맹 관계를 맺고자 했으며, 중국의 경우에는 어떻게든 독립적인 외교 이미지를 창출하면서 최대한 국익을 확보하고자 고민했다. '중·소우호상호원조조약'(이하 중·소조약)이 마오쩌둥이 모스크바를 방문한 지 약 3개월 만인 1950년 2월 14일에야 공식적으로 체결된 것은, 협상 과정에서 양측의 이해관계가 얼마나 첨예하게 대립했는지를 어렵지 않게 짐작하게 해준다.

　　'중·소조약'을 통해 소련은 장춘(長春)철도와 뤼순(旅順) 군사기지, 다롄(大連) 무역항에 대한 권한을 중국에 반환해야 했으며, 중국은 몽골인민공화국의 독립을 승인해야 했다. 하지만 소련은 중국을 사회주의 진영에 편입시키며 중국과의 파트너십을 강화할 수 있었고, 중국은 주권 회복과 불평등조약의 폐기, 소련과 같은 선진

그림 10-1 | 중·소우호상호원조조약 체결 기념 우표
중국.

사회주의국가로부터의 정치, 경제, 군사, 외교 등 다양한 방면에 걸친 후원과 지원
을 약속받을 수 있었다. 중국은 정부 수립 직후 외교적으로 가장 먼저 승인한 소련
에 의존해 이제 경제개발을 추진하는 한편, 군사 강국으로서의 면모도 갖추어 나아
갈 수 있었다.

마오쩌둥이 스탈린과 '중·소조약' 체결을 위해 모스크바에 머물렀을 때 호찌민(Ho
Chi Minh)이 모스크바를 찾았다. 호찌민은 제2차 세계대전 종전 직후 수립된 베트남
민주공화국의 수반으로, 베트남의 재식민화를 꾀한 프랑스를 상대로 힘겨운 항쟁을
전개하고 있었다. 대외 원조를 위해 동분서주하던 그에게 손길을 내민 것은 중국이
었다. 중국은 호찌민의 국교 수립 요청을 수용함으로써 세계에서 가장 먼저 베트남
민주공화국을 승인했다. 이뿐만이 아니었다. 1950년 1월 베이징을 찾은 호찌민을, 스
탈린과 '중·소조약'을 협상하고 있던 마오쩌둥은 모스크바로 불러 군사 지원까지 약
속했다. 1950년 3월 중국으로 돌아온 마오쩌둥은 베트남민주공화국에 군사고문단을
파견하기로 결정했다. 이를 위해 군사훈련에 돌입하는 한편, 무기와 탄약 등 군사 장
비를 베트남민주공화국에 지원하기 시작했다.

마오쩌둥이 모스크바에 있었을 때 북한 김일성의 남침 계획에 대한 소련의 태도
에 중대한 변화가 있었다. 스탈린이 김일성의 남침 계획을 돕고 이를 논의할 준비가
되어 있다는 뜻을 김일성에게 전달한 것이었다. 이전까지만 해도 스탈린은 김일성의
남침 계획에 회의적인 태도를 취해왔다. 중국의 경우에는 더욱 그러했다. 신생국으

로서 무엇보다도 가장 시급했던 일은 경제 재건과 회복, 정치적 안정과 통합의 확보였기 때문에, 국경 밖 전쟁에 직접 개입할 여력이 없었다. 게다가 비록 간접적인 방식이었지만, 베트남민주공화국에 대해 군사 지원을 약속한 터였다.

1950년 3월 말에서 4월에 걸쳐 이루어진 모스크바 방문에서 김일성은 스탈린으로부터 자신의 남침 계획에 대해 동의를 얻었다. 그런데 스탈린의 동의는 남한에 대한 군사 행동에 앞서 북한이 중국의 지지와 후원을 얻어야 한다는 점을 전제한 것이었다. 흥미로운 사실은, 김일성의 남침 계획에 대한 스탈린의 달라진 태도는 물론이고 뒤이어 이루어진 양측의 회담 내용은 마오쩌둥에게는 비밀에 부쳤다는 점이다. 그렇다면 스탈린이 비밀리에 북한의 남침 계획에 동의하고 그것을 지지하고 나선 이유는 무엇이었을까. 최근 이 문제에 대한 흥미로운 해석이 나와 주목을 끈다. 즉 중·소조약으로 뤼순과 다롄을 중국에 반환하게 된 데 따른 스탈린의 대응 전략이었다는 해석이다. 전쟁이 발발하면 뤼순과 다롄을 소련이 계속 사용할 명분이 생길 것이며, 만약 김일성의 남침 계획이 성공한다면 한반도에서 새로운 항구를 확보할 수 있을 것이라는 전략적 계산이 있었다는 것이다

마오쩌둥이 김일성의 남침 계획에 대한 스탈린의 지지 의사를 확인한 것은 1950년 5월에 들어서였다. 당시 김일성은 베이징을 방문해 자신의 남침 계획을 지지하고 그에 동의해 줄 것을 요청했고, 이 과정에서 마오쩌둥은 김일성의 남침 계획에 대한 스탈린의 지지 표명을 확인할 수 있었다. 소련 일변도 외교정책 아래 중·소조약까지 체결한 마오쩌둥으로서는 스탈린의 결정을 수용할 수밖에 없었다. 여기에는 자신에 대한 스탈린의 의심을 불식시켜야 한다는 계산도 작용했을 것으로 보인다. 중·소조약 체결에도 스탈린은 마오쩌둥을 신뢰하지 않았으며 여전히 유고슬라비아 지도자 요시프 티토(Josip Broz Tito)와 동일한 길을 가지 않을까 의심하고 있었다. 어쨌든 마오쩌둥이 남침 계획을 지지함으로써 이제 중국은 인도차이나에 이어 한반도에서도 군사개입을 해야 하는 처지에 놓였다. 타이완해협을 경계로 한 국민당과의 전선은 인도차이나와 한반도 등 두 지역으로까지 확장됨으로써 반달형의 반미 내지는 반자본주의 전선이 구축되고 있었던 것이다.

　　마오쩌둥은 1950년 5월 김일성의 남침 계획에 동의했지만, 군사개입을 위한 즉각적인 행동을 취한 것은 아니었다. 오히려 수동적이고 방어적인 자세를 보였다. 그것은 중국 지도부 내에서 직접적인 군사개입에 반대하는 의견이 만만치 않았기 때문이다. 한국전쟁이 발발하고 이틀이 지난 6월 27일 미국 대통령 해리 트루먼(Harry Shippe Truman)이 한국전쟁 개입과 타이완해협에 제7함대를 파견하겠다는 의사를 표명함에 따라 중국 지도부 내에서 전쟁의 위기감이 그 어느 때보다 고조되었지만, 동북변방군(東北邊防軍)을 편성해 둥베이 지역으로 전쟁이 확대될 것에 대비하는 방어체계를 구축하는 정도에 그쳤다.

　　그러나 베트남에 대한 군사 지원은 강화하고 있었다. 자신의 동북 국경 지역에서 미국과의 대결이 예상되는 상황인데도, 베트남에 군사고문단을 서둘러 파견함으로써 프랑스를 상대로 한 남부 국경 지역에서의 전쟁에 나서기 시작한 것이었다. 중국에서 파견된 군사고문단은 베트남민주공화국 군대와의 공동작전을 펼쳐 까오방(Cao Bǎng)을 공격·점령했다. 프랑스가 점령하고 있던 중국과 베트남 간의 국경에 통로를 여는 동시에 북부 산악 지대를 장악할 수 있는 기반을 다졌다. 중국의 원조 아래 프랑스와의 전투에 본격적으로 돌입한 베트남민주공화국은 주요 전투에서 승리를 거두며 대프랑스 전투에서 유리한 국면을 조성해 갔다.

　　중국이 한국전쟁에 파병을 결정한 것은 1950년 9월 15일 인천상륙작전으로 한국전쟁의 전세가 급변한 직후였다. 북한 인민군이 급속히 붕괴되었고, 한국군과 유엔군이 삼십팔도선을 넘어서면서 전선이 확대되어 북한과 중국의 국경 지역이 위협받았기 때문이다. 인민군의 패주가 이어지자 스탈린과 김일성은 중국에 파병을 요청했고, 마침내 마오쩌둥의 결정으로 1950년 10월 19일 중국인민지원군이 압록강을 건넜다.

　　중국이 베트남에 군사고문단을 파견해 대프랑스 전투에 개입하고, 지도부 내의 신중론 내지 반대에도 한반도에 군대를 직접 파견한 이유는 어디서 찾아야 할까? 먼저 사회주의 국제주의의 실천 내지 양국 지도부 간의 우호 관계를 떠올릴 수 있다. 민족해방운동 내지 사회주의혁명을 완성하려는 이웃 나라를 지원하고 돕는 것은 사회주의를 표방하는 국가로서 일종의 책무라고 여겼기 때문일 것이다. 여기에 양국 지도부 사이에 공유되고 있던 중국에서의 혁명운동의 경험과 그에 기반을 둔 혁명 동지로서의 유대감은 그런 책임감을 더욱 강화시켰을 것이 자명하다.

그러나 더욱 중요하게 고려되었던 것은 중국의 주권과 안전 확보였다. 자국 방위라는 측면에서 보면 베트남과 한반도가 지닌 지정학적 위치는 매우 중요했다. 두 곳은 중국의 남부와 동북부의 국경 지역에 해당하는 곳으로 이 지역에 안전을 확보하는 문제는 자국 방위 및 주권 확보와 직결되었다. 여기에 통일의 대상으로 여겼던 타이완까지 고려하면 중국이 주권과 안전 확보를 위한 경계선을 어떻게 설정하고 있었는지 짐작할 수 있다. 중국 지도부는 타이완해협에 제7함대를 파견하겠다는 트루먼 대통령의 6월 27일 성명에 예민하게 반응했다. 중국은 세계 최강의 군사력을 자랑하는 미국과 직접적인 군사 대결을 피하려 했지만, 미국의 제7함대 파견을 중국의 '타이완 해방'을 저지하려는 일종의 선전포고로 받아들였기 때문이다.

게다가 미국의 지원을 받은 프랑스에 의해 베트남 북부까지 점령되면 중국의 남

그림 10-2 | **압록강을 건너는 중국 인민지원군**

부 국경은 위태로워진다고 생각했으므로, 베트남민주공화국을 지원해 완충 지대로 삼고자 했던 것이다. 특히 둥베이 지역으로의 전쟁 확대 가능성은 중국의 주권과 안전을 위협하는 심대한 사안으로 받아들였다. 압록강을 넘어 전쟁이 중국 내로 확대될 경우, 전쟁의 승패와 상관없이 둥베이 지역이 미국은 물론이고 소련의 영향력이나 통제력 안에 들어갈 것이 자명해 보였기 때문이다. 전쟁은 국경 밖에서 진행되어야만 했다. 북상하고 있는 한국군과 유엔군을 한반도에서 막아내지 못하면 중국의 주권은 물론이고 안전까지 심각하게 도전받을 수 있다는 강한 위기감이, 지도부 내의 신중론과 반발에도 불구하고 마오쩌둥이 간접적인 지원이 아닌 직접적인 파병을 결정한 가장 큰 이유였다. 요컨대 신생 중국이 베트남과 북한에 군사 지원을 한 것은 미국과 프랑스 등 자본주의 진영과의 대결 구도에서 이 두 곳을 자국의 주권과 안전을 확보할 수 있는 완충 지역으로 간주했기 때문이다.

마오쩌둥과 중국 지도부가 한국전쟁에 파병을 결정함으로써 이제 중국은 동북 국경 지대와 남부 국경 지역에서 미국과 프랑스를 상대로 한 전쟁에 돌입하게 되었다. 두 전쟁과 여기에 개입한 중국을 매개로 한반도와 인도차이나 등 두 지역의 정세는 서로 연동되기 시작했다. 1950년 6월 25일 북한의 남침으로 시작된 한국전쟁은 1951년 봄 전투 이후 교착상태에 빠졌다. 1951년 6월 말부터 유엔군과 북한·중국군 사이에 휴전 논의가 구체화되기 시작했고, 그 결과 같은 해 7월 10일 개성에서 휴전회담이 개최되었다. 이후 양측은 경계선 책정 문제와 포로 송환 문제를 둘러싸고 이견을 보여, 회담 결렬과 재개, 전투 등을 반복했다. 약 2년간 단속적으로 진행된 회담은 1953년 3월 스탈린의 갑작스러운 사망 이후 급물살을 타기 시작해, 마침내 1953년 7월 27일 휴전협정으로 매듭지어졌다.

한반도에서는 휴전협정이 체결되었지만, 베트남과 프랑스 간의 전쟁은 더욱 치열해졌다. 인도차이나 지역의 공산화를 우려한 미국이 프랑스를 대폭 지원했고, 이에 대응이라도 하듯이 중국 역시 베트남민주공화국에 대한 지원을 늘렸다. 미국은 1990억 프랑을 원조해 프랑스 전비의 40%를 부담했으며, 중국은 베트남민주공화국에 무기와 장비 원조를 크게 강화했다. 전세가 극적으로 전환된 계기는 디엔비엔푸

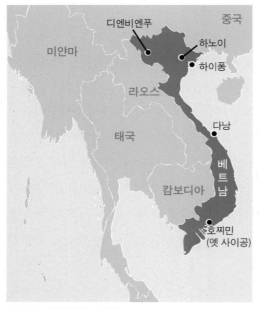

(Dien Bien Phu) 전투였다. 베트남민주공화국 군대는 2개월 동안 치러진 치열한 전투에서 프랑스로부터 항복을 받아낼 수 있었다. 인도차이나 문제를 협의하기 위해 4월 말에 개막된 제네바회의에 프랑스는 패자로, 베트남은 승자로 협상 테이블에 앉았다. 그러나 베트남은 오랜 숙원인 민족 독립과 통일을 국제무대에서 인정받을 수 없었다. 제네바회의에 참석한 강대국, 특히 중국과 소련이 베트남에 양보를 강권하는 방식으로 협상을 중재했기 때문이었다.

그림 10-3 | **베트남의 주요 도시**

03   제네바회의와 반둥회의

한반도에서 휴전협정이 체결된 후 베트남에서 디엔비엔푸 전투가 벌어지기 전, 즉 1954년 1월 25일에 독일과 오스트리아 문제를 논의하기 위해 미국, 소련, 영국, 프랑스 등 4개국 외상회의가 베를린에서 개최되었다. 여기에서 소련의 제안에 따라 중국을 포함한 이 4개국과 기타 관련 국가의 대표들이 참여해 한국의 통일 문제와 인도차이나 문제를 논의하는 제네바회의를 1954년 4월 26일 개최하기로 합의했다. 애초회의에서는 한반도와 인도차이나 지역의 평화 회복에 관련된 문제를 논의하기로 했으나, 5월 8일부터 시작된 인도차이나 정전 문제를 협의하는 데 대부분의 시간을 보내고 종결되었다. 한국의 통일 문제에 대한 논의는 성과 없이 그쳤지만, 75일간의 지난한 협상 과정을 통해 인도차이나 지역의 휴전협정은 체결되었다. 협정에 따라 캄

그림 10-4 | 제네바회의 장면

보디아와 라오스에서 베트남군은 철수했으며, 베트남은 북위 17도선을 경계로 남북으로 분단되었다. 휴전협정은 인도차이나에 주둔 중인 프랑스군의 완전 철수와 총선거를 통한 인도차이나 3국의 재통일을 주장한 베트남을 중국 측이 설득하고 압박해 프랑스에 양보하도록 한 결과였다. 중국이 베트남을 설득한 것은 인도차이나에 대한 미국의 직접적인 개입을 막아 자국 내 경제 건설을 위한 안정적인 국제 환경을 조성하는 한편 향후 인도차이나 전역에 걸쳐 베트남의 영향력이 확대되는 것을 경계하고자 했기 때문이었다. 그리고 한국전쟁에의 개입으로 유엔에서 침략자로 비난받아 외교와 교역에서 고립 상태에 있던 상황을 타개해 보고자 하는 계산도 있었다. 중국은 제네바회의를 통해 고립 상태를 벗어나는 데서 한 걸음 더 나아가 세계열강의 하나로 인정받는 기회를 얻게 되었다.

중국의 총리이자 외교부장이던 저우언라이(周恩來)는 제네바회의의 휴회 기간을 이용해 6월 25일부터 29일까지 인도와 미얀마를 방문했다. 인도 방문은 자와할랄 네루(Jawaharlal Nehru) 총리의 요청에 따른 것이었고, 미얀마 방문은 인도 방문길에 추가한 일정이었다. 저우언라이는 인도 총리 네루, 미얀마 총리 우누(U Nu)와 각기 「총리 연합선언」을 발표했다. 그 핵심 내용은 평화공존 5개항 원칙을 아시아 국가와 세계의 다른 국가와의 관계에도 적용해 가자는 것이었다. '상호존중, 상호불가침, 상호내

정불간섭, 호혜평등, 평화공존' 등 평화공존 5개항 원칙은, 이보다 앞서 1954년 4월 29일 중국과 인도 사이에 티베트 문제를 놓고 체결한 협정의 서문에 포함된 것으로, 당시 저우언라이의 제안을 네루 총리가 수용한 것이었다. 이는 중국이 체제를 달리하는 국가와의 평화공존 가능성을 내비침으로써 향후 비사회주의 국가와도 외교 관계를 모색하겠다는 의지를 표명한 것으로 주목되었다. 이와 같은 새로운 외교 방향은, 중국이 처음으로 비사회주의 국가들과의 다자 회담을 통해 인도차이나 지역의 정전협정을 논의한, 앞서 본 제네바회의에서 잘 드러났다.

중국이 평화공존으로 상징되는 새로운 외교를 모색하겠다는 의지를 더욱 선명히 드러낸 것은 반둥(Bandung)회의에서였다. 아시아·아프리카의 신생 29개국이 참석한 이 회의는 1955년 4월 18일부터 22일까지 인도네시아 반둥에서 개최되었다. 회의에서 저우언라이는 중국의 외교정책은 평화공존임을 역설했다. 체제를 달리하는 나라들과 평화적이고 협력적인 관계를 구축할 것임을 공언한 것이다. 평화공존 5개항 원칙에 입각해 평화공존 10개항을 공식 선언했다. 반둥회의의 성공은 저우언라이가 강조한 평화공존에 힘입은 바 컸다.

반둥회의를 전후해 대외적으로 표방한 중국의 외교 방침은 한반도와 인도차이나 지역에서의 휴전협정 이후 모색된 국가 건설에 정확히 대응하는 것이었다. 한반도와 인도차이나 지역에서 냉전의 전선을 구축한 후, 중국 지도부는 본격적으로 국내 경제 건설에 매진하는 정책을 추진했다. 1953년부터 소련 모델에 따른 사회주의사회 건설을 위한 본격적인 국가 건설, 이른바 '과도기 총노선'에 돌입했던 것인데, 이런 시도를 성공적으로 추진하기 위해서는 무엇보다도 안정적인 국제 환경이 요구되었다. 평화공존은 이러한 필요성에 부합하는 외교 방침이자 노선이었다.

반둥회의는 중국이 평화공존을 외교 방침으로 천명했다는 것 이상의 의미가 있다. 이 회의를 통해 중국은 미·소 양대 진영의 구도 밖에서 제3세계라는 또 다른 지역을 외교 활동의 대상이자 무대로 찾아낸 것이었다. 비록 소련에 의존한 사회주의 진영의 일원이었지만, 미·소 양국으로부터 거리를 유지하면서 독자적인 국가 건설을 표방하며 모인 아시아·아프리카의 신생국을 외교 활동 대상이자 목표로 설정함으로써, 스스로를 소련과 동일시하지 않는 자세와 태도, 제3세계를 대상으로 미국은 물론이고 소련과도 경쟁할 수 있는 잠재력을 가진 사회주의 국가임을 내비친 것이었다. 이러한 정체성과 포부, 외교 전략 등은 중·소 갈등의 격화에 따라 한층 선명히 부각될 터였다.

1953년부터 순차적으로 한반도와 인도차이나 지역에서 휴전협정을 체결한 중국은 1955년부터 타이완 문제를 둘러싸고 미국과 대사급 회담을 시작했다. 동아시아 지역에서 벌어진 지난 약 5년간의 충돌과 긴장은 일시적으로 평화와 안정을 찾았으며, 이런 형국은 동아시아가 명실상부하게 냉전 상태에 접어들었음을 의미했다. 이와 같은 냉전 구도는 사회주의사회 건설을 목표한 중국의 첫 5년간의 경제개발 계획 추진의 국제적 배경이 되었다. 중국 지도부는 제1차 5개년계획의 성공적 추진으로 사회주의 개발과 개조는 기본적으로 완성되었다고 판단했다. 그런데 중요한 변수가 발생했다. 사회주의 개조를 위해 중국이 의존했던 그리고 사회주의 건설의 모델로까지 삼았던 소련과의 관계에 문제가 발생한 것이다.

04 중·소 분쟁과 반미·반소의 동맹 강화

소련과의 관계 변화에서 1957년이 갖는 의미는 크다. 중국에 소련은 더는 동맹국 내지 사회주의 건설의 모델이 아니었다. 미국과의 공존을 도모하며 수정주의 길을 걷고 있는 소련은 도리어 비판과 대항의 대상이었다. 1년 전인 1956년 2월에 개최된 소련공산당 제20차 전국대표대회는 양국 관계의 변화를 예고했다. 여기서 소련의 새로운 지도자로 등장한 니키타 흐루쇼프(Nikita Khrushchyov)는 스탈린의 개인숭배를 비판하는 한편, 사회주의사회로의 평화적 이행 가능성과 서방 자본주의국가와의 평화공존을 주장했다. 이 소식을 접한 중국 지도부는 혼란스러웠다. 무엇보다도 스탈린에 대한 비판은 당혹스러웠다. 중국혁명 과정에서 스탈린과 겪어야 했던 여러 대립과 갈등, 중국 수립을 전후해 국익을 앞세운 스탈린의 중국 정책, 한국전쟁 참전 당시

기대에 미치지 못했던 스탈린의 지원, 게다가 마오쩌둥을 민족주의자로 의심했던 과거 등등을 떠올리면 스탈린 비판은 내심 환영할 일이지만, 그것이 사회주의 자체의 위기로 비화될 우려가 있다고 판단했기 때문이다.

스탈린을 개인숭배 하는 데 반대하고 비판하는 소련공산당의 투쟁은 "위대하고 용감한 일"이지만, 스탈린의 공적까지 부정할 수는 없다고 주장한 「프롤레타리아트 독재의 역사적 경험에 대해(關于無産階級專政的歷史經驗)」를 1956년 4월 발표한 이유는 바로 여기에 있다. 비록 만년에 독단적이고 주관적인 잘못을 저질렀지만, 사회주의사회를 건설해 인류 사회가 사회주의와 공산주의라는 전망을 갖도록 한 점까지 부인할 수는 없다는 주장이었다. 공과를 고려한 스탈린 평가를 강조한 이 주장은 소련 지도부와의 거리 두기는 물론이고, 소련에 대한 중국의 우월감을 은연중에 과시하는 것이기도 했다. 자신들 또한 과거에 주관주의로 인한 개인숭배 등의 오류를 범한 적이 있었지만, 대중노선과 집단지도, 민주집중제 등과 같은 마르크스·레닌주의 원칙에 입각해 성공적으로 극복해 왔다고 강조했기 때문이다.

마오쩌둥이 소련 모델을 다시 검토하기 시작한 것은 바로 이때였다. 1956년 4월 그는 「10대 관계를 논함(論十大關係)」(1956.4.25)을 통해 그동안 소련의 경험을 맹목적으로 학습했음을 지적하고, 중국의 실정에 부합하는 사회주의 건설을 탐색할 필요가 있다고 강조했다. 국방 건설 위주의 중공업 발전 노선을 비판하고 경공업과 농업을 함께 중시하는 경제 건설을 주장했으며, 과도한 중앙집권화를 비판하고 지방의 독자성과 자율성을 보장할 필요가 있다고 강조했다. 그리고 민주당파의 존재를 인정하면서 프롤레타리아트 독재 전제 아래 이들과의 '장기 공존, 상호 감독'의 방침이 지속되어야 함을 역설했다.

비록 소련의 20차 당대회를 계기로 공과에 따라 균형 있게 스탈린을 평가해야 한다거나 소련의 경험을 맹목적으로 학습해 온 기존 태도를 비판하기도 했지만, 그렇다고 해서 이때부터 소련과의 갈등이 시작되었다고 보기는 어렵다. 앞서 보았듯이 중국은 반둥회의 이후 '평화공존'이라는 외교 방침을 표방했으므로 흐루쇼프가 제기한 서구와의 평화공존에 반대할 명분이 없었을 뿐만 아니라, 1957년 10월 소련과 국방 신기술에 관한 협정을 체결해 핵무장에 필요한 과학 지식과 기술 습득을 받아들이는 계획을 세울 만큼, 양국은 협력적 관계를 유지하고 있었기 때문이다.

스탈린 비판을 계기로 시작된 소련 모델에 대한 재검토와 수정, 독자 노선의 모색은 공산당 제8차 전국대표대회(1956.9)로 집약되었다. 이 대회에서 중국지도부는, 현 단계의 기본 모순은 선진적인 공업국에 대한 인민의 요구와 낙후한 농업 국가의 현실 사이에 있다고 진단하고, 이와 같은 모순을 해결하기 위해서는 계급투쟁이 아닌, 낮은 생산력을 높여 중국을 공업국으로 성장시켜야 한다고 강조했다. 아울러 공업화를 위해 문화 교육, 위생 사업, 특히 과학 사업, 고등교육과 중등교육 사업 등을 크게 발전시킬 필요가 있다고 강조하면서 지식인들의 적극적인 협조와 참여를 강조했다. 온건한 방식의 사회주의 건설 방향을 제시한 것이다.

이러한 방침에 따라 지식인들은 발언하기 시작했으며 정치 문제를 포함해 실정을 무시한 급속한 경제 건설 문제까지 다루며 비판의 수위를 높여갔다. 특히 민주당파는 공산당의 일당 지배를 직접적으로 비판하며 자신들과의 연정까지 주장했다. 대학생들도 이른바 '민주주의의 벽'까지 만들며 호응하고 나섰다. 그러나 지식인, 민주당파, 학생들이 누렸던 언론 자유의 기간은 짧았다. 마오쩌둥과 공산당 지도부는 그들의 주장을 공산당 지배에 대한 정면 비판이자 도전이며, 사회주의 자체에 대한 부정으로 간주했기 때문이다. 공산당은 1957년 6월을 넘어서면서 "사회주의와 인민, 그리고 인민공화국에 반대하는 우파"에 대한 투쟁, 즉 반우파투쟁을 전국적으로 전개하기 시작했다. 반우파투쟁은 사회주의 건설을 온건에서 급진으로 전환시킨 '가장 결정적인 전환점'이었다.

흥미로운 점은 반우파투쟁이 본격화한 1957년은 중·소 관계의 전환점이기도 했다는 점이다. 1957년 11월 마오쩌둥은 볼셰비키혁명 40주년 대회에 참석하기 위해 모스크바를 방문했다. 마오쩌둥은 회의에서 소련이 주장한 사회주의의 평화적 이행론을 비판하며 폭력혁명만이 권력을 잡을 수 있다고 주장했다. 게다가 중국 내에 위기를 몰고 오는 미국과의 핵전쟁도 불사하겠다고 공언했다. 그동안 저우언라이에 의해 추구된 평화공존이라는 반둥 노선은 공허해졌고, 설 자리를 잃었다. 대회에서 마오쩌둥의 주장은 받아들여지지 않았다. 이 회의 이후 중국과 소련 사이의 대립과 갈등이 본격화되기 시작했다. 미국에 대항하지 않고 도리어 공존을 주장하는 등 수정주의에 젖은 소련에 더는 기댈 수 없으며, 따라서 중국의 주권과 안전은 자력으로 확보해야 했다. 일국적으로 완결된 공업, 국방 체계의 건립과 아울러 조속한 공산주의 사회 건설의 필요성이 강조되기 시작했다. 대약진운동과 인민공사로 공산주의로 가는 바른길을 찾았다고 확신했으며 이를 통해 미국과 영국을 따라잡을 수 있을 뿐만 아니라 소련보다 일찍 이상적인 공산주의에 도달할 수 있다고 전망했다. 그러나 대약진운동과 인민공사에 대해 흐루쇼프는 회의적이었을 뿐만 아니라 냉소적이었다.

1958년에 벌어진 양국과 관련된 일련의 사태로 갈등과 대립의 골은 더욱 깊어졌다. 중동 위기에 대한 중·소 양국의 상이한 대응, 소련 측의 중·소 방위 체제 설립 제의에 대한 중국 측의 거부, 소련에 사전 통보 없이 이루어진 중국 측의 타이완 포격 등으로 양국 관계는 한층 더 악화되었다. 이후 소련은 1957년 10월 15일에 조인한 '국방 기술협정'을 1959년 6월에 일방적으로 파기했으며, 1960년에는 중국에 파견된 전문가들을 철수하겠다고 통보했다. 1년 전 소련은 달라이라마의 망명과 국경 문제로 중국과 대립했던 인도를 지지하며 중국과 대립각을 세우기도 했다.

소련은 중국의 안전을 위협하는 세력으로 간주되었고, 대항해야 할 적이었다. 미·소 양국을 적으로 삼은 중국은 소련을 대신해 공산주의 세계의 진정한 지도자로 성장해야만 했다. 아시아, 아프리카, 라틴아메리카 지역 등 기존의 제3세계와 동유럽 지역으로 구성된 중간 지대는 중국의 외교 대상이자 반미·반소 연대의 대상이었다. 두 지역 모두 미국의 통제에 반대하며, 특히 동유럽은 소련의 통제에 반대하는 공통점이 있다고 인식되었다. 1950년대 말부터 중국이 북한과 베트남과의 동맹 관계를 강화하고 나선 것은 바로 이러한 중·소 분쟁과 그에 따른 세계혁명 전략 구상에 따른 것이었다.

한국전쟁을 계기로 중국은 북한에 대해 영향력을 증대할 수 있었다. 인민지원군을 파견해 궤멸 상태에 빠진 북한군을 도왔을 뿐만 아니라 전후에는 북한의 복구 건설까지 적극적으로 지원했기 때문이다. 북한에 대한 중국의 영향력 확대는 친중국파를 형성시켰다. 이들은 소련파와 경쟁하는 한편, 그들과의 연대를 통해 권력 강화를 추구하고 있던 김일성을 견제했다. 김일성의 권력 강화는 소련파와 중국파에 대한 공격과 비판, 축출을 동반했으므로, 중국과 소련으로부터 불만을 불러일으켰다. 김일성과 중·소 양국 사이에 형성된 미묘한 긴장 관계는 1957년 이후 변화되기 시작했다. 중·소 갈등이 본격화되면서 북한을 자기편으로 끌어들이려는 여러 노력을 중·소 양국이 경주했기 때문이다. 1956년 10월에 발생한 헝가리 사건을 계기로 사회주의권 내에서는 기존 권력자들의 기반을 강화할 필요성이 확산되고 있었던 것도 김일성의 권력 강화에 유리한 배경으로 작용했다.

중·소 양국은 북한에 대한 각종 지원을 경쟁적으로 제공하기 시작했으며 이를 토대로 밀접한 관계를 구축해 나가고자 했다. 중국은 매우 적극적이었다. 1957년부터 반우파투쟁을 본격화한 중국으로서는 김일성의 권력 강화를 위한 숙청운동을 적극적으로 인정했으며, 소련과의 본격적인 대결과 경쟁 구도 속에서 북한과의 협력과 단결을 강화하지 않을 수 없었기 때문이다. 양국 사이에 형성된 우호·협력 관계는 양국 간 경제협력의 확대와 중국인민지원군의 순차적인 철수로 구체화되었다. 양국의 관계는 유사한 방식의 경제 건설의 추진으로 한층 더 긴밀해져 갔다. 소련이 냉담한 반응을 보인 중국의 대약진운동을 북한이 적극적으로 옹호하고 지지했으며, 중국의 다양한 원조 아래 북한은 대약진운동과 유사한 천리마운동을 본격적으로 추진했던 것이다. 1950년대 후반기 북·중 관계는 그 어느 때보다 긴밀해졌다. 북·중 양국이 1961년에 이른바 혈맹의 상징인 '북·중우호동맹조약'을 체결할 수 있었던 것은 바로 이런 배경이 있었기 때문이다. 북한은 소련을 "수정주의, 분열주의, 대국주의" 등으로 강도 높게 비판하며 중국 측에 섰으며, 1962년 쿠바 사태에 대한 소련의 해법을 "투항주의"라고 비판하며 중국과 공동보조를 맞추었다. 그리고 중국과 인도의 국경분쟁에서는 소련과 달리 중국을 지지했다. 북·중 간에 국경조약 논의가 본격화되어 1964년 마침내 국경선을 확정한 것은, 바로 이와 같은 양국의 우호·협력적 관계를 배경으로 한 것이다.

중·소 분쟁은 중국이 베트남민주공화국에 대해 지원을 확대한 배경이기도 했다.

앞서 살폈듯이 제네바회의 이후 베트남은 17도선을 경계로 남북으로 분단되어, 베트남민주공화국은 북부를 차지했고, 남부에는 미국의 지지 아래 응오딘지엠(Ngo Dinh Diem)을 수반으로 한 베트남공화국이 1955년에 수립되었다. 미국은 베트남공화국을 경제적·군사적으로 지원해 동남아시아의 공산화를 막기 위한 전초기지로 삼으려 했다. 베트남민주공화국을 이끈 호찌민은 중국의 원조를 받아 토지개혁을 북부 전체로 확대하는 등 경제개발을 추진하는 한편, 남부 통일을 위해 무장투쟁과 정치투쟁을 병행하는 전략을 구사했다. 북베트남의 남부 통일 전략을 지지한 중국은 군사적 협력 관계를 긴밀히 하면서 다양한 차원에서 군사원조를 강화했다. 북베트남과 미국과의 대결이 점차 불가피해지는 상황에서 미국과의 대결을 피하고자 했던 소련과 달리 중국은 호찌민의 군사 지원 요청에 적극적으로 응했다. 남베트남 체제가 동요함에 따라 미국의 지원 규모가 커지자, 중국도 북베트남에 대한 지원을 늘려갔다.

이런 중에 1964년 8월 이른바 통킹만(Tongking灣) 사건이 발생했다. 미국은 즉각 북베트남 폭격과 남베트남에 대한 지상군 투입을 결정했다. 미국의 단호한 의지를 확인한 북베트남은 미국의 지상군이 투입되기 전에 미리 정규군을 남파하기 시작했다. 다음 해인 1965년 미국의 북베트남 폭격이 시작되고 해병대를 필두로 지상군이 투입되자, 중국은 북베트남과의 군사 협력 방안에 따라 군대를 북베트남에 파견하기 시작했다. 1973년까지 총 32만 명에 달하는 중국군이 북베트남에 파견되어 도로, 교량, 철

그림 10-5 | **매덕스호**
미국 측의 주장에 따르면 매덕스호는 통킹만에서 북베트남 어뢰정의 공격을 받았다고 한다.

로, 공장 등을 보수하고 건설하는 활동에 참여했다. 후방 지원을 담당하는 방식으로 중국은 한반도에 이어 베트남에서 미국과 또다시 전쟁을 치러야 했다.

<table>
<tr><td>**05**</td><td>**문화대혁명과 베트남 전쟁**</td></tr>
</table>

중국의 베트남 파병은 마오쩌둥(毛澤東)이 문화대혁명(이하 문혁)을 발동한 시기와 겹친다는 점에서 주목할 필요가 있다. 대약진운동의 실패로 정치적 위기에 몰린 마오쩌둥은 문혁의 필요성을 강조하며 새로운 돌파구를 찾으려 했다. 문혁은 중국 수립 이래 사회주의사회 건설을 둘러싼 당내 노선 투쟁이 권력투쟁과 결합되어 복잡한 양상을 띠었지만, 표면적으로는 소련의 수정주의를 추종하고 자본주의의 길을 지향하는 정치 세력의 제거를 목표로 내세웠다. 수정주의자로서 자본주의의 길을 가는 이른바 "주자파(走資派)를 제거하자"는 구호를 내건 문혁이 발동된 시기와 베트남 파병 시기가 일치한다는 사실은, 문혁과 베트남 파병은 연동된 사안이었다는 점을 의미한다. 중·소 분쟁의 심화에 따라 미국은 물론이고 소련까지 대적해야 했던 중국은, 베트남 파병을 통해 북베트남을 자기편으로 끌어들이면서 미국과의 전쟁에 돌입하는 한편, 국내에서는 소련의 수정주의를 추종하는 류사오치(劉少奇)를 위시한 정치 세력들을 축출하고자 한 것이다.

그런데 문혁은 중국의 기대와 달리 북한, 베트남과 중국 지도부 사이에 불화를 일으키거나 관계를 경색시키는 계기로 작용했다. 베트남에 파병된 중국군이 북베트남인을 상대로 마오쩌둥 사상과 문혁을 적극적으로 선전하며 베트남 지도부의 심기를 불편하게 했다. 중국 국내 정치가 급진화하면서 베트남 지도부 사이에 형성된 중국에 대한 불만은 소련과의 관계 개선과 맞물리면서 중국과의 거리 두기로 나타났다. 소련에서는 1964년 10월 흐루쇼프가 실각하고 레오니트 브레즈네프(Leonid Il'ich Brezhnev)를 중심으로 한 새로운 지도부가 출현했다. 새 지도부들은 평화공존 정책을 포기하고 제국주의 반대 투쟁을 강조하며, 대외 혁명 수출과 경제원조 등을 폭넓게 전개했다.

소련이 북베트남의 경제발전과 방어 능력을 강화하기 위해 원조협정을 체결한 것도 이때였다. 중국의 반발에도 북베트남은 소련과의 관계 개선에 적극적이었다. 1966년 소련공산당 제23차 전당대회에 베트남은 중국과 달리 대표단을 파견해 참석했다. 베트남이 취한 친소련 행보는 중국과 베트남의 관계가 소원해졌음을 의미했다.

　문혁이 대외 관계에 미친 부정적 영향은 북한과의 관계에서도 나타났다. 북한과의 관계 또한 베트남의 경우와 유사하게 1960년대 중반에 이르러 악화되기 시작했다. 소련의 새 지도부가 북한과의 관계 개선을 위한 조치에 적극적으로 나섬으로써 그간 소원했던 양국 관계는 점차 회복되었고, 이에 따라 대약진운동과 천리마운동을 함께 추진하고 있던 중국과의 혈맹 관계에 균열이 생기기 시작했다. 베트남 전쟁에 사회주의 진영이 공동으로 대응할 필요가 있다는 소련의 주장에 중국과 달리 북한이 긍정적인 반응을 보인 것은 북한의 대소련·중국 관계에 변화가 시작되었음을 의미했다.

　균열을 보이기 시작한 북·중 관계는 문혁을 계기로 더욱 악화되었다. 문혁 지도부와 홍위병들은 베트남 전쟁에 대한 북한의 태도를 "기회주의, 중간주의, 절충주의" 등으로 비판했으며, 심지어 김일성을 지목해 흐루쇼프와 같은 수정주의자라고 맹비난했다. 이에 북한도 중국을 "교조주의, 종파주의"라고 비난하며 맞대응했고, 문혁 자체를 "좌경기회주의", "극단적 주관주의" 등으로 몰아붙이기도 했다. 상호 비판과 비난은, 급기야 양국의 현지 대사를 서로 소환할 정도로 양국 관계를 악화시켰다.

　북한 및 베트남과의 관계 변화에서 볼 수 있듯이, 문혁은 기존 동맹국과의 외교 관계를 악화시키는 등 중국의 대외 관계에 심각한 영향을 끼쳤다. 중국은 외교적 고립 상태에 빠져들었다. 수교 또는 대표부 관계를 맺은 53개국 중 약 30여 개 국가와 외교적 분쟁이 발생했으며, 일부 재외 중국 대사관은 강제 폐쇄되었다. 외교 관계가 악화됨에 따라 중국과 단교를 선언한 국가도 출현했다. 문혁이 소련 수정주의를 추종하는 국내 정치 세력의 척결을 내세운 데서 충분히 짐작할 수 있듯이 문혁을 계기로 소련에 대한 중국의 비판과 비난의 수위는 더욱 거세졌고, 양국 관계는 나날이 심각해졌다. 무력 충돌을 동반한 1969년 국경분쟁으로 중·소 양국은 전쟁 위기로까지 치달았다. 그야말로 중국은 고립무원의 처지에 놓였다.

그림 10-6 | **워싱턴DC에서 벌어진 베트남전쟁 반대운동** 1971년 4월 24일. 출처: 위키피디아, ⓒ Leena A. Krohn

1965년 린든 존슨(Lyndon Johnson) 미국 대통령이 베트남전쟁의 미국화를 공식적으로 선언하면서 전쟁은 국제전으로 확대되었다. 미국 병력 규모는 1965년 18만 명에서 1968년 54만 명에 달했으며, 미국의 파병 호소에 호응하여 동맹국 한국, 오스트레일리아, 뉴질랜드, 필리핀 등이 참전했다. 북베트남은 1960년에 결성된 남베트남민족해방전선(남민전)과의 합동 작전으로 1968년 구정을 디데이로 삼은 이른바 뗏(Tết) 공세로 맞섰다. 북베트남은 남베트남의 주요 도시에 설치된 미국과 동맹국들의 주요 시설들을 공격했다. 뗏 공세로 미국은 전쟁에서 승리할 수 없다는 비관적인 전망을 갖게 되었을 뿐 아니라 국내외에서 반전과 철군 여론에까지 직면해야 했다. 한편 뗏 공세는 장기적인 게릴라전을 선호한 중국의 전략과는 배치되는 것이었기 때문에 중국과 베트남과의 관계는 더욱 나빠졌다. 중국이 뗏 공세 이후 북베트남에 대한 원조를 줄이고 후방 지원부대 또한 철수시키기 시작했다는 점은 당시 양국 관계가 얼마나 심각했는지를 짐작하게 한다.

06 중·소 분쟁의 격화와 미·중 데탕트

앞서 언급했듯이, 1969년 3월 중·소 국경 지대인 우수리강의 전바오섬(珍寶島, 다만스키섬)에서 중·소 양군의 무력 충돌이 발생함으로써 중·소 분쟁은 최고조에 달했다. 절정에 달한 중·소 분쟁은 기존의 미·중 관계를 변화시키는 결정적인 계기가 되었다. 중국은 소련을 '주적'으로 규정했고, 소련을 적으로 하는 미국과 암묵적 동맹이 결성되기 시작한 것이다. 중국은 소련과의 관계가 악화되고 주적이 미국에서 소련으로 전환되자 새로운 안보전략을 모색해야 했다. 베트남에 대한 군사 개입 중단을 내세운 리처드 닉슨(Richard Nixon)은 1968년 11월 대통령에 당선되자 베트남에서의 미군 철수 계획을 발표했다. 베트남에서 군대를 철수하기 시작하면서 닉슨은 한국전쟁 이후 중단된 중국 여행과 대중 무역 금지를 해제하여 중국과의 관계를 개선할 뜻을 내비치기도 했다. 중국과의 관계 개선은 베트남 전쟁에서 '명예로운 퇴진'을 위한 필수불가결한 조건이었던 것이다.

양국의 관계 개선 노력은 1970년 1월 바르샤바에서의 대사급 회담으로 이어졌다. 미국이 캄보디아 내전에 군사적으로 개입하면서 양국 관계가 일시 긴장 상태에 놓이기도 했지만, 1971년 4월 미국 탁구팀이 중국을 방문해 이른바 핑퐁외교가 시작되고, 같은 해 7월과 10월 헨리 키신저(Henry Kissinger)가 중국을 방문함으로써 양국의 관계 개선을 위한 노력은 급물살을 타기 시작했다. 마침내 1972년 2월 닉슨이 중국을 방문해 마오쩌둥과 정상회담을 개최하고 '상하이공동성명'을 발표함으로써 양국은 적대 관계를 청산했다. 이보다 앞서 중국은 1971년 10월에는 유엔(UN)에서 합법적 지위를

그림 10-7 | **전바오섬**(다만스키섬)

회복했으며, 1972년 9월 일본, 1979년 미국과 국교를 수립했다. 베트남에서의 철군에 이은 미국과의 평풍외교 전개, UN 회원국 지위 회복, 일본·미국과의 순차적인 국교정상화 등을 통해 소련에 대항하고 미국과 연대하는 전략으로, 중국은 문혁 시기의 외교적 고립 상태에서 탈출해 국제무대에 화려하게 등장할 수 있었다.

중국의 미국과의 관계 개선은 북베트남과 북한에 적지 않은 영향을 미쳤다. 먼저 미국과 전쟁을 계속해야 했던 베트남은 중국이 미국에 접근하는 데 대해 불만이 커졌다. 1968년 5월부터 북베트남은 소련의 전략에 따라 미국과 정전을 위한 협상을 시작했지만 별다른 성과를 낼 수 없었다. 정전 협상에 반대의 뜻을 견지했던 중국이 이제 협상을 독려하고 나서자 베트남의 배신감은 증폭되었다. 닉슨은 미군 철수 계획을 발표하는 한편, 중국에 대해 화해의 제스처를 보이며 중국이 정전 협상에서 중재 역할을 할 것을 기대했다. 중국이 미국과 관계 개선을 도모하면서 북베트남에 대한 원조를 대폭 늘리자, 북베트남은 이를 미국과의 협상에 나서도록 하려는 중국의 압력으로 받아들였다. 정전 협상이 좀처럼 진척되지 않은 상태에서 북베트남의 춘계대공세와 미국의 폭격이 이어졌으며, 이후 협상은 재개되었지만 곧 결렬되고 말았다. 중국의 중재와 조정으로 양측은 다시 협상 테이블에 앉았고, 마침내 1973년 1월 파리에서 평화협정을 체결했다. 협정에는 휴전과 선거를 통한 통일정부 구성, 미군 철수 등의 내용이 담겼다. 중국은 파리협정에 만족해했다. 미군 철수를 이끌어내고 이후 북베트남을 지원해 베트남 통일을 달성한다는 협상 방침을 가지고 있었기 때문이었다. 그러나 이러한 방침은 무력투쟁으로 빠른 승리를 원했던 북베트남의 이해와는 상충된 것이었다.

파리협정 후에도 중국과 베트남의 관계는 회복되지 않았다. 중국의 지원 규모에 대한 북베트남의 불만족, 북베트남 지도부의 친소적 태도에 대한 중국의 불만 등에 더해 때마침 영토 분쟁까지 불거졌기 때문이다. 양국 관계는 1975년 4월 남베트남이 붕괴되면서 20여 년 가까이 지속된 대미 항쟁이 종결된 뒤에도 좀처럼 개선되지 않았다. 양국의 관계를 개선하기 위한 회담이 개최되었지만 접점을 찾지 못한 채 결렬되었고, 회담 결과 베트남에 대한 중국의 지원은 축소되었으며 심지어 중국 전문가들에 대한 철수 조치까지 내려졌다. 중국과의 관계 악화는 베트남과 소련 사이를 긴밀하게 만들어 중국과 베트남의 관계가 더 멀어지는 결과를 초래했다. 여기에 미결된 채남아 있던 영토 문제가 상호 충돌로 이어지고 1977년 5월 급기야 유혈 사태까지 발생하면서 양국 관계는 그 어느 때보다도 악화되었다. 이런 가운데, 베트남이 자국과 갈등 관계에 있던 폴 포트(Pol Pot) 정권을 축출하기 위해 캄보디아를 전격적으로 공격했다. 인도차이나에서 베트남의 패권을 견제하기 위해 폴 포트 정권을 적극적으로 지원하고 있던 중국은, 베트남의 프놈펜 함락에 즉시 반응했다. 1979년 2월 베트남을 침공한 것이었다. 적대적이던 양국의 관계는 1980년대 중반에 가서야 변화되기 시작해 1990년 양국 정상회담이 열리면서 정상화되었다.

중·소 분쟁의 악화는 중국과 북한의 관계를 회복시키기 시작했다. 무장 충돌로 소련과의 갈등과 대립이 고조되자 소련을 주적으로 삼고 있던 중국은 주변 국가와의 긴장을 해소하고자 했다. 이에 따라 혈맹 북한과의 소원했던 관계를 회복할 필요가 있었다. 중국은 관계 정상화를 위한 메시지를 보냈다. 여기에 북한이 호응한 것은 당시 한반도에서 군사적 긴장이 고조되고 있었기 때문이다. 1968년에 접어들면서 한반도 정세는 경색되었다. 북한이 특수부대를 파견해 한국의 청와대를 습격했고, 미국 정보함 푸에블로호를 나포했으며, 1969년에는 미국의 대형 전자정찰기 EC-121를 격추시켰다. 이에 미군은 해군과 공군을 강화하고 한국에 대한 군사 지원을 늘리면서 한반도의 군사적 긴장은 고조되었다. 북·중 양국은 국가 안보를 위한 상호 지지와 대응이 절실했다.

그런데도 소련에 대항하기 위해 미국과 연대한다는 중국의 전략은 베트남 지도부의 불만을 사서 그들을 소련으로 기울게 했듯이, 북한 또한 수용하기 어려운 것이었다. 베트남과 마찬가지로 북한에도 미국은 여전히 주적으로 간주되었기 때문이다. 그러나 북한의 태도는 달랐다. 미·중 관계의 완화가 미국과 북한의 관계 개선을 포함한 한반도 정세 변화의 계기가 될 수 있다고 인식했기 때문이다. 북한은 중국 측에 미국과의 회담에서 북한의 요구 사항인 미군 철수 등을 반영할 수 있게 해달라고 요청하는 한편, 각종 지원을 강력히 요청하며 미·중 관계 개선을 받아들였다. 1969년 10월 최고

그림 10-8 | **미·중 화해를 위한 양국 정상 회담** 1972년.

인민회의 상임위원장 최용건이 중국 창건 20주년 기념행사에 참여하면서 회복되기 시작한 양국 관계는, 1970년 저우언라이의 북한 방문을 통해 우호적인 동맹 관계로 이어졌다. 양국 관계가 전반적으로 긴밀해진 것은 1980년대에 들어서였다.

중국은 공산당 정권이 수립되기 직전에 소련 일변도 외교 방침을 천명함으로써 소련이 이끄는 사회주의 진영에 가담하는 방식으로 냉전 질서에 참여했다. 한국전쟁과 인도차이나 전쟁을 통해 중국은 동아시아 지역에서 냉전의 한 축을 담당했다. 중국을 매개로 한반도와 인도차이나, 베트남은 연동되었다. 미국과 중국의 대결 구도로 구축된 동아시아 냉전 구도는 중·소 분쟁의 격화로 변화되었다. 무력 충돌로까지 번진 중·소 관계에 따라 소련은 중국의 주적으로 간주되었고, 그동안 적대 관계에 있던 미국은 연대의 대상으로 부상했다. 미국과의 관계 개선은 국내의 사회경제적 파괴와 외교적 고립을 초래한 문혁에서 탈피하려는 전략이기도 했다. 중국은 미국과의 관계를 개선하는 과정에서 북한과 베트남 등 동맹국과의 관계를 재조정했다. 그리고 유엔에서의 합법적 지위를 회복하고 일본과 국교를 정상화했으며, 마침내 미국과 국교를 수립하면서 국제무대에 화려하게 등장했다. 중국의 개혁·개방은 이와 같은 국제적 배경에서 이루어진 것이었다. 이상과 같은 중국의 외교 관계 추이를 통해 동아시아의 냉전 질서가 어떻게 구축되어 작동되었는지, 그리고 어떤 과정을 통해 균열되고 동요되면서 탈냉전의 방향으로 나아갔는지를 이해할 수 있다.

구보 도루(久保亨). 2013. 『중국 근현대사 4: 사회주의를 향한 도전. 1945~1971』. 강진아 옮김. 삼천리.

김경일. 2005. 『중국의 한국전쟁 참전 기원』. 홍면기 옮김. 논형.

뉴쥔(牛軍). 2015. 『냉전과 신중국 외교의 형성』. 박대훈 옮김. 한국문화사.

디쾨터, 프랑크(Frank Dikotter). 2016. 『해방의 비극』. 고기탁 옮김. 열린책들.

마이스너, 모리스(Maurice Meisner). 2004. 『마오의 중국과 그 이후』 1. 김수영 옮김. 이산.

맥파커, 로드릭(Roderick MacFarquhar) 엮음. 2012. 『중국현대정치사』. 김재관. 정해용 옮김. 푸른길.

박두복 편저. 2001. 『한국전쟁과 중국』. 백산서당.

백원담·임우경 엮음. 2013. 『'냉전'아시아의 탄생: 신중국과 한국전쟁』. 문학과학사.

베르제르, 마리-클레르(Marie-Claire Bergere). 2009. 『중국현대사: 공산당, 국가, 사회의 격동』. 박상수 옮김.
　　　심산.

션즈화(沈志華). 2010. 『마오쩌둥 스탈린과 조선전쟁』. 최만원 옮김. 선인.

_____. 2017. 『최후의 천조: 모택동·김일성 시대의 중국과 북한』. 김동길·김민철·김규범 옮김. 선인.

유인선. 2012. 『베트남과 그 이웃 중국: 양국관계의 어제와 오늘』. 창비.

유용태. 2006. 『환호 속의 경종: 동아시아 역사인식과 역사교육의 성철』. 휴머니스트.

이종석. 2001. 『북한-중국관계 1945~2000』. 중심.

전리군(錢理群). 2012. 『모택동 시대와 포스트 모택동 시대, 1949~2009』 상·하. 연광석 옮김. 한울엠플러스 .

주재우. 2017. 『한국인을 위한 미중관계사: 6·25 한국전쟁에서 사드 갈등까지』. 경인문화사.

주지안롱(朱建榮). 2005. 『모택동은 왜 한국전쟁에 개입했을까』. 서각수 옮김. 역사넷.

11장 중국적 사회주의의 모색

대약진에서 문화대혁명으로

백승욱(중앙대학교 사회과학대학 사회학과 교수)

짧은 기간에 야심적으로 사회주의로 이행하겠다는 중국공산당의 계획은 내외적인 많은 난점에 부딪혔다. 농촌과 도시에서 '사회주의적' 소유 개조는 소련의 경험에 비교하면 상대적으로 순조롭게 진행되었지만, 경험 부족, 자원부족, 국내외 정세의 전환 등이 곧 문제가 되었다. 소련을 모방한 1차 5개년계획의 문제를 극복하고자 급진적 기획이 등장해 대약진의 모험적 시도를 촉발했지만 대대적 비극으로 종결되었다. 대약진 직전인 1957년 발생한 '반우파투쟁'은 이후 언로(言路)를 왜곡해 문화대혁명의 발발에도 영향을 끼쳤다. 당내에 잠복된 노선 대립과 당내 권력투쟁, 사회적 모순들이 복잡하게 얽혀서 1966년 문화대혁명이 발발했다. 당의 관료주의는 문화대혁명 발발 초기 50일간 공작조 파견과 혈통론 문제를 놓고 사회적 대립을 격화시킨 요인으로 작용했다. 문화대혁명에 대해 마오쩌둥은 모순된 태도를 보였는데, 초기 50일을 결산하며 조반파를 지지했던 마오쩌둥은 1967년 후반기부터 질서를 유지한다는 데 힘을 실었고, 이는 당과 군이 주도하는 폭력이라는 비극을 불러왔다. 문화대혁명은 미해결의 과제를 많이 남겼고, 단위체제라는 어정쩡한 사회의 구도를 형성했다. 그러나 사회주의란 무엇이고, 민중은 어떻게 사회주의에서 민주적 주체가 될 수 있는가와 관련해 근본적인 질문을 남겼다.

01 '과도기'의 종료와 제8차 당대회

신중국을 성립시킨 1949년의 혁명은 '신민주주의혁명'으로서, 사회주의로 가는 '과도기'였지, 그 자체가 사회주의혁명은 아니었다. 마오쩌둥(毛澤東)을 중심으로 한 중국공산당은 제국주의 시대라는 세계적 상황과 중국의 구체적인 정세 때문에 혁명의 성격에 변화가 발생했다고 보고, 당면 과제를 반제국주의·반봉건주의·반관료주의의 특징을 띠는 신민주주의혁명으로 규정했다. 또한 이에 상응해, 신민주주의혁명을 통해 건립된 신중국의 국가 형태는 외형상 중국공산당과 민주당파들이 계급적으로 연합한 연합정부로 규정했다. 이 때문에 통일전선체라 할 수 있는 인민정치협상회의의 「공동강령」이 건국을 위한 헌법의 위상을 지니게 되었다. 「공동강령」에서는 "중화인민공화국은 신민주주의, 즉 인민민주주의 국가이며, 노동자계급이 영도하고 노농동맹을 기초로 하며 각 민주 계급과 국내 각 민족을 단결시키는 인민민주독재를 시행하고, 제국주의·봉건주의·관료자본주의에 반대하고, 중국의 독립·민주·평화·통일·부강을 위해 분투한다"라고 규정하고 있다.

1956년 9월 15~27일까지 베이징에서 개최된 제8차 당대회는 이런 '과도기'가 끝났으며, '사회주의적 개조'가 달성되었음을 선언하는 분기점이었다. 농업에서는 합작사를 통한 사회주의적 개조가 끝났고, 공업에서는 관료자본의 국유화와 도시 중소기업의 국가자본주의적 길을 통한 집체로의 개조가 끝났다. 이것이 바로 '사회주의 이행'으로 이해되었다. 제8차 당대회에서는 이제 해결해야 할 주요 모순도 바뀌었음이 선언되었다. 낙관적 전망이 주도한 제8차 당대회에서는 이제 중국에서 계급은 소멸했고, 향후 과제는 선진적 사회주의 체제와 낙후된 생산력 간의 모순을 해결하는 것이며, 당의 목표는 빠른 경제성장과 근대적 공업경제의 형성이라는 점이 제기되었다. 그러나 이런 낙관주의와 현실 사이에는 격차가 존재했으며, 이로부터 불거진 사회갈등은 전망에 대한 이견을 낳았는데, 특히 당면 상황에 대한 마오쩌둥의 판단은 대부분의 당간부들과 달랐다.

제7차 당대회 이후 11년 만에 개최된 제8차 당대회는 여러 가지 의미가 있었다. 첫째, 상당히 길 것으로 예상되던 '과도기'가 급속히 종료되면서 예측하지 못한 많은 문제들이 금방이라도 불거질 가능성이 짙어졌음을 보여준다. 둘째, 당내 갈등이 봉합된 것이 아니라 새로운 대립이 시작되었는데, 핵심 쟁점은 과연 '사회주의'가 무엇인가 하는 것이었다. 셋째, 마오쩌둥 시대가 끝나고 1978년 이후 '개혁·개방' 시대가 열렸을 때, 문화대혁명 기간을 '잃어버린' 시기로 규정하고 그 이전으로 연결하려 했던 연계점이 바로 이 제8차 당대회였다.

새로운 대립을 불러온 쟁점은 연합정부(인민민주주의) 국가를 사회주의 국가로 개조한다는 의미가 무엇인지, 소련 모델을 따라 추진된 1차 5개년계획의 공과는 무엇인지였다. 전쟁의 포연이 조금 진정되자, 혁명이 무엇을 가져다주었는지 본격적으로 계산하기 시작한 인민들은 혁명의 공과에 대해 목소리를 내기 시작했다. 제8차 당대회 이후 중국은 새로운 격동의 시기로 들어섰던 것이다.

공업이 빠르게 성장하고, 농촌의 토지와 도시 상공업의 사적 소유가 철폐되는 사회주의적 개조가 빠르게 진행되어 소기의 목표를 달성한 것처럼 보였지만, 이런 변화가 집중된 1956년부터 1957년에 이르는 시기에 중국 사회는 전반적으로 불안정해졌다. 공장에서는 파업이 눈에 띄게 증가했고 대학교에서는 수업 거부가 심심치 않게 이어졌으며, 합작사에서 탈퇴하려는 움직임도 나타났고 대중 시위와 청원도 늘어났다.

소련을 모델로 삼은 1차 5개년계획은 그 자체로 여러 가지 문제를 안고 있었다. 중화학공업 중심의 성장 모델은 소비재를 생산하는 경공업 분야의 성장에 장애가 되었고, 또한 중국혁명의 핵심 기지인 농촌을 낙후된 지역으로 전락시켰다. 상층 관리자에게 권한이 집중되자 관료제가 강화되었고, 중앙 집중적 계획경제체제가 수립되자 관료제의 위계성은 더욱 강화되었다. 도시 사업이 중요해지자 농촌을 기반으로 활동해 온 혁명 간부들은 새로운 기술관료들과 갈등을 겪게 되었다.

이렇게 사회적 갈등이 커지자 당내에서 그에 대한 대응 방식에 이견이 커졌다. 문제의 해결을 위해 1957년 초 모든 토론을 허용하는 짧은 '백화제방, 백가쟁명(百花齊放,百家爭鳴)'[이른바 쌍백(雙百)]의 시기가 열렸다. 이 시기 각계각층에서 당면 상황에 대해 비판의 소리가 높아졌으며, 대표적으로 1957년 5월 19일 베이징 대학에서 캠퍼스 민주화운동이 일어났다. '쌍백'의 공간에서 비판은 사회주의 노선 자체로까지 확대되었고, '쌍백'은 갑자기 180도 역전되어 1957년 6월 들어 다시 언론의 자유를 통제하고 그동안 발언한 사람들을 우파로 몰아 대대적으로 탄압하는 '반우파투쟁'이 전개되었다. 상황이 반전된 데는 국내적 요인뿐 아니라 폴란드와 헝가리의 자유화 운동이라는 국제적 요인 또한 배경으로 작용했다. 반우파투쟁에서 우파로 지목되어 탄압받은 사람은 사회 전 분야에 걸쳐 있었고 수도 적지 않아 55만 명에 이르렀다. 그 외에도 '중간 우파(中右) 분자'나 '반사회주의 분자'로 비판받거나 우파 가족으로 연루된 사람도 적지 않아 이들 중 공직에서 쫓겨난 사람만 해도 16만 명이었다.

　반우파투쟁으로 봉쇄된 언로는 문화대혁명 기간에 다시 문제가 될 때까지 오랫동안 억눌렸다. 그리고 반우파 시기의 문제는 문화대혁명 초기, 공작조 파견과 혈통론이라는 쟁점을 통해 다시 뜨거운 논쟁거리로 부상한다. 분위기 역전이 시작되던 상황에서 마오쩌둥은 역설적으로 이처럼 갈등이 불거진 상황을 "인민 내부의 모순"이라고 이론적으로 정리했고, 인민 내부의 모순은 "적아(敵我) 간의 모순과는 달리 토론이나 설득의 방법으로 해결해야 한다"고 주장했다.

02　중국적 사회주의의 길과 대약진의 비극

　1차 5개년계획을 겪은 후 드러난 소련 모델의 문제점은 단지 사회주의 모델 자체와 관련된 것만은 아니었다. 1956년부터 중국과 소련 사이의 관계도 급격히 악화되었다. 이오시프 스탈린(Iosif Stalin) 사후 니키타 흐루쇼프(Nikita Khrushchev)의 비판을 둘러싼 양국의 대립은 처음에는 이론적 대립으로 시작했으나 외교적 마찰을 거쳐 나중에는 국경에서의 군사적 충돌로까지 확대되었다. 중국은 소련을 '사회제국주의'라고 비판하기까지 했다. 1959년 6월 소련은 현대적인 국방 기술 제공에 관한 비밀협정을 일방적으로 파기했으며, 1960년 7월에는 중국에서 일하던 소련 전문가 1390명을 철수시키고 진행 중이던 250여 건의 과학·기술 협력을 중단하기에 이르렀다. 소련과의 관계가 악화되던 시기에 타이완 문제를 둘러싸고 중국과 미국(및 타이완) 사이의 긴장도 높아져 1958년 8월 중국은 진먼도(金門島)와 마쭈도(馬祖島)에 대한 포격을 개시했고, 이에 대응해 미국이 제7함대를 파견하면서 일촉즉발의 위기가 발생하기도 했다.

소련 모델을 따른 1차 5개년계획의 결과 도시와 농촌 사이의 관계 또한 악화되었다. 모든 자원이 도시에 집중되고 합작사화되면서 집체생산의 기초를 만들었음에도 농촌에서는 도시와의 격차에 대한 불만이 커졌다. 또한 도시 내에서도 관료주의가 점차 융성해 간부와 일반 노동자 간에 대립의 골이 커지고 있었다. 1957년 마오쩌둥이 「인민 내부 모순을 정확히 처리하는 문제에 관하여」에서 인민 내부의 모순으로 든 3대 차이는 도시와 농촌의 차이, 노동자와 농민의 차이, 간부와 일반인의 차이였는데, 이는 바로 1차 5계년계획의 결과 더욱 부각된 것들이다. 마오쩌둥은 이 인민 내부의 모순이 제대로 해결되지 못하면 갈등과 적대로 전환될 수도 있다고 생각하고 있었다.

1958~1960년에 모험적이고 현실과 괴리된 대약진 실험이 등장한 배경에는 이런 시대적 상황이 깔려 있었다. 제8차 당대회 이후 성과 평가와 향후 과제를 둘러싼 당내 대립은 해소되지 않고 오히려 갈등의 폭이 커졌다. 다수의 당 관료들은 "모순이 대부분 해소되었고, 이제 생산력 발전에 매진하면 된다"는 쪽으로 기울어 있었다. 이에 비해 마오쩌둥은, 혁명은 하나의 모순이 해결되면 새로운 모순이 등장하는 과정이라는 부단(不斷)혁명론을 제시하면서 "자본주의의 길과 사회주의의 길 둘 중 어느 쪽이 승리했는지의 문제가 아직 해결되지 않았다"고 주장했다. 당의 입장이 마오쩌둥 쪽으로 전환되면서 전진 속도를 늦추고 과도기를 길게 잡는 대신에 오히려 전진 속도를 가속화하고 과도기를 단축하려는 '공산주의로의 직접 이행[共産風]' 시도가 등장했다. 이것이 대약진이다.

대약진은 "삼면홍기(三面紅旗)"라는 구호 아래 등장했다. 삼면홍기의 첫째는 과도기를 신속히 종료하고 사회주의 건설에 박차를 가한다는 '사회주의 건설의 총노선'이었다. 그 방향은 "더 많이, 빠르게, 잘, 아껴서"라는 구호에서 익히 알 수 있듯이 신속하게 사회주의의 기반을 세우는 것이다. 둘째는 대약진인데, 그야말로 모든 면에서 대대적으로 약진한다는 것이었다. 당시 소련이 "15년 내에 미국을 따라잡겠다"고 기염을 토한 것을 모방해 "15년 내에 영국을 따라잡겠다"는 구호가 중국에서 등장한 것은 당시 분위기를 잘 보여준다. 셋째는 농촌 사회조직의 변화이자 중국 사회주의의 조직 원리를 보여주는 것으로, 농촌사회의 기본조직으로 인민공사가 등장했다.

대약진은 한편에서 '소련 모델이 낳은 사회문제를 극복하려 하는 동시에 다른 한 편으로는 소련 모델 때보다 더 빠른 성장을 달성한다'는 어찌 보면 이율배반적인 목표를 달성하고자 했다. 그 핵심 과제는 도시와 농촌, 중공업과 여타 부문, 간부와 일반 노동자 사이의 격차를 줄이면서도 빠른 성장과 축적을 위해 필요한 자원을 조달해야 한다는 것이었다.

대약진을 향해 나아가게 된 데는 내외적인 여러 조건이 복잡하게 얽혀 작용했고, 거기에 덧붙여 마오쩌둥의 독특한 정세 판단과 상황 뒤틀기 방식 또한 작용했다. 상황은 서로 모순되게 얽혔다. 소련과의 관계는 악화되었고, 자원이 부족한 상황에서 소련 모델은 폐기되었다. 그런데도 사회주의 건설의 핵심 목표로 "철강을 중심으로 한 건설 노선을 강화하는 것(以鋼爲綱)"은 오히려 대약진의 핵심 방향으로 더욱 부각되었다. 영국을 15년 안에 따라잡는다고 할 때 그 기준은 철강생산량이었다. 이제 소련 모델을 대체할 새로운 모델이 필요했는데, 그것은 농공병진(農工併進)을 요구하는 것이었지만, 농촌에 투여할 추가적 자원은 존재하지 않았다. 농촌은 지속되는 혁명의 기반이고 혁명의 열정 또한 여기서 출현했지만, 농촌의 사회주의화를 위한 새로운 투자는 불가능했다.

중국에서 곧바로 사회주의의 길로 들어서는 일이 불가능해 보였음에도 현실에서 이 계획이 추진될 수 있었던 것은 항일 전쟁 이후 줄곧 상승세였던 민족주의 정서가 소련과의 경쟁이라는 새로운 방식으로 탈바꿈했기 때문이기도 했다. 처음에는 '모험적 전진'이라는 이 실험이 인간의 의지와 집단적 열성에 의존한다면, 불가능해 보이는 목표조차 달성할 수 있는 것처럼 보였다. 그러나 그에 앞서 겪은 1957년의 반우파 투쟁은 대약진의 시작점에 이미 어두운 그림자를 드리우고 있었는데, 언로가 봉쇄되고 사람들은 다시 반우파투쟁이 되돌아오는 것을 두려워하고 있었기 때문에 이후 벌어질 문제들이 제때 지적되고 드러날 수 없었다. 과도한 열정의 실현은 현실에서가 아니라 점점 더 상부에 제출할 보고서 속에서만 가능해졌다.

중국혁명이 걸어온 길처럼 대약진 또한 농촌을 혁명 중심지로 재조직한 다음 농촌이 도시를 포위해 혁명을 성공하는 전략적 수순을 밟았다. 사회주의의 성과가 궁극적으로 도시의 공업화에 있다는 기본 목표를 수정한 것은 아니었으나, 그렇다고 농촌이 그 길로 가기 위해 도시의 성장과 기계화를 기다릴 수만은 없었다. 도시의 사회주의적 공업화를 위해서라도 농촌을 사회주의의 전략 기지로 재조직해야 했다.

농촌의 재조직화는 도시를 위한 자원 공급지로서 농촌의 빠른 생산력 발전만을 의미하는 것은 아니었다. 이는 농촌을 생산력 발전을 추진하는 자급자족적 공동체로 재편하는 동시에 무엇보다 그것을 가능케 하기 위해 '공산주의적 공동체'로 재조직한다는 것을 의미했다. 대약진은 첫째, 농촌을 공산주의적 조직체로 개조하고, 둘째, 이를 통해 농촌의 생산력을 향상시키며, 셋째, 증대된 잉여와 인력을 도시로 이전해 도시 중화학공업 부문을 대대적으로 성장시키고, 넷째, 도시 역시 공산주의적 방식의 조직체로 재건하는 수순을 밟도록 계획되었다.

이것을 가능하게 할 생산관계와 생산력의 결합이 바로 인민공사와 '두 발로 서기'였다. 그 이전 단계인 농업합작사(협동조합)가 도시와 농촌의 이원적 분업을 전제로 하여 단지 농촌 내에서 집체적 농업생산을 조직한 것이었다면, 인민공사는 도시와 농촌의 이원적 구조를 넘어 코뮌적 조직 내에서 농업·공업·상업·교육·자경(自警)까지 통합했고, 수리·개간 등을 위해 대규모의 인력 동원을 가능하게 했다. 그런데 여기서 중요한 점은 인민공사를 운영하기 위한 자원을 외부에서 지원해 줄 수 없기 때문에 자체적으로 해결해야 했으며, 이렇게 인민공사는 '자력갱생'이나 '자조/자립'의 상징이 되었다. 인민공사가 자립할 수 있다면, 제한된 자원을 도시에 집중하더라도 농촌에서의 사회주의적 조직과 생활이 가능할 것이라고 생각되었다.

정부와 당은 소형 농업합작사를 합병해 대형화하는 방침을 추진했고, 이 방침에 따라 여러 농촌 지역에서 새로운 대형 조직들이 출현해 '공산주의 공사'라는 이름을 사용하기 시작했다. 1958년 4월에 허난(河南)성 수이핑(遂平)현 차야산(嵖岈山)의 웨이싱(衛星) 농업합작사는 인근 27개 고급합작사를 합병해 6566호, 3만 명의 대형 조직을 만들고 이름을 '차야산 웨이싱 인민공사'라고 칭했다. 이 소식은 조금 시차를 두고 중앙에 전달되었는데, 인민공사라는 명칭과 그 방향에 대해 마오쩌둥이 적극적으로 지지 의사를 표명하고 나서자 합작사의 인민공사로의 조직 개편은 전국적으로 추진되었다. 인민공사는 1958년 8월 베이다이허(北戴河)에서 열린 중공 중앙정치국 확대회의의 결의를 거쳐 공식적인 농촌 조직으로 확정되었고, 이후 헌법 조항에도 반영되었다.

인민공사는 농촌 생활을 근본적으로 바꾸어놓았다. 우선 인민공사는 합작사에 비해 규모가 매우 커졌다. 중앙정치국 확대회의 결의에서는 인민공사 규모를 우선 향(鄉) 수준을 기본으로 해서 2000호 정도 기본 규모로 출발한 다음 추세를 보아 현(縣) 규모로 확대해 갈 수 있다고 보았다. 초급 합작사가 수십 호, 고급 합작사가 100~200호 정도 규모였는 데 비해, 인민공사는 4000호를 넘는 경우가 많았다. "규모가 커야 하고, 공적이어야 한다(一大二公)"가 이 시기 인민공사의 특성을 반영한 구호였다. 인민공사는 평균적으로 28개 농업합작사를 하나로 통합했을 만큼 규모가 컸기 때문에, 실제 운영을 위해서는 3급의 체계로 구성되었는데, 인민공사·생산대대·생산대가 그것이다. 생산대는 자연촌이나 그 이하 규모로 이전의 초급 합작사 정도의 규모에 상응했는데, 인민공사나 생산대대는 행정 관리 중심이었기 때문에 실제 농촌의 생산조직은 생산대 중심으로 운영되었다.

둘째, 인민공사는 자체적으로 운영하는 공업기업을 설립했다. 규모가 큰 기업은 인민공사 직속으로 운영하고, 규모가 작은 것은 생산대대 수준에서 운영했다. '사대기업(社隊企業)'이라 불린 이 기업들은 농촌에 필요한 기초 소비재 생산에 중점을 두었으며, 1980년대 이후에는 향진기업(鄉鎭企業)으로 계승된다. 인민공사마다 공업기업이 등장하자, 철강 수요가 증가할 수밖에 없었다. 이것이 '토법(土法)'에 따라 동네마다 전통적 제련법을 활용하는 용광로를 설치하도록 경쟁을 붙여, 전국적인 낭비와 해프닝으로 끝난 '시골 용광로' 건설 사건을 촉발시켰다.

셋째, 교육과 보건 또한 인민공사가 맡아야 할 업무가 되었다. 신중국 건립 이후 짧은 시간에 전국을 포괄하는 교육과 보건 등의 복지 체계를 수립하는 것은 불가능했고, 이런 사업의 혜택은 주로 도시 지역에 한정되었다. 사범학교나 의학교 졸업생들은 도시의 수요를 충당하기에도 빠듯해 농촌 지역까지 확대 배치되기 어려웠다. 인민공사가 합작사와 다른 점은 공적금을 활용해 이런 공백을 메웠다는 것이다. 이렇게 등장한 것이 '민간 운영 교사[民辦教師]'와 '맨발 의사[赤脚醫生]'였다. 인민공사는 매년 수확기에 공사원에게 수확물을 배분하기 전 정부 수매로 제출해야 할 것, 차년도 종자로 사용할 것 등을 공제한 다음, 인민공사의 공공적 목적에 사용할 공적금을 따로 떼어놓았다. 이 공적금이 인민공사의 운영과 복지 비용으로 사용되며, 민간 운영 교사나 맨발 의사의 보수도 이것으로 충당했다. 민간 운영 교사나 맨발 의사는 정규의 교사나 의사가 아니라, 농민 중에서 상대적으로 교육을 좀 더 받은 사람을 선발해 파트타임 교사나 의사로 육성하는 제도이다. 이들은 다른 공사원과 마찬가지로 공사 내에서 농업이나 공상업에 종사하면서 일부 시간을 할애해 교육과 보건 업무에 종사했다. 1958년에 초등학생 수가 34.4%, 중학생(초중생) 수가 41.6%, 고등학생(고중생) 수가 50%로 비약적으로 증가했는데, 이는 민간 운영 교사 수의 증가로 나타난 결과였다. 민간 운영 교사나 맨발 의사 같은 제도는 농촌의 문맹 탈피와 기대 수명 연장에 상당히 기여했다고 평가된다.

넷째, 인민공사는 농촌의 가족제도에도 변화를 가져왔다. 중국에 '혼인법'이 도입되어 과부의 재가가 허용되고 축첩이나 민며느리제 등이 금지된 것은 겨우 1950년대 초여서, 1950년대 중반 농촌의 가족제도는 역사적으로 이어져 온 가부장제의 영향이 크게 남아 있었고, 토지개혁도 이를 바꾸지는 못했다. 오히려 토지개혁의 원활한 수행을 위해 지역의 간부들은 종법제의 틀이나 남성 가부장주의에 타협적 태도를 보이는 경우가 많았다. 인민공사는 의도치 않게 가부장주의 구도를 크게 바꾸어놓았다. 먼저 사회적 영역에 여성의 노동력을 끌어들이는 과정에서 여성들도 공사 내의 사회적 노동에 참여하게 되었고, 공동체 내에서 교류가 늘어나면서 남성 가장이 일방적으로 여성의 사회적 지위를 결정하는 권한은 상대적으로 축소되었다. 또한 여성의 노동 참여를 늘리기 위해 어린이집이나 공동 식당이 대대적으로 증가해 여성의 가사 노동 부담이 줄어들게 되었다. 공사 내의 여러 가지 사회적 직무를 수행하는 여성도 늘어났다. 물론 노동 점수 평가나 공사 업무의 배분에서 성차별은 강고히 남아 있었고, 공동 식당 등이 가족의 틀을 과도하게 파괴하면서 농민들의 반발이 적지 않아 문제가 되었다.

다섯째, 인민공사는 농촌의 기초 행정조직 자체를 대체해 '정사합일(政社合一)' 체제를 형성했다. 인민공사 체제하에서는 향·진의 행정 업무는 인민공사 내로 흡수되었다. 그만큼 인민공사의 독립성이 커졌고, 인민공사는 생산-생활-행정-정치를 통일시키는 기초 조직이 되었다.

농촌의 인민공사 실험은 도시에도 영향을 주었고, 도시의 대형 국유기업에서도 인민공사와 유사한 조직적 재편이 모색되었다. 대표적인 곳이 랴오닝(遼寧)성의 안산강철이었다. 안산강철의 새로운 관리 체계는 이후 '안강헌법(鞍鋼憲法)'으로 지칭되어 중국적 사회주의의 대표 사례로 남았다. 그 특성은 '정치 우위'와 '양참일개삼결합(兩參一改三結合)'이었다. 정치 우위는 효율성에 중심을 둔 공장 관리가 아니라, 정치적 표현의 중요성을 강조한 공장 관리 체제였다. '양참일개삼결합'은 이를 실행할 방법으로, 간부의 현장 노동 참여와 노동자의 경영 참여를 제도화해 불합리한 공장제도를 개혁하고, 공장 운영을 노동자, 간부, 기술자를 결합한 방식으로 진행하는 것을 말한다.

그렇지만 대약진의 모험적 시도와 야심 찬 기획은 비극으로 종결되었다. 대약진이 진행된 1958년에서 1960년 사이에 최소 1000만 명에서 최대 4000만 명이 굶주림으로 사망했다고 추산되는데, 이는 평균 사망자 수를 엄청나게 넘어서는 규모였다. 이 3년간 자연재해도 심각했지만, 이 시기에 아사자가 증가한 것은 여러 가지 인재가 중복된 결과였다. 현실을 고려하지 않은 과도한 비현실적 목표 설정과 인간 의지를 강조하는 과도한 주의주의(主意主義)가 그 첫 번째 원인이었다. 다음으로는 아래로부터 위로 올라가면서 더더욱 왜곡된 허위 보고 체계의 문제가 있었는데, 힘이 커지고 있던 관료 체계에 그 책임이 있었다. 당시 분위기는 인민공사 간에 그리고 인민공사 내에서도 조직 간에 성과 경쟁을 벌이는 상황이었다. 목표치 이상의 생산량을 달성하는 것을 당에 대한 충성으로 생각했고, 이에 따라 경쟁 구도가 만들어졌다. 농업생산량이 상승했다는 보고가 경쟁적으로 늘어나자, 어느 정도 허위 보고가 섞여 있음을 눈치챘음에도 수매 기준량은 계속 증가했다. 또 도시 공업 플랜트 건설과 운영을 위해 도시로 차출되는 농촌 노동력의 규모도 커졌다. 기층 간부들은 허위 보고가 적발되는 것을 두려워해 당분간 계속해서 감당하기 어려운 수매 기준량을 모든 방법을 강구해 맞추려 했다. 심지어 자연재해로 농촌의 식량 자급에 심각한 문제가 발생한 상황에서도 도시로의 곡물 이전은 계속되었다. 대약진 시기에 대규모 기근이 전국적으로 발생했음에도 당과 정부는 곡물을 대외로 수출했을 만큼 실상을 파악하지 못하고 있었다. 셋째, 문제가 심각해진 것은, 같은 일들이 전국에서 거의 동시에 진행되었기 때문이다. 1958년 9월 말에 이미 전국에 2만 3384개의 인민공사가 설립되어 1억 1217만 명의 농민이 가입해 전체 농가의 90.4%를 차지할 만큼, 전국의 농촌이 모두 인민공사로 급속히 재편되었다. 이 인민공사들이 모두 생산량 중대 경쟁을 벌여 허위 보고가 이어졌고, '잉여' 농산물과 노동력이 도시로 이전되었으며, 모든 곳에서 기근이 발생했다. 그 와중에 '두 발로 걷기'를 진행하기 위해 '토착제련법'에 따른 용광로 건설이 전국적인 사업으로 진행되어, 각종 철제 농기구와 그릇을 녹여 쓸모없는 철 덩어리로 만드는 일이 전국적으로 벌어졌다. 1958년 17개 성에 한정된 통계만 보더라도, "모두 60만 개의 제철·제강로가 건설되어 토착제련법으로 240만 톤의 선철과 50만 톤의 강철이 생산되었다"라고 보고되었다.

사태가 이렇게 심각해진 것은 1957년 '쌍백'에 뒤이은 반우파투쟁의 결과, 언로가 완전히 봉쇄되었다는 점이 중요하게 작용했다. 대약진이 진행되던 시기는 모든 곳에서 반우파투쟁의 여파가 강하게 남아 있던 시기로, 어느 누구도 우파로 지목되기를 원하지 않았다. 1955년 '사회주의 고조' 이래 1950년대 말까지 지속적으로 '좌'는 곧 '의지주의'이자 비약적인 생산력의 발전과 등치되었다. 이를 문제 삼는 것 자체가 우파로 지목될 것을 각오해야 하는 일이었다.

중앙에서 위기의 심각성이 감지된 이후에도 사태를 바로잡는 일은 쉽지 않았다. 1959년 여름 루산(廬山)에서 개최된 중국공산당 8기 8중전회는 대약진으로 생긴 문제점들을 교정해 정상적인 상태로 돌려놓을 목적으로 개최되었다. 그렇지만 회의의 결과는 전혀 반대 방향으로 진행되었다. 회의에서 대약진에 대해 마오쩌둥 책임론을 제기한 국방부장 펑더화이(彭德懷)는 대표적인 '우파분자'로 지목되었다. 반우파투쟁은 마오쩌둥과 당에는 족쇄가 되어 스스로의 문제점을 돌아볼 수 없게 만들었으므로, 유일한 해결책은 더욱 모험성을 강화해 사태가 회복할 수 없는 상태에 이르도록 하는 것이었으며, 그 상황이 극단에 이르러서야 어쩔 수 없이 추진을 중단할 수 있었다.

03 문화대혁명의 발발

대약진 실패 후 1960년대 초반은 누적된 문제를 해결하려는 '조정기'였다. 대약진 시기의 과도한 모험적 정책이 완화되거나 폐지되었고, 조정을 위한 여러 가지 조치가 등장했다. 그렇지만 1950년대 전체에 걸쳐 누적된 여러 가지 모순이 이 조정기에 원만히 해결되고 새로운 방향이 정립된 것은 아니었다.

대약진의 모험주의가 주춤하면서 조정기가 도래했지만, 이 조정기 중에도 당내의 '작풍(作風)'을 개조하려는 시도는 이어졌다. 그것은 외면적으로 대약진 이후에도 계속 남아 있는 관료주의 작풍을 손보고자 한 것이지만, 1957년에 일어난 반우파투쟁은 그 과정을 왜곡해, 정풍을 거치면서 관료주의가 더 강화되기도 했다. 수동적으로 정풍운동에 참여해 실상의 변화는 기대하기 어려운 상황이 반복되었다. 농촌에서 진행된 '4청운동'이 대표적이었다.

모호한 긴장 상태는 당내에서 계속되었다. 서로 대립하지 않는 듯 보였지만 과도기에서 대약진까지 반복된 이견은 드러나지 않은 채 지속되었다. 마오쩌둥은 당 주석으로서 절대적인 권위가 있었지만, 자신이 주도한 사회주의 노선을 관철시킬 수단이 충분하지 않다고 생각했고, 당내에서 자기 노선에 대한 적극적·소극적 사보타주가 계속되고 있다고 여겼다.

조정기에는 앞서 1차 5개년계획 기간에 강화된 위계적 관료 체계의 힘이 더욱 확

그림 11-1 |
중앙문혁소조의 핵심 인물
왼쪽부터 장칭(江靑), 천보다(陳伯達), 캉성(康生), 장춘차오(張春橋), 야오원위안(姚文元).

대되는 모습도 확인되었다. "베이징에는 바늘 한 땀 들어갈 틈이 없다"고 여긴 마오쩌둥이 대약진에 대한 책임을 핑계로 베이징을 떠나 상하이나 우한 등지에서 새로운 대응을 모색하는 기간이 길어졌다. 마침내 당내 대립은 1965년 말 문예 논쟁이라는 우회로를 통해 '문화혁명'이라는 이름으로 터져 나왔다. 상하이의 작가 야오원위안(姚文元)이 우한(吳晗)의『하이루이(海瑞) 파관』을 정치적으로 비판하는 글을 발표하면서 논란이 시작되었다. 겉으로는 문학 논쟁으로 보이는 이 사건은,『하이루이 파관』을 대약진의 책임을 둘러싸고 마오쩌둥과 펑더화이 사이에서 벌어진 대립을 그렸다고 확대 해석함으로써 문화를 정치적 맥락의 한가운데로 끌어들였다.

사실 문화혁명의 쟁점은 마오쩌둥이 젊은 시절부터 반복적으로 강조해 온 것이었다. 또 그랬기 때문에 1965년 말부터 1966년 초의 문화혁명은 익숙한 정풍운동이 문예계와 학술계로 확산되거나, 4청운동이 도시로 확대되면서 반우파투쟁의 바람이 다시 한번 휩쓸고 지나갈 것이라는 예상 속에서 진행되었다.

상황이 급변해 전혀 예상치 못한 방향으로 흘러간 것은 1966년 6월부터 7월 사이의 '초기 50일'로 불리는 시기에 벌어진 일들의 복잡성 때문이었다. 문화혁명의 출발은 야오원위안의 비판으로 시작되었지만, 막상 첫 단계는 국가주석 류사오치(劉少奇)와 공산당 총서기 덩샤오핑(鄧小平)의 주도로 당내 정풍운동 형태로 진행되었다.

1966년 2월 베이징시 당서기 펑전(彭眞)을 중심으로 한 문화혁명 5인소조가 그 책임을 맡고 「2월제강」을 작성해 정풍운동 형태로 이 운동을 끌어갔다. 마오쩌둥은 처음 이 과정을 지켜보다가 5월 들어 본격적으로 개입해 방향을 전환시켰다. 그 전환점이 된 것이 정치국 확대회의에서 발표된 「5·16 통지」였다. 베이징을 벗어난 지역에서 마오쩌둥과 측근들을 중심으로 준비된 이 문건은 "자본주의의 길을 걷는 실권파(當權派)", 즉 '주자파(走資派)'라는 규정을 정착시켰고, 이들이 '반동적 학술 권위'를 형성해 문화계의 각 영역뿐 아니라 당내에서도 활동하고 있다고 규정하면서 "이들을 제거하는 문화혁명이 필요하다"고 주장했다. 그리고 이를 계기로 문화대혁명을 주도하기 위해 중앙문혁소조가 새롭게 결성되어, 그 소조의 장으로 마오쩌둥의 핵심 측근이자 이론 담당 비서인 천보다(陳伯達)가 임명되었다. 중앙문혁소조는 당 서기처의 업무를 대체했고, 문화대혁명의 핵심 시기에는 중앙정치국의 업무까지 대체하기도 했다.

「5·16 통지」의 전문은 곧바로 공개되지는 않았지만, 그 분위기를 전달받은 대중조직이 대학을 중심으로 영향력을 확장해 가기 시작했다. 5월 25일 베이징 대학에서 그 대학 철학 강사이자 당 지부 서기인 녜위안쯔(聶元梓) 등 7인 명의로 베이징 대학의 총장 겸 서기를 공격하는 대자보가 붙었고, 6월 1일에는 ≪인민일보≫에 「온갖 잡귀신을 쓸어버리자」라는 사설이 실리면서, 문화혁명은 공개적인 대중운동 형태로 전환되기 시작했다.

6월에서 7월 사이 문화대혁명이 예상치 못한 전환점을 지나 대중적 사건으로 변환된 데는 공작조 파견과 혈통론이라는 쟁점이 중요한 매개 요인으로 작용했다. 「5·16 통지」 이후에도 문화혁명 추진에서 중앙당 조직의 영향력은 지속되고 있었고, 당 중앙은 과거의 정풍운동 방식을 따라, 문화계와 학술계 각 조직에 공작조를 파견해 문화혁명을 추진하고자 했다. 이 무렵 베이징의 칭화 대학 부속중학교를 필두로 하여 중학교에서부터 '홍위병(紅衛兵)' 조직이 결성되기 시작했는데, 이 시기에 홍위병 조직을 결성해 가담할 수 있었던 학생들은 출신 성분이 좋고 당내 지위도 높은 '고급 간부의 자제들'이었다. 이렇게 결성된 조직을 '노(老)홍위병'이라 부른다. 이들이 문화대혁명의 목표이자 방식으로 내건 것이 '4구 타파'로, 낡은 사상·문화·관습·습관을

그림 11-2 |
문화대혁명 시기에 대자보를 붙이는 학생들

그림 11-3 | 상하이코뮌을 상하이시 혁명위원회로 교체하는 모습

타파하고자 한 것이었다. 홍위병 조직은 대학으로도 빠르게 확산되었다.

중앙에서 파견된 공작조와 아래로부터 결성된 초기 홍위병은 당이 주도하는 문화혁명의 지향점에서 일치했으며, 이들은 각 조직 내에서 주로 출신 성분과 과거 이력에 초점을 맞춰 정풍운동을 전개했다. 여기서 문제 있는 인물로 분류된 대상은 혁명시기에 가족의 일원이 문제가 된 인물이거나 1957년 반우파투쟁 시절 문제가 되었던 인물 또는 그 가족들로, 출신 성분이 논란의 초점이었다.

공작조와 초기 홍위병이 출신 성분에 초점을 맞추고 이것이 이후 '혈통론'으로 발전하자 이에 반대하는 대학생 조직들이 "반혈통론"과 "반공작조"를 외치며 별도의 조직을 결성하기 시작했다. 이들은 공작조를 파견하고 이에 적극 동조한 당 조직에 대해 비판적·대립적 태도를 취하기 시작했다. 이들 또한 홍위병 조직이기는 했지만, 고급 간부 자제들로 구성된 '노홍위병'과 구분해 스스로를 '조반파(造反派)'라고 부르기 시작했다. '조반파'라는 명칭은 홍위병들이 스스로의 조직을 정당화하면서 찾아낸 "조반유리(造反有理)"라는 구호에서 유래했다.

그러나 당연히 조반파 조직은 열세였고, 공작조와 연계한 초기 홍위병 조직은 열렬히 혈통론을 주장하면서 "아버지가 혁명을 하면 아들은 훌륭하고, 아버지가 반동이면 자식은 쓰레기"라는 대련(對聯)을 내걸고 반대파를 탄압했다. 반대 세력에 힘이 밀린다고 여겨 1966년 상반기 베이징을 벗어나 있던 마오쩌둥이 7월 말 베이징으로 복귀하여 "혈통론이 틀렸고 공작조는 오류를 범했으니 즉각 철수하라"고 지시함으로써 상황은 역전되기 시작했다.

노홍위병과 조반파의 대립은 베이징의 핵심 대학들을 중심으로 시작되어 전국적으로 퍼져가기 시작했다. 베이징 대학, 칭화 대학, 베이징 지질학원, 항공항천학원, 베이징 사범대학 등 베이징의 5대 대학은 녜위안쯔(聶元梓), 콰이다푸(蒯大富), 왕다빈(王大賓), 한아이징(韓愛晶), 탄허우란(譚厚蘭) 등 조반파의 '5대 영수'를 배출해 조반파 운동을 주도했다.

이어 8월 초 베이징에서 중앙위원회 확대회의를 주재한 마오쩌둥은 「나의 대자보: 사령부를 포격하라」를 발표해, 문화대혁명을 문예계가 아니라 당 조직의 핵심으로 끌고 들어왔다. 그리고 8월 8일 중국공산당은 공개방송을 통해 전국 대중의 문화대혁명 참여를 촉구하는 문건인 「프롤레타리아 문화대혁명에 관한 중국공산당 중앙위원회의 결정」(약칭 「문혁 16조」)을 발표했다. 이 「문혁 16조」는 "혁명은 대신 될 수 없다"는 '파리코뮌 원칙'을 전면에 내걸고 대중 스스로를 혁명하는 것이 문화대혁명의 목표임을 주장하는 이상주의의 정점을 내보였다. 이후 홍위병들 사이에 대립이 격화되었고, 4구 타파를 명분으로 한 각종 폭력도 증가했다. 가을 들어 마오쩌둥이 장악한 당은 사회 내에서의 대립이 당의 핵심부를 관통했다고 보고 '당내 두 가지 노선'으로 존재한다고 선언했고, 당내에서 '자본주의적 길을 걷는 세력'의 대표로 류사오치와 덩샤오핑을 지목해 공개적으로 비판하기 시작했다.

각종 홍위병 조직에 가담한 학생은 물론이고 가담하지 않은 학생들까지 전국적으로 참가한 혁명대교류[大串聯]가 진행되어 각지 홍위병과 조반파 사이의 경험과 정보 교류가 확대되었다. 1967년 초까지 이 혁명대교류에 참가한 청년들과 교사들은 전국적으로 3000만 명에 이르렀다. 베이징의 톈안먼광장은 전국에서 몰려든 홍위병들의 집회가 이어졌다.

1967년 문화대혁명은 더욱 확산되었고, 내용적으로도 한 단계 더 비약했다. 첫째, 그동안 참가하지 않던 노동자들이 참여해 문화대혁명은 공장으로 확대되었는데, 이에 따라 그 전해에 학교를 중심으로 했던 시기의 쟁점과는 다른 새로운 쟁점들이 제기되었다. 둘째, 「문혁 16조」에서 등장한 파리코뮌 원칙이 확대·전환되어 새로운 대안 권력기구로 대중 자치 조직인 코뮌을 등장시켰는데, 이것이 2월 초 상하이에서 결성된 상하이인민공사(상하이코뮌)였다. 셋째, 이 상하이인민공사를 결성하는 과정에서 본격적으로 등장한 새로운 투쟁 방식으로서 각급 정부의 권력을 대중조직들이 직접 빼앗아 장악하는 '탈권(奪權)'운동이 본격화하기 시작했다. 넷째, 마오쩌둥과 당은 대중운동이 '무정부주의'로 경도될 것을 우려해 질서를 부과하려 했고, 이것이 '좌파 지지'를 명분으로 한 군대의 개입을 촉발시켰다. 그러나 군 개입은 상황을 안정시키고 종료시키기보다 오히려 상황을 더 꼬이게 만들고 대중운동을 내적으로 분열시켰다.

홍위병들 사이의 대립과 당의 내분, 그리고 이어진 군대의 개입과 이를 둘러싼 대립은 대중조직을 더욱 분열의 길로 이끌었다. 대중조직의 무장 정도가 심해지면서 대립은 점점 더 폭력적인 모습을 띠었다. 1967년 봄에서 여름으로 가는 기간이 대중운동의 정점이었으며, 각종 극좌적인 사조들이 연이어 등장했다. 이 시기 마오쩌둥의 아내이자 중앙문혁소조 부조장이던 장칭(江靑)은 "문공무위(文攻武衛)"라는 구호를 앞세웠고, 이것이 마오쩌둥의 지시와 결합해 조반파 조직들을 무장하게 하는 계기가 되었다. 군에 대한 태도와 무장투쟁이라는 문제를 둘러싸고 조반파는 다시 내적으로 분열했는데, 이 분열은 신중국 성립 이후 지난 17년의 역사와 당관료제의 평가를 둘러싼 이론적 대립을 반영하는 것이기도 했다. 그 결과 조반파는 다시 온건 조반파와 급진 조반파로 분열되었고, 상호 간의 대립이 무장 충돌로 이어지는 지역이 늘어났다. 이 시기에는 후난(湖南)성의 급진 조직 구성원 양시광(楊曦光)이 쓴 「중국은 어디로 가

그림 11-4 | 노동자 조반파들의 거리 행진(왼쪽), 공장 내 노동자들의 문화혁명 집회 장면(오른쪽)
자료: 楊克林 編著, 『文化大革命博物館』(天地圖書有限公司, 2002).

는가(中國向何處去)」 등의 문건이 등장해 새로운 논쟁을 촉발하기 시작했다.

대립과 모순이 정점으로 치달은 사건은 중앙에서 현지로 파견 시찰을 간 중앙문혁소조의 핵심 분자 왕리(王力)와 셰푸즈(謝富治)를 현지 군구가 감금하는 '우한 7·20 사건'이었는데, 이때 내전의 우려마저 제기되었다. 이 시기 베이징에서는 8월 초에 외교학원 조반파가 외교부를 탈권하는 사건도 벌어졌고, 이어 8월 22일에는 베이징의 영국 대리처 방화 사건도 일어났다. 그간 누적된 모든 사회적 모순들이 한꺼번에 해결책을 찾기 위해 길로 쏟아져 나온 형국이었다. 모든 곳의 권위와 권력이 무너지고 있는 상황이었지만 기존의 권력을 대체할 권력이 형성된 것은 아니었고, 비판받는 기존의 권력도 실질적으로 붕괴하지는 않았다. 특히 무장한 군대의 힘은 이전보다 더 큰 존재감을 발휘했다.

04 문화대혁명의 비극적 종결

1967년 9월 5일 자로 당과 군에 질서 회복 지시가 하달되었다. 이후 군은 군사관제를 시행했고, 조반파를 중심으로 한 대중운동은 처음에는 설득을 통해, 이어서는 군사적 진압을 통해 빠르게 해체되었다. 앞서 상하이에 수립된 코뮌은 군과 당이 개입하는 혁명위원회 형식으로 대체되었고, 이 혁명위원회 형식이 전국으로 전파되었다. 당 내부의 대립은 류사오치에게만 비판을 집중하는 것으로 축소되었고, 문화대혁명에 반대해 비판받은 간부들을 '5·7 간부학교'로 하방시켜 재교육 기간을 거친 후 복귀시키는 방식으로 나머지 당 조직을 살리는 타협이 모색되었다. 베이징에서는 조반파의 배후로 지목된 핵심 인물들이 차례로 실각했다.

그러나 아래로부터 조직된 조반파 조직들은 해산 지시를 따르지 않았고, 무기 반납 지시도 거부하는 경우가 많았다. 더욱이 후난(湖南)성의 성우롄(省無聯), 우한(武漢)의 베이줴양(北決楊) 등 각지에서 등장하기 시작한 급진적 조반파 조직들은 그에 앞선 17년의 기간을 사회주의가 아니라 부르주아 독재 기간으로까지 비판하는 이단적 입장을 표명하면서 당과의 타협도 거부했다.

1967년 말에서 1968년으로 넘어가는 시기가 되면 마오쩌둥과 급진 조반파 사이의 연합은 깨지고, 이단적 사상을 지닌 조반파들은 집중적인 탄압의 대상이 되었다. 특히 변경 지역에서는 지역 군구가 집중 개입해 진압이 이루어지면서 유혈 사태가 많았다. 대표적으로 광시(廣西)에서는 광둥(廣東)/광시 군구사령부의 집중적 진압 과정에서 조반파를 포함해 지역 주민 9만여 명이 살해당하는 참극이 발생했다.

무장 진압에 발맞추어 1968년부터는 '계급 대오 정리', '5·16 병단 색출' 등의 이름으로 대대적인 '반동 세력 색출' 작업이 진행되었는데, 앞 시기 조반파 운동에 가담한 사람들의 다수가 이 시기에 검거의 대상이 되었다. 이렇게 검거된 피해자는 보통 1000만 명에서 많게는 3000만 명에 이르고, 사망자만도 50만 명에 이르는 것으로 추산된다. 또한 1968년 여름에는 홍위병을 하방(下放)하라는 지시가 내려왔다. 홍위병 조직에 가담했던 학생들은 인민공사와 공장, 황무지 개간 등에 집중적으로 배치되는 '상산하향(上山下鄕)' 운동으로 전환할 것을 요구받았다. 학생 홍위병 조직을 대신해 모범 노동자 등을 중심으로 한 '공선대(工宣隊: 노동자 마오쩌둥 사상 선전대)'와 군 조직인 '군선대(軍宣隊)'가 빈자리를 채웠고, 이제 구호도 "파리코뮌 원칙을 따르자"는 사라지

그림 11-5 | 문화대혁명 중 무장한 대중조직원
자료: 楊克林 編著, 『文化大革命博物館』(天地圖書有限公司, 2002).

고 그 대신 "노동자계급이 일체를 지도한다"나 "공농병에게 배우자"로 바뀌었다. 집중적 타격의 대상이 되었던 당 조직도 복구되기 시작해 1969년 제9차 당대회를 계기로 당 조직은 더 이상 문화대혁명의 주요 대상은 아니었다.

그러나 1967년 문화대혁명이 공장으로 확대된 이후 공장은 상당 기간 동안 새로운 관리제도의 실험 장소가 되었다. 사회주의적 공장 관리의 형태는 무엇이며 노동자들에 의한 자주 관리는 가능한지, 구상과 실행을 분리하는 테일러주의를 극복할 수 있는 길이 있는지 등이 쟁점이 되었다. 엘리트 교육체제를 허물고 교육을 현장과 결합한다는 취지 아래 대학 교육을 폐지하고 공장 내로 대학을 옮기는 실험도 '교육혁명'이라는 이름하에 추진되었다.

1968~1969년에 걸쳐 학생 홍위병 조직이 해산되고 많은 조반파 조직이 해산의 수순을 밟으면서 아래로부터의 대중운동을 중심으로 한 문화대혁명의 첫 단계는 종료되었다. 첫 단계에서는 당 조직 자체가 관료주의의 온상으로 대중조직들의 공격 대상이 되었다는 점이 중요한 특징이었다. 이 시기에는 당에 대한 비판이 반사회주의라든가 반혁명으로 간주되지 않았던 이례성이 관찰된다. 그러나 대중운동의 고양기

가 지난 이후 문화대혁명이 질서의 시기로 들어서게 되자 문화혁명은 위에서 아래로의 대중 정풍운동으로 변환된 형태로 유지되었다. 당 조직에 대한 비판과 반대는 다시 예전처럼 반사회주의이자 반혁명으로 간주되어 탄압받았다. 문화대혁명은 이제 두 번째 단계에 들어섰는데, 핵심은 마오쩌둥의 후계 구도를 둘러싼 엘리트 정치 영역으로 옮겨갔다. 제8차 당대회 이후 13년 만에 개최된 제9차 당대회에서 무너진 당 조직을 상당히 복구시킨 이후에도 이 대립은 계속되어, 결국 1970년 루산회의(廬山會議)와 그 이듬해에 린뱌오 사건(林彪事件)을 거치면서 천보다와 린뱌오의 연이은 실각과 사인방 권력의 강화로 귀결되었다. 또한 그 전까지 도시지역에 집중되어 전개되던 문화대혁명이 농촌지역으로 확산되면서 다시 출신 성분을 강조하는 혈통론에 입각한 대중적 테러와 지식인 탄압이 오랜 기간 이어졌다. 그러나 1970년대 초부터 후반에 걸쳐 잔존한 일부 조반파 세력은 굴절된 상황을 비판하며 '독서회'나 '사상촌락' 등의 형태로 새로운 조직을 구성해 자기비판 과정을 거친 후 '사회주의적 민주'를 요구하는 새로운 운동을 전개하기도 했다. 1974년 광저우(廣州)의 민주벽 사건을 통해 알려진 '리이저(李一哲) 대자보 사건'이 그 대표적 사례이며 이와 같은 흐름은 1976년 저우언라이(周恩來) 총리의 사망을 계기로 벌어진 톈안먼(天安門)광장 시위와 1978~1980년 '베이징의 봄'의 민주화운동 시기에도 이어졌고, 더 나아가 1989년 톈안먼 민주화운동에까지도 영향을 미쳤다.

문화대혁명은 사회주의 실험이 가져온 많은 문제와 모순에 대해 수많은 질문들을 터뜨리는 공간으로 작동했다. 그러나 그에 대한 적절한 해답을 찾아내지 못했고, 대중적 폭력, 무정부주의, 군대의 유혈 진압, 지식인 탄압 등의 부정적 그림자를 짙게 드리웠다.

그런데도 이 시기 다양하고 복잡한 개인들의 경험은 한 세대 전체에 복잡한 기억으로 남았으며, 무엇보다 모든 권위가 부정됨으로써 이후 중국 정치에 독특한 영향을 남겼다. 당-국가는 문화대혁명의 부정적 기억을 통해 그 힘을 계속 강화하기는 했지만, 문화대혁명의 경험을 완전히 지울 수 없기 때문에 대중의 도전에 대한 우려를 감수해야 했다.

문화대혁명은 제도적 변화를 이루어내지는 못했지만, 각 조직에서 기존 관료들의 권력을 상당히 약화시켰다. 이와 같은 절충적 상태는 소속된 조직 내에서의 안정적 고용과 균등한 복지를 체계적으로 유지하면서 온정주의적 당 통치를 용인하는 '단위(單位)체제'라는 유산을 남겼다. 문화대혁명은 '사회주의란 무엇인가'라는 질문을 제기했으나, 그 해답은 후대의 과제로 남게 되었다.

<h2>05   단위체제의 유산</h2>

중화인민공화국 건국 이전 중일전쟁과 내전으로 혼란을 겪었고, 건국 이후 사회주의 건설 기간에도 격동의 시기를 겪으면서 중국 경제는 오랫동안 탈집중적·지방분산적 특징을 유지했다. 문화대혁명기에 들어서 각급 정부 조직이 대중조직들의 공격을 받고 업무가 사실상 마비되면서 정부의 행정관리 업무가 체계적으로 수행되기 어려웠고, 사회-경제 작동에서 분산성이 더 두드러졌다. 이것이 사회관리 영역에서 단위체제라는 특징을 강화시켰다.

단위란 직장의 의미로, 예·결산의 회계단위라는 의미를 지닌다. 단위에는 기업 단위, 사업 단위, 당정 기관 단위가 있으며, 도시 주민의 생활의 기본 틀을 구성했다. 농촌이 인민공사 체제로 재편되었다면 그에 상응해 도시는 단위체제로 변모되었다. 단위는 경제활동, 재생산, 행정의 복합체였기 때문에 그에 따른 여러 가지 특징을 보였다. 첫째, 단위는 무엇보다 직업 배분 제도에 기반을 둔 종신 고용과 완전 고용이 이루어지는 평생직장이었다. 중국에서는 이직률이 낮기 때문에 한번 배정된 직장은 평생 유지되었고, 그만큼 소속 단위에 대한 의존이 컸다. 둘째, 배급 물자를 포함해 필수 물자와 희소 자원 또한 단위 조직을 통해 배분되었다. 셋째, 단위는 양로, 의료, 교육, 주택을 포함하는 사회복지 혜택이 공여되는 기본 조직이었다. 중국의 복지 체제는 처음부터 단위 중심으로 짜여 있었지만, 문화대혁명 기간 중에 국가의 조절 기능이 마비되면서 모든 복지가 정부의 체계적 관리나 공동의 기금 없이 사실상 전적으로

그림 11-6 | 베이징의 칭화 대학에서 발생한 무장 충돌 '백일무투'
자료: 楊克林 編著, 『文化大革命博物館』(天地圖書有限公司, 2002).

단위의 예산에 의해 시행되는 '전면적 단위 복지 체제'의 성격을 띠었다. 넷째, 단위는 사실상 말단 행정 기구 역할도 맡아 개인 신분을 관리하는 준공공기관의 성격도 띠었다. 다섯째, 단위는 소속 노동자 자신뿐 아니라 노동자에 딸린 피부양자의 일자리 제공과 사회복지도 책임지는 조직이었다.

　단위체제하에서는 단위 간 이동이 제약되었고 생활 필수 물자 배분 등 많은 업무가 단위 내에서 자체로 해결되면서 단위 내 주요 자원의 배분이 단위 내 권력 관계의 영향을 받는 일이 많아졌다. 단위는 폐쇄적이고 자족적인 형태로 운영되었다. 문화대혁명을 거치며 단위 내부 권력 관계에 큰 변화가 발생하자 단위 내에서의 물자 배분은 상당히 '평균주의적' 특성을 보여, 단위 내의 불평등은 크지 않은 편이었다. 개인들이 누리는 실질소득에서 화폐로 받는 직접임금의 비중이 낮은 반면 비화폐적으로 공여되는 간접임금 즉 사회복지로 간주될 수 있는 소득 비중이 높아졌고, 이것이 재분배의 기제로 작용해 단위 내에서 개인 간 경제적 지위의 불평등이 상당히 낮아졌다는 점에서 그러한 특성이 잘 드러난다.

반면 단위 사이에는 조절 기제가 없었기 때문에 소속 단위의 규모와 형태, 업종 등에 따라 불평등 정도가 더 커졌다. 또 단위 간 이동의 제약이 컸을 뿐 아니라 단위체제가 도시와 농촌 사이에 단절의 벽을 강화하는 제도적 장벽이 되었다는 문제도 두드러졌다. 농촌 지역에서 도시로 이동하려면 받아줄 소속 단위가 있어야 하는데 단위 간 이동이 어렵기 때문에 도시로의 진입은 거의 불가능했으며, 호적(호구)제도와 개인 당안제도(檔案制度)가 그 제약을 더욱 공고히 했다.

　　도시 단위체제를 유지하기 위해서는 취업에 대한 총괄적 국가 관리와 단위를 통한 배급제도가 유지되고 농촌의 인민공사 체제가 유지되었어야 했는데, 1970년대 말부터 이런 조건들에 변화가 발생하면서 단위체제는 약화되기 시작했다. 또한 "기업이 사회를 떠맡는다(企業辦社會)"는 '개혁파'의 불만이 커지고 기업 경영자에게 노동자 해고권을 포함한 더 큰 자율성을 부여함으로써 과도기적 사회안정화 체제라고 할 수 있던 단위의 영향력은 줄어들고 시장의 힘이 그 자리를 대체하게 되었다. 개혁·개방 40여 년의 역사는 단위의 역할을 시장으로 대체하는 방향으로 진행되었는데 최근 들어 그 한계가 지적되면서 경제 건설과 병진하는 사회 건설이 주창되고, 그 방법으로 사회관리와 사회치리(社會治理, social governance)가 강조되고 있다.

06 　개혁·개방의 전사

　　1969년 이후 아래로부터의 문화대혁명이라는 특징이 사라진 대신, 위로부터의 반지식인 운동과 '계급 대오 정리'라는 명목 아래 행사된 폭력은 장기간 지속되어 사회적 트라우마를 광범위하게 남겼다. 당내에서는 1970년대 초반 서로 대립하는 세력들이 서로 견제하는 가운데 권력투쟁이 두드러진 특징으로 부각되었다.

　　그렇지만 동시에 1970년대로 들어선 뒤에는 개혁·개방의 시기로 이어지는 변화의 조짐도 나타나기 시작했다. 첫 변화는 대외 개방이었다. 대외 개방의 변화는 자본주의 국가 간 체계의 구도에 편입되는 것과 세계경제에 편입되는 것인데, 국가 간 체계의 편입이 먼저 시작되었다. 1971년 4월 미국 탁구 팀의 중국 방문에 이어 7월에는 국무장관 헨리 키신저(Henry Kissinger)가 중국을 방문해 1972년 2월 리처드 닉슨(Richard Nixon) 대통령의 방중을 성사시켰다. 중국은 1970년대에 미국 일본과 외교 관계를 재개해 유엔에서 타이완을 밀어내고 1971년부터 안보리 상임이사국 자리를 차지했다.

두 번째 변화는 4개 현대화 노선이 등장하고 덩샤오핑이 복권되면서 경제개혁으로의 방향 전환이 서서히 모색되기 시작한 것이었다. 중국의 세계경제로의 편입은 1980년대 중후반 이후 본격화하지만, 그 기틀은 1970년대 중반부터 모색되기 시작했다. 4개 현대화는 농업, 공업, 국방, 과학기술의 현대화를 일컬으며 1975년 이를 제창한 이가 저우언라이였다. 이와 같은 변화가 덩샤오핑의 복권과 맞물리면서 경제 노선에서 덩샤오핑의 실용주의가 등장할 수 있는 배경을 형성했다.

사실, 사회주의 시기에 중국의 경제성장률이 낮았던 것은 아니었다. GDP 성장률을 세 시기로 나누어보면 1953~1966년에 연평균 8.2%, 1967~1976년에 연평균 6.8%, 1977~1982년에 연평균 8.9%로 문화대혁명에 시기에 성장률이 감소하기는 하지만 큰 폭의 차이는 아니며, 또한 이 시기 하락률은 문화대혁명 풍파의 고점인 1967년과 1968년 이 두 해의 하락에 기인했다. 오히려 문제는 각종 불균형이 커진 것이었다. 1953년부터 1978년까지 총자본 형성은 연평균 10.4%로 성장해 13배가 증가한 반면, 가계 소비는 연평균 4.3%씩 증가해 세 배의 증가를 보였을 뿐이다(인구 증가를 고려하면 증가율은 더 낮다). 도시와 농촌 사이의 소비격차는 더 커져, 도시는 가계 소비가 연평균 3% 증가한 데 비해 농촌은 연평균 1.8% 성장에 그쳤다. 고용 면에서도 현대적인 산업과 서비스 부문의 고용률은 매우 더디게 증가했다. 1975년 이후 덩샤오핑-화궈펑(華國鋒) 체제에서 '양약진(洋躍進)'이 대대적으로 모색되다가 포기된 것은 이와 같은 불균형을 유지한 채 지속적으로 성장하는 것이 불가능했기 때문이다.

세 번째 변화는 각종 사회적 모순이 분출한 것이다. 1974년 광저우 민주벽(리이저 대자보), 1976년 청명절에 일어난 톈안먼 시위, 1978년부터 1980년 베이징의 봄으로 이어지는 변화의 요구는 '사회주의적 민주'를 요구하는 것이었는데, 그 함의는 양면적이었다. 한편으로 마오쩌둥 시대에 대한 강력한 반발과 새로운 변화를 추구했지만, 다른 한편에서는 그 마오쩌둥 시대의 일부이면서 문화대혁명의 모순의 일부를 이룬 관료들에 대한 반발도 '아래로부터의 문화대혁명'(마오쩌둥식의 '사회주의하의 계속혁명')의 흔적으로 담겨 있었다. 덩샤오핑은 당내 개혁파와 연합하는 동시에 '사회주의적 민주'를 요구하는 당 외부 대중운동 세력과도 일시적으로 연합했지만 당내 세력 기반이 안정화되면서 후자와의 연합은 깨어지고, 그 대신 1979년 이후부터는 당의 절대적 주도성을 핵심으로 하는 '4항 기본원칙'(자세한 내용은 12장 참조)을 내세우게 되었다.

마오쩌둥, 저우언라이, 주더가 함께 사망한 1976년은 과거가 일단락되고 새로운 전환점을 맞는 계기가 되었다. 이 시기 당내 세력은 삼분되어 있었는데, 이는 문화대혁명 이후 안정적 '연착륙'을 위해 마오쩌둥이 상호 견제를 위해 마련해 둔 구도였다. 첫 번째 그룹은 '4인방'[장칭(江靑), 장춘차오(張春橋), 야오원위안(姚文元), 왕훙원(王洪文)]을 중심으로 한 문화대혁명 계승파, 두 번째 그룹은 덩샤오핑을 중심으로 하는 복권된 당 관료들, 세 번째 그룹은 마오쩌둥 자신에 의해 형성된 화궈펑 중심의 후계 집단이었다. 이처럼 세 개 세력이 건재한 가운데 마오쩌둥이 사망하자 두 번째 그룹과 세 번째 그룹이 연합해 첫 번째 집단을 배제함으로써 3자 구도가 2자 구도로 재편되었고, 최종적으로 두 번째 집단이 세 번째 집단을 배제하고 변화를 주도하면서 단일 구도로 옮겨 가게 된다. 두 번째 집단은 "문화대혁명 철저 부정"이라는 구호 아래 개혁·개방의 시대를 열게 된다. 이 '부정'에 어떤 내용이 담기느냐에 따라 개혁·개방의 시대는 고유한 가능성과 한계를 보이게 될 것이었다.

더 읽을거리

노턴, 배리(Barry Norton). 2010. 『중국 경제: 시장으로의 이행과 성장』. 이정구 옮김. 서울경제경영.

딜릭, 아리프(Arif Dirlik). 2005. 『포스트모더니티의 역사들: 유산과 프로젝트로서의 과거』. 황동연 옮김. 창비.

리영희. 1990.『전환시대의 논리』. 창비.

마이스너, 모리스(Maurice Meisner). 2004.『마오의 중국과 그 이후. 1. 2』. 김수영 옮김. 이산.

맥파커, 로드릭(Roderick MacFarquhar). 2012.『중국현대정치사』. 김재관·정해용 옮김. 푸른길.

모택동(毛澤東). 2001~2008.『모택동 선집. 1~4』. 김승일 옮김. 범우사.

백승욱. 2001.『중국 노동자와 노동정책: '단위체제'의 해체』. 문학과 지성사.

_____. 2007.『문화대혁명: 중국 현대사의 트라우마』. 살림.

_____. 2012.『중국 문화대혁명과 정치의 아포리아: 중앙문혁소조장 천보다와 조반의 시대』. 그린비.

백승욱 엮음. 2007.『중국 노동자의 기억의 정치』. 폴리테이아.

베르제르, 마리-클레르(Marie-Claire Bergere). 2009.『중국현대사: 공산당. 국가. 사회의 격동』. 박상수 옮김. 심산.

브라운, 케리(Kerry Brown). 2014.『현대 중국의 이해』. 김흥규 옮김. 명인문화사.

블레처, 마크(Marc Blecher). 2001.『반조류의 중국: 현대 중국. 그 저항과 모색의 역사』. 정환우 외 옮김. 돌베개.

야마코 사토시. 2004.『중화인민공화국 50년사』. 임상범 옮김. 일조각.

왕차오화(王超華) 외. 2006.『고뇌하는 중국: 현대 중국 지식인의 담론과 중국 현실』. 장영석·안치영 옮김. 길.

위화(余華). 2007.『인생』. 백원담 옮김. 푸른숲.

전리군(錢理群). 2012.『모택동 시대와 포스트 모택동 시대. 1949~2009』 상·하. 연광석 옮김. 한울엠플러스.

조정로(曹征路). 2015.『민주수업』. 연광석 옮김. 나름북스.

진춘밍(金春明). 2000.『문화대혁명사』. 이정남 옮김. 나무와숲.

천이난(陳益南). 2008.『문화대혁명. 또 다른 기억: 어느 조반파 노동자의 문혁 10년』. 장윤미 옮김. 그린비.

첸리췬(錢理群). 2012.『망각을 거부하라: 1957년학 연구 기록』. 길정행 외 옮김. 그린비.

추이즈위안(崔之元). 2003.『중국은 어디로 가고 있는가』. 장영석 옮김. 창비.

황수민(黃樹民). 2003.『린마을 이야기』. 양영균 옮김. 이산.

12장 개혁 이후 정치·경제 체제의 변화와 한계

안치영(인천대학교 인문대학 중어중국학과 교수)

문화대혁명 이후 수립된 화궈펑 체제는 대외 개방과 경제개혁을 시작했지만, 마오쩌둥의 계승자라는 태생적인 한계로 인해 문혁이 남긴 과제를 해결하는 데 소극적이었다. 그 결과 화궈펑은 실각하고 덩샤오핑 체제가 형성되었으며, 이들이 개혁·개방을 주도했다. 덩샤오핑 체제는 낙후된 중국의 면모를 일신하기 위해 경제개혁과 대외 개방을 점진적으로 확대했지만 정치개혁에는 제한적이었다. 농촌개혁에서 시작된 개혁은 점진적으로 도시와 시장의 도입으로 확대되었으며, 경제특구에서 시작된 대외 개방은 연해 지역과 내륙 지역으로 확대되었다.

그렇지만 1980년대에는 계획경제의 틀을 벗어날 수 없었으며 공산당 독재도 불변의 원칙으로 유지되었다. 시장의 도입과 계획경제의 유지에 따른 경제개혁의 모순과 정치개혁의 지체에 대한 불만은 1989년 톈안먼사건으로 폭발했다. 톈안먼사건으로 중단되었던 개혁은 1992년 덩샤오핑의 「남순강화(南巡講話)」를 계기로 재개되어 1992년 계획경제를 폐기하고 시장경제를 전면적으로 받아들였으며, 1997년에는 사영경제를 포함하는 비공유제 경제를 사회주의 시장경제의 구성 부분으로 받아들였다. 그 결과 중국은 2001년 WTO에 가입하고 세계시장경제체제로의 편입이 완료된다. 그렇지만 지역격차, 빈부격차와 더불어 환경문제, 도시의 과밀화 문제 등 새로운 문제도 제기되고 있을 뿐만 아니라 정치적 민주의 확대는 여전히 제한적이다.

문화대혁명(이하 문혁)은 1976년 10월 6일 화이런탕 사변(懷仁堂事變)이라는 궁정 쿠데타로 종언을 고했다. 마오쩌둥(毛澤東)에 의해 후계자로 지명된 화궈펑(華國鋒)은 마오쩌둥 사후 예젠잉(葉劍英)·왕둥싱(汪東興) 등과 함께 화이런탕 사변을 주도함으로 써 새로운 최고 지도자가 되었다. 그것은 화궈펑 체제가 마오쩌둥의 계승자인 동시에 마오쩌둥이 그의 일생 중 가장 중요한 과제의 하나로 여겼던 문혁의 종결자라는 모순적 역할을 수행하며 등장했다는 것을 의미한다.

그것은 화궈펑 체제가 한편으로는 혁명과 마오쩌둥의 전통을 계승해야 했지만, 다른 한편으로는 문혁에서 비롯된 적폐를 해결해야 하는 과제를 부여받았다는 것을 의미한다. 그와 동시에 새롭게 등장한 화궈펑이 스스로의 전통을 수립하기 위해서는 마오쩌둥이 혁명을 통해 약속했지만 달성하지 못한 부강한 국가건설이라는 과제를 이루어내 능력을 보여줘야 했다.

그것을 위해 화궈펑 체제는 문혁이 남긴 문제의 해결과 더불어 경제발전을 위한 새로운 발전 모델을 모색했다. 그는 문혁의 종결자이지만 마오쩌둥의 계승자로서 마오쩌둥의 전통을 무시할 수 없었다. 더군다나 마오쩌둥은 문혁 시기에 절대적인 권위를 행사했을 뿐만 아니라 사후에도 여전히 절대적인 권위가 있었기 때문에 마오쩌둥을 부정하거나 그의 권위를 손상할 수 있는 정책은 정치적으로 위험한 것이었다.

그림 12-1 | 화궈펑

그에 따라 화궈펑 체제에서는 마오쩌둥의 권위를 훼손하지 않는 범위에서 문혁 문제의 점진적 해결을 모색했으며, 마오쩌둥의 정책을 선택적으로 받아들이는 가운데 경제발전을 위한 새로운 모델을 모색했다.

마오쩌둥은 장기적인 통치 과정에서 서로 모순적인 정책과 주장을 펼쳤기 때문에 문혁 시기의 정책을 바꿀 수 있는 많은 준거(準據)들이 마오쩌둥의 정책과 주장에 내재해 있었다. 게다가 문혁 시기에는 1972년 닉슨의 중국 방문이 상징하는 바와 같이 중국과 서방과의 관계가 개선되기 시작되었다. 그 과정에서 중국은 1970년대 초부터 이미 미국과 서독, 일본 등 서방 국가로부터 43억 달러어치의 기술과 설비를 도입하는 이른바 '43방안'을 확정하며, 1973년부터 순차적으로 도입 협정을 체결하고 있었다. 이러한 상황은 경제정책의 전환과 대외 개방 및 개혁으로의 전환에 비교적 유리한 조건이었다.

화궈펑은 1976년 12월 마오쩌둥이 1956년 정치국 확대회의와 국무원에서 한 연설을 정리한 「십대관계론(論十大關係)」을 공개적으로 발표한다. 「십대관계론」은 오랫동안 당 내부의 고위층에만 회람되고 비밀에 부쳐져 왔다. 마오쩌둥의 이론적 급진화가 시작되는 1957년 반우파투쟁 이전의 견해를 담고 있는 것으로, 1956년 2월 소련 공산당 20차 당대회 이후 소련과 같은 문제의 발생을 피하기 위해 중국식 발전 노선에 대한 모색 과정에서 제기한 것이었다. 「십대관계론」은 문혁까지의 급진적인 경제정책을 수정할 수 있는 주요한 준거가 되었다.

화궈펑의 경제정책은 이후 대약진운동에 비유해 '양약진(洋躍進)'으로 비판받은 데서 알 수 있듯이 빠른 경제발전을 모색한 것이었다. 그렇지만 '양약진'이라는 비판에서 볼 수 있는 것은 '양약진'이 서방에 대한 개방을 의미한다는 사실이다. 그것은 개혁·개방에서 개방은 덩샤오핑(鄧小平)이 비로소 시작한 것이 아니라 화궈펑 시기에 이미 시작되었다는 것을 보여준다. 화궈펑은 개방을 시작함으로써 '개방을 통한 개혁'의 단초를 열었지만 '개혁가'가 아니라 오히려 '복고파' 또는 개혁 반대자의 멍에를 뒤집어썼다. 개혁이 본격화되는 시점에 권력으로부터 배제되었음으로 화궈펑의 실각이 개혁에 반대했기 때문으로 전해진다. 그런데 '서방 자본주의 세계에 대한 개방과 높은 지표의 달성을 통한 빠른 발전'을 목표로 하는 '양약진'은 화궈펑 개인의 견해가 아니라 화궈펑을 비롯해 덩샤오핑을 포함한 당시 중국공산당 지도부가 동의한 정책이었다. 그런 점에서 볼 때 화궈펑은 개혁에 반대하지 않았을 뿐만 아니라 '양약진'이나 개혁에 대한 반대는 화궈펑 실각의 원인이 아니었다.

화궈펑은 경제발전을 발판 삼아 자신의 정당성을 수립하기 위해 마오쩌둥의 모순을 이용하여 마오쩌둥의 경제정책을 수정할 수 있었지만, 문혁이 남긴 문제를 해결하는 것은 그렇게 용이하지 않았다. 문혁은 전국적이고 전 사회적이었으며, 기층 대중부터 최상층 정치 엘리트까지 누구도 피할 수 없었던, 가해자와 피해자가 착종된 전대미문의 정치운동이었다. 그렇기 때문에 문혁의 종결자인 화궈펑 체제는 문혁 피해자 문제를 해결하라는 광범위한 대중의 요구를 받고 있었다. 문혁의 종결자로서 문혁이 남긴 문제를 해결해야 했으며, 문제의 해결을 위해서는 문혁을 부정해야 했다. 그러나 화궈펑은 마오쩌둥의 계승자로서, 마오쩌둥이 그의 일생을 통해 이룩한 양대 업적 중 하나로 여긴 문혁을 부정할 수 없었다. 더군다나 화궈펑은 마오쩌둥의 권위를 이용해 자신의 승계를 정당화하려고 "마오쩌둥의 말과 마오쩌둥의 결정이 진리"라는 이른바 '양개범시(兩個凡是)'를 내세웠기 때문에, 마오쩌둥의 결정으로 이루어진 문혁을 부정하는 것은 불가능했다. 그것은 화궈펑 체제에서 경제개혁에 대한 합의는 존재했지만, 문혁 문제 해결에 대한 요구를 수용하는 데는 한계가 있었다는 것을 의미한다.

이와 같은 화궈펑 체제의 한계가 표출된 것이 1978년 11기 중앙위원회 3차 전체회의(3중전회)이다. 개혁·개방이 결정된 회의로 알려진 11기 3중전회에서는 "당 사업 중심의 경제 건설로의 전환"이라는 이름으로 개혁·개방을 결정했으며, 화궈펑에서 덩샤오핑으로의 권력 중심의 이전이 시작되었다. 그런데 개혁·개방의 결정과 개혁체제로의 전환이 동시에 이루어졌지만, 개혁이 권력 교체의 원인은 아니었다. 개혁은 공산당의 고위층에서 이미 합의된 것으로, 당의 공식적인 최고 의사결정 기관인 중앙위원회에서 승인한 것에 불과했기 때문이다. 그런데 11기 3중전회와 그 직전에 개최된 중앙공작회의에서는 경제개혁에 대한 공식적 승인뿐만 아니라 '양개범시'의 폐기와 주요 문혁 피해자에 대한 복권을 결정했으며, 이후 문혁 피해자에 대한 재평가가 대대적으로 시작되었다. 그 과정에서 '양개범시'를 제기하고 문혁 피해자의 복권을 반대한 이른바 '범시파(凡是派)'가 실각하면서, 화궈펑 체제에서 덩샤오핑 체제로의 전환이 시작되었다. 이는 11기 3중전회에서 개혁이 결정되고 개혁 체제로의 전환이 이루어지기 시작했지만, 개혁 체제로의 전환은 개혁 문제가 아니라 문혁 문제에서 비롯되었다는 것을 보여준다.

개혁·개방을 이끈 덩샤오핑 체제로의 전환은 11기 3중전회에서 시작해 1981년 11기 6중전회에서 화궈펑이 실각함으로써 완성된다. 중공의 문혁에 대한 공식적 평가인 「건국 이후 당의 약간의 역사 문제에 대한 결정(關于建國以來黨的若干歷史問題的決議)」이 이루어진 11기 6중전회에서 개혁 체제로의 전환이 완성된 것은, 개혁 체제로의 전환이 문혁에 의해 발생한 것이었다는 점에서 결코 우연이 아니다. 그런 과정을 통해 형성된 개혁 체제는 개혁 의제를 가진 개혁파가 아니라 문혁과 그 이전 시기에 숙청되었다가 복권된 원로 간부들을 중심으로 형성되었다. 다시 말해 개혁 체제인 덩샤오핑 체제는 문혁 이전의 당 간부들 중 문혁을 추진한 급진파와 문혁 이후 마오쩌둥의 계승을 주장한 범시파들을 배제하고, 문혁 시기에 숙청되었다가 복권된 원로 간부를 중심으로 형성되었다. 그런 점에서 개혁 체제는 급진파가 배제된 문혁 이전 관료 체제로의 회귀였다고 할 수 있다.

개혁 의제 없는 개혁 체제가 형성된 까닭은 "당 사업 중심의 경제 건설로의 전환"이라는 경제개혁에 대한 보편적 합의가 존재했기 때문이며, 다른 한편으로는 호별영농제(包産到戶)와 경제특구와 같은 초기 개혁 의제가 제기되고 그것을 둘러싼 논쟁이 있기는 했지만 그런 문제들은 문혁 문제라는 거대한 역사 문제에 가려졌기 때문이기도 했다. 이렇게 형성된 개혁 체제에는 경제 건설이라는 추상적인 목표를 제외하면 합의된 구체적인 개혁 의제가 없었을 뿐만 아니라 경제 건설과 개혁의 방법과 방향에 대해 서로 다른 입장이 공존했다.

이렇듯 구체적인 개혁 의제가 없고 개혁의 방법과 방향에도 다양한 입장이 공존하는 개혁 체제는 중국의 개혁이 덩샤오핑의 표현대로 "돌다리를 더듬으며 강을 건너는" 청사진 없는 개혁이 되도록 했다. 그런데 개혁 체제를 구성한 복권된 원로 간부들은 건국 이후 당과 국가의 관료가 된 혁명가들이었다. 이들에게 사회주의는 자신들의 삶과 이상이었으며 공산당 독재는 그것을 실현하는 수단이자 관료 계급으로서 그들의 이해를 실현하는 수단이었다. 이에 따라 중국의 개혁 과정에서 사회주의와 공산

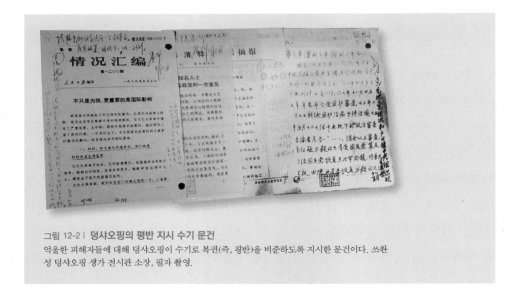

그림 12-2 | 덩샤오핑의 평반 지시 수기 문건
억울한 피해자들에 대해 덩샤오핑이 수기로 복권(즉, 평반)을 비준하도록 지시한 문건이다. 쓰촨성 덩샤오핑 생가 전시관 소장, 필자 촬영.

당 독재는 견지해야 할 불변의 원칙이 되었다. 그 결과 중국의 개혁은 청사진이 없는 점진적 개혁으로, 경제개혁과 정치개혁이 비대칭적으로 진행되었다.

이와 같은 중국 개혁의 특징을 개괄한 것이 1987년 중국공산당 13차 당대회에서 제기된 "한 개의 중심, 두 개의 기본점"이다. 한 개의 중심과 두 개의 기본점이란 "사회주의 초급 단계의 기본 노선의 핵심은 경제 건설을 중심으로, 4항 기본원칙과 개혁·개방을 견지한다"는 것이다. 이것은 경제 건설을 위해 개혁·개방을 견지하지만, 4항 기본원칙을 견지하는 범위에서 개혁을 한다는 것이다.

4항 기본원칙은 덩샤오핑이 1979년 3월 말에 제기한 것으로 "사회주의, 인민민주주의 독재, 중국공산당의 지도, 마르크스·레닌주의와 마오쩌둥 사상을 견지해야 한다"는 것이다. 4항 기본원칙은 1978년 말과 1979년 초 '베이징의 봄'을 통해 사회적으로 광범위하게 등장한 공산당 체제 비판과 근본적인 정치개혁 요구에 대한 중국공산당의 대응이었다. 그런데 '베이징의 봄'은 문혁 문제와 관련해 분출된 광범위한 사회적 요구를 덩샤오핑과 원로들이 인정하고 '사상해방'을 선언한 결과였다. '사상해방'은 덩샤오핑이 1978년 12월 중앙공작회의 폐막 연설에서 선언한 것으로 문혁 문제의

그림 12-3 | 징시(京西)호텔
11기 3중 전회를 비롯한 중국공산당의 중요한 회의가 개최되는 곳으로 인민해방군이 관리한다. 필자 촬영.

해결을 위해서는 일체의 기존 사상과 관념에서 벗어나야 한다는 것이었다. 이러한 '사상해방'은 문혁이 남긴 문제를 해결하기 위한 사상과 이념 문제뿐만 아니라 경제개혁이나 정치개혁 등 모든 문제에 적용되는 보편적인 원리로 받아들여져 '베이징의 봄'을 확산시키는 전제가 되었다. '4항 기본원칙'은 바로 이러한 '사상해방'의 범위를 제한하기 위한 것이었다.

'4항 기본원칙'은 '사상해방'과는 모순되는 것으로, '사상해방'의 범위 제한은 곧 개혁 범위를 제한한 것이었다. 그런 점에서 중국의 개혁·개방은 '4항 기본원칙'과 '사상해방'이라는 두 가지 모순된 원칙의 범위 내에서 이루어졌다고 할 수 있다. '4항 기본원칙'과 '사상해방'이라는 모순된 원칙의 제약 아래 중국의 개혁은 영역별로 비대칭적으로 이루어졌을 뿐만 아니라, 시기에 따라 확대(放)와 축소(收)가 반복되면서 점진적으로 진행되었다.

1) 청사진 없는 점진적 개혁과 개방

(1) 청사진 없는 개혁

중국의 개혁은 명확한 계획 없이 시작되었기 때문에 청사진이 없는 개혁이라고 불린다. "당 사업 중심의 경제 건설로의 전환"이라는 이름으로 시작된 개혁은 경제 건설과 "생산력 발전이 사회주의다"라는 일반적 원칙만을 제시했을 뿐 구체적인 계획을 제시하지는 않았기 때문이다. 이런 상황에서 중국 농업 개혁의 시발로 알려진 1978년 안후이성 펑양(鳳陽)현 샤오강(小崗)촌에서 시작된 호별영농제가 상징하는 것처럼 아래로부터 자발적 실천에 의해 개혁 실험이 이루어졌다. 호별영농제는 인민공사로 상징되는 농업집단화를 부정하는 것이었다. 농촌의 절대 빈곤이 농민들로 하여금 농업집단화라는 농촌사회주의를 목숨을 걸고 부정하도록 했던 것이다. 농민들의 자발적 실험은 사회주의에 대한 부정으로 인식되어 격렬한 논쟁을 초래하지만, 그로 인한 풍성한 수확은 "생산력 발전이 사회주의다"라는 원칙과 사상해방 선언에 의해 수용되기에 이른다.

1984년 말까지 전국 농촌 생산대의 99%와 농가 96.6%가 호별영농제를 실시해 인민공사는 사멸하게 된다. 농촌에서 정부와 사회 기능을 통합하고 있던 인민공사는 1983년부터 해체되기 시작해 1985년 봄까지 향(鄕)과 진(鎭)으로 대체되며, 인민공사의 대대(大隊)는 대체로 행정촌으로 대체된다. 그런데 중국 농업 개혁 과정에서 경작은 호별영농제와 같이 개인 경영으로 변화되었지만 토지의 소유권은 여전히 집체에 있는 토지공유제가 유지되고 있으며, 이는 지역의 구체적 상황에 따라 생산대 또는 생산대대가 구성원들에게 토지를 배분하는 기본 단위가 된다.

위로부터의 추상적 방침과 아래로부터의 실천, 그것에 대한 당과 정부의 추인 과정으로 이루어진 개혁은 구체적인 계획이 없었을 뿐만 아니라 "돌다리를 더듬으며 강을 건너는" 것처럼 시행착오를 통해 점진적으로 진행되었다. 농촌과 농업에서 시작된 중국의 개혁은 점진적 체증을 통해 1984년부터는 도시와 기업을 포함해 전방위적으로 확대된다.

호별영농제에 의한 농민의 수입 증대는 농민의 구매력 증대로 이어졌다. 농민의 구매력 증대는 사회주의 배급 체제에서는 공급하지 못하는 물품을 생산하는 농촌 향진기업의 발전과 이로 인한 시장의 발전을 초래했다. 향진기업은 중국인들의 주전부리인 해바라기씨나 호박씨를 가공해 판매하는 '바보 호박씨[傻子瓜子]'와 같은 개인 기업이나 과거 인민공사나 인민공사의 생산대에서 운영하던 사대(社隊)기업이 변형된 농촌의 집체기업을 일컫는다. 농촌개혁과 더불어 사대기업이 급성장했는데, 1978년 2800만 명이던 종업원이 1983년 3235만 명으로 증가했으며, 총생산액도 1978년 492억 9000만 위안에서 1983년 1016억 7000만 위안으로 두 배 이상 성장했다. 인민공

그림 12-4 | 농촌개혁 1호 문건
중국공산당은 농촌개혁을 위해 1982년부터 연속으로 5년간 농촌개혁에 관한 중앙 1호 문건을 하달했다. 쓰촨성 덩샤오핑 생가 전시관 소장, 필자 촬영.

사 해체 후인 1984년 중국은 사대기업에서 향진기업으로 명칭을 바꾸었다.

1984년까지의 개혁은 농촌개혁에 국한되었다. 농촌개혁은 농촌의 생산력을 제고했지만, 도시는 여전히 구체제에 속박되었다. 이런 상황은 도시 경제를 정체시켰을 뿐만 아니라 농산품의 유통과 판로를 제한함으로써 농촌개혁을 제한하는 요소로 작용했다. 이 문제를 해결하기 위해 1984년 도시와 기업을 포함해 전방위적으로 개혁의 범위를 확대했다. 1984년 중공의 12기 3중전회에서 채택한 경제체제 개혁에 관한 결정에서 '계획이 있는 사회주의 상품경제' 발전을 공식적으로 제기했다. '계획이 있는 사회주의 상품경제'는 계획경제라는 틀을 부정하지 않으면서 시장을 실질적인 경제 조절 기제로 도입하는 것이었다. 이는 상품경제의 이름으로 사실상 시장경제를 도입했다는 것을 의미한다.

1984년 이후 도시의 상공업을 담당하는 기업 개혁을 실시하고, 경제 조절 기제로서 사회주의 시장경제체제를 형성하기 위해 가격 개혁을 실시했으며, 국가의 계획과 재정 및 금융 체제의 개혁을 통해 전통적 계획경제체제에 대한 개혁을 시도한다. 또한 정부와 기업의 기능을 분리함으로써 정부의 경제관리 역할을 개혁하고, 공유제를 중심으로 하지만 경제행위 주체로서의 집단이나 개인의 역할을 부정하지 않음으로써 소유제가 발전될 수 있도록 한다. 이를 기초로 1987년 중공의 13차 당대회에서는 중국의 후진성과 전면적 개혁의 필요성을 이론적으로 인정하는 사회주의 초급단계론을 받아들였다.

(2) 점진적 개방의 확대

중국은 개혁과 동시에 대외 개방을 추진했다. 국무원 부총리 구무(谷牧)를 단장으로 하는 서유럽 방문단의 서유럽 5개국 방문과 국가계획위원회 부주임 두안윈(段云)을 단장으로 하는 홍콩·마카오 방문단의 홍콩·마카오 방문 조사 등 1978년 1월부터 11월까지 모두 529차례에 걸쳐 3213명이 서방국가와 동유럽 국가 등을 방문 조사한다. 이를 통해 서구 기술 및 자본 도입과 더불어 중국의 개방정책을 확정한다.

1979년 경제특구의 설치와 같이 개방은 개혁과는 달리 위로부터의 계획에 의해 이루어졌다. 그런데 제한된 지역에 대한 경제특구의 설치가 보여주듯이 개방도 개혁과 마찬가지로 제한적이고 부분적으로 이루어졌고, 점진적으로 확대되었다. 중국의 개방은 경제특구라는 점에서 연해지역이라는 선으로 확대되며 다시 내륙지역으로 점진적으로 확대된다. 경제특구는 1979년 동남 연해지역인 광둥(廣東)성의 선전(深圳)·주하이(珠海)·산터우(汕頭), 푸젠(福建)성의 샤먼(廈門) 등 네 곳에 설치된다.

1984년 연해 14개 도시를 개방하고, 1985년에는 양쯔강 삼각주 지역, 주장(珠江) 삼각주 지역, 푸젠성 남쪽 민난(閩南) 삼각주 지역 등도 개방했다. 1988년에는 랴오둥(遼東)반도와 자오둥(胶東)반도(산둥반도)에 대한 개방도 이루어진다. 또한 1987년 하이난(海南)섬을 광둥성에서 분리해 독립된 성으로 격상하고 1988년에는 성 전체를 특구로 지정했다. 1990년에는 상하이 푸둥 지역 개발과 개방을 결정했다.

연해지역에 대한 개방에 이어 내륙지역에 대한 개방도 시작한다. 내륙지역에 대한 개방은 양쯔강 유역의 항구를 대외 무역항으로 개방하는 데서 시작된다. 1980년 이미 양쯔강 유역의 8개 항구를 대외무역항으로 개방했지만, 내륙의 3개 항구는 중국 국내 선박의 출입만 허용했다. 내륙지역에 대한 개방은 1991년에 이르러서야 본격화된다. 이때부터 8개의 대외 개방항에 외국 국적 선박의 출입을 허용했을 뿐만 아니라 공항이나 육로도 개방했다. 1992년에는 대외에 개방된 항구와 공항 및 육로로서 중앙정부가 허가한 1급 통상구(一類口岸)가 154곳, 성급 정부에서 허가한 2급 통상

그림 12-5 | 중국과 라오스 사이의 1급 통상구 모한(磨憨) 필자 촬영.

구(二類口岸)가 200곳 가까이 되었다. 이어서 1992년부터는 충칭 등 내륙 도시까지 개방해 양쯔강 유역 주요 도시에 대한 개방이 이루어졌다.

양쯔강 유역 도시가 개방되면서 내륙의 변경 지역에 대한 개방도 진행되어, 1986년 말까지 내륙지역 130여 곳에서 변경 주민들의 입출국과 대외 무역이 허용된다. 1992년에는 몽골, 베트남, 러시아와의 변경 지역 13개 도시가 개방되고 외국의 투자도 허용되는 등 연해 개방 도시와 유사한 정책이 시행된다. 이뿐만 아니라 1992년까지 티베트의 라싸를 제외한 내륙의 모든 성급 행정 단위의 수도까지도 개방이 이루어진다.

2) 비대칭적 정치개혁

개혁과 개방은 청사진이 없기는 했지만, 점진적으로 확대되었고 시장 기제가 계획경제를 대체해 갔다. 이에 비해 정치체제는 공산당 독재가 여전히 유지되었으며, 경제개혁에 대응하는 정치개혁은 이루어지지 않았다. 그렇기 때문에 경제개혁과 정치개혁이 동시에 이루어진 소련이나 동유럽의 개혁과 비교해 중국의 개혁을 "정치개혁 없는 경제개혁"으로 평가하기도 한다. 그렇다고 중국에서 정치개혁이 이루어지지 않았다는 의미는 아니다. 공산당 독재가 유지되기는 했지만, 종신제 폐지와 지도부의 교체 및 집단지도체제의 형성 등 지도 체제의 변화와 법제화 면에서 진전이 있었을 뿐만 아니라 당과 정부의 분리, 정부와 기업의 분리 등이 시도되었다.

이는 개혁 이후 중국에서 중요한 정치제도의 변화가 있었지만, 정치개혁은 경제개혁에 비해 비대칭적이었으며 제한적이었다는 것을 의미한다. 정치개혁이 경제개혁에 비해 비대칭적으로 이루어진 것은 중국의 개혁 주체가 가지는 모순성과 개혁 과정의 특수성에 관련된다. 개혁 주체의 모순성은 초기 개혁의 주요한 지도자가 혁명세대였다는 점과 관련되며, 개혁 과정의 특수성은 중국의 개혁이 문혁 이후 문혁의 유산 처리라는 국내의 복잡한 정치적 과정뿐 아니라 세계 사회주의 체제 전환과 동시에 이루어졌다는 점과 관련된다.

중국의 개혁은 '개혁의 총설계사'라고 불리는 덩샤오핑이나 천윈(陳雲) 등의 지도하에 이루어졌다. 덩샤오핑이나 천윈을 위시한 개혁 초기의 주요 지도자들은 혁명에 직접 참가했던 혁명 세대였다. 이들은 문혁을 겪으면서 중국의 후진성과 변화의 필요성을 인식했지만, 혁명 세대로서 자신들이 건설한 사회주의에 대해 확고한 신념을 견지했다. 후진성을 벗어나기 위한 개혁의 필요성을 인식했지만, 개혁은 어디까지나 사회주의를 유지하는 한에서의 개혁이었다. 이를 잘 보여주는 것이 '4항 기본원칙'이다. 덩샤오핑은 1978년 말 중국의 개혁과 변화를 위해 '사상해방'을 주창했지만, '사상해방'의 기치하에 자신들이 용인할 수 있는 범위를 넘어서는 민주가 요구되자 '4항 기본원칙'을 통해 그 범위를 제한했던 것이다. '4항 기본원칙'은 중국의 개혁이 정치적으로 공산당 독재와 인민민주주의 독재를 견지한다는 것을 전제한 선언이었다. 공산당 독재와 인

그림 12-6 | **중국 개혁의 총설계사 덩샤오핑**
쓰촨성 덩샤오핑 생가 전시관, 필자 촬영.

민민주주의 독재라는 전제하에 진행된 정치개혁은 제한적일 수밖에 없었다. '베이징의 봄'을 통해 터져 나왔던 아래로부터의 민주의 요구는 억압되었으며, 공산당 일당 독재체제의 유지는 불변의 원칙이 되었다.

덩샤오핑은 아래로부터의 민주에 대한 억압과 공산당 독재라는 전제 위에 1980년 8월 정치국 확대회의에서 중국의 정치체제 개혁에 대한 일반적인 원칙과 방법을 포함하는 「당과 국가의 지도 체제의 개혁」을 발표했다. 이 연설은 직접적으로는 화궈펑의 퇴진을 위한 것이었지만, 문혁을 초래한 기존 정치체제와 제도에 대한 반성, 경제개혁을 위한 정치체제의 합리화를 목적으로 한 것이기도 했다.

덩샤오핑은 중국 정치체제의 주요한 문제로 권력의 과도한 집중과 개인 독재, 과도한 겸직, 당이 정부를 대체하는 당정일체화, 승계 제도 문제 등을 들었다. 인치를 법과 제도에 의한 법치로 전환하고자 한 것이다. 이를 해결하기 위해 우선 주요 원로들의 과도한 겸직을 막고, 개인 독재를 집단지도체제로 대체했으며, 종신제를 폐지하고 국가주석과 국무원총리를 비롯한 국가 지도자들의 직무에 임기제를 도입하는 등 승계 제도를 규범화했다. 다른 한편으로 지도자의 의지와 당의 문건이 최종적인 결정권을 갖는 인치와, 당이 국가를 대체하는 체제를 법과 제도를 통해 통치하는 체제로 전환하고자 시도했다.

그렇지만 이러한 정치개혁은 중국의 국내 정치 요인과 국제정치의 변화에 따라 굴절과 부침을 겪었다. 1980년 초 정치개혁의 핵심은 종신제 폐지와 승계 규범의 확립이었다. 종신제 폐지는 1981년 화궈펑의 실각과 후야오방(胡耀邦)의 당 주석 선임에서 비롯되었다. 당시 최고 실권자 덩샤오핑이 고령을 이유로 당 주석직을 사양해 60대인 후야오방이 당 주석으로 선임되었다. 그렇지만 덩샤오핑을 위시한 혁명 원로들은 그들의 직위와 상관없이 혁명으로 국가를 건설한 경력과 장기적으로 당과 국가의 최고 지도자 직위에 있으면서 형성한 인적 관계망을 통해 권위와 권력 자원이 뒷받침되어 제도적 권위를 뛰어넘는 개인적 권위와 영향력이 있었다. 이런 상황에서 이루어진 종신제 폐지와 원로들의 퇴진은 오히려 인적인 권위가 법적·제도적 권위를 초월하는 이중권력 체제를 형성하도록 했다. 이러한 이중권력 체제는 직접적으로는 종신제 폐지와 승계에 관련된 제도와 규범을 무력화했다. 1987년 총서기 후야오방의 실각이나 1989년 톈안먼 사건 이후 자오쯔양(趙紫陽)의 실각이 당의 제도적 절차에 의해 이루어진 것이 아니라 원로들의 결정에 의한 것이었다는 점이 이를 증명한다.

초기 개혁의 주체가 혁명 원로였다는 사실은 공산당 독재를 불변의 원칙으로 만들었고, 다른 한편으로는 이중권력 체제를 형성하게 했다는 점에서 정치개혁을 제한하고 굴절되게 한 요소였다. 이는 혁명 원로들이 퇴직한 후에도 영향력을 발휘하는 선례를 만들었다는 점에서 문제를 내포하고 있었다.

한편 정치개혁은 국내외 정치적 상황의 변화에서도 영향을 받았다. 1980년 덩샤오핑의 연설은 공산당 독재체제 아래 이루어질 중국의 정치개혁에 대한 청사진이었다고 할 수 있다. 그러나 1980년 말 화궈펑의 실각이 확정된 후 1982년 12차 당대회에서 결정된 중앙고문위원회 설치 및 종신제 폐지와 관련된 일련의 조치를 제외한 정치개혁은 1987년 13차 당대회까지 제기되지 않았다. 화궈펑 실각이라는 정치개혁의 직접적 목표를 달성했기 때문이기도 하지만, 1980년 하반기에 발생한 폴란드 사건은 공산당 독재의 기반을 약화할 수 있는 정치개혁에 대해 원로들을 주저하게 하는 요소로 작용했다.

1984년 전면적 경제개혁이 제기된 후 경제발전이 이루어지고 주민들의 생활도 개선되지만, 당과 정부 관원들의 부패 문제가 발생하고 농촌개혁은 정체되고 도시개혁도 더뎌지는 등 문제가 드러나자 1986년 정치개혁의 필요성이 제기된다. 경제개혁에 비해 정체된 정치개혁이 문제의 주요 원인으로 인식되었기 때문이다. 이와 같은 정치개혁의 필요성에 대한 논의는 지식인과 학생의 불만이 표출될 수 있는 정치적 조건이 되었다. 지식인과 학생들은 정치개혁의 지체와 부패 등 개혁 과정에서 나타난 문제에 불만을 제기하며 4항 기본원칙을 직접적으로 비판한다.

아래로부터의 민주 요구와 4항 기본원칙의 부정은 원로들로서는 받아들일 수 없는 것이었다. 그 결과로 학생운동은 진압되었고, 학생운동을 비롯해 아래로부터의 민주 요구에 관용적이던 후야오방은 실각했다. 덩샤오핑은 4항 기본원칙에 대한 도전은 받아들일 수 없었지만, 경제개혁을 진전시키기 위해 정치개혁이 불가피한 점은 인정했다. 공산당의 지도력을 상실하게 할 만한 과도한 정치개혁은 막아야겠지만, 개혁을 지속하지 않으면 공산당이 통제력을 유지할 수 없으므로 경제개혁을 위한 정치개혁을 전적으로 회피할 수는 없었다.

그러나 4항 기본원칙하에 이루어지는 정치개혁은 제한적일 수밖에 없었다. 후야오방을 승계한 자오쯔양은 1987년 13차 당대회에서 "중국 특색의 사회주의의 길"이라는 이름으로 사회주의 초급단계론을 제시했다. 그는 당정을 분리해 권력을 분산하고, 정부 기능을 조정하며, 간부 인사제도를 개혁하는 것을 골자로 한 정치개혁을 제기한다. 당정 분리의 핵심은 당이 정책 방향은 결정하지만 정부의 구체적 업무에는 간여하지 않도록 하는 동시에, 당이 정부를 대체하게 하는 핵심적인 조직 기구인 정부 각 부처의 당조(黨組)를 폐지하는 것이었다. 이와 같은 정치개혁은 1980년 덩샤오핑이 제기한 주요 정치개혁 목록에 포함된 것으로, 공산당 독재하에서 경제개혁을 이루기 위해 정치체제의 합리화를 목적으로 했다.

3) 개혁의 한계와 톈안먼 사건

1984년부터 시작된 전면적인 경제개혁은 많은 성과를 올렸다. 그러나 점진적 개혁의 과정에서 개혁의 확대와 상품경제를 내세워 시장경제를 도입했음에도 계획경제를 부정할 수는 없었다. 이는 상품경제라는 이름의 시장경제와 계획경제가 병존하는 이중 경제체제인 '쌍궤제(雙軌制)'를 형성했다. 쌍궤제 때문에 생산, 소비, 분배, 가격 등 경제 전반이 혼란에 빠졌으며, 특히 이중가격제는 심각한 문제를 초래했다.

계획경제와 상품경제가 병존하는 상황에서 국가는 생산을 활성화하기 위해 공급이 부족한 원자재와 상품을 계획에 의해 계획가격으로 공급했다. 계획가격과 수요·공급에 의해 결정되는 시장가격 사이의 차이로 인해 이중가격제가 형성되었다. 이중가격제는 당정 간부들과 그 자제들이 이중 가격을 이용해 다양한 전매 행위를 함으로써 이득을 얻게 하는 이른바 '관다오(官倒)'와 같은 부패 행위를 성행하게 했다. 이에 따라 가격개혁의 필요성이 절박해졌다. 그러나 1988년 하반기 자오쯔양에 의해

그림 12-7 | **톈안먼광장 전경** 필자 촬영.

전개된 가격개혁은 사재기와 물가 폭등만을 초래한 채 실패했다. 가격개혁에 따른 물가 폭등은 도시 주민들의 실질 소득을 감소시켰으며, 이로 인해 불만이 폭증했다.

이것은 1980년대 초와는 달리 개혁이 보편적으로 혜택을 준 것이 아니라 피해자도 양산하는 등 여러 부작용을 초래했다는 것을 의미한다. 이에 따라 개혁을 놓고 다양한 불만이 터져 나왔다. 게다가 이중가격제는 계획경제와 시장경제이라는 두 개의 체제가 공존하는 이중경제체제를 형성한 점진적 개혁이 임계점에 도달했다는 것을 보여준다.

이런 상황에서 당 내부의 보수파들은 개혁의 과잉을 문제로 보아 속도 조절과 안정화에 중점을 둔 반면, 사회적으로는 '관다오' 등 부패 문제를 초래한 공산당 독재와 정치에 대한 개혁 요구가 증대되었다. 또한 당시에는 경제개혁과 정치개혁을 급진적으로 동시에 수행한 소련의 모델이 성공적으로 인식되고 있었기 때문에 지체된 정치개혁에 대해 불만이 가중되었다.

톈안먼 사건은 바로 이러한 분위기 속에서 발생했다. 톈안먼 사건은 중공 중앙 총

그림 12-8 | **톈안먼광장 서쪽의 인민대회당** 필자 촬영.

서기에서 실각한 후 정치국 위원으로 있던 후야오방이 1989년 4월 15일 심장마비로 사망한 것이 계기가 되었다. 문혁 피해자들의 복권을 주도하고 지식인들에게 개방적이며 정치개혁에 적극적이던 후야오방이 사망하자 후야오방에 대한 추모와 재평가를 요구하는 시위가 광범위하게 전개된다. 개혁 과정에서 나타난 '관다오'를 중심으로 한 부패 문제와 미흡한 정치개혁에 대한 불만이 후야오방의 사망을 계기로 분출한 것이었다. 후야오방에 대한 추모와 재평가 요구에서 비롯된 시위는 반부패, 정치적 자유, 민주를 요구하는 민주화 운동으로 전환되었다.

민주화 요구에 대한 처리를 둘러싸고 중공 내부에서 균열이 생겼다. 자오쯔양이나 당시 전국인민대표대회 상무위원장 완리(萬里) 등은 '민주와 법제의 틀'에서 그 문제를 해결하려고 했다. 이에 비해 당시 중공의 실권자였던 원로들이나 보수파 국무원 총리 리펑(李鵬) 등은 '4항 기본원칙'에 반하는 아래로부터의 민주화 운동을 용납할 수 없는 것으로 보았다. 원로들과 중공은 계엄을 결정하고 무력으로 민주화 운동을 진압한다. 이 과정에서 이견을 보인 자오쯔양이 실각하고 총서기는 장쩌민(江澤

民)으로 교체된다.

　민주화운동에 대한 진압은 아래로부터의 정치개혁 요구에 대한 중공의 거부를 의미한다. 더군다나 군대를 동원한 무력 진압은 "인민해방군은 인민의 군대"이며 "중공은 인민을 위해 봉사한다"는 이미지를 훼손했다. 톈안먼 사건은 당과 군대가 인민을 적대시한 것으로 중공의 정당성에 위기를 초래했다. 중공은 톈안먼 사건과 같은 '동란'의 발생이 당의 조직적·사상적 이완과 사회 및 대중에 대한 통제의 이완에서 비롯된 것으로 보았다. 그러므로 당의 조직적 정비와 사상교육을 강화하고 사회조직과 대중에 대한 통제와 관리를 강화했다. 13차 당대회 이후 시도된 당정 분리도 상황이 역전되어 당정 분리를 위해 폐지가 논의되던 국무원 부처의 당조가 유지되었을 뿐만 아니라 당의 국가기구에 대한 통제도 유지되었다.

　톈안먼 사건은 정치개혁을 후퇴시켰을 뿐만 아니라 개혁과 개방이 조정되도록 했다. 톈안먼 사건을 초래한 경제문제를 처리하기 위해 중공은 '치리정돈(治理整頓)'이라는 조정 정책을 실시한다. 치리정돈은 안정화라는 이름으로 개혁의 속도를 조절하는 것이었는데, 투자를 축소하고 소비 확대를 통제하며 긴축된 재정 정책을 실시하고 시장에 대한 통제와 관리를 강화했다. 또한 톈안먼 사건 진압에 대한 서구의 경제 제재도 중국의 개혁과 개방을 제약하는 요소로 작용했다. 이와 같은 상황은 결국 시장화 개혁의 중단과 후퇴를 초래했다.

　톈안먼 사건은 공산당 독재를 전제한 제한적이고 비대칭적 정치개혁과, 계획경제 및 상품경제의 공존이라는 모순의 임계점에서 발생한 사건이다. 무력 진압은 중공의 정당성에 위기를 초래했으며, 조정 정책은 임계점에 달한 계획경제와 상품경제의 모순을 미봉한 데 그쳤다. 이는 톈안먼 사건 이후 당의 정당성 회복이라는 과제를 안고 있던 중공이 경제개혁을 놓고 선택의 기로에 봉착했다는 것을 의미한다.

톈안먼 사건 이후 중공의 사상 통제와 조직 정비 과정에서 정치적 자유가 후퇴했을 뿐만 아니라 서방의 제재와 내적인 조정 정책에 따라 개혁·개방도 위축되었다. 그러나 중공의 통제 강화는 당의 통치에 대한 단기적인 안정화에는 유용했지만, 장기적 안정과 중공의 정당성 회복을 보장할 수는 없었다. 톈안먼 사건으로 일단 진압하기는 했지만, 중공은 민주를 확대하라는 요구를 어떤 방식으로든 해결해야 했으며 경제발전을 위한 길을 제시해야 했다.

톈안먼 사건 이후 중공은 정치적 내부 정비와 경제적 조정 정책을 거쳐 1992년부터 정책의 전환을 꾀한다. 이의 시작점이 바로 덩샤오핑이 1992년 초에 남부 개방 지역과 상하이 등지를 순시하면서 천명한 「남순강화(南巡講話)」이다. 덩샤오핑은 「남순강화」에서 시장경제와 사회주의가 모순되지 않는다고 천명함으로써 계획경제와 상품경제의 병존에서 비롯된 모순을 해결하고, 시장경제로의 전환을 가능하도록 했다. 이에 따라 중공은 1992년 14차 당대회에서 시장을 통해 경제를 관리하는 사회주의 시장경제체제 건설을 경제개혁의 목표로 제시한다.

사회주의 시장경제체제의 제기는 중국의 경제개혁이 전면적인 시장화 단계로 접어들었다는 것을 의미한다. 그러나 공산당 독재를 기본원칙으로 삼은 상황에서 정치개혁은 제한적이었다. 톈안먼 사건을 계기로 당정 분리는 후퇴했으며, 당·국가체제는 오히려 강화되었기 때문이다. 그렇다고 정치개혁에 진전이 없지는 않았다. 공산당 독재를 전제하기는 했지만 1980년대에 규범이 만들어진 승계 제도가 정착되었으며 당내 민주나 촌민위원회 주임 선거와 같은 제한된 범위에서 아래로부터의 민주에 대한 일정한 진전이 있었다. 또한 경제개혁에 대응하여 정치제도화를 위한 법제 건설과 법치를 제기했다.

1) 덩샤오핑의 「남순강화」와 사회주의 시장경제체제의 도입

톈안먼 사건 이후 조정 정책과 서방의 제재로 개혁·개방이 위축되었을 뿐만 아니라 경제성장도 위축되었다. 국가통계국은 1990년 GDP가 5% 성장했다고 발표했지만 내부적으로 3.5% 정도 성장했다고 보는데, 이는 개혁 이후 최저 수치였다. 이와 같은 상황에 덩샤오핑은 중국의 개혁·개방과 사회주의 체제가 좌초될 수 있다는 위기감에 사로잡혔다. 덩샤오핑이 「남순강화」를 통해 "개혁·개방을 하지 않고, 경제발전을 하지 못하며, 인민의 생활을 개선하지 못하면 죽는 길뿐이다"라고 한 것은 이런 위기감을 표현한 것이었다.

더군다나 1989년부터 1991년까지 동유럽과 소련의 사회주의 정권이 연이어 붕괴되자 사회주의 중국의 운명에 관한 논란이 일었다. 소련이나 동유럽과 같은 길을 걷지 않으려면 중국이 개혁·개방 이전의 과거로 회귀해야 한다는 것이었다. 이를 둘러싸고 중공 내부에서는 노선과 정책뿐만 아니라 이론에 대해 격렬한 논쟁이 발생했다.

덩샤오핑은 사회주의 견지라는 명분 아래 유지되는 공산당 독재와, 개혁·개방 견지라는 개혁·개방 이후의 노선을 지속하려고 한다. 덩샤오핑은 톈안먼 사건으로 후퇴하던 개혁·개방을 재개하기 위해 1990년 말부터 개혁·개방의 추진을 강조하기 시작한다. 1991년 초 덩샤오핑이 상하이를 시찰하면서 발언한 내용에 기초하여 정리한 황푸핑(皇甫平) 명의의 평론이 중공 상하이시 위원회의 기관지 ≪해방일보(解放日報)≫에 게재되었다. 그 주된 내용은 '계획과 시장은 자원 배분의 수단일 뿐이며, 자본주의와 사회주의를 구분하는 기준이 아니다'이다. 이는 사회주의에서도 시장경제가 가능하다고 주장함으로써, 시장경제로의 전환을 도모한 것이다. 이는 개혁·개방이 자본주의인가 사회주의인가라는 성격 논쟁을 불러일으킨다. 개혁 과정에서 전개된 호별영농제, 향진기업, 시장경제가 자본주의적 성격을 띠므로 개혁·개방이 사회주의의 길에서 벗어났다는 비판이 제기되었다. 덩샤오핑은 상황을 타개하고 개혁·개방을 재개하기 위해 1992년 초 선전, 주하이, 상하이 등 남방의 개방 지역을 순시했다. 그가 남방 지역을 순시하며 한 발언이 바로 「남순강화」이다. 이를 통해 덩샤오핑

坚持党的基本路线一百年不动摇

그림 12-9 | 선전의 덩샤오핑 초상화
경제특구 선전에 세워진 덩샤오핑의 초상화이다. 당의 기본 노선은 100년 동안 흔들리지 않을 것이라는 표어와 함께 선전 경제특구
의 풍경이 그려져 있다. 인천대학교 중국학과 조봉래 교수 촬영.

은 개혁·개방을 역설했을 뿐만 아니라 계획과 시장은 사회주의와 자본주의를 구분하는 기준이 아니며, 선택할 수 있는 수단일 뿐임을 강조했다. 시장경제는 자본주의와 사회주의를 구분하는 기준이 아니며, 이로써 시장화 개혁을 위한 제약은 사라졌다.

「남순강화」는 톈안먼 사건 이후 후퇴하던 개혁·개방을 재개한 것이자 다른 한편으로는 사회주의 체제에서 시장화 개혁이라는 이론적 모순을 해소한 것이다. 덩샤오핑은 시장경제를 자본주의는 물론이고 사회주의도 선택할 수 있는 경제 수단으로 재규정함으로써 사회주의 체제에서 임계점에 달한 시장화 개혁을 전면적으로 추진할 수 있게 만들었다. 시장경제의 성격을 둘러싼 이론적 문제를 덩샤오핑은 자신의 권위를 통해 해소한 것이었다. 덩샤오핑은 톈안먼 사건 이후 1989년 11월에 열린 13기 5중 전회에서 중앙군사위원회 주석직에서 물러남으로써 공식적으로는 완전히 퇴진했지만, 「남순강화」는 덩샤오핑이 정치적·이론적으로 여전히 강력한 영향력을 발휘하고 있음을 보여주었다.

「남순강화」 이후 중국공산당은 1992년 14차 당대회에서 사회주의 시장경제체제 건설을 경제개혁의 목표로 제시함으로써 시장화 개혁을 전면적으로 받아들였다. 그것은 청사진 없던 점진적 개혁을 통해 계획경제체제를 시장경제체제로 질적으로 전환했다는 것을 의미한다.

2) 사회주의 시장경제체제하의 경제개혁

사회주의 시장경제체제 건설은 경제를 시장 원리에 따라 운영한다는 것을 의미한다. 시장경제로의 전환은 시장이 경제 조절의 주요 수단이 된다는 것을 의미하는데, 그에 따라 국가 경제의 근간을 차지하던 국영기업의 개혁이 이루어지며, 시장에서 등장하는 다양한 행위자의 합법적 권한을 인정하기 위해 사영경제를 포함해 다양한 소유제를 사회주의 경제의 구성 부분으로 인정한다. 중국은 시장경제로 전환한 결과, 2001년 WTO에 가입한다.

사회주의 체제에서 국가 경제의 근간은 국가가 경영하는 '전체 인민 소유(全民所有)'의 국영기업이었다. 국가가 소유하고 경영하는 국영기업은 각급 정부기관이 관리하고 운영했으며, 국가의 재정 부문이 수입과 지출을 관리했다. 국영기업은 '정부와 기업이 나뉘지 않고(政企不分)' 경영의 자율성이 없으며 책임이 불분명한 상황이기 때문에 효율이 저하되고 적자를 면하지 못했다. 이런 문제를 해결하기 위해 1980년대에는 기업이 일정액 혹은 일정 비율의 이익을 국가에 상납하면 그 이상의 수익은 독자적으로 처리할 수 있게 하는 승포제(承包制)와 '기업에 경영자주권과 이윤의 자주적 사용(放權讓利)'을 허용하는 개혁을 단행했다. 그렇지만 기업의 소유권이 불분명하고 기업제도가 근본적으로 바뀌지 않은 상황이므로, 기업이 단기적 수익만을 추구하는 '단기행위'가 나타나는가 하면, 소유와 경영이 분리된 상황에서 기업의 내부인들이 국유자산을 사유화하는 현상 등 '내부인 통제' 문제로 인한 부패 현상이 발생했다. 이뿐만 아니라 기업의 적자는 개선되지 못하고 오히려 확대되었다.

이런 문제를 해결하기 위해 당은 1992년 14차 당대회 이후 시장경제의 요구에 부합하는 국영기업의 개혁 목표를 정했다. 불분명한 재산권을 명확히 하고, 기업의 권한과 책임을 분명히 하며, 정부와 기업을 분리해 과학적으로 관리하는 현대적 기업제도 건설이 그것이다. 1993년 헌법을 개정해 국영기업의 명칭을 국유기업으로 변경하고, 국유기업이 "법률이 규정하는 범위에서 자주 경영"한다고 명문화한 것은 국유기업을 국가가 소유하지만, 독립적으로 경영하는 유한책임회사 또는 주식회사로 개혁한다는 것을 의미한다. 이와 동시에 대규모 국유기업은 국유를 유지하지만, 소규모 국유기업은 매각, 합병, 파산, 위탁, 임대 등 다양한 방식의 구조 조정 정책을 취한다.

이런 과정을 통해 국유기업의 변화가 이루어졌을 뿐만 아니라 공유제의 구체적인 형태가 다양화되고, 다양한 형태의 비공유제 경제가 등장한다. 개혁 이후 도시 실업 문제 등을 해결하기 위해 허용된 개체호가 1988년 말에는 전국적으로 1455만 호에 종사자가 2300만 명에 달했다. 톈안먼 사건 이후 개체호와 종사자 수는 감소했지만, 1992년 이후 개체호와 사영경제 및 외자경제가 급속도로 발전한다. 1992년 1533만 호였던 개체호가 1997년에는 2850만 호로 증가한다. 그중 개체 공업은 1992년부터 1996년 사이에 연평균 66.5% 성장하는데, 이는 1992년 이후 중국 경제의 높은 성장을 견인한 중요한 요소였다. 또한 개체 기업이나 사영기업은 국유기업 개혁 과정에서 발생한 실업자들이 재취업하는 주요 경로 중 하나로서 국가 재정과 수입을 증대하는 데도 크게 기여했다.

그렇지만 1992년 14차 당대회에서 개체경제, 사영경제, 외자경제는 공유제의 보완적 요소로 규정되었기 때문에 공유제 부문과 동등한 권한을 가질 수 없었다. 따라서 은행 대출이나 토지 이용, 세금, 인재 사용 등에서 차별을 받았을 뿐만 아니라 법적으로 보호받지 못했다. 이는 개체경제, 사영경제, 외자경제의 기여에도 불구하고 그 발전을 제약하는 요소로 작용했다. 문제를 해결하기 위해 1997년에 열린 15차 당대회에서는 소유제 문제와 관련해 공유제 주체를 주장하는 동시에 다양한 소유제 경제가 공동으로 발전하는 것을 기본적인 경제 제도로 규정하고 비공유제 경제를 사회주의 시장경제의 중요한 구성 부분으로 명시했다. 이에 따라 개체경제와 사영경제 등이 합법적 권한을 가지게 되었으며, 1999년에 개정된 헌법에서 "개체경제와 사영경제 등 비공유제 경제가 사회주의 시장경제의 중요한 구성 부분이며, 국가가 개체경제와 사영경제의 합법적 권리와 이익을 보호해야 한다"고 명기한다.

또한 시장경제를 받아들임으로써 자원의 배분이 국가에서 시장으로 이전되고, 금융과 자본, 주택, 노동력, 기술 등 생산요소 시장도 형성되었다. 이는 사회주의 시장 경제체제의 도입을 통해 중국의 경제가 시장경제체제로 전환되었다는 것을 의미한 다. 중국은 내적 경제체제의 전환과 더불어 2001년 WTO에 가입함으로써 세계시장 경제체제로 편입되었다. 중국의 WTO 가입은 1986년 WTO의 전신인 GATT에 가입을 요청한 지 15년 만에 이루어졌다. 이는 중국의 경제체제가 시장경제체제로 전환 되었다는 대외적 평가인 동시에, 중국 경제가 새로운 대외 개방 단계에 접어들었다 는 것을 의미한다.

3) 공산당 독재하의 정치개혁

텐안먼 사건은 아래로부터의 민주에 대한 부정을 의미한다. 사회주의 시장경제 체제를 받아들였지만 정치적으로 공산당 독재라는 원칙은 불변이었다. 그런데 소련과 동유럽 사회주의 체제의 몰락은 중국공산당 지도자들에게 사회주의 몰락에 대한 위기감을 느끼게 했지만, 다른 한편으로는 중국의 정치적 안정에 유리한 이중적 요소로 작용했다. 소련과 동유럽 사회주의 국가의 몰락은 중국공산당의 지도자들에게 공산당 지도라는 원칙을 견지한 것이 옳았다는 확신을 주었으며, 사회적으로는 소련과 동유럽식의 급진적 개혁을 부정적으로 보게 했다. 이에 따라 사회적으로 중국공산당의 텐안먼 사건 진압에는 반대했지만, 서구식 민주의 확대를 대안으로 보는 관점에 대해서는 회의가 증대되고, 중국공산당에 대한 명시적 반대는 축소되었다. 이는 중국공산당이 정치적으로 주도권을 가지고 정치개혁을 진행할 수 있는 조건이 되었다.

중공은 사회주의 시장경제체제로의 전환과 더불어 공산당 독재하에서 정치개혁을 추진한다. 1990년 이후 정치개혁의 핵심은 1980년대에 형성된 승계 제도의 규범화와 제한된 범위에서의 아래로부터의 민주화, 의법치국으로 종합되는 제도의 합리화를 위한 법제와 법치의 확립을 위한 시도였다.

1982년 개정 헌법에서 국가주석과 국무원 총리 등 헌법상 국가지도자의 임기는 중임으로 명문화되었다. 당·국가체제에서 실권자인 당 지도부의 임기나 자격

규정에 대해 명문화된 규정은 없었지만, 연령 규정과 종신제 폐지에 따른 퇴직 등의 규범이 형성되어 있었다. 그것은 1980년대에 종신제 폐지와 더불어 승계 제도에 대한 규범화가 이루어졌다는 것을 의미한다. 그렇지만 한편으로는 당-국가체제의 실권자인 당직에 대하여는 명문화된 규정이 없었고, 다른 한편으로는 제도적 권위를 뛰어넘는 혁명 원로들의 개인적 권위 때문에 승계 제도의 제도화, 규범화가 어려웠다.

그렇지만 1990년대에 들어 1980년 형성된 승계 제도가 실질적으로 적용되고 규범화된다. 이는 혁명 원로들의 자연적인 소멸과 더불어 관례의 누적과 밀접히 관련된다. 1980년대의 종신제 폐지와 승계 제도는 덩샤오핑을 위시한 혁명 원로들이 만들었다. 그들의 권위가 제도를 만드는 데 긍정적인 역할을 했지만, 제도를 뛰어넘는 그들의 권위로 인해 제도의 적용과 정착에는 장애가 되었다. 그에 따라 1980년대에는 이중권력 체제가 형성되었을 뿐만 아니라 1987년 후야오방의 실각과 1989년 자오쯔양의 실각에서 보는 바와 같이 권력 교체도 제도적 절차를 준수하지 않았다.

그런데 1992년 리셴녠(李先念)의 사망, 1995년 천윈의 사망, 1997년 덩샤오핑의 사망은 제도적 권위를 초월하는 혁명 원로들이 사라져갔다는 것을 의미한다. 이에 따라 1990년대 이후의 승계는 기본적으로 제도적 절차에 따라 이루어지고 있다. 당의 지도부 교체는 5년 주기로 정기적으로 개최되는 당의 전국대표대회를 통해 이루어지는데, 중임제와 연령 제한이라는 두 가지 요인에 의해 규범적으로 이루어지고 있다. 중임제와 연령 제한을 명문화한 규정은 없지만 1980년대 이후 관례로 정착되고 있다. 중앙군사위원회 주석을 제외한 당 지도부의 모든 직책은 기본적으로 중임제 원칙이 준용되고 있는데, 2002년 장쩌민의 퇴임과 2012년 후진타오(胡錦濤)의 퇴임 모두 이에 따른 것이었다. 그리고 2002년부터 2017년 19차 당대회까지 적용된, 68세가 되면 새로운 임기를 시작하지 않고 퇴임하는 이른바 '7상 8하' 원칙으로 작동되는 연령 규정은 최고 지도부의 퇴직과 세대교체를 실현하는 중요한 기제였다.

2018년 13차 전국인민대표대회(전국인대)에서 19차 당대회에서 퇴임했던 왕치산(王岐山)이 국가부주석으로 복귀했다. 이것이 연령 규정 자체의 부정을 의미하지는 않을지라도 최소한 '7상 8하'가 부분적으로는 부정되었다는 것을 의미한다. 이는 이후 지도부 교체에서 연령 규정이 부분적으로는 변용될 수 있다는 것을 의미한다. 더군다나 13차 전국인대에서는 헌법 개정을 통해 국가주석과 부주석의 임기 제한 조항을 폐지했기 때문에 이론적으로는 국가주석과 부주석에 대한 임기 제한의 기제가 사라졌다는 것을 의미한다.

중공은 자신의 통제로부터 벗어난 아래로부터의 민주를 부정하지만, 중공이 통제할 수 있는 민주의 확대는 부정하지 않는다. 1990년대 이후 중공은 기층 단위에서의 민주의 확대와 당내 민주를 중심으로 제한된 범위에서 아래로부터의 민주를 받아들인다. 기층 단위에서의 민주는 1980년대에 시작되어 1990년대에 규범화된 촌민위원회 선거를 비롯해, 1990년대 말부터는 일부 지역의 향장(鄕長)·진장(鎭長)의 직선을 통해 구현되고 있다. 기층 민주가 점진적인 민주의 확대를 초래할 것으로 기대되었지만 제한적이며, 2000년대 이후에는 인민민주를 견인하는 방법으로 당내 민주가 정치개혁의 핵심적 내용이 되었다. 당내 민주는 각급 당 서기 선거의 점진적 확대와 당무 공개, 의사 결정의 민주화, 당내 감독 등을 포함한다.

다른 한편으로 중공은 1997년 이후 의법치국을 정치개혁의 중요한 목표로 제시했다. 의법치국은 당과 국가의 권력 행사를 법과 제도로 규범화, 제도화하는 것을 의미한다. 의법치국은 1980년대부터 진행된 인치에서 법치로의 전환을 위한 법과 제도의 정비와 더불어 당과 국가 권력의 자의적 행사를 막고, 법과 제도에 의해 규범적으로 집행하며, 법 집행을 합리화하고, 사법의 공정성을 구현하는 것을 내용으로 한다. 다시 말해 현재까지 중국이 중심적으로 수행하고 있는 정치개혁으로 시장경제 체제에 부합하는 법과 제도를 정비하고 경제발전과 사회 안정을 도모하는 것을 목적으로 한다.

중국은 개혁 이후 많은 성과를 거두었다. 경제적으로는 일본을 추월해 세계 2위의 경제 대국이 되었으며, 정치적으로도 공산당 독재를 유지하고 있지만 안정적인 승계와 정치 안정을 이루고 있는 것처럼 보이기 때문이다. 물론 이러한 성과에도 경제적으로, 정치적으로 해결해야 할 많은 문제가 남아 있을 뿐만 아니라 새로운 도전이 제기되고 있다.

2000년부터 시작된 서부 대개발, 2004년 시작된 동베이(東北) 진흥이 상징하는 것은 중국의 개혁·개방의 성과에도 불구하고, 연해 지역과 내륙지역, 도시와 농촌 사이의 심각한 지역불균등이 존재한다는 것을 상징적으로 보여준다. 또한 개혁 과정에서 일부 사람들의 선부(先富)는 개혁의 동력이 되었지만, 동시에 심각한 양극화와 빈부격차의 심화를 초래했다. 이와 같은 문제는 "일부 사람들과 일부 지역의 선부를 통해 공통의 부를 달성하는 것을 목적"으로 하는 중국의 개혁이 아직은 가야 할 길이 멀다는 것을 의미한다. 2006년 농업세를 완전히 폐지했고, 농촌 빈곤 지역에 대한 지원을 확대하고 있지만, 지역 불균형 문제와 도시와 농촌, 연해와 내륙의 격차 및 빈부의 차이는 쉽게 해결할 수 있는 문제가 아니다.

게다가 개혁과 개발은 대기와 수질 오염 등 환경문제, 베이징·상하이 등 특대 도시들의 과밀화, 농촌의 공동화 등 많은 새로운 문제를 초래하고 있다. 이런 문제들은 중국의 지속적 발전에 새로운 도전이 되고 있다. 이는 중국이 지속 가능한 발전을 위해 오래된 문제뿐만 아니라 많은 새로운 문제를 해결해야 한다는 것을 의미한다.

정치 문제는 더 복잡하다. 공산당 독재하에서 안정적인 승계와 부분적인 민주화가 이루어졌으며, 권력이 규범적이고 합리적으로 행사되는 등 나름의 진전이 있었다. 그러나 공산당 독재하에서 민주의 확대는 제한적이며, 공산당이 영도하는 법치는 공산당의 의지를 합리적으로 집행한다는 것을 의미한다. 또한 표면상 안정적인 승계에도 불구하고 권력이 분산된 집단지도체제에서 승계 과정에서 갈등이 노출되기도 했으며, 부패가 만연하기도 했다. 기층 민주와 당내 민주 등 제한된 영역의 민주가 민주의 점진적 확대를 위한 경로로 인식되고 주장되었지만, 실질적 진전은 이루어지지 않고 있다. 최근에는 의법치국(依法治國)이 강조되고 기층 민주와 당내 민주가 의제에서 사라지는 경향을 보이고 있는데, 이는 민주의 확대보다 당과 국가권력 집행의 규범화·합리화로 정치 개혁의 중심이 이전되고 있다는 것을 보여주는 것이다. 게다가 중국의 부상 과정에서 발생하는 미·중 충돌은 상황을 더욱 복잡하게 하고 있다.

이러한 상황에 대응하여 2012년 집권한 시진핑(習近平) 체제에서는 전면적인 개혁 심화를 제기하고 기존의 개혁 방향을 수정하고 있다. 개혁 과정에서 심화된 지역격차와 빈부격차를 완화하기 위해 빈곤 지역에 대한 지원을 강화하는 한편, 환경문제가 중심 의제로 제기되는가 하면, 개혁 과정에서 형성된 새로운 기득권 문제가 개혁의 중심 의제가 되었으며, 강력한 반부패 투쟁이 전개되고 있다.

그 과정에서 개혁 시기에 이루어진 분권화를 역전시켜 재집권화하고 있다. 재집권화는 당으로의 권력 집중과 중앙으로의 권력 집중 및 최고 지도자인 핵심으로의 권력 집중이 그 주요한 방향이다. 당의 일체에 대한 영도가 다시 강조되고 있으며, 개헌을 통해 최고 지도자인 국가주석에 대한 임기제한이 폐지되었다. 그것은 개혁 시기의 당정 분리와 집단지도체제에 대한 역전이 이루어지고 있다는 것을 말한다. 그와 동시에 그에 기초하여 거버넌스 체계를 전면적으로 수정하고 거버넌스 능력 제고를 꾀하고 있다.

이는 개혁 과정에서 이루어진 집단지도체제와 권력분산이 승계 과정에서 갈등을 초래한 요인이라는 인식과 더불어 전면적인 개혁 심화와 미·중 충돌 국면에서 집중된 강력한 지도력의 필요성에 대한 인식 등과 관련된 것으로 보인다. 그렇지만 당과 국가권력 집행의 규범화와 합리화가 개혁 이후 확산된 아래로부터의 민주에 대한 요구를 대체할 수 있는지와 아래로부터의 민주 요구를 어떻게 해결할 것인지는 중국이 직면한 또 다른 문제이다. 그와 더불어 중국의 부상에 따른 미·중 충돌 국면은 중국이 지금까지와는 다른 새로운 도전에 직면하고 있다는 의미이다. 중국공산당은 건국 100주년 직후인 2050년까지 사회주의 현대화 강국을 건설하겠다는 목표를 천명하고 있다. 그것은 중국공산당이 제시한 장기적인 목표를 달성하기 위해서는 내적인 문제의 해결과 더불어 미·중 충돌이라는 새로운 도전을 극복해야 한다는 것을 의미한다.

더 읽을거리

안치영. 2013. 『덩샤오핑 시대의 탄생』. 창비.

조영남. 2012. 『용과 춤을 추자: 한국의 눈으로 중국 읽기』. 민음사.

_____. 2012. 『중국의 법치와 정치개혁』. 창비.

_____. 2016. 『덩샤오핑 시대의 중국 1: 개혁과 개방』. 민음사.

_____. 2016. 『덩샤오핑 시대의 중국 2: 파벌과 투쟁』. 민음사.

_____. 2016. 『덩샤오핑 시대의 중국 3: 톈안먼사건』. 민음사.

조영남·안치영·구자선. 2011. 『중국의 민주주의: 공산당의 당내민주 연구』. 나남.

13장 중국의 부상과 아시아 그리고 세계

조영남(서울대학교 국제대학원 교수)

중국이 개혁·개방을 추진한 지도 40년이 넘었다. 그동안 중국은 눈부신 경제발전을 이룩했고, 이를 바탕으로 아시아의 지역 강대국으로 부상했다. 21세기에 들어 중국의 부상[중국 말로는 '굴기(崛起)']은 더욱 빨라져, 이제 세계사에서 가장 중요한 사건이 되었다. 이와 함께 1991년 소련의 해체 이후 등장한 '미국 주도의 세계 질서(Pax Americana)'가 서서히 허물어지고 있다.

중국의 부상은 경제성장, 군사력 증강, 소프트 파워(soft power)의 강화를 기반으로 중국이 아시아 강대국에서 세계 강대국으로 발전해 가는 현상을 말한다. 이는 중국이 명실상부한 '지역' 강대국(regional power)이 되었지만 아직은 '세계' 강대국(global power)이 아니라는 사실을 의미한다. 현재도 그렇고 가까운 미래에도 미국만이 유일한 세계 강대국이다. 중국이 세계 강대국이 되기에는 여러 면에서 부족하기 때문이다. 따라서 중국의 부상과 이에 따른 아시아 및 세계 질서의 재편을 이해하기 위해서는 중국의 부상이 무엇을 의미하고, 그것이 어떤 한계가 있는지를 세밀하게 따져보아야 한다.

중국은 빠른 경제성장과 군사력 증강에 힘입어 지역 강대국으로 부상할 수 있었다. 이와 함께 적절한 외교 전략도 큰 역할을 담당했다. 만약 덩샤오핑 시대에도 마오쩌둥 시대의 외교 전략을 구사했다면, 중국은 현재처럼 지역 강대국으로 성장할 수 없었을 것이다. 더 나아가서는 그런 외교 전략을 고수했다면 빠른 경제성장도 국제적 영향력 확대도 불가능했을 것이다. 이런 점에서 중국의 부상은 경제성장에 따른 자연스러운 결과가 아니라 주도면밀한 외교 전략의 구사를 통해 얻은 결과이다. 따라서 중국의 부상을 정확히 이해하려면 외교 전략도 자세히 살펴보아야 한다.

중국의 부상은 크게 세 가지 측면에서 살펴볼 수 있다. 첫째는 경제력이고, 둘째는 군사력이며, 셋째는 소프트 파워이다. 경제력은 대개 국내총생산(이하 GDP)의 규모로, 군사력은 국방비와 군 현대화 정도로 측정할 수 있다. 반면 소프트 파워의 측정은 좀 더 복잡하다. 조지프 나이(Joseph Nye) 교수에 따르면, 소프트 파워는 '강제나 보상이 아니라 매력(attraction)을 통해 우리가 원하는 바를 얻는 능력'을 말한다. 대개 소프트 파워는 문화·이념과 가치·정책(특히 외교정책)이라는 자원이 있어야 발휘될 수 있다.

1) 경제적 부상: 세계의 시장, 투자자, 규칙 제정자

개혁기에 중국은 경제적으로 매우 빠르게 성장했다. 〈표 13-1〉은 이를 정리한 것이다. 인구 10억이 넘는 국가(2015년 중국 인구는 13억 7000만 명)가 33년(1979~2012)가 동안 연평균 9.8%씩 성장한 사례는 인류 역사상 없다. 만약 '경제 기적'이라는 말이 있다면, 중국이 이에 해당할 것이다.

빠른 경제성장으로 세계경제에서 중국이 차지하는 비중도 급속히 높아졌다. 이와 동시에 미국과 중국 간의 경제력 격차도 축소되었다. 〈표 13-2〉와 〈그림 13-1〉에 따르면, 1992년 중국의 GDP는 세계 GDP의 1.7%에 불과했지만, 2014년에는 13.3%로 7.8배가 증가했다. 반면 미국의 비중은 약간 축소(25.8%에서 22.4%)되었다. 참고로 같은 기간 일본의 비중은 3분의 1로 축소(15.2%에서 5.9%)되었고, 한국의 비중은 약간 증가(1.7%에서 1.8%)했다. GDP 증가율을 보면, 같은 기간 중국은 24.4배나 증가했는 데 비해 미국은 2.7배가 증가하는 데 그쳤다. 그 결과 미·중 간의 GDP 격차는 크게 축소되었다. 즉 1992년 중국의 GDP는 미국 GDP의 약 6.5%였는데 2014년에는 59.4%가 되었다.

중국의 경제적 부상은 중국이 '세계의 공장'에서 '세계의 시장, 투자자, 규칙 제정자'로 변화했다는 사실을 뜻한다. 이는 정치적으로 매우 커다란 의미가 있다.

표 13-1 | 각 시기별 연평균 경제성장률

시기	덩샤오핑 (1979~1992)	장쩌민 (1992~2002)	후진타오 (2002~2012)	시진핑 (2013~2015)
평균 경제성장률	9.5	9.8	10.6	7.3

자료: 양평섭·최필수·이효진, 「중국 신(新) 지도자의 경제정책 전망과 시사점」, ≪KIEP 오늘의 세계경제≫, Vol.12, No.27(2012), 3쪽. 시진핑 시대는 저자가 작성했다.

첫째, 중국은 '세계의 시장'으로 등장하고 있다. 즉, 미국을 대신해 중국이 주요 국가들에 상품 판매 장소를 제공하는 세계 최대의 시장이 되어가고 있다는 것이다. 이미 중국은 자동차와 가전제품 등 주요 내구성 소비재 항목에서 미국을 제치고 세계 최대의 시장으로 부상했다. 이렇게 되면서 세계 각국의 중국에 대한 무역의존도는 증가했고, 이에 따라 중국의 영향력도 높아졌다.

둘째, 중국은 '세계의 투자자'로 등장하고 있다. 매년 증가하는 막대한 외환보유고(예를 들어 2014년 9월 중국의 외환보유고는 3조 9000억 달러를 기록했다)는 중국이 전 세계 국가와 지역에 정치적 영향력을 행사하는 중요한 수단이 되었다. 이를 이용해 중국은 아시아, 아프리카, 라틴아메리카의 주요 국가에 직접투자(FDI)와 공적개발원조(ODA)를 확대하고 있기 때문이다. 예를 들어 중국의 해외투자는 1996년 21억 달러에서 2013년 1078억 달러로 약 50배가 증가했다.

셋째, 중국은 '세계의 규칙 제정자'로 등장하고 있다. 이 역할은 2008년 하반기 세계 금융위기 이후에 분명해졌다. 막강한 경제력을 바탕으로 중국은 국제통화기금(International Monetary Fund, 이하 IMF) 의결권의 재분배, 새로운 기축통화의 도입, 개발도상국의 지원 확대 등 국제 금융질서의 재편을 요구했고, 이 중 일부는 실현되었다. 예를 들어 중국의 IMF 의결권은 기존의 3.65%(세계 6위)에서 6.4%(세계 3위)로 확대되었다. 또한 2015년 11월 인민폐가 달러(미국), 유로(유럽연합), 엔화(일본), 파운드(영국)와 함께 IMF가 정하는 국제 기축통화에 포함되면서 새로운 기축통화의 도입도 실현되었다.

그 밖에도 중국은 2014년에는 브릭스(BRICS: 브라질, 러시아, 인도, 중국, 남아프리카공화국)와 함께 신개발은행(NDB)을, 2015년에는 세계 57개 국가가 참여하는 아시아인프라투자은행(AIIB)을 출범시켰다. 지금까지는 미국과 유럽이 주도하는 IMF와 세계

(단위: 10억 달러, %)

		1992	1994	1996	1998	2000	2002	2004	2006	2008	2010	2012	2014
미국	GDP 규모	6,539	7,309	8,100	9,089	10,285	10,978	12,275	13,856	14,719	14,964	16,163	17,419
	세계 비중	25.8	26.4	25.9	29.2	30.9	31.9	28.2	27.2	23.3	22.8	21.8	22.4
중국	GDP 규모	425	562	861	1,025	1,025	1,462	1,942	2,730	4,558	6,040	8,462	10,355
	세계 비중	1.7	2.0	2.8	3.3	3.6	4.3	4.5	5.3	7.2	9.2	11.4	13.3
일본	GDP 규모	3,853	3,853	4,706	3,915	4,731	3,981	4,656	4,357	4,849	5,495	5,954	4,601
	세계 비중	15.2	17.5	15.0	12.6	14.2	11.6	10.7	8.5	7.7	8.4	8.0	5.9
한국	GDP 규모	356	459	603	376	562	609	765	1,012	1,012	1,094	1,223	1,410
	세계 비중	1.7	1.7	1.9	1.2	1.7	1.8	1.8	2.0	1.6	1.7	1.6	1.8

자료: World Bank 통계.

그림 13-1 | **미국·중국·일본·한국의 GDP 성장 비교**(1992~2014)

(단위: 10억 달러)

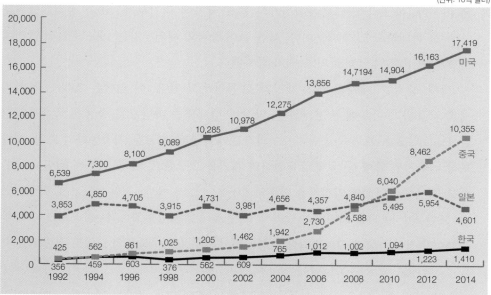

자료: World Bank 통계.

은행(World Bank), 일본이 주도하는 아시아개발은행(ADB)이 세계 금융시장의 '큰손'으로 개발도상국의 경제발전 지원을 독점했다. 이제 중국이 신개발은행과 아시아인프라투자은행을 주도하면서 국제 금융질서의 새로운 강자로 등장했다.

2) 군사적 부상: 미국의 '지역 경쟁자'

중국의 군사적 부상은 군사비 증가와 무기 현대화를 통해 확인할 수 있다. 1996년부터 2008년까지 12년 동안 중국이 발표한 국방 예산은 매년 12.9%씩 증가했다. 그 결과, 2014년 국방 예산(2164억 달러)은 1992년(125억 달러)보다 17.3배가 증가했다(〈표 13-3〉). 세계 국방비에서 중국이 차지하는 비중도 1992년 1%에서 2014년 12.6%로 12.6배가 증가했다. 이는 세계에서 가장 빠른 증가율이다. 같은 기간 미국의 국방 예산은 2배, 세계 국방비에서 차지하는 비율은 1.4배가 증가했을 뿐이다. 냉전 해체 후 각국의 군사비가 축소되는 경향과 달리, 중국의 군사비는 오히려 크게 증가했다.

중국의 무기 현대화도 빠르게 진행되었다. 1990년대에 중국이 러시아로부터 도입한 무기, 장비 및 군사기술 규모는 총 70~80억 달러로 연평균 10억 달러로 추산된다. 이와 같은 무기 및 기술 도입은 2000년대에 더욱 증가했다. 예를 들어 2001~2005년 기간에 중국이 러시아로부터 획득한 무기 체제와 군사기술 비용은 약 133억 달러로서, 이는 1990년대의 연평균 10억 달러보다 2.6배나 많았다. 그 결과 중국은 아시아 지역에서 미국의 경쟁자로 등장했다. 그러나 전 세계를 놓고 미국과 경쟁할 정도는 아니다. 군사비와 무기 등 양국의 격차가 크고, 10~20년 내에 이것이 해소될 수 없기 때문이다.

그런데 중국의 군사력 증강이 곧바로 팽창적인 군사정책으로 이어지는 것은 아니다. 현재까지 중국의 군비 증강 목표는 공격보다는 방어 중심이다. 즉, 중국의 목표는 국내적으로는 체제 유지와 통제, 대외적으로는 증가하는 해양 이익(예를 들어 안전한 원유수송로 확보)의 수호, 타이완과의 통일, 영토 분쟁의 해소에 맞춰져 있다. 중국은 지금까지 공격적인 해외 군사작전을 실제로 수행한 적이 없고, 해외 영토에 전

표 13-3 | **미국·중국·일본·한국의 국방비 지출 비교**(1992~2014)

(단위: 10억 달러, 2011년 가격 기준과 환율 적용)

		1992	1994	1996	1998	2000	2002	2004	2006	2008	2010	2012	2014
미국	국방비	305.1	288.1	271.4	274.3	301.7	356.7	464.7	527.7	621.1	698.2	684.8	609.9
	세계 비중(%)	25.6	25.5	25.7	26.0	27.0	29.5	34.2	36.0	38.7	40.2	39.4	35.6
중국	국방비	12.5	10.1	15.0	18.1	22.2	31.6	40.0	56.7	91.7	123.3	169.6	216.4
	세계 비중(%)	1.0	0.9	1.4	1.7	2.0	2.6	2.9	3.9	5.7	7.1	9.7	12.6
일본	국방비	32.9	44.5	42.6	36.6	46.0	39.1	45.6	42.2	46.8	53.8	60.0	45.8
	세계 비중(%)	2.8	3.9	4.0	3.5	4.1	3.2	3.4	2.9	2.9	3.1	3.4	2.7
한국	국방비	11.6	13.5	16.4	10.5	13.8	14.1	17.8	25.2	26.1	27.6	31.7	36.7
	세계 비중(%)	1.0	1.2	1.6	1.0	1.2	1.2	1.3	1.7	1.6	1.6	1.8	2.1

자료: SIPRI Yearbook, 각 연도.

그림 13-2 | **미국·중국·일본·한국의 국방비 지출 비교**(1992~2014)

(단위: 10억 달러, 2011년 가격 기준과 환율 적용)

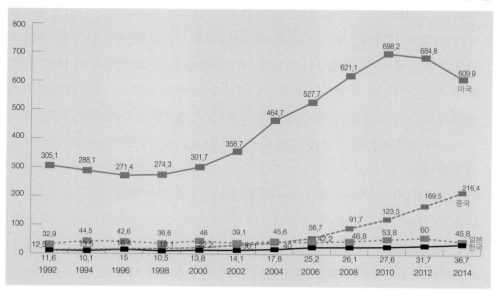

자료: SIPRI Yearbook, 각 연도.

투부대를 파견해 내전에 개입한 적도 없다. 이런 면에서 중국의 군사력 증강은 경제력 상승에 따른 실제 필요와 국제적·지위의 확보를 위한 행동으로 볼 수 있다. 다만 2013년에 등장한 시진핑(習近平) 정부는 해외에 군사기지를 건설하는 등 전과는 다른 모습을 보이고 있다. 따라서 중국의 군사력 증강이 어떤 방향으로 전개될지는 두고 보아야 할 것이다.

3) 소프트 파워: 경제 대국, 문명 대국, 평화 대국의 이미지 창출

중국은 1990년대 후반, 특히 2002년 후진타오(胡錦濤) 시대에 들어 소프트 파워 전략을 중요한 외교정책의 하나로 추진하고 있다. 지역 강대국에서 세계 강대국으로 도약하기 위해서는 소프트 파워가 필요하기 때문이다. 중국의 전략은 세 가지 자원을 활용해 새로운 국가 이미지를 창출하는 데 집중되어 있다. 첫째는 '중국 모델(中國模式)' 또는 '베이징 컨센서스(Beijing Consensus)'다. 둘째는 중화문명, 특히 유가(儒家) 사상이다. 셋째는 정교한 외교정책이다. 이런 자원을 활용해 중국은 '경제 대국', '문명 대국', '평화 대국'의 국가 이미지를 만들려고 노력해 왔다. 경제 대국은 중국 모델, 문명 대국은 중화문명, 평화 대국은 정교한 외교정책을 통해 달성하려고 한다.

이러한 중국의 국가 이미지는 이전과는 다른 것이다. 마오쩌둥(毛澤東) 시대에 중국이 추구하는 국가 이미지는 '혁명 중국'이었다. 인민을 총동원해 경제적 비약을 달성하겠다는 대약진운동(1958~1960), '프롤레타리아 독재하의 계속혁명'을 추진하겠다는 문화대혁명(1966~1976)은 대표적 사건이었다. 그래서 우리는 당시의 중국 하면 마오쩌둥 어록(語錄)과 붉은 깃발을 휘두르는 홍위병(紅衛兵)을 떠올린다. 반면 덩샤오핑(鄧小平) 시대의 중국은 '개혁 중국'의 이미지를 추구했다. 그래서 전 인민이 경제발전에 매진하는 '역동적인 중국', '급성장하는 중국', '세계의 공장'이라는 국가 이미지가 만들어졌다. 21세기에 들어 세계 강대국으로 부상하는 중국은 이전의 이미지를 벗어던지고 '경제 대국', '문명 대국', '평화 대국'이라는 새로운 이미지를 창출하려 노력하고 있다.

중국은 또한 특정 국가나 지역을 대상으로 소프트 파워의 세 가지 자원을 선택적으로 활용하는 방식을 사용해 왔다. 중국 모델은 아시아, 아프리카, 라틴아메리카 등 중국과 유사하게 권위주의 정치체제를 유지하고, 경제발전과 체제 유지가 당면 목표인 국가를 대상으로 활용되었다. 중국은 이 국가들에 자국의 경제발전 경험을 선전하고, 이를 물질적으로 뒷받침하기 위해 많은 돈을 지원했다. 예를 들어 2009년 중국은 '동남아국가연합(ASEAN)+1(중국)' 회의에서 아세안의 기반시설(SOC) 건설을 지원하기 위해 100억 달러의 무상 원조와 150억 달러의 우대 차관을 약속했다.

반면 중화문명을 활용하는 소프트 파워 전략은 미국이나 유럽 등 서방 선진국을 주요 대상으로 삼았다. 중국이 2004년부터 공자학원(孔子學院, Confucius Institute)을 세계 각지에 설립한 것이 대표적이다. 공자학원은 세계 각국에 중화문명을 전파하기 위해 설립된 문화센터이다. 2004년 11월 서울에 최초의 공자학원이 문을 연 이후 2010년 10월까지 91개 국가에 332개, 2014년 12월까지 126개 국가에 475개가 설립되었다. 참고로 같은 기간에 각국의 중고등학교에 모두 851개의 공자학당이 설립되었다. 이는 5년 내에 100개의 공자학원을 설립한다는 최초의 목표를 뛰어넘는 대성공이다. 프랑스의 알리앙스 프랑세즈(Alliance Française)가 120년 동안 1110개, 영국의 브리티시 카운슬(British Council)이 70년 동안 230개, 독일의 괴테 인스티투트(Goethe Institute)가 50년 동안 128개 설립된 것과 비교해도, 10년 동안에 475개의 공자학원(공작학당을 합하면 모두 1326개)이 설립된 것은 큰 성공이다.

그러나 중국의 소프트 파워는 분명한 한계가 있다. 무엇보다 중국은 여전히 공산당 일당제의 권위주의 정치체제를 유지하고 있다. 이 때문에 중국은 인권과 법치 영역에서 심각한 문제를 안고 있다. 여기에 더해 티베트(西藏)와 신장웨이우얼(新疆維吾爾自治區) 지역의 소수민족 문제 등 해결해야 할 많은 과제가 있다. 이런 과제를 해결하지 못하는 한 중국은 서방 선진국뿐만이 아니라 아시아 국가에게도 '정치 후진국'에 지나지 않는다. 이런 점에서 중국이 정치 민주화를 달성해 경제와 군사뿐만 아니라 인권과 법치 영역에서도 커다란 발전을 이룩하기 전까지, 중국의 소프트 파워는 경제적으로 낙후된 제3세계 국가들에게 영향을 미치는 수준에 그칠 것이다.

4) 중국 부상의 특징: '불완전한' 세계 강대국

이상에서 우리는 경제력, 군사력, 소프트 파워를 중심으로 세계 강대국으로 부상하고 있는 중국을 자세히 검토했다. 세 가지 영역의 내용을 종합할 때, 중국이 세계 강대국으로 부상하고 있는 것은 분명한 사실이다. 그런데 중국의 부상은 영국이나 미국 등 이전 세계 강대국과는 다르다. 한마디로 이전 세계 강대국에서는 발견되지 않았던 '불균등성, 지역성, 취약성'이라는 특징이 나타나고 있다. 그러므로 중국은 설사 세계 강대국으로 부상해도 '불완전한' 강대국이 될 것이다. 또한 이런 이유로 중국이 세계 강대국으로 부상하더라도 미국을 대체해 유일한 초강대국(super power)이 될 수는 없을 것이다.

먼저 중국은 '불균등한(uneven)' 강대국으로 부상하고 있다. 20세기 초까지 영국은 경제력, 군사력, 소프트 파워 면에서 세계 최고 수준이었다. 영국은 산업혁명을 통해 세계의 선진 공업국가가 되었고, 막강한 해군력을 기반으로 세계 최강의 군사력을 자랑했다. 또한 과학기술과 다른 학문 분야에서도 세계를 선도했다. 제2차 세계대전 이후 세계 강대국으로 등장한 미국도 마찬가지였다. 반면 중국은 그렇지 않다. 경제력 면에서는 2030년 무렵에 세계 최대의 국가가 되겠지만, 군사력 면에서는 이후에도 미국에 뒤처져 여전히 지역 강대국 수준에 머물 것이다. 소프트 파워는 정치 민주화에 성공하지 않는 한 10~20년 후에도 일부 국가에만 영향을 미치는 지역 강대국에 머물 것이다.

둘째, 중국은 '지역적인(regional)' 강대국으로 부상하고 있다. 즉, 중국은 세계 강대국이 된 이후에도 주요 관심과 활동은 자국과 아시아 지역에 집중될 것이다. 타이완과의 통일 문제, 일본과의 동중국해 문제, 아세안 일부 국가와의 남중국해 문제, 인도와의 국경선 획정 문제가 이에 해당된다. 반면 환경보호, 에너지와 자원 문제, 민주·인권·법치 등 보편적인 가치의 확산, 국제 평화 유지 등 지구적 공공재(public goods)의 공급에서 중국은 제한된 역할만 담당할 것이다.

마지막으로 중국은 '취약한(fragile)' 강대국으로 부상하고 있다. 미국을 포함한 모든 강대국도 산적한 문제를 안고 있다. 일본은 인구 노령화의 심화, 재정적자의 누적이라는 문제에 직면해 있다. 미국도 빈부격차의 확대와 중산층의 약화, 인종 갈등 등의 문제에 직면해 있다. 그런데 중국의 경우에는 문제가 매우 심각하다는 특징이 있다. 그래서 중국은 미래에 세계 강대국이 될 것이지만, 정치 민주화, 소수민족과 타이완과의 문제, 빈부격차와 지역격차의 확대, 인구노령화, 환경문제 등 수많은 문제로 인해 큰 어려움을 겪을 것이다. 따라서 비록 세계 강대국이라고 하지만, 중국의 지위는 취약할 것이다.

02 새로운 지역 질서의 형성: '신중화질서'의 탄생?

중국의 부상에 따라 아시아 지역이 어떻게 변화할지는 단기(10년 이내)와 중장기(10~20년)로 나누어 살펴볼 수 있다.

1) 단기적 전망: 향후 10년

1991년 냉전이 해체된 이후 아시아 지역 질서는 미국이 주도하고 있다. 미국은 이 지역에서 패권적 지위를 확고히 하면서 어떤 도전 세력(현재는 중국이 가장 유력)의 등장도 허용하지 않는 정책을 추진해 왔다. 이를 위해 한국, 일본, 태국, 필리핀, 호주 등 5개국과는 동맹 관계, 인도네시아, 싱가포르, 베트남, 인도 등과는 안보 협력 관계를 강화해 왔다. 특히 한국과 일본 등 주요 국가에 군사력을 전진 배치해 만일의 사태에 대비하고 있다. 그 밖에도 중국의 부상을 견제할 수 있는 지역의 핵심 세력을 적극 지원해 왔다. 일본, 인도, 인도네시아, 베트남이 대표적이다.

정치적으로도 미국은 자국 중심의 체제를 강화해 왔다. 민주·인권·법치·시장 등 '미국적 가치(American value)'의 확산은 대표적인 사례이다. 만약 이것이 아시아 지역의 가치로 뿌리내리면 미국에 친근감을 느끼는 국가는 증대하고, 미국에 적대감을 느끼는 국가는 감소할 것이기 때문이다. 이는 냉전 시기부터 이어져 온 미국의 핵심 외교정책 중 하나이다. 현재 아시아 지역에서 '미국적 가치'에 정면으로 도전하는 국가로는 사회주의 국가와 독재국가가 있다. 앞의 예로는 중국, 북한, 베트남을 들 수 있고, 뒤의 예로는 캄보디아 등을 들 수 있다.

경제적으로도 미국은 아시아 지역을 자국 주도의 통상 질서에 묶어두기 위해 노력해 왔다. 2015년에 협상이 완료된 환태평양경제동반자협정(TPP: Trans-Pacific Partnership)이 대표적이다. TPP는 농산물을 포함한 모든 상품에 대한 관세 철폐뿐 아니라, 정부 조달, 지적재산권, 노동 규제, 금융·의료 서비스 분야의 거의 모든 관세 장벽의 철폐를 목표로 한다. 이런 점에서 TPP는 매우 높은 수준의 자유무역협정(FTA: free trade agreement)이다. 이 협정에는 싱가포르, 뉴질랜드, 브루나이, 미국뿐만 아니라 호주, 캐나다, 베트남, 말레이시아, 일본도 참여했다. 반면 중국은 초대되지 않았고, 한국은 협상을 준비 중이다. 이처럼 미국은 아시아 지역의 경제 주도권을 유지하기 위해 적극적으로 나서고 있다. 단, 2017년 트럼프 정부가 들어선 이후 TPP 협상은 중단되었다. 트럼프 정부는 '미국 우선(America First)'을 구호로 내걸고 TPP 같은 다자주의 대신에 일방적인 자국 이익의 확대를 추진하기 시작한 것이다.

향후 10년 이내에는 동아시아 지역 질서가 미국 주도의 현행 체제를 벗어나지 못할 것이다. 몇 가지 근거가 이를 뒷받침한다. 먼저 중국은 2035년까지 현행 지역 질서의 유지를 전제로 하는 국가 발전 전략을 추진하고 있다. 2017년에 열린 공산당 19차 당대회에서, 2035년까지 '사회주의 현대화'를 실현한다는 목표를 세웠다. 이는 중국이 이때까지 현재의 외교 전략을 고수한다는 것을 의미한다. 따라서 이 기간에 중국은 미국이 자국의 '핵심 이익'(예를 들어 주권과 영토)을 침해하지 않는 한 이 지역에서 미국을 몰아내려고 하지 않을 것이다. 타이완을 군사력으로 점령하는 일도 적어도 당분간은 없을 것이다.

동아시아 주요 국가의 정책도 단기간 내에 큰 변화가 없을 것이다. 이 국가들은 현행 질서를 통해 경제적 이익과 안보상의 이익을 얻고 있기 때문에 지역 질서의 급격한 변화를 꺼리고 있다. 마지막으로, 단기간 내에 아시아에 유럽의 북대서양조약기구(NATO)와 같은 지역안보기구가 출현할 가능성은 매우 낮다. 결국 현재의 미국 주도의 지역 질서는 중국의 부상에 따라 약간의 조정을 겪겠지만, 기본 골격과 내용은 큰 변화 없이 유지될 것이다.

2) 중장기적 전망: 향후 20~30년

중장기적으로 보면 중국이 미국과 함께 아시아뿐 아니라 세계에 막강한 영향력을 행사하는 세계 강대국이 될 것이다. 현재 추세라면 2030년 무렵에 중국의 GDP는 미국의 GDP를 추월할 것이다. 또한 공산당은 지난 19차 당대회에서 2050년 무렵에는 미국과 어깨를 나란히 하는 강대국이 되겠다는 야심찬 목표를 발표했다. 이에 따라 아시아 지역 질서는 다음 세 가지 시나리오 중 하나가 될 것이다. 실현 가능성이 높은 순서대로 보면 다음과 같다.

첫째는 '중층적이고 복합적인 혼합질서(hybrid system)'의 출현이다. 비유하자면, 이것은 미국과 중국이라는 양대 강대국이 경쟁하는 기존의 장기판이 아니라, 강대국뿐 아니라 중견 국가, 국가뿐 아니라 다국적기업, 국제 비정부기구(NGO), 지역 협력기구, 저명한 개인 등 다양한 행위자들이 함께 참여해 협력하고 경쟁하는 여러 층의 체스판이라고 할 수 있다. 국가 차원에서는 미·중이 주도하고 다른 지역 강대국과 중견 국가가 보조하는 구도가 될 것이다. 미·중은 거의 동등한 영향력을 행사하면서 지역 현안을 처리하기 위해 협력과 경쟁을 반복할 것이다. 국가 간의 경제적 상호 의존이 증대되면서 지역공동체 규범과 정신이 확산될 것이다. 그래서 이를 담당하는 지역 조직[예를 들어 아세안(ASEAN)과 아세안 지역안보포럼(ARF)]이 중요한 행위자로 등장할 것이다. 이는 정치·외교·사회·환경 등 전 분야에 해당되며, 당분간은 경제가 가장 활발할 것이다. 마지막으로 기후변화, 에너지 부족, 국제 범죄, 환경오염 등 비(非)전통 안보에 대처하기 위해 국가와 함께 다국적기업, 국제 NGO 등 다양한 비(非)국가 주체가 적극적으로 활동할 것이다.

둘째는 미국 주도의 현행 질서가 유지되는 것이다. 이에 따르면, 바람직한 지역

구도는 미·일 동맹을 핵심 축으로 하여, 민주·인권·법치 등의 정치 이념과 현실적 이익을 공유하는 한국, 인도, 호주, 싱가포르 등 민주주의 국가를 참여시키는 미국 주도의 기존 구조를 강화하는 것이다. 신뢰 결핍으로, 미·중이 함께 지역 현안을 처리하는 '주요 2개국 체제(G2)'는 가능하지 않고 바람직하지도 않다. 그 대신 미국은 중국과의 협력을 확대할 수 있다. 마지막으로 이 시나리오에 따르면 미·중·일·러 등 강대국의 영향력은 계속될 것이고, 중견 국가와 지역공동체의 역할은 제한적일 것이다. 이 주장은 미국의 역량과 역할을 과대평가한 것으로, 이대로 실현될 가능성은 높지 않다.

셋째는 중국 중심의 위계 체제, 즉 '중화질서(Pax Sinica)'가 재현되는 것이다. 이는 중국의 경제적·군사적 부상을 전제로 향후 아시아에 중국 중심의 새로운 지역 질서가 형성될 것이라고 보는 시나리오이다. 이 속에서 미국 주도의 현행 동맹 체제는 부수적인 요소로 전락한다. 미·일 동맹의 실질적인 내용도 역시 약화된다. 또한 아시아 국가의 친(親)중국적인 성향은 현재보다 더욱 강화될 것이다. 이처럼 이 시나리오는 아시아 지역 질서의 근본적인 변화, 즉 중국 중심의 새로운 질서의 탄생을 상정한다. 다만 이는 중국의 역량을 과장하고, 미국과 일본 등 기존 강대국은 과소평가한 것으로, 이것이 실현될 가능성은 매우 낮다.

이를 종합하면, 2030년 무렵까지는 중국의 부상과 함께 기존의 아시아 지역 질서가 변화하는 과도기가 될 것이다. 2040~2050년 무렵에는 미국, 중국, 지역 강대국, 중견 국가, 다자 조직, 국제 NGO 등의 여러 세력이 정치·외교·경제·사회·환경 등 중층적인 영역에서 양자 및 다자로 복합적으로 얽혀 경쟁과 협력을 반복하는 새로운 지역 질서가 등장할 것이다.

03 세계 강대국이 되기 위한 중국의 외교 전략

개혁기 중국의 외교 전략은 크게 세 번의 변화와 조정을 거쳤다. 첫 번째는 1978년부터 1980년대 중반까지의 시기이다. 이 기간에 중국은 '사회주의 현대화 건설' 노선을 채택해 개혁·개방을 본격적으로 추진했다. 이와 함께 마오쩌둥 시기의 외교정책을 폐기하고 새로운 정책을 실시하기 시작했다. 이때 '평화와 발전'이라는 새로운 명제가 제기되고, '독립·자주의 외교'와 '비동맹(不結盟) 원칙'이라는 외교 방침이 결정되었다. 또한 국내 경제발전에 필요한 안정적이고 평화로운 국제 환경의 조성이 외교 목표로 결정되었다.

두 번째는 1989년 톈안먼 사건(天安門事件)부터 1990년대 중반에 이르는 시기이다. 이 기간에 사회주의권이 붕괴하면서 냉전체제가 끝났다. 이와 동시에 톈안먼 사건 이후 미국을 중심으로 한 서방 국가의 수출 금지 정책이 시작되면서 중국은 경제적으로도 고립되었다. 이렇듯 변화된 국제 정세에 대응하기 위해 중국은 외교정책을 조정해야만 했다. '평화와 발전'이 주류라는 국제 정세의 인식에는 변화가 없었고, 독립 자주의 외교 방침도 유지되었다. 다만 탈냉전기 변화된 국제 체제를 '일초다강(一超多强)', 즉 초강대국 미국과 다수의 강대국이 함께 경쟁하는 체제로 규정했다. 또한 새로운 외교 목표로 미국을 중심으로 한 기존 강대국의 봉쇄 저지와 국제사회에서의 영향력 확대가 추가되었다. 외교 영역에서는 미·소 중심의 강대국 외교에서 벗어나, 아시아 외교, 다자 외교, 개발도상국 외교도 적극적으로 추진하기 시작했다.

세 번째는 1990년대 후반기에 시작해 후진타오 시기(2002~2012)를 거쳐 현재에 이르는 시기이다. 중국은 1990년대에 경제적·군사적 능력을 급격히 증강시킬 수 있었고, 국제 체제로의 편입도 성공적으로 달성했다. 2001년 12월 중국의 세계무역기구(WTO) 가입은 이를 잘 보여준다. 이렇게 되면서 중국은 지역 강대국에서 세계 강대국으로 부상을 진지하게 고민했다. 1990년대 후반기부터 중국에서 '대전략(大戰略, grand strategy)'에 대한 많은 보고서와 책이 출간된 것은 이를 잘 보여준다. 특히 2008년 세계 금융 위기 이후 중국은 높아진 국제적 위상을 기반으로 전과 다르게 '강경한(assertive)' 외교를 전개하기 시작했다. 이는 2012년 11월 공산당 18차 당대회에서 시진핑 정부가 출범하면서 더욱 강화되었다. 남중국해와 동중국해 문제에 대해 중국이 강경한 모습을 보이는 것이 대표적이다.

1) 국제 정세의 인식과 외교 목표

중국 외교는 최고 지도자들이 국제 정세를 어떻게 인식하느냐에 따라 크게 영향을 받는다. 이에 따라 외교 목표와 정책이 결정되기 때문이다. 이는 공산당이 사회주의 혁명에서 승리한 경험에 기초한 것이다. 마오쩌둥은 '혁명과 전쟁'이 국제 정세의 특징이라고 인식했다. 이에 기초해 중국은 미·소 강대국의 군사 공격에 대비하는 국방 정책과, 공산주의 이념을 제3세계에 수출하고 이 국가들의 혁명을 지원하는 외교 정책을 추진했다. 반면 덩샤오핑은 1984년에 국제 정세가 '평화와 발전'의 시대로 바뀌었다고 공식 선언했다. 이에 따르면 강대국 간에 세계 전쟁이 발발할 가능성은 극히 낮으며, 미·소가 중국을 공격할 가능성도 낮다. 이런 판단에 근거해 중국은 전쟁 준비에서 평화 시기의 대비로 국방 정책을 바꾸었다. 전체적으로 볼 때 중국은 경제 발전에 전념할 수 있는 비교적 평화롭고 안정적인 국제 환경이 조성되었다고 본 것이다. 이런 판단은 지금까지 이어지고 있다.

중국은 다른 국가와 마찬가지로 주권과 영토 보전, 경제적 번영과 발전, 정치제도와 이념의 유지 등 국익 증진을 외교 목표로 삼고 있다. 이 외에도 중국은 개혁기에 두 가지 외교 목표를 추구하고 있다. 평화롭고 안정적인 국제 환경 조성이 첫 번째 외교 목표이다. 개혁기 중국이 추구하는 최대 국정 과제는 경제발전이다. 경제발전은 현실 문제를 해결하고 중국식 사회주의를 건설하는 데 핵심적 요소이다. 이를 위해서는 평화롭고 안정적인 국제 환경이 필요하다. 무엇보다 자본이 부족한 중국으로서는 군비 경쟁에 돈을 낭비할 여력이 없다. 또한 경제발전에 필요한 기술·자본·시장을 미국 등 선진국에 의존해야 하는 중국으로서는 이들과 충돌해서도 안 된다. 그 밖에도 주변국과 우호 관계를 유지함으로써 경제협력을 증진하는 것이 경제발전에 유리하다.

미국의 봉쇄 저지와 중국의 국제적 영향력 확대가 두 번째 외교 목표이다. 1980년대 말부터 1990년대 초까지 중국은 많은 어려움을 겪었다. 국내적으로는 1989년 6월 톈안먼 사건으로 혼란이 발생했고, 보수파가 개혁·개방을 대대적으로 비판하면서 최대의 정치적 위기를 맞았다. 여기에 더해 미국을 중심으로 한 서방국가의 수출 금지 조치는 중국을 경제적으로 고립시켰다(미국과 유럽 국가의 무기 수출 금지는 지금까지 지속되고 있다). 국제사회에서도 중국은 소련과 동구 사회주의 국가의 붕괴로 정치적으로 고립되었다.

이런 경험을 근거로 중국은 미국이 중국의 부상을 막기 위해 봉쇄 정책을 실시한다고 판단했다. 다만 그 방식은 시기와 상황에 따라 부드러운 방식이 될 수도 있고, 강경한 방식이 될 수도 있다. 이와 같은 인식은 이후 연속된 사건을 통해 강화되었다. 1993년 중동의 공해상에서 미군이 화학무기 수출 혐의를 들어 중국 상선을 강제 수색한 '은하호(銀河號) 사건', 1993년 미국 의회가 중국의 2000년 베이징 올림픽 유치 신청에 반대하는 결의문을 채택함으로써 국제올림픽위원회(IOC)에 압력을 가한 사건, 1995년 미국 정부가 중국의 강력한 반대에도 리덩후이(李登輝) 타이완 총통에게 미국 방문을 허락한 사건, 1996년 타이완해협 위기 시 미국이 항공모함 전단 2개 조를 파견해 중국과 군사적으로 대치한 사건, 1996~1997년의 미·일 군사동맹 강화, 1999년 미군의 베오그라드 중국 대사관 오폭 사건, 2001년 4월 중국 하이난도(海南島) 부근 상공에서 발생한 미국 정찰기와 중국 전투기 충돌 사건 등이 대표적이다.

이와 같은 판단에 근거해 중국은 1990년대 들어 경제발전에 유리한 평화롭고 안정적인 국제 환경 조성이라는 기존의 외교 목표에 더해, 미국을 중심으로 한 서방 세력의 봉쇄 저지와 국제적 영향력 확대라는 새로운 목표를 설정했다. 동시에 이를 위해 기존의 소극적이고 제한적이던 외교를 적극적이고 전방위적인 외교로 전환했다. 이전의 중국 외교는 미·소 중심의 강대국 외교와, 국경 분쟁의 해결을 목적으로 한 선린외교라는 두 개 축으로 전개되었다. 그런데 이제는 전 세계의 모든 강대국을 대상으로 한 강대국 외교, 아시아 국가 전체를 대상으로 하는 주변국 외교, 다양한 국제 조직에 적극 참여해 국제질서의 운영규칙 제정에 참여하는 다자 외교라는 세 개 축을 중심으로 전개된다.

2) 주요 분야별 외교

중국은 개혁기에 분야별로 특화된 외교정책을 추진하고 있다. 이 중에서 강대국 외교, 아시아 외교(즉 주변국 외교), 다자 외교가 가장 중요하지만, 개발도상국 외교와 공공외교(public diplomacy: 소프트 파워 강화 전략)도 중시되고 있다. 그 밖에도 특정 사안에 맞춰 전개하는 경제 외교, 에너지 외교, 기후변화 외교 등도 있다.

(1) 강대국 외교: '전략적 동반자 관계'의 수립

미국, 일본, 러시아, 유럽연합(EU)을 대상으로 하는 강대국 외교는 중국 외교의 핵심이다. 이들과의 관계에 따라 중국이 강대국화에 성공할 수도 있고, 그렇지 않을 수도 있기 때문이다. 강대국 외교는 1980년대까지는 주로 주로 미국과 소련이 대상이었지만, 1990년대에는 전 세계 강대국으로 확대되었다. 특히 1989년 톈안먼 사건에 따른 경제적 고립, 1991년 소련과 동구 사회주의 국가의 붕괴에 따른 정치적 고립, 1995~1996년 타이완 위기 이후의 국제적 고립에 직면해 중국은 체계적인 강대국 외교정책을 수립해 추진하기 시작했다. 목표는 강대국과 갈등을 최소화하고 협력을 최대화해 안정적인 관계를 유지하는 것이다. 경제발전을 위해서는 선진국의 기술·시장·자본이 필요하기 때문이다. 게다가 이들과의 대립은 국력 낭비를 초래하고 잘못할 경우 국가를 파멸에 이르게 할 수도 있다. 중국의 입장에서 볼 때, 소련의 붕괴는 미국과의 군비 경쟁이 얼마나 위험한 것인지를 잘 보여준다.

1990년대 중반 이후 중국의 강대국 외교는 각종 동반자 관계(partnership, 伙伴關係)의 수립을 중심으로 전개되었다. 러시아와는 건설적 동반자 관계(1994)와 전략적 협력 동반자 관계(1996), 미국과는 건설적 전략 동반자 관계(1997), 유럽연합과는 전면적 협력 동반자 관계(1998), 일본과는 우호·협력 동반자 관계(1998)를 수립했다. 중국의 강대국 외교는 비교적 성공한 것으로 평가받고 있다. 강대국과의 관계 개선을 통해 1990년대 초 미국을 중심으로 한 서방 세계의 봉쇄 정책을 극복할 수 있었다. 또한 국제사회의 문제에 대한 대응 과정에서 일정한 지원 세력을 얻을 수 있었다. 예를 들어

1991년 걸프 전쟁, 1999년 코소보 전쟁, 2002년 이라크 전쟁에서 중국은 사안에 따라 러시아, 프랑스, 독일과 연대해 미국의 정책을 비판할 수 있었다.

(2) 아시아 외교: '선린우호 관계'의 수립

중국의 아시아 정책은 1990년대에 조정된 외교 전략의 중요한 구성 요소로 등장했다. 이것이 부각된 것은 몇 가지 이유 때문이었다. 먼저 1990년대 초 중국은 자신들이 처한 불리한 국제 정세를 극복하는 것이 시급했다. 즉 중국은 1989년 톈안먼 사건 이후의 경제적 고립과 1991년 사회주의권 붕괴 이후의 정치적 고립에서 탈피해야만 했다. 여기에 더해 아시아 지역에 퍼진 '중국위협론'도 불식시켜야 했다. 다른 한편, 아시아 정책의 강조는 중국이 자신의 위상을 재평가한 결과이기도 했다. 즉 중국은 지역 강대국일 뿐이고 전략 이익도 주로 주변 지역에 집중된다는 사실을 재인식한 것이다.

여러 가지 필요성에 대한 고려도 있었다. 첫째는 안보상의 필요성이다. 주변 국가와의 관계 악화는 중국의 경제발전에 필요한, 안정적이고 평화적인 국제 환경 조성을 어렵게 만든다. 중국은 1962년에는 인도, 1969년에는 소련, 1979년에는 베트남과 군사적으로 충돌한 적이 있다. 게다가 인도·파키스탄의 무장 충돌이나 한반도 핵 위기처럼 주변국 간의 군사적 긴장은 중국의 안보에 악영향을 미친다. 여기에 더해 미국이 아시아 국가를 군사기지로 이용하여 중국 봉쇄 정책을 실시한다면 중국의 안전은 위협받게 된다. 둘째는 경제 교류의 필요성이다. 아시아는 세계에서 경제성장이 가장 빠른 지역으로, 경제발전을 위해서는 이 국가들과 경제 교류를 강화해야만 한다. 마지막은 지역 내 영향력 제고의 필요성이다. 아시아는 중국이 영향력을 가장 잘 발휘할 수 있는 지역이다. 타이완을 고립시키기 위해서라도 주변국의 지지가 필요하다.

그런데 1990년대 후기로 가면서 중국의 아시아 정책은 전보다 더욱 적극적인 성격을 띠었다. 중국은 향상된 국력과 국제적 지위를 이용해 장기적인 계획하에 아시아 정책을 전개했던 것이다. 먼저 중국은 자신감을 갖게 되었다. 1997~1998년 아시아 금융위기를 극복했을 뿐만 아니라, 인민폐를 평가절하하지 않음으로써 지역의 경제 안정에 기여했다는 주변국의 평가는 중국의 자신감과 자부심을 강화시켰다. 중국은 이를 근거로 자국의 이익만을 추구하는 이기적인 국가나 군사적 팽창을 추구하는 패권국가가 아니라 지역 문제에도 '책임지는 대국'임을 강조했다.

또한 중국은 다극화(多極化, multipolarity)와 세계화(全球化, globalization)에 대해 새롭게 인식하기 시작했다. 냉전 해체 이후 중국은 국제 체제를 '일초다강'으로 규정했다. 그런데 시간이 가면서 국제질서의 다극화가 실현되기까지 많은 시간이 필요하다고 판단했다. 경제력과 군사력 면에서 다른 강대국과 미국 간의 격차가 아직도 크기 때문이다. 이 같은 상황에서는 장기적인 대비가 필요했다. 즉 미국과 안정적인 관계를 유지하는 것과 함께, 최소한 아시아 지역에서 우월한 지위를 확보하기 위해 주변국과 긴밀한 관계를 구축해야만 했다. 또한 세계화의 진전과 함께 아시아 금융위기, 2001년의 9·11 테러, 2002년의 사스(SARS)와 같은 전염병 확산 등 국제 문제에 맞서기 위해서는 주변국과의 협력이 필요하다고 인식했다.

중국의 아시아 정책은 크게 네 가지 내용을 중심으로 전개되었다. 주변국과의 국경 분쟁 해소, 안정적인 양자 관계 수립, 지역협력기구에의 참여, '중국위협론'에 대한 대응 논리의 개발이 그것이다. 첫째, 중국은 주변국과의 국경분쟁을 해결하기 위해 노력했다. 이것은 1980년대의 정책을 계승한 것이다. 전과 다른 점은 중국이 매우 적극적으로 문제 해결에 나섰다는 것이다. 러시아와의 국경선 획정이 대표적이다. 2004년 10월 양국은 국경선 협상을 최종 마무리했고, 그 결과 4300km에 달하는 국경선 전부가 획정되었다. 중국과 인도의 협상은 완료되지 않았지만 몇 가지 진전이 있었다. 예를 들어, 티베트 지역과 함께 양국 사이에 문제가 되었던 시킴(Sikkim, 錫金) 지역을 중국이 인도 영토로 공식 인정함으로써 양국 간의 갈등이 전보다 완화되었다.

그러나 남중국해 지역의 해양 분쟁은 원만하게 해결되지 못했다. 1980년대에 중국은 '주권은 미루고 공동으로 개발한다'는 원칙을 제시했지만, 주변국은 이를 신뢰하지 않았다. 그 대신 이들은 아세안(ASEAN)에서 논의할 것을 요구했다. 당사국이 각각 중국과 협상하는 것보다 단체로 하는 것이 유리하기 때문이다. 중국은 이런 요구를 수용해 2002년에 당사국이 협상을 통해 분쟁을 평화적으로 해결한다는 「난하이(南海) 당사국 행위 선언」을 채택했다. 「선언」은 관련국의 분쟁 완화에는 기여했지만, 문제

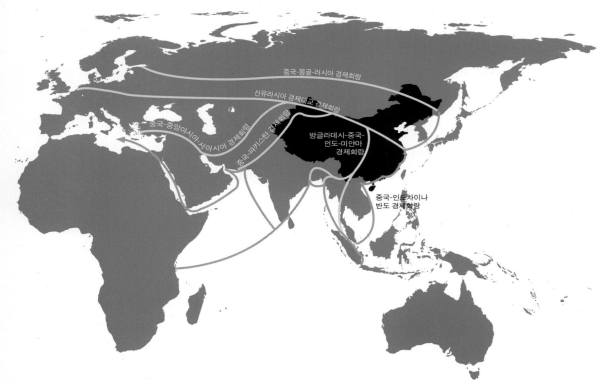

중국-몽골-러시아 경제회랑

신유라시아 경제대교 경제회랑

중국-중앙아시아-서아시아 경제회랑

중국-파키스탄 경제회랑

방글라데시-중국-인도-미안마 경제회랑

중국-인도차이나 반도 경제회랑

그림 13-3 | 중국의 '일대일로' 전략: 아시아, 유럽, 아프리카를 관통하는 6개의 경제회랑

의 근본적인 해결에는 큰 역할을 못했다. 반면 중·일 간의 동중국해 분쟁은 전혀 해결되지 않았고, 역사 문제와 함께 양국 관계를 긴장시키는 주요 요인으로 남아 있다.

둘째, 중국은 아시아 국가와 우호적인 양자 관계를 발전시킨다는 선린우호 정책을 추진했다. 예를 들어 중국은 1993년까지 한국과 국교 수립, 인도네시아와 관계 회복, 싱가포르 및 브루나이와 수교, 파키스탄 및 방글라데시와 우호·협력 관계 강화, 인도와 관계 개선 등의 성과를 거두었다. 한 통계에 의하면, 중국은 1979년 1월부터 1989년 4월까지 10년 동안 19개국과 수교한 반면, 1989년 9월부터 1998년 11월까지 10년 동안 35개국과 수교했다. 이는 톈안먼 사건과 소련 붕괴 이후의 경제적·정치적 고립을 탈피하기 위해 중국이 적극적으로 노력한 결과였다. 동시에 주변국과 다양한 종류의 동반자관계를 체결했다. 즉 한국·인도·방글라데시와 전면적 협력 동반자 관계, 베트남과 선린우호 협력 관계, 필리핀과 선린 상호 신뢰 동반자 관계, 인도네시아·파키스탄과 전략적 협력 동반자 관계를 맺었다.

셋째, 중국은 다양한 지역협력기구에 참여했다. 이 중에서 아세안이 가장 중요하다. 아세안은 미국의 후원으로, 중국의 영향력 확대에 대응하기 위해 1967년에 인도네시아, 말레이시아, 필리핀, 싱가포르, 태국 등 5개국이 참여해 설립했다. 이후 1984년에 브루나이, 1995년에 베트남, 1997년에 라오스와 미얀마, 1998년에 캄보디아가 가입해 현재는 10개국으로 구성되어 있다. 중국과 아세안의 관계는 1990년대에 들어 발전했다. 1992년 중국이 아세안에 참여한 후, 1994년에는 아세안 지역안보포럼(ARF: ASEAN Regional Forum)에도 참여했다. 또한 1997년에는 제1차 중국·아세안 정상회담 (ASEAN+1)에서 선린우호와 상호 신뢰의 동반자 관계가 선언되었다. 같은 해에 한·중·일이 아세안에 참여하는 'ASEAN+3'도 시작되었다. 2001년에는 중국의 제안으로 자유무역협정이 체결되었고, 2005년 7월부터 일부가 발효되었다(현재는 전면 실시). 2003년에는 비아세안 국가로서는 처음으로 중국이 '아세안우호협력조약'에 가입했다.

(3) 다자외교: 국제적 영향력 확대

1980년대 중국 외교는 양자 관계 중심이었지만, 1990년대 들어 양자 관계와 함께 다자 관계를 동시에 중시하는 정책으로 전환했다. 중국의 적극적인 국제 조직 참여는 이를 잘 보여준다. 예를 들어 중국은 1960년대에는 국제기구에 거의 가입하지 않았다. 미국과 소련이 주도하는 국제기구를 중국이 믿지 않았기 때문이다. 그런데 1990년대에 들어, 국제기구 참여 비율, 국제 규범의 준수 등을 기준으로 평가하면, 중국은 인도 등 유사한 조건의 다른 국가에 비해 훨씬 더 참여적이었다. 이는 중국이 참여를 꺼리던 군축(軍縮) 분야에도 해당된다.

1990년대 들어 중국이 적극적으로 다자외교를 전개한 데는 몇 가지 요인이 있다. 우선, 국력 신장에 따른 자신감 증대이다. 이를 기초로 중국은 국제질서의 규칙을 제정하는 데 적극적으로 참여함으로써 더 많은 이익을 얻을 수 있다고 판단했다. 인식의 변화도 중요한 요인이다. 중국은 세계화의 진전과 함께 각국의 상호 의존성이 증

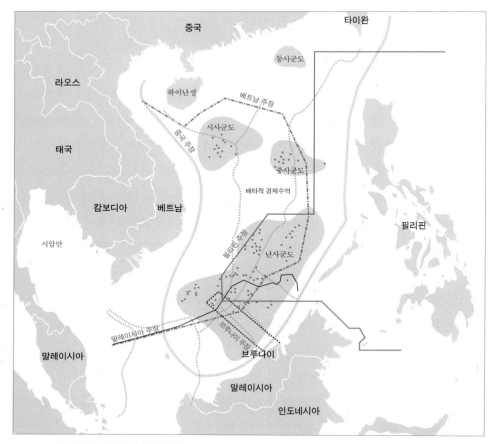

그림 13-4 | **미국과 중국이 대립한 남중국해 분쟁**

대되어 다른 국가와 협력하지 않고는 국제 문제를 해결할 수 없다고 생각했다. 또한 중국은 기본적으로 다극 체제가 바람직하다고 주장했고, 다자 외교를 적극적으로 전개함으로써 장기적으로 이를 추동할 수 있다고 판단했다. 마지막으로 중국을 현상 타파 세력으로 보는 국제사회의 인식을 불식시켜야 했다. 이를 위해서는 국제조직에 적극적으로 가입해 활동할 필요가 있었다.

상하이협력기구[SCO: Shanghai Cooperation Organization(上海合作組織)]는 중국의 성공적인 다자 외교를 보여주는 대표적인 사례이다. 이 기구는 1996년 중국, 러시아, 카자흐스탄, 키르기스스탄, 타지키스탄이 설립한 '상하이 5국(上海五國, Shanghai Five)'을 모태로 한다. 상하이 5국은 5년 동안 국경선 획정, 국경 지대의 신뢰 구축, 지역의 불안정 세력(즉, 민족 분리주의, 종교 극단주의, 테러리즘)에 대한 공동 대응, 경제협력의 확대를 통해 상호 신뢰를 높여갔다. 또한 이를 통해 새로운 지역 조직을 설립하는 데 필요한 경험을 쌓을 수 있었다.

이를 배경으로 2001년 6월 우즈베키스탄을 참여시켜, 총 6개국을 회원국으로 하는 상하이협력기구가 정식 성립되었다. 이후 2004년에 몽골, 2005년에 인도·이란·파키스탄, 2012년에 아프가니스탄이 옵서버(observer)로 참여했다(인도와 파키스탄은 2017년에 공식 회원국이 되었다). 또한 2002년에 사무국과 지역 테러센터 등 상설 사무기구가 설립되었고, 정상회담, 총리회담, 외무장관회담 등 각종 회의체도 갖추었다. 또한 상하이협력기구는 2002년부터 다양한 합동 군사훈련을 실시하고 있다.

04 중국에 남겨진 과제

지금까지 중국은 비교적 성공적으로 세계 강대국화의 길을 밟아왔다. 그러나 중국이 미래에 명실상부한 세계 강대국이 되기 위해서는 몇 가지 과제를 해결해야 한다.

가장 중요한 문제는 미국과 중국 간의 관계 재정립이다. 핵심은 권력 재분배, 즉 미국이 중국과 어느 정도로 권력을 공유하고, 중국은 어느 선에서 이에 만족할 것이냐의 문제이다. 미국은 세계 강대국이고, 중국은 미국에 도전할 수 있는 유일한 지역 강대국이다. 세계사에서 패권국과 도전국 간의 관계가 원만히 해결된 경우보다는 그렇지 않은 경우가 더 많았다. 영국에서 미국으로의 세력 전이(power transition)가 앞의 예라면, 독일·이탈리아·일본의 부상과 제2차 세계대전의 발발, 미·소 간의 대립과 소련의 패망은 뒤의 예이다. 만약 미·중이 뒤의 예를 따른다면 전 세계에 대재앙이 초래될 것이다. 다행히도 향후 아시아 지역에는 '중층적이고 복합적인 혼합질서'가 출현할 가능성이 높기 때문에, 미·중 간의 정면충돌은 피할 수 있을 것이다.

아시아 강대국 간의 관계를 재정립하는 것도 중요한 과제이다. 현재 아시아에는 '한 산에 두 마리 호랑이가 사는 형세(一山二虎)'처럼 중국과 일본이 대립하고 있다. 만약 여기에 인도와 미국까지 추가되면 상황은 더욱 복잡해진다. 아시아 국가들이 대립과 갈등의 역사를 끝내고 공동 번영과 평화의 시대를 열기 위해서는 유럽연합 수준은 아니더라도 지역 문제를 공동으로 해결할 수 있을 정도의 지역공동체를 구성해야 한다. 이를 위해서는 중·일 등 강대국 간의 협력이 필수적이다. 한국과 같은 중견국도 역할을 하겠지만, 강대국과 비교할 때는 부수적이다. 다행히 지역 내 국가 간에 무역과 투자가 증가하고, 이를 제도적으로 뒷받침하기 위해 자유무역협정 등이 체결되면서 경제적 상호 의존성이 높아진 것은 좋은 현상이다. 이런 것들이 쌓여야만 지역공동체를 설립하기 위한 기초가 만들어지기 때문이다. 2015년 12월에 아세안 경제공동체(ASEAN Economic Community)가 공식 출범한 것도 고무적인 일이다.

이와 관련해 중국의 인식 변화와 적극적인 역할이 특히 중요하다. 중국은 그동안 '이중적인 자기규정의 모순'에 빠져 있었다. 한편으로 중국은 세계 강대국으로 부상하면서 국제사회로부터 그에 걸맞게 존중받기를 원한다. 다른 한편으로 중국은 여전히 개발도상국의 성격을 갖고 있고, 국제사회가 이를 인정해 주기를 원한다. 이를 근거로 중국은 국제 문제에서 책임을 회피하려고 한다. 이런 이중적인 자기규정의 모순 때문에 중국의 자기인식과 세계의 중국 인식 간에 괴리가 확대되었다. 중국은 개발도상국임을 강조하면서 국내 문제와 타이완 문제 등 지역 문제 해결에 주력하고, 이에 도움이 되는 한에서만 국제 문제에 책임을 지려고 한다. 반면 세계는 중국이 세계 강대국으로서 국제 문제에 책임과 의무를 다할 것을 요구한다. 만약 중국이 이런 요구에 부응하지 못하면 세계는 중국을 비난하고, 이런 비난은 세계 강대국으로 존중받기를 원하는 중국에 좌절감을 안겨준다. 이런 좌절감은 민족주의를 자극하고 이것은 중국의 공세적인 대외 행동을 부추긴다. 이제 중국은 이런 이중적인 자기규정의 모순에서 벗어나 강대국으로서의 책임과 의무를 다해야 한다.

마지막으로 눈앞의 과제도 해결해야 한다. 타이완과의 안정적인 관계 유지는 매우 중요하다. 타이완의 민주화와 함께 통일을 원하는 타이완인의 비중은 계속 줄어들었다. 비록 경제적으로는 중국과 긴밀히 협력할지라도 정치적으로는 '사실상의 독립'을 유지하자는 것이다. 중국이 이를 언제까지 허용할지는 알 수 없다. 남중국해와 동중국해의 해양 분쟁의 해결도 중요하다. 중국이 이 지역을 '핵심 이익'에 포함시키면서 양보할 가능성은 없어졌다. 이는 다른 국가도 마찬가지이다. 이에 중국은 한편으로는 관련국에 대화를 제안하면서, 다른 한편으로는 인공섬 건설 등을 통해 '사실상의 점유' 전략을 사용하고 있다. 결국 이 문제는 중국이 어떤 세계 강대국이 될 것인지를 보여주는 시금석이 될 것이다.

더 읽을거리

김재철. 2007. 『중국의 외교전략과 국제질서』. 폴리테이아.

_____. 2015. 『중국, 미국 그리고 동아시아: 신흥 강대국의 부상과 지역질서』. 한울엠플러스.

김태호. 2015. 『동아시아 주요 해양 분쟁과 중국의 군사력』. 한국해양전략연구소.

김태호 외. 2008. 『중국 외교연구의 새로운 영역』. 나남.

문흥호. 2006. 『중국의 대외전략과 한반도』. 울력.

_____. 2007. 『타이완문제와 양안관계』. 폴리테이아.

서진영. 2006. 『21세기 중국의 외교정책: '부강한 중국'과 한반도』. 폴리테이아.

이동률 엮음. 2011. 『중국의 미래를 말하다: 글로벌 슈퍼파워의 가능성과 전망』. EAI.

이종석. 2000. 『북한-중국관계 1945~2000』. 중심.

정재호. 2011. 『중국의 부상과 한반도의 미래』. 서울대학교출판문화원.

정재호 엮음. 2006. 『중국의 강대국화: 비교 및 국제정치학적 접근』. 길.

정재호 편저. 2011. 『중국을 고민하다: 한·중관계의 딜레마와 해법』. 삼성경제연구소.

조영남. 2006. 『후진타오 시대의 중국정치』. 나남.

_____. 2009. 『21세기 중국이 가는 길』. 나남.

_____. 2012. 『용과 춤을 추자: 한국의 눈으로 중국 읽기』. 민음사.

_____. 2013. 『중국의 꿈: 시진핑 리더십과 중국의 미래』. 민음사.

최명해. 2009. 『중국·북한 동맹관계: 불편한 동거의 역사』. 오름.

한석희. 2007. 『후진타오 시대의 중국 대외정책』. 폴리테이아.

한국인의 눈에 비친 중국 근현대사

백영서(연세대학교 문과대학 사학과 명예교수)

한·중 관계사의 '변하지 않는 것'은 비대칭성, 근접성 및 한국(한반도)의 위치/역할의 중요성이다. '변하는 것'은 한·중 관계를 형성하는 주체가 점차 다양해지고 상호 의존성이 점점 더 심화되어 온 것, 그리고 한·중 관계에 끼어드는 제3자로서의 강대국의 출현이다. '변하는 것'과 '변하지 않는 것'이 상호작용해온 역사적 양상은 한국인의 중국 인식과 체험을 통해 좀 더 또렷이 드러난다. '조청통상조약'부터 대한제국 멸망까지 조선인의 중국 인식은 ① '천한 중국(淸)', ② 개혁 모델로서의 중국, ③ 동양평화의 일원, 즉 세력균형의 축으로서의 중국으로 유형화될 수 있다. 이렇게 세 유형으로 구별된 중국 인식의 틀은 일제강점기, 냉전기, 한중수교(1992)를 거쳐 오늘날까지 상황에 따라 그 내용이 변형되기도 했지만, 기본적으로 이어지고 있다.

한·중 관계사의 '변하는 것'과 '변하지 않는 것'의 상호작용을 탐구해 그 미래를 가늠해 보려 한다. 중견국가인 한국은 동아시아의 평화에 기여하는 적극적인 역할을 수행할 수 있다. 그러기 위해서는 한·중 관계의 '변하지 않는 것'을 재조정하는 '변하는 것'에 주목해야 한다. 특히 한·중 관계에서 '비국가 행위자들'의 위치와 역할이 점차 증대하고 있는 오늘날, 그들의 행태와 상호 인식에 주목하면 비대칭성에 변화를 주고 한반도의 적극적인 역할을 확충할 수 있다. 앞으로는 한·중 관계가 제3자인 미국이 내재된 동아시아 여러 나라와의 연동 작용 속에 변화하고, 국경을 넘나드는 다양한 행위 주체가 한·중 관계에서 맡게 될 역할이 점점 더 커질 터이다. 여기서 '역사하다(doing history)'의 발상이 필요하다는 것을 강조하고 싶다. 사물을 변화하는 시간의 흐름에서 상대화해 모든 것은 변하고 그 변화는 인간의 집단적 의지에 의해 이뤄진다는 인식을 몸에 익히는 훈련이 바로 '역사하다'이다. 그것은 역사연구자의 연구 작업만이 아니라 일상생활에서 이뤄지는 누구나에게 열린 역사적 사고 훈련이다.

　　중국 근현대사를 개관하는 이 책의 마지막 장에서는 중국 특히 중국 근현대사가 우리에게 어떤 의미인지 생각해 보는 자리를 마련하고자 한다.

　　이 질문의 답을 찾기 위해 먼저 생각해 봐야 할 것은, '우리'가 누구를 가리키는가 이다. '우리'란 바로 '한국인'이라고 쉽게 답할지 모른다. 그러나 과연 '한국인'이 분단된 한반도 남쪽에 사는 대한민국의 국민인지, 아니면 한반도 전체의 주민, 더 넓게는 한반도에서 오래 살아온 역사적·문화적 공동체를 가리키는지 짚어볼 필요가 있다. 이 글에서는 이 책을 읽는 한반도 안팎의 복수의 독자를 일차적으로 고려하되, 중국 근현대사를 동시대에 관찰하고 체험해 온 한국인까지 범주에 넣어, 중국이 우리에게 의미하는 바가 무엇인지 따져볼 것이다. 바꿔 말하면, 오늘날 독자의 관점과 19세기 이래 중국과 연동된 삶을 산 당시인의 관점을 종합해 중국이 우리에게 무엇인지를 묻자는 것이다.

　　그래서 중국을 동시대의 대상으로 관찰하고 경험한 내용을 재현해 독자에게 보여 주고자 하는데, 그것은 대체로 1990년대 이래 한국의 연구자가 수행해 온 연구 성과를 바탕으로 서술했다. 이 경우 각 성과의 밑바탕에 깔린 '인식의 틀(frame)'에 주의하지 않을 수 없다. 그 인식의 틀은 일반 독자에게는 중국의 과거는 물론이고 현재와 미래를 보는 '안경'이나 다름없기 때문이다. 과거는 맨눈으로 볼 수 없고 일종의 안경을 통해 그 성격 또는 특징이 인식되게 마련이다. 1990년대 말 이후 한국의 중국 근현대사 연구자들의 인식 틀에서 '공간적 전환'이 일어났다. 그것은 동아시아 담론 또는 동아시아적 시각의 확산이다.

　　1990년대에 제기된 '동아시아 담론'은 일국사적 시각을 넘어 동아시아를 하나의 분석 단위로 삼는 시각으로서 21세기에 들어와 점차 확장되어, 중국 근현대사 연구에도 큰 영향을 끼쳤다. 그 결과 민족주의와 서구중심주의에 대한 반성이 국내 학계에 확산되었고, 일본이나 중국과의 '역사 분쟁'을 겪으며 국민국가 패러다임을 극복해야 한다는 과제가 부각되었으며 국경을 넘는 상호 인식, 관계와 교류의 역사에 대한 관심이 고조되었다. 이제 일국사적 시각을 넘어 동아시아를 하나의 시야에 두는 작업이 중국 근현대사 연구에도 매우 유용하다는 점에 연구자들이 대체로 동의하는 단계에 이른 것 같다고 생각한다.

그런데 동아시아적 시각의 도입이, 연구 대상인 공간의 확산이나 교류사 또는 관계사라는 비교사적 시각의 중요성을 일깨우는 데 그쳐서는 안 된다. 동아시아 역사 속에 작동해 온 다양한 주체 간의 위계질서를 명료하게 인식하고, 이를 극복할 이론과 실천을 촉구하는 데로 나아가야 한다. 그러기 위해서는 동아시아 담론이 '이중적 주변'이라는 시각을 핵심적 요소로 갖춰야 한다. 그것은 서구 중심의 세계사 전개에서 비주체화의 길을 강요당한 동아시아라는 주변의 눈과, 동아시아 내부의 위계질서에 의해 억눌려 온 주변의 눈이 동시에 필요하다는 문제의식이다. 그 주변은 국가만을 의미하지 않는다. 국민국가 형성 과정에서 국가의 틈새에 위치한, '국가 형태를 지니지 않은' 수많은 사회나 집단도 포함한다.

그렇다면 이 시각으로 한·중 관계사를 볼 때 무엇이 더 잘 보일까? 동아시아라는 좀 더 넓은 지역사의 맥락에서 한·중 관계사를 파악할 수 있고, 더 나아가 양자 관계를 형성하는 다양한 주체(특히 주변적 주체)들의 역할을 통해 한·중 관계사에 작동하는 위계질서를 드러냄으로써 그것을 극복할 길을 열어준다. 그 구체적 양상은 한·중 관계사가 '변하는 것'과 '변하지 않는 것'이 상호작용 해온 과정이라고 설명할 때 더 잘 드러날 터이다.

먼저 '변하지 않는' 요인으로 주목할 것은 양자 관계의 비대칭성(非對稱性)이다. 대국인 중국과 약소국인 한국(또는 한반도) 사이에는 영토의 크기나 인구 수와 같은 물질적 규모의 차이뿐만 아니라 역사적·문화적 규모에서도 차이가 엄연히 존재한다. 이것은 과거는 물론이고, 현재와 미래의 한·중 관계에서도 변하지 않는 요인일 것이다. 그래서 서로에 대한 기대와 반응에서의 비대칭, 즉 한쪽의 과잉 관심과 다른 한쪽의 과소 관심 때문에 종종 좌절감이 생기고 부정적 정서가 조성된다. 그다음으로 근접성(近接性)에 주목해야 한다. 지리적 근접성에서 파생된 역사적·문화적 근접성은 누구에게나 인정된다. 이 근접성 때문에 한·중 관계의 역사는 면면히 얽혀왔다. 마지막으로 한국(한반도)의 위치와 역할의 중요성도 한·중 관계에서 변하지 않는 요인이다. 비록 양자가 비대칭적 관계에 있지만, 그렇다고 해서 대국인 중국이 약소국인 한국을 자신의 의지대로 일방적으로 강제할 수는 없다는 사실이 한국의 중요성을 보여주는 소극적인 이유라면, 더 적극적인 이유는 동아시아 질서의 전환기마다 한국이 중국에 미친 영향에서 찾아볼 수 있다. 한국의 지정학적 위치는 한국이 어떤 태도를 취하느냐에 따라 동아시아의 질서가 잘 유지될 수도 균열을 일으킬 수도 있는 가능성을 모두 안고 있다.

그렇다면 '변하는 것'은 무엇인가. 한·중 관계를 형성하는 주체가 점차 다양해지고 상호 의존성이 점점 더 강해진 것은 괄목할 만한 변화라 할 수 있다. 전통 시대의 한·중 관계는 국가 간의 관계에 한정되었다. 그리고 그 교류는 소수의 권력층이 주도했다. 그러나 20세기에 들어 국경을 넘어 이동이 활발해지면서 민간 차원에서의 한·중 관계도 점점 더 중요해졌다. 한·중 관계를 변화시킨 또 다른 요인은 한·중 관계에 끼어든 제3자, 즉 강대국의 출현이다. 전통 시대에 상국(上國) 또는 대국으로 인식된 중국이 청일전쟁에서 패배한 이후 문명관의 대전환 속에 천시된 것은 그 단적인 예이다. 청일전쟁, 러일전쟁을 거쳐 한·일 강제 병합으로 중화권과 일본제국권 사이의 분단선이 윤곽을 드러내기 시작해 일본 제국이 붕괴된 1945년까지 이어졌다. 중국과 그 외 국가들과의 사이에 정서적·인식론적 분열, 곧 동아시아 분단 구조가 조성된 것이다. 그리고 그 분단선이 중화인민공화국의 성립으로 공산 진영과 자유 진영으로 갈리면서 좀 더 경직되었다. 그에 따라 중국을 문명적으로 낙후한 국가로 천시하는 식민지 시기의 인식이 냉전기를 거치면서 미국의 문명과 대비되어 증폭되었다. 그것이 오늘날 우리의 중국 인식에까지 그늘을 드리우고 있다.

그렇다면 교류 주체의 다양화와 상호 의존의 다차원적 긴밀화, 제3자의 영향이라는 이 '변하는 것'은 한·중 간의 '변하지 않는' 요인 속에서 어떤 의미를 갖는가, 그리고 양자가 어떻게 역사적 맥락에서 상호작용 하는가? 이 궁금증은 이어서 상세히 설명할 (점점 광범위해진) 한국인의 중국 인식과 체험을 통해 좀 더 또렷이 드러날 것이다.

예부터 조공국의 위치에 있던 조선은 중국을 사대(事大)하는 대상으로 삼아 '상국' 또는 '대국'으로 인식했다. 이처럼 '크다'는 이미지에는 지리적·물질적으로 크다는 의미와 보편 문명의 발신자라는 문화적 의미가 중첩되어 있었다. 그런데 이 또한 고정된 것은 아니어서, 명조를 대신해 만주족 청조가 중국을 차지한 이후 조선은 '자신이야말로 중화사상의 계승자'라는 문화적 우월감에 젖어 스스로를 소중화로 의식하게 되었다. 즉, 지리, 혈통으로서의 중국과 문명으로서의 중국을 분리해 인식하는 태도가 나타났던 것이다. 그렇다 하더라도 당시 조선의 지식인들은 중국을 사대의 대상으로 인식하는 틀 자체를 근본적으로 떨쳐버리지는 못했다.

이 같은 중국 인식은, 전통 시대에 한국인과 중국인의 상호 접촉이 사절단을 구성하는 양측 관리와 그들을 수행하는 상인들로 극히 제한되어 상호 소원한 상태가 유지되는 가운데 고정되었다. 이런 점에서 19세기 말 조선이 개항한 후 조선에 진출한 중국 상인과 병사 등 중국의 일반인을 조선인이 직접 접촉할 기회가 대거 증가한 것은 새로운 사건이었다. 1882년 8월 23일 조선과 청이 맺은 통상조약[조청상민수륙무역장정(朝淸商民水陸貿易章程)]은 그 길을 터주었다(제대로 된 외교 관계는 좀 지연되어 1899년 '한청통상조약'을 맺으면서 시작되었다). 이를 계기로 중국으로부터 이주민이 급증했고 청일전쟁을 고비로 그 세가 다소 약화되었지만 꾸준히 증가했다. 청조를 배경으로 중국인들이 조선에 진출해 영향력을 키워가자 그들과 만나면서 때로는 피해를 입고 위협을 받는 조선인 사이에서 중국을 대국으로 보는 종래의 관념적 이미지가 흔들렸다.

청일전쟁 이후 조선인들이 갖게 된 새로운 중국 인식을 당시 신문에 실린 논설에 근거해 세 유형으로 나눌 수 있다.

① **'천한 중국(淸)' 인식**: 조선의 급진개혁파는 중국을 더는 보편 문명의 중심으로 숭상하지 않고 오히려 근대 문명의 낙오자로 보았다. 중국 인민이 "천하며 어리석으며

더러우며 나라 위할 마음이 없는" 존재로 비쳤던 것이다(≪독립신문≫, 1896.4.25).
이와 대조적으로 일본은 새로운 문명의 선구자로 인식되었다.

②**개혁 모델로서의 중국**: 급진개혁파가 일본을 모델로 삼은 것과 달리, 온건개혁파는
청조 말기의 개혁운동에 깊은 관심을 갖고 그에 기대를 걸었다.

③**동양 평화의 일원**(즉, 세력균형의 축으로서의 중국): 황인종 연대를 추구하는 동아
3국공영론의 시각에서 동아시아 세력균형의 중요한 축으로서 중국의 역할을 인정
하는 것이다.

세 유형에서 확연히 알 수 있는 것은, 청일전쟁(1894~1895)에서 청이 패배하는 현
실을 지켜보면서 한국인의 문명관은 일대 전환을 겪게 되었다는 사실이다. 일본이라
는 제3자의 출현으로 한국인의 중국 인식이 크게 변한 것으로 볼 수 있다. 물론 한때
일본이 조성하는 위기 상황에 대처하기 위해 청을 운명공동체로 인식하며 그에 의존
하려는 친청(親淸) 의식이 개혁 모델로서의 중국 유형으로 나타나기도 했지만, 그리
큰 영향력을 발휘한 것 같지 않다.

어쨌든, 한·중 양국이 조약에 의거해 근대적 외교 관계를 맺은 기간은 1899~1905
년 청제국과 대한제국 사이의 6년이라는 짧은 기간이었다. 을사보호조약 체결로 외
교권이 일본제국에 넘겨진 1905년 이후와 식민지 시기, 그리고 냉전 시기를 거쳐 다
시 국교를 수립한 1992년까지 사실상 한국과 중국 간의 외교 관계는 없었다. 그러나
민간 차원의 교류가 없었을 리 없기에 앞에서 본 세 유형의 중국 인식의 틀은 20세기
를 거쳐 오늘날까지 (상황에 따라 그 내용이 변형되면서도) 기본적으로 이어지고 있다고
말할 수 있다.

1) 개혁 모델로서의 중국 인식

대한제국이 일본제국에 편입됨으로써 동아시아가 일본제국권과 중화권으로 분단되었다. 따라서 중국은 일본제국의 영향권에서 벗어나려는 조선인들에게 피난처일 뿐만 아니라 지원 세력이 될 것으로 기대되었다. 그래서 중국으로의 망명은 1905년 을사조약이 체결된 뒤부터 시작되어 1910년 이후 증가했다.

게다가 1911년 중국에서는 신해혁명의 성공으로 청조가 물러나고 중화민국이 세워졌다. 당시 식민지 상태에 놓인 조선의 지식인들 일부는 신해혁명을 아시아에서 일어난 새로운 변화의 조짐으로 반겼다. 중국이 오랜 혼란에서 벗어나 강국으로 부상해 한국 독립에 도움이 되기를 바라는 마음이 그들의 중국 인식에 크게 작용했다. 그래서 중국으로 망명한 조선인들은 독립운동의 한 방편으로 중국의 혁명 세력인 쑨원(孫文)을 비롯한 혁명파 인물들과 밀접하게 교류하면서 중국의 혁명운동을 적극적으로 지지하는 활동에 참여하기도 했다. 그들은 중국혁명에 대한 기대에 부풀었고, 혁명파로부터 지원을 얻는 데 열중했다. 말하자면 공화정을 시행하는 중국을 개혁 모델로 인식하는 동시에 동아시아 질서에서 일본제국을 견제할 '세력균형의 축으로서 중국'의 역할에 기대를 걸었던 것이다.

그런데 신해혁명 직후 쑨원의 측근 세력들은 곧 중앙 정국에서 밀려났다. 그리고 위안스카이(袁世凱)가 대총통이 되고 급기야 한때 황제로 옹립되었다가 폐위되는 등 혼란이 계속되었다. 중화민국의 초기 정국은 형식상 중앙정부가 존재하지만, 지방 실력자들이 사실상 분할 지배하는 이른바 군벌시대였다. 이런 사태 속에서 한인 독립운동가 상당수는 여전히 쑨원 등의 혁명파에 의존했다.

2) 세력균형의 축으로서의 중국 인식

사실, 독자적인 국민국가를 이루지 못한 식민지 조선이 '세력균형의 축인 중국'과 국가 차원에서 외교 관계를 유지할 수는 없었다. 이 점에서 보면 '세력균형의 축으로서의 중국'이라는 인식이 조선에서 크게 관심을 끌기는 어려웠다. 그러나 일본제국의 영향권에서 벗어나 중국에서 활동하던 독립운동가들은 '잠재적 국민국가'를 지향했기에 1919년 4월 상하이에서 임시정부를 수립했고, 여러 지역에서 민간 차원의 항일 한·중연대운동을 다양한 갈래로 전개할 수 있었다. 중국공산당의 지원을 받으며 주로 화베이와 만주에서 활동한 좌익 조선인의 항일운동도 당연히 여기에 포함된다.

중국을 동아시아 질서의 중요한 축으로 간주하는 조선인의 중국 인식은 그들이 동아시아에서의 정세 변화를 일본 본위의 관점에서 보는 데서 벗어나게 했다. 그 덕에 1930년대 이래 군벌시대를 마무리하고 난징을 수도로 삼아 중국 정국을 주도한 국민당과 난징 정부 및 국민혁명의 특질을 '객관적이고도 넓은 시야'에서 파악할 수 있었다. 그러한 중국 인식은 당시의 《조선일보》·《동아일보》 같은 조선인 일간지가 보도한 내용에서 잘 드러난다. 즉, 신문들은 1930년대에 장제스의 난징 정부에 비판적이어서 그 대안을 찾되 그렇다고 공산당을 지지하지도 않은 채 민중의 힘을 바탕으로 한 중국혁명의 특질에 주목한 바 있다.

중국에 대한 조선인의 관심은 정치적 영역을 넘어 학술계에서도 찾아볼 수 있다. 1930년대 조선의 지식인 가운데 일부는 일본제국 '학지(學知)'의 압도적 영향만 받은 것이 아니라 중국 학술계와의 네트워크를 지속적으로 유지하고 있었다. 예를 들면 1930년대 초 경성제국대학 졸업생 김태준의 사상 형성에서 중국이라는 채널의 영향은 상시적이었다. 그는 일본 학술계처럼 중국을 타자화된 '지나'로 인식하지 않고 중국 지식인들과 직접 교류하고 중국 현실을 체험하며 조선학을 수립하는 데 힘썼다. 그가 베이징에서 만난 사람들과 서적들은 그가 속해 있던 학술 네트워크가 단순히 제국대학의 '지나' 연구자만이 아니라 베이징 대학을 중심으로 한 중국의 지식인 집단도 아우르고 있었음을 보여준다. 그로부터 1930년대 민간의 조선학 운동이 일본과 중국을 넘나드는 동아시아 네트워크의 자장 속에서 이뤄졌다고까지 짐작해 볼 수 있다.

3) '천한 중국' 인식

그러나 당시에 중국을 '개혁 모델' 또는 '세력균형의 축'으로 보는 사람은 그다지 많지 않았을 것이다. 그보다는 '천한 중국'으로 간주하는 인식의 유형이 조선에서는 더 우세했을 것으로 판단된다.

1923년에 중국을 여행하고 기록을 남긴 개성상인이자 문인 공성학(孔聖學)의 중국 인식은 조선인이 전통적인 중국관에서 '천한 중국' 인식으로 전환하는 과정을 생생히 보여준다. 중국 사행(使行) 체험이나 표류의 경험이 아니면 중국을 직접 여행할 수 없었던 과거에 비해 한결 자유로워진 식민지 시기 초 1920년대 공성학은 관념 속에서 '낯익은' 중국을 실제로 견문하고서 실망하며 '낯선 중국'의 모습을 묘사했다. 그는 책에서 많은 정보를 접해 익숙한 중국이지만 실제로 접촉하면서 결국 중국은 다른 언어, 다른 생

그림 14-1 | 1923년 개성상인 공성학의 중국 여행기

활 습관을 지닌 '이국의 땅'임을 실감했고, 관념 속 명승지의 실제 모습에 실망해 중국에 대한 관념을 지우게 된다. 물론 그 과정에 작동된 판단 기준은 일본을 거쳐 수용한 근대 경험이었다.

그에게서 엿볼 수 있듯이 청일전쟁 이후의 조선인에게 나타난 문명관의 대전환, 특히 중국에 대한 멸시관에는 일본제국의 학지에서 연원한 지나 사관, 곧 중국사를 정체되고 낙후된 것으로 낮춰보는 역사관이 크게 영향을 미쳤음은 두말할 필요 없다. 그런데 그런 현상이 조선인 사이에서 확산되는 데는 당시 동아시아에서 벌어진 노동의 이동이라는 물적 기반이 크게 작용했다. 1882년 이후 꾸준히 증가한 중국인 조선 이주자의 직업 분포를 보면 거의 반수가 상업에 종사했고, 그 밖에 농수산업과 공업, 자유업 등을 영위했다. 그들은 조선인에게 이익만 추구하는 상인 곧 '간상(奸商)'이라

는 부정적인 이미지를 짙게 각인시켰다[예를 들면 김동인의 단편소설 「감자」(1925)에 나오는 왕 서방]. 게다가 조선총독부가 조선에서 제국주의 경영을 본격화하면서 산업과 도시가 발달하자 그에 따라 중국인 노동자가 조선에 유입되었다. 그 결과 식민지 노동시장에서 조선인과 다투는 경쟁자로서의 이미지를 한국인에게 심어주었다. 극한적 능률로써 낮은 수준의 생활을 한계점까지 견디는 능력을 가진 값싼 임금의 대다수 독신의 중국 노동자는 특히 건설 사업에서 조선인 노동자와 갈등이 심했다. 그러다 보니 조선인 사이에는 중국인에 대한 모멸적 심리가 번지기 쉬웠다. 이런 이미지가 부정적 상인 이미지와 쉽게 결합되었다. 여기에 외적 자극이 주어지면 중국인을 배척하는 집단행동마저 벌어질 수 있는 형편이었다. 그 같은 중국인 배척운동[排華運動]은 단순한 민족 갈등이라기보다 조선과 중국의 주변적 집단 사이의 경쟁이라는 계급적 이해관계가 겹쳐 작동된 것이다. 식민 지배 아래 한국인 주변적 주체가 자신이 겪은 억압을 또 다른 주변에 이양해 그들의 열등의식을 해소하려 한 측면도 무시할 수 없다.

4) 반면교사로서의 조선 인식

그렇다면 같은 시기 중국인은 조선인을 어떻게 인식했을까?

전통적으로 중국인은 화이 관념을 통해 주변민족을 인식하고 조공질서를 유지했다. 이 질서 속에서 조선은 다른 주변 민족에 비해 특수한 의미를 부여받았으니, 말하자면 일종의 '문명화된 오랑캐'로 인식되었다고도 할 수 있다. 그렇더라도 비대칭 관계 속에서 형성된 조공국으로서의 이미지가 조공질서의 시각에서 본 지배적인 조선상(像)이었던 것은 분명하다. 그런데 19세기 후반 청조의 엘리트들이 처음에는 서구의 제국주의 질서를 흉내 내 조공 관계를 실질적인 지배·종속 관계로 바꾸고 싶어 했다. 이른바 '중화제국의 근대적 재편'(조공체제와 조약체제가 병존하는 이중외교)을 시도한 셈이다. 실제로 임오군란(1882) 이후 한동안 한양에 청나라 군대를 주둔시키고 조정의 친청 세력을 통해 조선의 내정과 외교에서 영향력을 행사하는 등 실제적인 지배를 추구했다. 그러나 청일전쟁에 패하면서 일본에 압도당해 조선을 '독립국'으로 인

그림 14-2 | **중국 사신을 맞이하던 모화관**　나중에 독립문으로 개조했다.

정할 수밖에 없었던 것이다 (서울의 모화관을 독립문으로 개조한 것은 그 상징적 사건이다).

그 후 조선이 일본의 식민지로 전락하자 중국인은 변화하는 동아시아 세력 관계에 대응해 '반면(反面)교사로서의 조선'상을 통해 자기를 돌아보는 인식 틀을 가졌다. 청 말 개혁가들은 청일전쟁 이후 몰락해 가는 조선의 '망국상(亡國像)'을 부각시키면서 중국의 각성을 촉구했다. 이렇게 동아시아에서의 조선의 위치를 활용하는 식의 발상은 중화민국이 들어선 이후 혁명파로부터도 찾아볼 수 있다. 예컨대 나중에 중국공산당의 초기 지도자가 된 천두슈(陳獨秀)는 1910년대 초 식민지하 조선인에 대해 부정적인 태도를 취했고, 또 그 때문에 식민지 지배를 불가피한 것으로 긍정하는 논설을 발표한 적이 있다.

이와 같은 중국인의 조선 인식이 1919년에 일어난 3·1 운동의 진상을 전해 들으면서 어느 정도 바뀌었다. 조선인의 헌신적인 저항 정신과 평화·평등·자유에 대한 높은 의식이 천두슈를 비롯한 중국인에게 깊은 인상을 준 것은 분명하다. 그러나 조선처럼 작은 나라에서 이런 저항이 일어난 것을 강조함으로써 중국인에게 분발을 촉구하려고 한 것이 3·1 운동을 '혁명의 신기원'으로 기리는 견해에 깔린 주된 의도임을 간과해서는 안 된다. 이와 같이 3·1 운동에 대한 반응에서조차 반면교사로서 조선을 보고 싶어 하는 욕구가 작용하고 있었던 것이다.

1930년대 들어 일본이 중국과 전면전을 치르는 국면으로 동아시아 정세가 급변하면서 중국과 한국의 연대 운동이 한층 더 활발해졌다. 이 과정에서 반면교사로서의 이미지가 연대하는 동반자로서의 이미지로 전환할 계기도 마련되었다. 이것은 한국인의 항일 투쟁을 묘사한 중국의 문학작품에서 찾아볼 수 있다. 그런데 이런 인식의 변화 속에서도 두 나라의 세력 관계에서 비롯된 현실적인 이해에 따라 전통적인 조공국 이미지가 변형된 채 존속했을 여지가 있다는 점도 우리는 간파해야 한다. 그 것을 잘 보여주는 것이 장제스(蔣介石)가 이끈 국민정부의 전후 구상과 조선 독립의 관계이다.

　태평양전쟁이 개시된 이후 중국의 전략적 가치가 높아졌다. 그래서 미국 정부에 의해 중국은 '4대국'으로서의 역할을 부여받았다. 말하자면 '초대받은 대국'이 된 셈 이다. 이러한 정세 속에서 국민정부는 중국의 실력과 영향에 한계가 있음을 잘 인식 하고, 중국의 국가 이익에 긴요한 문제가 아닌 한 미국의 방침에 따르기로 결정하기 는 했으나, 연합국이 전후 구상을 작성할 때 중국은 스스로 동방 민족과 세계 약소민 족의 대표를 자처하며 책임 있는 대국의 이미지를 초보적이나마 구현하려고 했다. 말 하자면 종래 중국의 세력권인 아시아 문제에 대해 대국의 태도를 보이려 한 것이다. 그 주요한 업무는 조선과 베트남의 독립을 지지하는 것이다. 여기서 흥미로운 점은 중국이 인도 문제에 개입한 것이다. 역사상 인도가 중국과 종번(宗藩) 관계에 있었던 적이 없는데도 장제스는 영국과 인도의 관계에 개입하는 것은 중국이 대국으로 발전 하는 데 의미가 깊다고 판단해 1942년 인도를 방문했다. 그는 버마(현재 미얀마)를 거 쳐 인도로 들어갔을 때를 기록한 자신의 일기에서 인도에 도착할 때 거쳐 간 길이 옛 조공국이었으나 지금은 빼앗긴 땅임을 부끄러워하며 중화민족의 영광스러운 역사를 되찾겠다고 다짐했다(「本周반성록」, 『장제스일기』, 1942.2.7).

　이처럼 역사 속 속국관은 20세기 중반 장제스의 국제질서관에도 남아 있는 것이 다. 그가 조선의 독립과 자유를 요구한 것은 조공 관계에 기반을 둔 도덕의무에서 나 온 것이지, 주권 관계에 의한 것이 아니라는 시각도 있다. 왕후이(汪暉)가 분석한 바 에 따르면, 카이로회담(1943)에서 장제스는 "중국 역사가 제공한 세계상과 중국 민족 혁명이 제공한 가치를 모종의 형태로 결합시켜 새로운 세계질서에 적응시키고자 했 다"(汪暉, 2010: 221)고 한다. 이 점을 한·중 관계의 역사적 맥락에서 좀 더 깊이 들여다 보면, 장제스의 구상에는 한·중 관계의 '변하지 않는' 요인인 비대칭성과 근접성, 한 반도 위치의 중요성이 미국(과 소련)이라는 제3자의 요인에 의해 변형된 채 남아 있던 것이라 할 수 있다. 그렇기 때문에 대한민국임시정부 등을 지원하면서 이를 매개로 전후 한반도에서 영향력을 유지 내지 확대하기를 기대한 국민당은 임시정부의 요구 등을 고려해 1943년 카이로회담 당시 미국과의 논의 과정에서 조선의 '즉시독립'을 제안했다. 그러나 자신의 역량을 잘 인식하고 있던 중국이 미국 측의 신탁통치안에 방관적인 태도를 취하면서 "적당한 시기에(in due course)" 독립한다는 문구를 선언서에 넣은 선에서 양보할 수밖에 없었던 것이다.

04 냉전기 중국 인식의 변화

1) 한반도 분단과 중국 인식의 분열: 중공과 자유중국

태평양전쟁이 종료된 이후 미국과 소련은 일본의 식민지였던 한국을 즉시 독립시키지 않고, 한반도에 신탁통치를 시행하려고 했다. 이에 대해 당시 내전 중이던 중국의 국민당과 공산당은 중국을 포함한 4대국에 의한 신탁통치안을 지지했다. 물론 양자의 동기는 조금 달랐다. 이 시기 국공 양당은 겉으로 한국 독립을 성원했지만, 국민당은 한국에 대한 중국의 영향력 확대를 위해 신탁통치를 찬성했다. 공산당은 조선의 분단을 반면교사로 삼아 자국에 대해서는 미국과 소련의 내정간섭을 경계하면서도, 소련의 영향을 받아 한국에 대한 신탁통치를 지지하는 모순된 태도를 취했다. 이같은 양자의 태도, 특히 국민당의 한반도 정책은 미국이라는 제3자의 존재에 의해 '변형된' 것임에 주목해야 한다.

이 제3자의 영향력이 극대화된 것이 바로 한반도에서 냉전 질서의 정착이다. 그렇다고 해방 직후부터 한국인에게 냉전적 사고가 자리 잡았던 것은 아니다. 가톨릭계 일간지로 해방 직후 설립된 ≪경향신문≫의 논조와 같이 중국공산당의 승리를 아시아에서 대동아공영권과 마찬가지로 '대동아적색권'이 형성될 조짐으로 보고 이에 대처할 방도를 강조한 여론도 있었다. 그러나 이와 달리 일제 시대부터 이어져 온 ≪조선일보≫는 처음에는 중국공산당이 민족주의에 토대를 둔 사회주의 노선을 걸을 것이라며 그 독자성을 인정했으나, 점차 중국공산당을 코민포름의 하수인으로 보는 쪽으로 시각이 바뀌어갔다. 이렇듯 일간지마다 차이가 있었지만, 중국인민공화국이 성립된 1949년 즈음에는 중국의 정세를 냉전적 시각으로 전망하는 흐름이 언론계 전반에서 위세를 떨쳤다. 그리고 그 추세를 결정적으로 굳힌 것이 바로 1950년에 발발한 한국전쟁이다.

중국 대륙에서 현재 사용하고 있는 중등 역사 교과서는 한국전쟁에 대해 중국 국경과 인접한 압록강으로 육박해 오는 미군을 방어한 '조국방위전쟁(保家衛國)'으로 성격을 규정하고, 그 영향에 대해 "전쟁 중 그리고 전쟁 후 미국의 중국에 대한 장기 봉쇄가 양국 관계를 장기적인 적대 상태로 만들었다"라고 서술한다[『普通高中課程標準實驗教科書』(歷史選修 3)]. 이와 같은 설명에서 우리가 분명히 간취할 수 있는 점은 한·중 관계에서 변하지 않는 요인, 즉 한국의 위치 및 역할의 중요성이 한국전쟁에서도 나타난다는 점이다. 건국한 지 채 1년도 되지 않아 직면한 한국전쟁이 타이완과 대륙의 분단을 고착화했고, 중국에 심각한 위기의식을 발생시켜 베이징 정부는 사회주의로의 이행을 앞당겨야 했다. 더 나아가 동아시아에서 자유 진영과 공산 진영 간의 적대 관계가 정착되었다. 청일전쟁 이래 윤곽이 드러난 중화권과 일본제국권의 분단선이 비교적 유동적이었던 데 비해 한국전쟁 이후 그것이 한층 경직된 구조로 자리 잡았다.

그런데 좀 더 장기적인 시각에서 보면 한국전쟁은 동아시아의 분단 구조에 중대한 영향을 주는 동시에 그것을 동요시키는 계기도 만들어냈다. 그 점은 제3세계 국가들이 1955년에 반둥회의를 열고 비동맹과 평화5원칙을 채택한 사실이 웅변해 준다. 동서 양대 진영이 충돌한 한국전쟁을 겪으면서 또다시 세계대전에 휘말릴까 염려하는 정세 인식이 그 회의를 추동한 힘이었던 것이다. 또한 그 점은 한국전쟁 이후 한국인의 분열된 중국 인식과 중국인의 분열된 한국 인식의 궤적에서도 잘 드러난다.

중국공산당은 내전기(1945~1949) 만주 지역을 중심으로 북한과 공식·비공식적으로 접촉하면서 인적·물적으로 큰 도움을 얻으며 실질적인 협조 관계를 유지해 내전을 승리로 이끌었다. 1948년 건국한 조선민주주의인민공화국은 내전 중인 중국공산당에는 '꼭 필요한 협력자이자 반면교사'였다. 이 같은 우호 관계를 기반으로 1949년 10월 상호 승인의 외교 관계를 수립한 데 이어, 1950년 한국전쟁에 참여했고 동맹 관계를 맺었다. 그 후 한국이 '남한'과 '북한'으로 분열되자, 북쪽은 '혈맹', 남쪽은 '적대적 자본주의 국가'(혹은 미국의 종속국)로 보는 인식이 지배했다. 마찬가지로 남북으로 분단된 한반도에서도 역시 중국에 대한 인식이 분열되었다. 분단 직후에는 중국의 국민당과 공산당의 내전을 고착된 상태로 보지 않고, 계속되는 혁명 과정으로 보는 인식이 일부 일간지에 나타나기도 했다. 그러나 1949년 중국 대륙에 중화인민공화국이 성립된 직후 발발한 한국전쟁의 영향으로, 북한 주민에게는 '피로써 맺어진 형제국'이자 성공한 사회주의국가 중국이 남한 주민에게는 적성국(敵性國)이자 '공산 오랑캐'로만 보일 뿐이었다. 따라서 남쪽에서는 중화인민공화국을 정식국가로서 인정하지 않기에 일반적으로 '중공'(즉, 중국공산당의 약칭)으로 불렸다. '죽의 장막'에 가려져 상호 접촉이 불가능했기 때문에 이 같은 부정적 이미지가 오랜 기간 재생산되어 지배적 위치를 차지했다. 중국을 타자로 차별한다는 점에서 식민지 시기 형성된 '천한 중국'이라는 인식 유형이 냉전 시기에 증폭되어 변용된 것으로 볼 수 있다. 이에 비해 타이완(곧 중화민국)은 반공을 함께하는 우방이자 전통문화를 간직한 '유일한 중국' 곧 '자유중국'으로 인식해 1992년 단교할 때까지, 40여 년간 긴밀한 관계를 유지했다.

이처럼 한국인의 분열된 중국 인식은 지금도 한국인에게 일정한 영향을 드리우고 있으므로 좀 더 상세히 살펴볼 필요가 있다.

20세기 전반기에 중국 대륙을 지배하고 있던 중화민국 정부는 1945년 11월 일본이 물러나자 타이완을 즉각 접수했다. 그 후 1949년 공산당에 대륙을 내주고 타이완 섬으로 패퇴해 온 장제스 정권이 그곳을 거점으로 중화민국의 법통을 유지했다. 타이완의 중화민국은 한때 미국의 동아시아 정책의 변화 속에 홀대당하다가 냉전기, 특히 한국전쟁으로 동아시아에서 공산 중국에 대치한 자유 진영의 전초기지라는 지정학적 가치가 중시되면서 미국의 적극적인 지지를 얻어 안정을 유지했다. 그 결과 이전에 일본제국을 매개로 연결되었던 한국과 타이완이 이번에는 미국을 매개로 자유 진영의 구성원으로 연결되었다. 대한민국 정부와 중화민국 정부는 서로를 합법정부로 승인하고, 1949년 1월 공식 수교했다. 그로부터 1992년 8월 국교 단절을 선언할 때까지 양국은 같은 분단국이자 반공을 함께하는 우방으로 친밀한 관계를 유지했다. 이 연계는 어디까지나 미국과의 수직적인 양자 관계를 매개로 간접적으로 이뤄진 것이다. 그런데 미국이 세계적 냉전 질서를 유지할 수 있도록 동아시아 지역 구도에 이로운 범위 안에서이긴 하나, 양국은 정치적·군사적으로는 물론이고 경제 교류도 비교적 활발히 전개했다. 또한 그와 같은 구조적 제약 안에서 정부의 후원 아래 민간의 문화 교류도 적잖이 이뤄진 편이다. 타이완과 교류한 이들은 타이완이 발전하는 모범국이라는 이미지와 함께, 같은 분단국으로서 반공의 보루라는 연대 의식도 강하게 갖고 있었다.

2) 문화대혁명과 중공 인식의 균열

분단된 한반도의 남쪽 한국에서는 한·중 관계를 규정하는 불변의 요소 중 하나인 (지리적) '근접성'을 갖추지 못한 타이완에 대해 오히려 이념적으로 친근감을 가지고 있었다. 그러나 근접해 있으나 미국의 봉쇄 정책으로 단절된 중국 대륙에 대해서는 적대적인 인식이 주도했다.

물론 한국인의 중국 인식이 균질적인 것은 아니었다. 각 개인의 냉전 체험이 동일하지 않았기에 그와 연관된 중국 인식 역시 꼭 같았을 리는 없다. 그러나 1950~1960년대의 대표적 종합 잡지인 ≪사상계≫를 관통하는 중국 인식을 '반공·냉전형 중공 인식'이라 부를 수 있다면, 이를 그 무렵의 지배적인 중국 인식으로 보아도 무방할 것이다.

한국전쟁에 파견된 70만 명의 인민군을 목격하고 휴전협정에 당사국으로 서명한 모습을 지켜본 한국인에게, 중국은 '침략자'이자 냉전의 한 축을 구성하는 '적성국'으로 보이기 쉬웠다. 게다가 한·중 관계의 제3자인 미국의 자유민주주의를 모델로 설정해 이를 근대화의 지상 과제로 삼던 당시 한국인에게 중국은 전체주의국가에 지나지 않았다. 중국의 문화 전통과는 단절되어 전통 파괴까지 서슴지 않는 '반문명국가', 농업집단화를 통해 현대판 노예제도를 실시하는 '독재국가', 공산화를 추구하는 자유 진영에 위협적인 '팽창주의 국가', 한마디로 괴상망측하고 '광증'에 사로잡힌 비정상적인 정치집단으로 형상화되었다.

그런데 이 같은 '반공·냉전형 중공 인식'에 서서히 균열이 생기기 시작했다. 그 계기는 1956년 니키타 흐루쇼프(Nikita Khrushchyov)가 '평화공존론'을 제기하면서 표면화된 중·소 분쟁이었다. 그리고 그에 상응해 1960년대 중반 이후 미국에서도 새로운 중국관이 나타났다. 공식 인정된 타이완 이외에 중공을 대륙의 실제적인 지배 정권으로 인정하는 '두 개의 중국론'에 입각해, 다양한 차원에서 타협과 협조를 꾀하는 '고립 없는 봉쇄 정책'으로 대중 정책이 전환되어야 한다고 주장하는 소리가 등장한 것이다.

이런 흐름이 전 세계인의 눈앞에 극적으로 표출된 것이 바로 1971년 7월 미국 국무장관 헨리 키신저(Henry Kissinger)의 비밀 중국 방문이었다. 그는 미·중 화해를 추구해 동아시아 질서에 충격적인 전환을 추동했다. 그 이듬해인 1972년 2월 리처드 닉슨(Richard Nixon) 대통령이 중국을 방문해 '미·중 공동 코뮤니케'를 발표했고, 최종적으로 1979년 미·중이 국교를 수립하는 일련의 과정은 한국인 사이에 '전환시대'라는 용어가 유행할 정도로 충격적이었다. 국익을 위해서라면 이데올로기적으로 적대했던 국가와도 화해를 마다하지 않으며 새로운 질서를 만들어가려는 강대국의 자세는 한국인에게 당혹감을 안겨준 것이 분명하다. 이를 계기로 한국에서도 국제관계를 이데올로기가 아닌 '국익과 실리' 차원에서 봐야 한다는 주장이 제기되었고, '중공' 아닌 '중국'이라는 호칭을 사용하자는 주장도 나왔다. 동아시아 분단에 균열이 생긴 것이다. 이제 미국에 의해 봉쇄되어 온 중국이 동아시아 질서에 개입하게 됨으로써 다시 '세력균형의 축'으로 강하게 인식되었다. 한국의 종합 월간지 ≪신동아≫가 1974년 2월 호 중국 특집의 취지문에서 중국을 한국의 '엄청난 운명'이라고 평가한 것은 결코 과장된 수사가 아니었다.

이와 같은 국가 간의 관계 변화가 위로부터 나타난 데탕트의 조짐이라면, 아래로

그림 14-3 | 냉전적 중국 인식을 뒤흔든 리영희의 저서

부터도 데탕트의 움직임이 있었다. 중공을 근대화의 한 유형, 곧 전통의 파괴자가 아니라 '전통의 근대적 변모'를 추구한 주체로 보는 관점도 나타났다. 더 나아가서 중국을 개혁 모델로 보는 '이상화된 중국 인식'도 나타났다. 그 대표적인 인물이 리영희이다. 그는 냉전과 반공 의식에 사로잡혀 중국을 바라보는 데 길든 한국인을 '조건반사의 토끼'로 비유했다. 그는 한국 정부가 당시 매진하고 있던 근대화 과정에서 모순을 노출하고 있는 분단 현실을 비판하기 위한 참조 틀로 중국에 기대를 걸었고, 1970~1980년대 중국(과 베트남)의 혁명을 '인류의 새로운 실험'으로 제시했다. 그 작업은 당시 반공이라는 '우상'에 길든 지식 청년들에게 인식의 전환을 일으켰다. 미국이라는 우상과 그곳에서 수입된 주류 담론에 기대어 문화혁명을 '비정상적인 권력투쟁'으로 보는 데 익숙해진 대다수 한국인에게 그는 시대의 우상에 대한 도전하는 '이성'의 표상이었다. 그의 중국관은 '개혁 모델로서의 중국' 인식이 식민과 냉전 시기에 복류하다가 다시 표출된 것이라고 볼 수 있다.

미·중 화해가 한때 한반도의 긴장을 완화시켜 남북 대화가 시도되는 극적 변화가 일어나기도 했다. 1972년 7월 4일 남북한 당국은 자주 평화, 민족 단결이라는 통일 원칙에 합의한 남북공동성명(7·4 공동성명)을 발표했다. 그런데 남북 집권자들은 데탕트와 남북 대화를 한반도의 평화를 달성할 기회로 인식하기보다는 국내외 정세에 극심한 유동성을 초래하는 위기로 인식했다. 그 결과 체제 경쟁에 몰두하면서 각각 체제 안정에 치중해 긴장은 오히려 더욱 깊어졌다. 한국의 박정희는 1972년 10월 17일 '계엄령'을 선포하고 국회를 해산해 헌정질서를 중단시킨 뒤 개헌을 단행하여 장기 독재를 허용하는 '유신헌법'을 12월 27일 발표했다(유신체제 성립). 북한의 김일성은 같은 해 주석제를 신설해 수령 체제를 확립한 '사회주의헌법'을 제정했다. 그에 따라 동아시아의 분단을 가로지를 한·중 국교 수립은 좀 더 미뤄질 수밖에 없었다.

1) 한중수교와 탈냉전기 중국 인식

한중수교는 중국 민항기 납치라는 우연한 사건이 직접적 계기가 되었다. 1983년 5월 5일 어린이날 중국 민항기가 납치되어 춘천 미군 기지에 불시착했다. 5월 7일 중국 민항국 국장이 대표단을 이끌고 한국에 입국해 협상을 진행했다. 5월 10일 양국이 공식 국호로 각서를 체결하고 같은 날 오후 납치범 처리 문제만 유보한 채 중국 대표단과 민항기 승객과 승무원 등 일행 116명이 중국으로 돌아갔다. 한국전쟁 후 적대국과 정부 차원의 첫 대화가 실현된 것이다.

이 사건을 계기로 양국 간에 외교 통로(신화사 홍콩 지사)가 개설되었고, 그 덕에 1985년 3월에 발생한 중국 어뢰정 사건을 신속히 처리할 수 있었다. 그와 동시에 1980년대부터 한·중 간 문화와 경제 교류가 확대되었고, 1988년 서울올림픽에 중국이 참가했다.

이처럼 한·중이 서로 접촉할 수 있게 된 것은 그 밑바탕에 동아시아 질서의 변화라는 구조적 요인이 작동한 덕이다. 1970년대 초부터 진행된 미·중 화해, 그리고 중·일 관계의 발전이 동아시아의 분단에 균열을 일으켰다. 미국·일본·한국의 전략적 삼각 구도가 요동치던 당시의 정세 변화가 한·중 화해에 유리한 국제 환경을 조성했다. 게다가 1980년대부터 개혁·개방 붐의 여파로 중국은 한국의 자본과 기술, 산업화 경험이 필요했고, 한국에는 새로운 경제 개척지를 탐색하려는 경제 환경도 크게 작용했다.

1990년대로 들어가면서 소련과 동유럽 공산권이 붕괴되자 냉전 질서는 사실상 와해되었다. 이 세계사적 변화가 동아시아 분단을 가로지르는 한중수교를 가속화했다. 1988년부터 기존의 대공산권 적대 정책을 획기적으로 전환한 북방(北方) 정책에 힘입어, 1990년 10월에 대한무역진흥공사(KOTRA)와 중국국제상회(CCOIC)가 합의서에 설명했다. 그에 따라 1991년 1월에 한국의 주베이징 무역대표부가, 4월에 중국의 주서울 대표처가 각각 개설되었다. 그리고 1991년 8월 남북한의 유엔 동시 가입이 성사되었다. 이로써 중국은 한반도에 두 개 국가가 존재한다는 전제 아래 북한과의 관계를 유지하면서도 한국과의 경제적 실리 외교를 전개할 수 있게 되었다. 그 결과, 1992년 한국 외무장관이 베이징을 방문해 「한·중공동성명서」를 발표함으로써(8.24) 양국관계가 정상화되었다.

한편, 대한민국 정부가 (냉전기 적성국이던) 중화인민공화국 정부와 국교를 수립하면서 그 부수 작용으로 타이완과의 국교가 단절되었다. 같은 분단국인 한국에 '하나의 중국' 정책을 강하게 밀어붙인 중국의 요구가 관철된 결과이다. 이로써 그때까지 우방이던 양국 관계가 냉랭해졌다. 그러나 미국이 타이완과 단교 이후 취한 전례에 따라 대사관이 아닌 대표부를 두는 실용적 방식으로 1993년부터 한국과 타이완의 외교 관계가 유지될 수 있었다. 비록 공식적으로는 단교가 되었지만, 오히려 두 사회가 미국의 매개 없이 다양한 차원에서 직접 대면하는 계기가 마련되었다고 볼 수도 있다. 냉전기 자유 진영에 봉쇄된 중국의 '창'으로서 타이완을 보는 것이 아니라 타이완 사회 그 자체를 보게 된 것이다.

1980년대 이래 중국 대륙이 개혁·개방 정책을 추진하기 시작하면서, 특히 1992년 한중수교 이후 양국 사회의 여러 계층이 직접 서로 접촉할 수 있는 기회가 확대되었다. 이것은 한·중 관계사에서 전례가 없는 새로운 변화였다. 그에 따라 서로의 다양한 모습이 전해졌다. 그렇다면 탈냉전의 상황 속에서 한국인의 세 가지 중국 인식에 어떤 변화가 이뤄졌을까.

1990년대 한국에서 출간된 중국 여행기의 중국 인식을 들여다보면, 종래의 '천한 중국' 유형이 부활하고 있음을 무엇보다 먼저 느낄 수 있다. 불결, 음식 냄새, 불친절, 몰염치, 부패, 돈벌이 열풍 등을 모두 문명화가 덜된 사회주의 체제 탓으로 간주하고 경멸하는 것이다. 한국의 경제발전과 점진적인 민주화를 척도로 삼아 중국의 현실을 평가한 결과이다.

'개혁 모델로서의 중국' 유형도 냉전기 때처럼 이념형으로 중국을 파악하는 것이 아니라 중국 사회의 특정 현실을 직접 견문한 결과로 나타났다. 대표적인 것이 상대적으로 높은 지위를 누리는 중국 여성에 대한 인상이다. 이것은 한국에서 여성에게 가해지는 제도적 불공평과 사회적 인식의 낙후 등을 경험한 현실이 반영된 결과이기도 하다.

또한 '세력균형의 축으로서의 중국' 유형은 점차 떠오르는 21세기 강대국으로서의 중국 이미지로 바뀌었다. 중국위협론의 허와 실이 중국 전문가 사이에서 논쟁의 초점이 될 정도였다.

그런데 중국이 이웃 국가에 가할 수 있는 위협은 팽창에 의한 것이든 혼란이나 무질서에 의한 것이든 간에 기본적으로는 총체적인 규모의 크기 때문에 느끼게 되는 것인데, 이 '크다'는 특성이 관찰자에 따라 중국에 대해 긍정적으로 또는 부정적으로 인식될 수 있는 것이기도 했다. 그 점은 21세기에 들어 중국과 중국인에 대한 한국인의 인식이 점차 분열되어 고정화되는 과정에서 잘 드러난다.

예를 들어 2006년 9월 세 개 대학에 재학 중인 한국인 학생 230명을 대상으로 실시한 설문 조사 결과를 분석한 연구를 보면, 한국의 대학생들은 중국 하면 우선 많은 인구와 넓은 영토, 그다음으로 다양한 음식과 미래의 강대국이라는 이미지를 떠올렸다. 중국에 대한 국가 이미지 가운데 상위를 차지한 응답은 중국의 잠재력과 발전 가능성이었다. 이렇듯 중국이라는 국가에 대한 이미지는 긍정적인 의견이 높은 비율을 차지한다. 이에 비해 중국인에 대해서는 대체로 부정적인 의견이 많았다. 비위생적이고 청결하지 않다는 의견이 가장 많고, 철저한 금전 관념, 시끄럽다, 매너가 없다 등이 그다음이었다(김혜경, 「한국 대학생의 중국 중국인에 대한 인식」). 요컨대 '큰 나라, 작은 인민'이라는 인식 즉 중국이라는 국가와의 비대칭적 관계를 크게 의식하지만, 그 국민 개개인에 대해서는 종래와 같이 '천한 중국'이라는 이미지를 갖고 있다.

이처럼 한중수교 이후에도 중국인을 비하하거나 부정적으로 보는 경향이 이어졌다. 이런 특징은 한국 연구자의 연구 성과에만 나타나는 것일까. 여기서 중국인 연구자들이 한국인의 중국 이미지를 조사한 결과와 비교해 보자. 한 연구에 따르면, 한국인은 중국을 '발전 중인' 국가로 인식하는데, 그것은 빠른 속도로 발전 중이나 아직 낙후한 나라라는 두 개 측면이 얽혀 있다는 의미에서의 발전 중인 국가이다. 간단히 요약하면 "발전 중이고 불확실성이 충만하며, 믿기 어려운 비호감의 사회주의 대국"이라는 이미지를 한국인은 갖고 있다는 것이다(董向榮·王曉玲·李永春, 『韓國人心目中的中國形象』).

그러나 이러한 유의 고정된 중국 인식이 아직은(적어도 일본에 비해) 심각한 수준은 아니니, 그나마 다행스러운 일이기는 하다. 그런데 한·중 간에 마찰이 빚어질 때, 특히 한국 정치가나 언론이 악화된 남북 관계를 빌미로 대중의 집단 기억('천한 중국' 유형 등)을 자극하고 중국위협론을 부추긴다면 한국인의 반중 감정은 악화되기 쉽다. 이점을 보면 북한은 한·중 관계에서 또 하나의 당사자이자 제4자로서 역할을 하고 있는 셈이다. 북한은 미국과 중국이라는 두 대국 사이의 모순을 교묘히 활용하며 핵 문제 등을 지렛대 삼아 운신의 폭을 넓혀가고 있다. 북한은 역사적·문화적으로 한인공동체의 일원이며 넓은 의미로 보면 한·중 관계(중국식으로는 조·중 관계)의 당사자이자 그 다른 일원인 남한, 즉 좁은 의미의 한국과 중국을 둘러싸고 경합하는 경쟁자로서 한·중 관계에서 중요한 작용을 해왔고 앞으로도 그럴 것이다.

2) 중국인의 한국 인식의 변화와 한류

이제는 눈을 돌려, 중국인은 같은 시기에 한국이나 한국인을 어떻게 인식했는지 살펴볼 차례이다. 중국이 냉전 진영의 시각에서 북한을 혈맹으로, 남한을 적대적 자본주의 국가(혹은 미국의 종속국)로 보던 인식도 1980년대 이후 변하기 시작했다. 그 무렵부터 한국을 부정적으로 보지 않고 신흥 부강국이라는 긍정적 이미지로 받아들이게 되었다. 더 나아가, 1992년 국교정상화 이후 양쪽의 교류가 급속히 증가하면서 신흥 부강국 이미지를 넘어 한국의 대중문화 속에서 그들에게 결핍된 것을 보고 싶어하는 경향도 나타났다. 그것이 바로 '한류(韓流)' 현상이다. 현대화에 성공한 한국인의 기질(주로 강인성과 집단주의)과 현대화된 세련된 삶의 양식으로 형상화된 한국인의 이미지가 한국인의 실제 모습인 양 동일시되기도 한다. 실체 여부와 관계없이 관념적으로 상대방을 인식하는 경향이 중국인들의 일상 세계의 욕망에 추동되어 진행되고 있는 것이다.

1997년부터 한류라는 이름으로 불리게 된 중국의 한국 대중문화 수입은 초창기의 드라마, 대중음악을 넘어 이제는 게임, 예능 프로그램, 광고, 영상, 패션 등 분야로 확산되었다. 그 과정에서 중국 사회에 '혐한(嫌韓)' 정서가 나타나고 일시적으로 한류가 퇴조되기도 했지만, 한류의 유행은 여전히 한창이다. 더욱이 중국이 고도의 자본 축적에 힘입어 한류의 제작 과정에 참여하는 '협력 생산'이나 '복제 한류' 현상이 빠르게 확산되고 있다. 이 '복제'와 '협력'을 통해 한·중 문화산업의 융합이 본격화된다면 한중류(韓中流)라는 또 다른 유형의 유행이 형성될 수 있다고 기대하는 낙관적 견해도 있다. 그와 동시에 한국은 부상하는 중국 문화 콘텐츠 산업에 그저 자양분만을 제공하는 역할에 그치고 말 것이라고 우려하는 비관적 견해도 있다.

그런데 두 나라 사이에 사람, 정보, 물건이 넘나들면서 접촉이 빈번해질수록 상호 이해와 친밀감이 증진되는 동시에 갈등 요인도 증가한다는 사실을 결코 간과해서는 안 된다. 그럴수록 교류 현상의 밑바탕에 있는 상호 인식의 역사적 맥락을 깊이 이해하는 태도가 필요하다.

중국인은 자신들의 국가를 대국으로 자처한 기간이 오래므로 다른 나라에 관심이 적어 한국에 대해서도 한류, 한국 상품 등 주로 일상생활과 직결되는 내용에만 관심을 갖는 데 비해, 한국인은 중국의 정치, 경제, 사회, 문화, 한·중 관계 등 각 방면에 관심을 갖는다. 그렇기 때문에 양국인의 상대방에 대한 요구도 비대칭적이다. 중국인은 자부심이 강해 자국을 아시아 문화의 종주국으로 간주하고 주변 국가인 한국의 승인과 존중을 기대하지만, 한국인은 중국이 한반도 평화와 경제발전에 기여하는 등 여러 영역에서 역할을 해줄 것을 기대한다. 이와 같은 서로에 대한 기대와 반응에서의 비대칭 때문에 한국인 사이에 종종 좌절감이 빚어지고 부정적 정서가 조성되기 쉽다.

'동북공정'은 그러한 갈등을 웅변한다. 고구려가 관할한 만주를 중국 동북지방사에 편입시키려는 중국의 프로젝트가 '동북공정'이다. 그런데 그 내용이 한국에 전해진 2002년 이후 그 단어는 한·중 간의 역사 문제를 넘어 중국과 관련된 광범위한 분야에서 '중국과의 갈등'을 대변하는 상징으로 간주되는 경향이 있다.

교류와 협력의 증진과 더불어 자연스럽게 나타나는 갈등적 현상을 무시하지도 과장하지도 않으면서 적절하게 조절할 수 있는 능력을 키우는 것이 무엇보다 긴요하다. 이것은 바로 한·중 관계의 미래 기획에 달려 있다.

06 한·중 관계의 미래: 기회인가, 위기인가?

한·중 관계의 미래를 전망하는 일은 커다란 과제인데, 그것을 조금이나마 감당하기 위한 방편으로 여기서는 이 글의 취지에 맞게 범위를 좁히려고 한다. 즉, 한·중 관계사의 '변하는 것'과 '변하지 않는 것'의 상호작용을 돌아보며 그 미래를 가늠해 볼 것이다.

먼저 변하지 않는 요소인 근접성은 피부로 느낄 정도이다. 2017년에 한중수교 25주년을 맞이한 두 정부의 국제 무대에서의 협력은 물론이고, 교역량, 유학생과 관광객 수 등을 보면 그것을 실감할 수 있다. 비대칭성도 여전하다. 2016년 한국 정부의 사드 배치 결정을 전후한 논란은 이 점을 극적으로 보여준다. 중국이냐 미국이냐, 선택의 기로에서 어느 한쪽만 택할 수 없는 한국의 어려움은 중국과의 비대칭성을 절감하게 한다. 그런데 바로 여기서 한국(한반도)의 위치와 역할의 중요성이라는 또 다른 변하지 않는 요소가 여전히 작동한다는 사실 또한 간파할 수 있다. 중국과 미국 모두 그 점을 알고 있기 때문에 이와 같은 진퇴양란의 국면이 한국에 조성되고 있는 것이다. 사실, 북핵(더 근원적으로는 분단 체제)이 야기한 동아시아 정세의 불안정이라는 지정학적 요인, 즉 소극적인 이유만으로 한반도가 중시되는 것은 아니다. 한국은 전에 없이 강력한 중견국가로서 외교적 운신의 폭을 충분히 활용한다면 오히려 동아시아의 평화를 위해 적극적인 역할을 수행할 수 있다. 2018년 판문점 남북정상회담에 이어진 싱가포르 북미정상회담으로 조성된 남북화해의 국면은 그 좋은 증거이다. 이와 같이 한국에 주어진 역사적 역할이 좀 더 효과적으로 발휘되기 위해서는 한·중 관계의 변하지 않은 요인을 재조정하는 '변하는 것'에 주목해야 한다.

먼저 제3자인 미국과의 안보 연계와 중국과의 경제협력 사이에서 발생하는 긴장을 유지하면서 한국이 한·중 관계의 당사자이자 제4자인 북한과 긴장을 완화할 심리적·제도적 여건을 국내에 조성하고, 개혁을 강화하는 일이 시급하다. 여기서 또 다른 '변하는 것'인 한·중 관계에서의 교류 주체의 다양화와 상호 의존성의 심화에 주목하지 않을 수 없다. 떼려야 뗄 수 없는 오늘의 한·중 관계에서 비국가 행위자(non-state actor)들의 위치와 역할이 점차 증대하고 있는 만큼, 그들의 행태와 상호 인식에 주목할 때 비대칭성에 변화를 주고 한반도의 적극적인 역할을 확충할 수 있을 것이다.

비국가 행위자로서 주목되는 것은 한국 안의 중국, 중국 안의 한국을 구성하는 대표적인 집단인 유학생, 관광객, 장기 체류자이다. 그들은 단순히 국경을 넘나드는 소비자나 초국가적 이동을 통해 개인적 삶의 향상을 꾀하는 집단이라고만 볼 수는 없다. 두 나라의 일상생활에서 쉽게 접촉하는 그들은 상호 인식을 조성하는 일차적 매개자이자 자국의 여론 형성을 통해 한·중 관계에 영향 끼치는 행위 주체가 된다.

그중 한국인의 경우를 보자. 한국 근현대사에 나타난 한국인의 중국 인식의 세 유형이 한·중 관계사의 역사적 맥락에 따라 변형되어왔음은 이미 확인했다. 바꿔 말하면, 중국을 천시할 수도 있고, 개혁 모델로 볼 수도 있으며, 세력균형의 축(또는 위협의 요인)으로 볼 수 있다. 사실은 한·중 관계의 '변하는 것'과 '변하지 않는 것'의 상호작용하는 상황의 변화에 따라 그 셋이 관계 맺는 양상이 달리 나타났다. 그렇다면 앞으로 이 세 유형 가운데 어느 것이 주도하는 관계가 될 것인가. 한국 안의 중국을 구성하는 저들을 어떻게 경험하느냐는 것이 한국인의 중국 인식, 더 나아가 한·중 관계의 현실과 미래를 좌우하는 요인이 되지 않을까.

이 점을 좀 더 강조하기 위해 사례를 들어 다시 한번 설명해보겠다. 한국 대학들의 캠퍼스 곳곳에서 중국어를 구사하는 유학생, 서울과 제주도는 물론이고 주요 도시의 번화가나 문화 유적지 곳곳에 내걸린 중국어 간판을 보는 관광객, 서울 가리봉동과 자양동 등지의 중국인 밀집주거지에서 장기 체류하는 조선족 중국인을 우리는 어떻게 대하고 있는가. 오래되어 익숙해진 유형의 인식에 머물러 있는가, 아니면 그것을 각자가 주체적으로 재구성하고 있는가. 그 갈림길에서 중국 인식의 세 가지 유형

그림 14-4 | 탈냉전의 길을 연 1992년 한중수교

과 어떻게 관계를 맺느냐에 따라 양상은 달라질 것이다. 한·중 관계사에서의 '변하는 것'과 '변하지 않는 것'의 상호작용 속에서 변화하는 상황을 제대로 분별할 수 있는 능력이 중요한 이유는 바로 여기에 있다.

앞으로 한·중 관계가 (제3자인 미국이 내재된) 동아시아 여러 나라와 연동작용 속에 변화하고, 국경을 넘나드는 다양한 행위 주체가 한·중 관계에서 맡게 될 역할은 점점 더 커질 터이다. 여기서 '역사하다(doing history)'의 발상이 필요함을 강조하고 싶다. 사물을 변화하는 시간의 흐름에서 파악하여 모든 것은 변하고 그 변화는 인간의 집단적 의지에 의해 이뤄진다는 인식을 몸에 익히는 훈련이 바로 '역사하다'이다. 그것은 역사연구자의 연구 작업이 아니라 일상생활에서 이뤄지는 누구나에게 열린 역사적 사고 훈련이다.

역사 공부는 그저 역사 정보나 지식을 축적하는 것이 아니다. 그것을 통해 역사 속을 살고 있는 우리의 삶을 변화시키는 과정이다. 한·중 관계의 미래 프로젝트는 그저 양 정부 간의 공식 업무가 아니라, '역사하다'를 익히는 우리의 몫이기도 하다. 중국 근현대사를 개관하는 이 책의 마지막 장에서 한국과 중국의 상호 인식의 궤적에 특히 중점을 둔 것은, 우리가 행위 주체로서 집단적 의지를 모아 미래를 창조해 나가는 데 매우 중요한 작용을 하기 때문이다. 역사는 과거와 현재의 대화라기보다 과거와 미래의 대화라고 고쳐 써야 옳다.

박경석 엮음. 2018. 『연동하는 동아시아를 보는 눈』. 창비.

배경한. 2003. 「중국망명시기(1910~1925) 박은식의 언론활동과 중국인식:『향강잡지(香江雜誌)』,『국시보(國
　　　是報)』,『사민보(四民報)』의 분석」. ≪동방학지≫, 121집, 227~270쪽.

＿＿＿. 2014. 「카이로회담에서의 한국문제와 장개석」. ≪역사학보≫, 224집, 305~335쪽.

백영서. 2000. 『동아시아의 귀환: 중국의 근대성을 묻는다』. 창비.

＿＿＿. 2013. 『핵심현장에서 다시 보는 동아시아』. 창비.

유용태 엮음. 2013. 『한중 관계의 역사와 현실: 근대외교. 상호인식』. 한울엠플러스.

유장근. 2014. 『현대중국의 중화제국 만들기』. 푸른역사.

김경혜. 2008. 「한국 대학생의 중국 중국인에 대한 인식」. ≪한중인문학연구≫, 25집, 214~230쪽.

왕샤오링. 2015. 「중국 '한류'의 새로운 경향」. ≪성균차이나브리프≫, 3권 3호, 135~142쪽.

이용범. 2015. 「김태준 초기이력의 재구성과 '조선학'의 새로운 맥락들」. ≪민족문학사연구≫, 59호, 343~376쪽.

이은주. 2012. 「1923년 개성상인의 중국유람기 『중국일기』 연구」. ≪국문학연구≫, 25호, 183~214쪽.

이재령. 2006. 「20세기 중반 한중 관계의 이해: 한국독립에 관한 중화의식의 이중성」. ≪중국근현대사연구≫,
　　　29집, 91~115쪽.

＿＿＿. 2014. 「미소군정기 중국공산당의 한국인식: 1945~1946년 『신화일보(新華日報)』를 중심으로」. ≪동양
　　　사학연구≫, 126호, 317~351쪽.

정문상. 2011. 「'중공'과 '중국' 사이에서」. ≪동북아역사논총≫, 33호, 57~90쪽.

찾아보기

지은이(수록순)

배경한 ㅣ 부산대학교 한국민족문화연구소 연구교수

정혜중 ㅣ 이화여자대학교 인문과학대학 사학과 교수

최진규 ㅣ 조선대학교 인문과학대학 역사문화학과 교수

조병한 ㅣ 서강대학교 국제인문학부 사학과 명예교수

김형종 ㅣ 서울대학교 인문대학 동양사학과 교수

강명희 ㅣ 전 한세대학교 인문사회학부 교수

박상수 ㅣ 고려대학교 문과대학 사학과 교수

손준식 ㅣ 중앙대학교 인문대학 역사학과 교수

유용태 ㅣ 서울대학교 사범대학 역사교육과 교수

정문상 ㅣ 가천대학교 가천리버럴아츠칼리지 교수

백승욱 ㅣ 중앙대학교 사회과학대학 사회학과 교수

안치영 ㅣ 인천대학교 인문대학 중어중국학과 교수

조영남 ㅣ 서울대학교 국제대학원 교수

백영서 ㅣ 연세대학교 문과대학 사학과 명예교수

한울아카데미 2308
중국근현대사학회 강의총서 1

[개정판] 중국 근현대사 강의

ⓒ 중국근현대사학회, 2021

엮은이   중국근현대사학회
책임편집   배경한
지은이   배경한·정혜중·최진규·조병한·김형종·강명희·박상수·
            손준식·유용태·정문상·백승욱·안치영·조영남·백영서
펴낸이   김종수
펴낸곳   한울엠플러스(주)
편 집   최진희

초판 1쇄 발행   2019년 5월 17일
개정판 1쇄 발행 2021년 7월 20일

주소 10881 경기도 파주시 광인사길 153 한울시소빌딩 3층
전화 031-955-0655
팩스 031-955-0656
홈페이지 www.hanulmplus.kr
등록 제406-2015-000143호

Printed in Korea.
ISBN 978-89-460-7308-1 93910 (양장)
        978-89-460-8085-0 93910 (무선)

* 책값은 겉표지에 표시되어 있습니다.
* 무선제본 책을 교재로 사용하시려면 본사로 연락해 주시기 바랍니다.